韩庆祥作品系列

On the Philosophical Path Founded by Marx

论马克思开辟的哲学道路

韩庆祥 著

北京师范大学出版集团
BEIJING NORMAL UNIVERSITY PUBLISHING GROUP
北京师范大学出版社

总 序

需要有一次机会，对我的学术生涯、研究历程、演进逻辑、思想领悟进行清理与总结。这次机会，就是我这四部具有代表性的学术著作的出版。

一 学术研究历程及其演进逻辑

1983 年，我从郑州大学毕业后考入吉林大学攻读硕士学位，专业是马克思主义哲学。在吉林大学，我系统地阅读了马克思主义经典著作，孕育了用“两只眼睛”看世界的哲学思维：既成与生成、感性与理性、抽象与具象、规范与实证、真理与价值、宏观与微观、部分与整体、道与术，等等。从吉林大学毕业后，我考入北京大学攻读博士学位，师从黄枬森教授。黄枬森教授的“经典阅读”“文本解读”与“严谨治学”“人格魅力”对我影响很大。在北京大学三年，我“两耳不闻窗外事，一心只读圣贤书”，不仅研究马克思主义哲学发展史，而且阅读西方哲学经典。北京大学滋养了我学术上的独立思考意识和学术探索精神。

从北京大学毕业后，我到中央党校工作。在中央党校，我的学术研究具有三个特点：待在书房，静心研读马克思主义经典著作，坚定马克思主义信仰；走出书房，深入实际，理解和把握当代中国发展的现实逻辑；学习党的创新理论，理解和把握治国理政实践的运作机理。

依据历史和逻辑相统一的原则，我的学术研究历程及其演进逻辑大致分为八个具有内在联系的历史时段。

一是厚积理论基石：马克思开辟的哲学道路是实践生成论。

1983 年到 1996 年，是我的学术研究奠基期。这一时期，我持之以恒地研读经典文本，秉持“用哲学思考问题，用学术支撑思想”的学术研究风格与治学理念。在吉林大学攻读硕士学位和在北京大学攻读博士学位期间，我的研究重点是马克思、恩格斯哲学。搞学问，精读研读马克思主义经典文本是必由之路，也是学者的看家本领。所以，当时我反复研读马克思、恩格斯的经典文本。当时我最关心的学术问题之一，就是马克思开辟的哲学道路与马克思主义哲学的本质特征、基本价值、历史形态。通过研究，我得出的结论是：马克思哲学在本质上是“实践生成论”，马克思开辟的是实践生成论的哲学道路。

马克思哲学所实现的革命性变革，主要体现在把哲学由“天国”拉到“人间”，直面现实人的生活世界，关注现实人的生存境遇与发展命运，并且以哲学的方式批判旧世界，以实践生成过程的方式改变旧世界和建立新世界，实现人类解放、无产阶级解放和每个人自由而全面的发展。显然，马克思强调的是这样一种观点：人是在其实践活动、历史活动、超越活动和自我创造过程中，确证其本质而且解放自己和实现自己的。这在本质上强调的是人的活动是一种超越、建构与生成活动。在马克思那里，“生成”主要有以下四种方式：一是实践生成，强调人通过实践活动——人的对象化和人化自然确立自己、发展自己和完善自己，他所主张的实践唯物主义，强调的就是实践生成；二是历史生成，强调人是在创造自己的社会物质生活条件的历史过程中实现自己、成为自己的，他所创立的历史唯物主义，强调的就是历史生成；三是矛盾—超越生成，强调事物(包括人)都是在不断超越自身的内在矛盾的过程中生成自己的，马克思的辩证法注重的就是矛盾—超越的生成；四是人的自我创造的生成，强调人是靠自身的创造能力来成就自己、成为自己和确立自己的。马克思的人学理论，注重的就是人的自我创造能力的生成。在马克思看来，人的自我产生是一个过程，一部人类社会发展史就是个人本质力量的发展史，人在这一历史过程中成为自己，也通过自己能力的发挥来确立其地位。

基于实践生成论，我致力于形成自己的学术分析框架与解释逻辑。这方面的学术研究成果，就是两部学术著作《论马克思开辟的哲学道路》和《作为分析框架的哲学》。

二是夯实学术根基：人学研究。

我把马克思的哲学解读为实践生成论，就自然而然地关心人的问题。马克思哲学在本质上是一种实践生成论哲学，其主体是人，目的也是人，人是在实践中生成并实现自己的。这从根本上涉及对人的理解，也自然而然地把人的问题突出出来，这是我走向人学研究的理论逻辑；时代发展与中国实践发展，是促使我走向人学研究的现实逻辑。此外，促使我走向人学研究的还有一个重要因素，就是我国哲学界的老前辈把我引上了人学研究之路。我在吉林大学攻读硕士学位期间，高清海教授和邹化政教授就开始讲人学了，邹化政教授所讲的“《资本论》中的人学”，对我后来的人学研究有很大启发。在这期间，我研读了许多马克思主义经典作家关于人的问题的论述，也深读了西方学者关于人的问题的著作，对人学有了初步认识。在北京大学师从黄枬森教授期间，我进一步坚定了从事人学研究的决心，也开始系统研究人学，开始自觉运用马克思主义的立场、观点和方法研究人学。正是在这些因素影响下，我通过自己的学习与研究，对哲学、人学与生活世界产生了新的理解。1989 年在莫斯科国立大学进修期间，我又搜集并阅读了大量苏联学者研究人的问题的著作。

从 1986 年到 1996 年，我用 10 年时间在学术上进行“人学理论”建构，包括研究哲学与人学的关系、人学的对象、人学的定位、人学的性质、人学的基本范畴、人学研究方法论、人学基本理论、人学的使命，等等。我的人学研究取得了一些成果。黄枬森教授与我合写的学术论文《关于建构人学的几点设想》，发表于《社会科学战线》1989 年第 3 期，这是哲学界较早系统研究人学理论建构的学术文章之一；1991 年我的博士论文《马克思主义人学思想发微》由中国社会科学出版社出版，这是较早系统研究马克思主义人学的学术著作之一；1996 年我又出版了《马克思的人学理论》，这是我国哲学界较早从人学角度研究马克思思想包括马克思哲学思想的学术专著之一。

我的人学研究的基本观点可概括为“哲学形态论”“人学理论建构论”“人的存在论”“人的全面发展论”和“人格转型论”，主要代表作就是《马克思的人学理论》。

三是产生学术影响：能力本位论。

1992 年到 2009 年，我秉持“用思想传递时代，用理念引导发展”的学术研究风格与治学理念，并基于马克思主义哲学的本性，从学术上积极探寻当代中国马克思主义哲学发展之路，并以哲学方式关注现实、面向“中国问题”，在坚持“道德做人”的前提下，从哲学上提出了“能力本位论”，在学术界与社会上产生了较大影响，代表作是《能力本位》。

我的研究方向从人学走向从哲学上研究“能力本位与当代中国发展”，主要是基于这样两个逻辑。一是我把自己的人学研究定位于关于人怎样成为“人”的学问。使人成为人需要许多基础和条件，我认为主要有两个基本条件，也就是人的两大基本素质——道德和能力。道德是做人，能力是做事。关于道德的文章，应当说中国的思想家和专家学者研究得比较全面深入，中国传统文化对世界的最大贡献也在这里。然而，关于能力的文章，我们做得并不多，也不系统。二是使中国真正成为强国。中国能否成为真正的强国，应该说还有许多工作要做。要使中国成为真正的强国，首先要秉持“和”的理念，即和平发展与合作共赢，建设和平中国、和合中国。这个问题，中国人民大学张立文教授研究得比较深入。除了“和”的理念外，还有一个理念，那就是要注重实力和能力，尤其是自主创新能力，即构建能力中国、实力中国。我对能力问题的哲学研究，基本上是围绕使人成为人和使中国真正成为强国这两大核心论题展开的。

在《北京大学学报(哲学社会科学版)》1996年第5期，我用18000字的篇幅，对能力本位论进行系统深入的阐发，题目是《能力本位论与21世纪中国的发展》。1992年以来，我着重从哲学角度，对能力问题的时代意义、能力概念、能力原则、能力理念、能力主义思维方式、能力建设、能本管理、能力社会和能力发展的一般规律、能力建设与当代中国发展等，进行了系统研究，先后在《中国社会科学》《天津社会科学》《教学与研究》等刊物上发表30多篇关于能力和能力建设问题的专题学术论文，出版多部关于能力和能力建设问题的学术专著。

需要说明的是，我所讲的“能力本位”，是以政治过硬、注重道德为前提的。

四是哲学关切现实：社会层级结构理论。

2006年以来，我又从能力问题研究走向当代中国政治哲学研究。这里存在着学术研究的逻辑必然性：在人学研究中，我发现中国传统社会的某些行为往往使一些人不能成为人，丧失人性中许多美好的东西；在能力问题的学术研究中，我发现我国传统社会在一定程度上存在的权力至上的官僚主义现象，使一些党员干部丧失先进性和纯洁性，使人的能力得不到充分发挥；在对当代“中国问题”的哲学分析中，我又发现在中国传统社会及现代社会，许多理论和实践问题大都与政治因素、政治力量有关，政府权力对人们生活的渗透程度较强，它是一种决定人的生存方式甚至人的命运的力量。这样，我便走向对当代中国政治哲学的学术研究，用人学理论、能力理论来建构当代中国政治哲学，代表作是《社会层级结构理论》。其中，我坚守的政治立场是马克思主义，注重用马克思主义的立场、观点和方法研究政治哲学。

我在《社会层级结构理论》中，具体阐释了“社会层级结构”，提出了

“公正为基三维制衡的能力主义”理论。这一理论可以成为分析当代中国问题包括政治问题的一种框架。

五是回归本质属性：马克思主义整体性研究。

透过上述学术研究历程及其研究成果可以看出，在我的学术研究中，哲学、人学、能力问题和政治哲学这四个主题，是依次递进而又相互缠绕、彼此相关、内在循环的，也是彼此理解的，它们构成我的一段学术研究历程的完整逻辑和图景。用一句话来概括我的学术逻辑：回归马克思主义的本质及其属性。所以，2009 年以来，我的学术研究就以马克思主义整体性为新的起点，重新对马克思开辟的哲学道路与马克思主义的内在结构、理论形态进行反思和理解。这体现了我“回归原典，返本开新，把哲学命运和中国命运连在一起”的治学理念。

马克思主义哲学的发展必须基于马克思哲学的本性，马克思主义哲学的创新不能偏离马克思开辟的哲学道路。我国理论界对马克思哲学进行了全面而深入的研究，取得了一些重要学术成果。同时，对马克思哲学的内容和本质问题的理解仍存争议。比如，同样解读马克思实现哲学革命的实质，学术界就存在着辩证唯物主义和历史唯物主义相统一的科学世界观、广义的历史唯物主义、实践哲学、生存论等不同观点。我曾从实践生成论的路径解读马克思哲学，主张“回到马克思哲学本性的基地上探寻哲学发展之路”，主张从“形态分析”“结构分析”角度解读马克思哲学与马克思主义，认为马克思哲学与马克思主义理论体系主要呈现为三种形态，即大众形态、学理形态和政治形态。在我看来，今天，无论从哪个角度看，都应当对马克思主义哲学的发展进行清理与总结。这种清理与总结，首先需要从弄清马克思哲学的真实的完整结构开始。因为作为马克思主义哲学的主要创始人，马克思的哲学以一定方式影响整个马克思主义哲学的发展进程。马克思哲学分析和解决的“总问题”，是资本占有劳动并控制社会的逻辑，或者说是超越资本占有劳动的逻辑并实现人类解放、无产阶级解放、每个人的自由而全面发展。马克思哲学围绕这一“总问题”进行探索，形成了政治形态、学理形态和大众形态三者有机统一的整体图景。然而，马克思以后的马克思主义哲学发展历程却呈现出不同的演变和命运。马克思哲学与马克思主义理论体系的三种形态在当代中国的命运可概括为：大众形态得以倡导，但还没有真正实现；学理形态强劲，却一定意义上疏离政治和大众；政治形态突出，但需要进一步获得学理支持和大众认同。当代中国马克思主义哲学研究要健康发展，不仅要廓清马克思哲学的完整图像，而且要营造马克思主义哲学研究的可持续发展的“生态环境”，从而推动大众形态、政治形态和学理形态的良性互动、良性循环。

弄清以上三种形态之后，我进一步从对马克思主义的“形态分析”，经“结构分析”，最后走向“整体分析”，即研究马克思主义的整体性。在不同人的心目中，会有对马克思主义的不同理解。有经济决定论的马克思主义，有人道主义的马克思主义；有讲阶级斗争的马克思主义，有讲人的自由全面发展的马克思主义；有讲历史规律的马克思主义，有讲人的主体性的马克思主义；等等。在马克思主义发展历程中，马克思主义被有些人肢解了。这种肢解损害了马克思主义的形象，一些人动摇了对马克思主义的信仰。原本是站在大众立场、维护大众利益、为大众立言、为大众提供现实智慧的马克思主义，怎么反而被一些民众远离，没有入心入脑？马克思主义究竟是什么样的？我认为，马克思主义本来是一个整体，因而需要运用“系统整体”思维来看待马克思主义。整体性是马克思主义的一个本质属性，包括“形成”的整体性、“主题”的整体性、“理论”的整体性、“发展”的整体性和“叙述”的整体性等。这几种整体性构成一个严密的逻辑结构。第一，“形成”的整体性。德国古典哲学、英国古典政治经济学和法国空想社会主义是马克思主义的三个基本来源。然而，德国古典哲学多注重“天上”的“形上”思辨，对“地下”的人间现实生活缺乏具体经济学分析；英国古典政治经济学虽注重对“地下”的现实生活作经济学的实证分析，但缺乏哲学超验上的“形上”思考；法国空想社会主义既对社会现实缺乏具体的经济学分析，也缺乏科学的世界观和方法论支撑。马克思主义既继承德国古典哲学、英国古典政治经济学和法国空想社会主义中的合理成分，又以一种整体视野超越它们的局限；马克思、恩格斯将唯物主义历史观、政治经济学和科学社会主义整合在一起，才创立了马克思主义，其中的科学社会主义就是建立在唯物主义历史观和剩余价值学说基础之上的。马克思主义“形成”的整体性在《德法年鉴》中刊载的马克思的文章和《1844 年经济学哲学手稿》中体现出来。第二，“主题”的整体性。马克思主义形成的起点、确立的基点和实践的落脚点，始终是人类解放、无产阶级解放和人的自由全面发展，这些都是具有整体性的主题。这样的整体性在《1844 年经济学哲学手稿》《共产党宣言》等著述中体现出来。在《莱茵报》工作期间，马克思极力维护穷苦人民的利益；在《德法年鉴》时期，马克思把哲学看作无产阶级解放的精神武器和“头脑”；在《1844 年经济学哲学手稿》中，马克思十分关注工人阶级的生存处境与发展命运；《共产党宣言》实质上就是追求人类解放、无产阶级解放和每个人自由全面发展的宣言书；马克思把《资本论》看作工人阶级的“圣经”。第三，“理论”的整体性。马克思主义整个理论都是围绕人类解放、无产阶级解放和人的自由全面发展展开的，其理论的整体性主要体现为“科学与价值的统一”“历史发展规律与人的主体性的统一”“生产力决定论与历史合力论的统一”“经济社会发展与人的发展的统一”“理想与现实的统一”等。这样的整体性在《共产党宣言》《〈政治经济学批判〉序言》和《资本论》中得以彰显。第四，“发展”的整体性。马克思主义有一个发展过程，虽然在不同时期有不同侧重，但一定要把其理论发展过程统一起来作完整理解，即马克思主义是在发展过程中走向并呈现出整体性的。理解这样的整体性，应把早期马克思的思想和晚年马克思的思想统一起来、把马克思的思想和恩格斯的思想统一起来、把马克思、恩格斯思想与马克思、恩格斯以后所有马克思主义经典作家的思想统一起来。马克思、恩格斯晚年所从事的研究工作，一定意义上就是为了实现他们理论学说的完整性。这样的整体性在恩格斯晚年历史唯物主义书信、《反杜林论》以及马克思、恩格斯晚年的许多著作中得以集中呈现。第五，“叙述”的整体性。马克思、恩格斯在阐发和叙述他们的理论学说时，是在唯物主义历史观、政治经济学和科学社会主义组成的有机整体上进行的。唯物主义历史观是科学的世界观和方法论，政治经济学是对现实生活世界之总问题所进行的具体实证分析，科学社会主义是得出的重要结论。在马克思、恩格斯理论学说的叙述中，虽然这三者担负着不同功能，但实际上三者构成一个整体，是同一整体的三个层面。这样的整体性，在恩格斯的《反杜林论》等论著中体现出来。

基于上述观点，我认为，今天谈论马克思主义的整体性之主要目的，一是澄清马克思主义发展历程中出现的种种对马克思主义的误解和肢解，这些误解和肢解都是把马克思主义整体性中的某一元素独立出来加以放大的结果；二是强调我们坚持的马克思主义是作为整体的马克思主义，而不是被肢解的马克思主义；三是要具有明确的自觉意识，即要通过完整地研究“中国总问题”“完整的现实”(或联系发展着的现实)来发展马克思主义，开辟马克思主义研究的新道路。

这方面研究的代表作，是我作为第一作者在《哲学研究》2012 年第 8 期、第 9 期连续发表的《论马克思主义的整体性》以及学术专著《论马克思开辟的哲学道路》。

六是用学术讲政治：习近平新时代中国特色社会主义思想研究。

传统的社会层级结构之积极作用，是有利于举国力解难题、办大事、加速度；但也易产生腐败现象。如何既保留其解难题、办大事、加速度的积极作用，同时又克服其易产生腐败的历史局限？党的十八大以来，以习近平同志为核心的党中央从全面从严治党入手，积极主动出击重拳反腐败，反对“四风”。从学理上看，这实际上是力求克服传统社会层级结构的历史局限，同时又对“举国力解难题、办大事、加速度”实行创造性转化和创新性发展，进而强调“党政军民学、东西南北中，党是领导一切的”。不仅如此，马克思主义中国化时代化的所有理论创新成果都具有整体性，尤其是习近平新时代中国特色社会主义思想更具有整体性，它是马克思列宁主义、毛泽东思想、邓小平理论、“三个代表”重要思想、科学发展观的集大成者。于是，自 2012 年以来，我便从学术视角研究习近平治国理政思想。党的十九大之后，我又从学理角度研究习近平新时代中国特色社会主义思想。

七是追溯原点本源：致力于中国道路及其本源意义的学理研究。

通过研究习近平新时代中国特色社会主义思想，我发现，习近平同志最为关注的是中国特色社会主义道路问题。他强调，“道路问题是关系党的事业兴衰成败第一位的问题，道路就是党的生命”[①]道路决定命运，“无论搞革命、搞建设、搞改革，道路问题都是最根本的问题”。[②]

人们谈论道路问题，大多停留在政治层面，还没有真正深入到学术学理层面，致使对中国道路问题的谈论，大多是熟知并非真知，知其然而不知其所以然。这就限制了对中国道路的深入理解和把握。从2015年起，我便注重从学术学理层面深入研究中国道路问题。从学术学理层面研究中国道路，具有十分广阔的学术空间，而且也会看到中国道路具有本源意义。马克思主义发展史，归根结底是对道路探寻的历史；近代以降，中国的根本问题，是针对“中国向何处去”而选择一条正确道路的问题；马克思主义中国化时代化的演进逻辑，核心是围绕中国道路这一主线展开的；中国共产党历史发展的逻辑、新中国历史发展的逻辑，其本质是追寻正确的中国道路；改革开放以来我国历史发展、现实发展的逻辑，从根本上就是探究如何以中国特色社会主义道路实现社会主义现代化；中国道路具有世界历史意义，具有历史性贡献、引导性贡献、发展性贡献、文明性贡献和理论性贡献等。2019年年初，中央党校成立“中央党校专家工作室”，聘我为中央党校专家工作室领衔专家。我们的研究团队，就是致力于从学术学理上聚焦研究“中国道路及其本源意义”，研究“中国奇迹—中国道路—中国理论—中国话语”，力求用中国道路解释中国奇迹，用中国理论阐释中国道路，用中国话语表达中国理论。基于这些认识和理解，我先后出版了《中国道路及其本源意义》《中国特色社会主义的发展逻辑》两部学术著作。

---

① 习近平：《习近平谈治国理政》第一卷，21页，北京，外文出版社，2018。

② 习近平：《论中国共产党历史》，116页，北京，中央文献出版社，2021。

从哲学到人学，经人的能力问题的哲学研究，再到当代中国政治哲学研究，进而到马克思主义整体性研究，到今天注重研究习近平新时代中国特色社会主义思想与中国道路问题，是各种逻辑发展的结果。这些研究构成一个具有内在逻辑的有机整体，呈现出一种内在循环。

八是世界眼光：基于中国式现代化、人类文明新形态和构建人类命运共同体创新发展21世纪马克思主义。

21世纪的世界处在新的动荡变革期，是一个以“变革与重构”为时代特征的“不确定”的世界，是会出现系统性风险的世界，因而迫切需要理论解释。面对百年变局中的“世界动荡”“变革重构”“不确定”的整个世界，自由主义出现了话语解释困境；正在实现强起来的中国也需要中国理论强起来，能为解决21世纪的世界问题贡献中国理论，并掌握解释21世纪世界的理论话语权。发展21世纪马克思主义，就是为了解释和引领21世纪世界相关的命题，21世纪马克思主义是为观察时代、把握时代、引领时代，解释21世纪世界并掌握话语权而发展起来的科学理论体系。因此，发展21世纪马克思主义是历史、时代和世界发展的迫切需要，也是世界马克思主义研究中最具前沿性、最具前瞻性、最具潜力的理论建构性的重大课题。我们应基于中国式现代化、人类文明新形态和构建人类命运共同体三大基石，构建和发展21世纪马克思主义。

从中国式现代化经人类文明新形态到构建人类命运共同体，是一个环环递进、层层提升、逻辑严密的有机整体。从中国式现代化到人类文明新形态，是范式、内容、空间的提升，它把“中国式”提升为“人类范式”，把“现代化”发展提升为对整个人类、社会与国家、民族进步的不懈追求及积累起来的积极“文明”成果，这是哲学思维的上升。就此而言，西方式现代化表面上似乎具有人类普遍性，实质上体现的是西方特殊性，中国式现代化表面看来只具有中国特色，深入且从实质看，却具有世界意义。从创造人类文明新形态到构建人类命运共同体，是从人类文明形态到人类共同体之实践形态的一种转化，构建人类命运共同体实质上是人类文明新形态的一种人类实践形式。由此看，中国式现代化、人类文明新形态和构建人类命运共同体是本质相关、逻辑上升的关系，是彼此理解的关系。

中国式现代化是发展21世纪马克思主义的立足点。其一，发展21世纪马克思主义，本质上就是与现代化直接相关的命题，它是在“深刻反思”西方式现代化与拓展中国式现代化基础上发展起来的。21世纪马克思主义既要超越以资本至上为主导逻辑的各种现代性的西方资本主义话语，又要书写坚持人民至上的中国式现代化新版本。习近平同志指出：“走自己的路，是党的全部理论和实践立足点。”①这是一个全称判断，具有广泛涵盖性，是习近平同志总结党百年奋斗重大成就和历史经验而得出的具有重大理论价值和实践意义的结论，表明中国道路对党的理论和实践具有本源意义，是建立在“走自己的路”基石之上的。在新时代，“走自己的路”就具体体现为“中国式现代化”，这意味着新时代党的理论也是建立在中国式现代化基石上的，当然，发展21世纪马克思主义也是建立在中国式现代化基石上的。21世纪马克思主义以中国式现代化为立足点，把中国式现代化看作21世纪马克思主义发展中的根本问题，认为中国式现代化是实现中华民族伟大复兴的正确道路，是立足中国、放眼世界，使21世纪马克思主义放射出真理光芒的道路。其二，中国式现代化的不断发展，使中国特色社会主义伟大事业取得巨大成就，也使中国特色社会主义进入新时代，进而使21世纪世界社会主义运动的中心和发展21世纪马克思主义的中心转移到中国。21世纪马克思主义，可理解为世界社会主义运动中心历史性地转移到新时代的中国所发展起来的马克思主义，它是与中国特色社会主义进入新时代，习近平新时代中国特色社会主义思想呈现出时代意义、世界意义和未来向度相关的概念。世界社会主义运动中心历史性地转移到新时代的中国，“两个大局”交织互动，创造中国式现代化、创造人类文明新形态和构建人类命运共同体，是发展21世纪马克思主义的三大标志性历史事件。

---

① 习近平：《习近平谈治国理政》第四卷，10页，北京，外文出版社，2022。

党的十九大报告所讲的“三个意味着”，是世界社会主义运动中心转移到新时代中国的根本标志，是确定“21世纪”这一时代形态的根本标识，是21世纪马克思主义立足中国、走向世界的根本依据。第一个“意味着”的主题是实现中华民族伟大复兴，实质上是实现强起来的“叙事”，是第二个、第三个“意味着”的基础，第二个、第三个“意味着”是从第一个“意味着”延展出来的，讲的是“第一个意味着”的世界意义；第二个“意味着”的主题是世界社会主义，实质上是世界社会主义运动中心转移到21世纪中国的“叙事”；第三个“意味着”的主题是中国特色社会主义，实质上是中国特色社会主义具有世界意义的“叙事”，正是第二个、第三个“意味着”，才使新时代中国特色社会主义具有世界意义。显然，三个“意味着”的实质，主要是世界社会主义运动中心转移到21世纪中国的“叙事”。世界社会主义和马克思主义历史发展进程中蕴含一条规律，即世界社会主义运动的中心转移到哪里，发展马克思主义的中心就转移到哪里。21世纪，世界社会主义运动的中心已经历史性地转移到新时代的中国，中国特色社会主义在引领21世纪世界社会主义的运动和发展，因此，发展21世纪马克思主义的生长点、发展源与中心重镇也随之转移到新时代的中国，新时代的中国已成为发展21世纪马克思主义的主要实践创新地和理论策源地，它要引领21世纪马克思主义的发展。在这个意义上，习近平同志强调：“发展二十一世纪马克思主义、当代中国马克思主义，是当代中国共产党人责无旁贷的历史责任。”①不能否认其他国家一些马克思主义者对发展21世纪马克思主义的重要贡献，他们对资本主义制度性缺陷和结构性矛盾的揭露，对新自由主义与金融资本主义的批判以及对数字资本主义与替代性选择、新帝国主义与国际新秩序、新社会主义与新共产主义研究等方面的成果，值得关注。皮凯蒂的《21世纪资本论》(*Capital in the Twenty-First Century*)，已成为2008年国际金融危机之后西方马克思主义的“最新表达”。然而，中国共

① 习近平：《论中国共产党历史》，227页，北京，中央文献出版社，2021。

产党领导中国人民所创造的中国式现代化为人类实现现代化提供了新的选择，也改变着世界现代化进程；中国共产党百年奋斗，使马克思主义的科学性和真理性在中国得到充分检验，马克思主义的人民性和实践性在中国得到充分贯彻，马克思主义的开放性和时代性在中国得到充分彰显，马克思主义中国化时代化的成功，使马克思主义以崭新形象展现在世界上。

中国式现代化开出的人类文明新形态，是发展21世纪马克思主义的根本支点。马克思主义本质上是与人类文明直接相关的范畴，它从来没有脱离人类文明发展大道，是在汲取人类文明一切优秀成果的基础上发展起来的。发展21世纪马克思主义，就要汲取一切人类优秀文明成果，要超越西方近代以来“主统治客”的文明范式，走向“主主平等”的文明范式；超越“资本文明”范式，走向“人本文明”范式；超越“地域文明”范式，走向“人类文明”范式；超越“单向度文明”范式，走向“全要素文明”范式；超越“单数文明”范式，走向“复数文明”范式；超越“掠夺—单赢文明”范式，走向“和合—共赢文明”范式；超越“西方中心论文明”范式，走向“多元文明互鉴”范式，为人类文明发展指明方向。因而，人类文明新形态蕴含发展21世纪马克思主义的要素，离开人类文明新形态，就无法真正理解21世纪马克思主义。

构建人类命运共同体是发展21世纪马克思主义的根本支柱。21世纪世界处于“两个大局”交织互动的新的动荡变革期。这意味着中国深度融入并影响世界，世界深刻融入并影响中国，中国的发展离不开世界，世界的繁荣也需要中国，这便使中国问题成为世界问题，使世界问题成为中国问题，也必然使实现中华民族伟大复兴超出中国界限进而影响世界历史进程。在“两个大局”交织互动背景下，中国如何站在历史正确的一边，站在推动人类发展进步的一边，以胸怀天下眼光把握人类命运与资本主义、社会主义的命运？如何以中国式现代化、人类文明新形态、构建人类命运共同体超越资本主义历史局限，充分展示社会主义制度优越性，实现中华民族伟大复兴？如何从人类发展大潮流、世界变化大格局、中国发展大历史正确认识和处理中国与外部世界的关系、社会主义与资本主义的关系，进而有效应对大变局中出现的世界性难题，为解答“世界向何处去”贡献中国智慧、中国方案？这迫切需要具有世界意义的理论来指引，21 世纪是迫切需要理论而且一定能够产生理论的世纪。

《中共中央关于党的百年奋斗重大成就和历史经验的决议》指出：“党推动构建人类命运共同体，为解决人类重大问题……贡献了中国智慧、中国方案、中国力量，成为推动人类发展进步的重要力量。”①中国特色社会主义开创之初，着重解决国内解放和发展社会生产力从而使中国人民富起来的问题。随着新时代中国特色社会主义道路、理论、制度、文化的不断发展，它对解决“世界向何处去”的“人类命运”问题日益显示其重要意义。习近平同志顺应世界大势和时代潮流，继承马克思主义关切人类解放的传统，提出构建人类命运共同体这种具有世界意义的理念，为解决中国和世界的关系、社会主义和资本主义的关系、当今世界和未来世界的关系贡献了中国智慧、中国方案、中国理念，为发展 21 世纪马克思主义奠定了基石。第一，构建人类命运共同体有助于正确处理中国和世界的关系。它表明中国在与世界的关系上所采取的立场和取向：坚持“世界既具有统一性又具有多样性”的世界观，超越了西方“一元主导”的世界观；坚持立足“人类社会”构建人类共建共享共治共同体的世界大同观，超越了西方基于“市民社会”的那种以邻为壑的个人利益观；坚持任何国家在主权、规则、机会上应当平等的国家观，体现“主主平等”的哲学思维，超越了西方以“主统治客”为哲学基础的 “国强必霸”的国家观；坚持和平发展、合作共赢的“互利普惠”的义利观，超越了西方那种“你输我赢”的义利观。显然，构建人类命运共同体以多样统一、世界大同、国家平等、合作共赢的理念、智慧，为正确处理中国和世界的关系指明了正确方向。第二，构建人类命运共同体有助于正确处理社会主义和资本主义的关系。中国坚持“人民至上”的发展观，超越了

① 《中共中央关于党的百年奋斗重大成就和历史经验的决议》，64 页，北京，人民出版社，2021。

“资本至上”的发展观；坚持尊重其他国家根据本国国情自主选择其发展道路的“包容发展”的道路观，超越了“西方中心论”的道路观；坚持“五大文明协调发展”“文明互学互鉴”的文明观，超越了“文明冲突论”的文明观。显然，构建人类命运共同体以人民至上、包容发展、协调发展、互学互鉴的理念和智慧，正确处理了社会主义和资本主义的关系，充分彰显了社会主义制度的优越性，超越了资本主义的历史局限，为掌握社会主义发展命运指明了正确方向。第三，构建人类命运共同体为解决未来“世界向何处去”的问题开辟了正确道路。构建人类命运共同体所蕴含的世界观、大同观、国家观、义利观、发展观、道路观、文明观，是构建人类命运共同体的哲学观，它是以多样性、人民性、平等性、包容性、普惠性为本质特征的中国理念和智慧，是“两制并存”的 21 世纪，中国共产党人构建人类命运共同体，为参与全球治理体系改革和建设、推动国际秩序“由变到治”、解答“世界向何处去”所贡献的中国智慧和中国方案，为世界社会主义运动指明了正确方向。概言之，构建人类命运共同体关乎世界社会主义、马克思主义的发展，也在重构世界格局，影响世界历史进程，成为发展 21 世纪马克思主义的根本支柱。

从总体上讲，中国式现代化、人类文明新形态和构建人类命运共同体作为一个有机整体，对发展 21 世纪马克思主义具有奠基意义。中国式现代化、人类文明新形态和构建人类命运共同体不仅彰显了 21 世纪马克思主义的时代特征，也呈现了 21 世纪马克思主义的时代主题，又凸显了 21 世纪马克思主义所解决的根本问题，还表明新时代中国具有发展 21 世纪马克思主义的能力。

这方面学术研究的代表性成果，就是《21 世纪马克思主义研究》这部专著。

二　深入领悟世界历史发展和马克思主义发展之道

基于上述研究，我从我的著作中选取了四部具有代表性的学术著作，即《论马克思开辟的哲学道路》《马克思的人学理论》《中国特色社会主义的发展逻辑》《作为分析框架的哲学》。前两部著作聚焦马克思的哲学思想和马克思的人学理论，属于文本研究和基础理论研究，注重文本逻辑和理论逻辑；第三部著作提炼了中国特色社会主义发展的根本经验，揭示了中国特色社会主义道路的本源意义，为创立和发展21世纪马克思主义提供了历史基础；第四部著作是我的学术研究中形成的自己分析问题的学术分析框架与解释逻辑，注重哲学逻辑。

需要强调的是，在这四部代表性学术著作中，我逐渐领悟出世界历史发展之道，领悟出基于世界文明转移的马克思主义历史发展之道。

古代，世界文明的中心在中国。近代，世界文明的中心转移到欧洲。由此，兴起了"欧洲中心主义"，之后又拓展为西方中心论。作为一种思想体系，西方中心论对整个世界产生了深远影响。

马克思的伟大之处在于他不断清算以前的哲学信仰，进行自我批判、自我超越、自我完善。晚年马克思超越其青年时期关于历史发展道路的思想认识，开始关注历史发展道路的多样性，尤其是东方社会发展道路的多样性问题。这当然也与俄国民粹派讨论俄国农村公社能否跨越资本主义"卡夫丁峡谷"问题有关。马克思给予的谨慎回答是，俄国农村公社若能吸收资本主义发展的"积极成果"，又能避免资本主义发展的"灾难性后果"，就可以跨越资本主义"卡夫丁峡谷"而向社会主义过渡。显然，这种过渡是有条件的。这表明马克思开启了对历史发展道路多样性、生成性的思考。

马克思、恩格斯把社会主义由空想变为科学，列宁则把科学社会主义由理论变成现实，列宁领导了十月革命，在世界上建立了第一个社会主义国家。需要关注的是，俄国是在小农经济占优势的经济文化落后国家建设社会主义的范例。所以，列宁晚期集中思考的问题是：经济文化落后的俄国向社会主义过渡的道路问题。思考的重大成果，一是列宁对社会主义的整个看法根本上改变了；二是列宁认为各个民族都将走向社会主义，但走法却不完全一样。显然，是列宁开启了对历史发展道路多样性的实践，开始走出“使农村从属于城市……使未开化和半开化的国家从属于文明的国家，使农民的民族从属于资产阶级的民族”①的框架。历史发展道路多样性之实践真正发端于列宁，他在理论上为中国“走自己的路”提供了“俄国样本”。

现代化运动是西方开启的，它把整个世界卷入其中，也对中国产生强烈冲击。1840 年后，中国开启一波波被动防御性的回应，如洋务运动、戊戌变法、辛亥革命、五四运动。这些回应没有真正走出“自己的路”。十月革命一声炮响，给中国送来了马克思列宁主义。马克思列宁主义同中国工人运动相结合产生了中国共产党。中国共产党一改过去被动防御性的回应为积极主动的应对，从选择马克思列宁主义作为指导思想、选择中国共产党作为领导力量、选择中国道路作为解决中国问题的必由之路这三个方面，开始掌握在中国建设现代化的历史主动。之后，我们党确定了“走自己的路”，推进现代化道路上的“自主性成长”(或实践生成)；改革开放后，我们党赋予“走自己的路”以时代内涵，从“走自己的路”中开出“中国特色社会主义道路”，推进现代化道路上的“内涵式成长”；中国特色社会主义进入新时代，我们党进一步把中国特色社会主义道路置于世界历史这种大历史观、大历史场景中思考，在与西方现代化的比较和竞跑中，又走出“中国式现代化”新道路，彰显“中国特色社会主义道路”的世界历史意义，推进了现代化道路上的“世界性成长”；之后，我们党又进一步从“中国式现代化新道路”中成功拓展出“中国式现代化”，赋予“中国式现代化”新道路以更宽广而深远的意义，推进了

---

① 《马克思恩格斯选集》第一卷，405 页，北京，人民出版社，2012。

现代化道路上的“理论性成长”。

中国式现代化及其创造的人类文明新形态具有重大的世界历史意义，它打破“自古华山只有一条路”的那种对西方式现代化、西方中心论的迷思，开创出“条条大路通罗马”的新的现代化景观，改变了世界现代化的版图，为人类实现现代化提供新的选择，使科学社会主义理论和实践由西方走向东方的中国，在21世纪中国焕发强大生机活力，也使中国特色社会主义走向世界，具有世界意义。基于中国式现代化的实践生成及其所创造的人类文明新形态，我们走出了一条由“世界失我”到“世界有我”再走向“世界向我”的历史演进逻辑，走出了“东方从属于西方”的框架，开启了创新发展21世纪马克思主义之路，破解了“古今中西之争”，巩固了中国式现代化的主体性。

三　余言

我已66岁。岁月显老，学术年轻。60岁到75岁是我的学术“黄金期”，因为一有学术积累，二有学术时间，三有学术使命。在这一段时间，我可以静下心来，心无旁骛地从事纯粹的学术研究，也可以清除一些功利主义因素的影响。我把学术研究职业当作事业，把学术生命当作使命，因而会充分利用这样的学术“黄金期”，全力以赴致力于“中国式现代化、人类文明新形态、构建人类命运共同体与创新发展21世纪马克思主义”的学术研究，致力于“文化和文明关系”的学术研究，力求实现学术上的创新和突破。

这是我的执念，也是我的学术追求！

目　录

第一章　马克思开辟的哲学道路

方向决定道路，道路决定命运。

要真正厘清马克思主义哲学的本质特征，揭示马克思主义哲学的基本价值与历史命运，就必须首先揭示马克思开辟的哲学道路，也就是真正厘清马克思的哲学观。总体来讲，马克思主要是在哲学论战中，在辩证理解和对待自己所遇到的时代问题及其各种矛盾关系中，来开辟哲学道路的。

一　哲学的视阈

在抽象思辨世界与人的感性生活世界中，马克思的哲学不完全排斥科学的抽象思辨，但它更关注人的感性生活世界。

在《德意志意识形态》中，马克思恩格斯批判了青年黑格尔派远离现实生活而醉心于抽象的哲学批判之思辨倾向。他们鲜明地指出，青年黑格尔派的“哲学家没有一个想到要提出关于德国哲学和德国现实之间的联系问题，关于他们所作的批判和他们自身的物质环境之间的联系问题”①。也就是说，青年黑格尔派哲学家脱离实际，不关心德国现实，仅仅在书斋里搞形而上学的抽象思辨。

与这种倾向相对立，马克思恩格斯认为，抽象本身离开现实和历史没有任何价值，这样的哲学需要终结了：“在思辨终止的地方，在现实生活面前，正是描述人们实践活动和实际发展过程的真正的实证科学开始的地方……对现实的描述会使独立的哲学失去生存环境，能够取而代之的充其量不过是从对人类历史发展的考察中抽象出来的最一般的结果的概括。这些抽象本身离开了现实的历史就没有任何价值。”②因此，“德国哲学从天国降到人间；和它完全相反，这里我们是从人间升到天国。这就是说……我们的出发点是从事实际活动的人”③，我们的历史观的前提“是一些现实的个人，是他们的活动和他们的物质生活条件……这些前提可以用纯粹经验的方法来确认”④。显而易见，马克思的哲学视界，是面向人的感性生活世界，注重对现实的个人、现实个人的活动和他的物质生活条件进行经验观察和经验性研究，这才是他们所注重的哲学。正如马克思所指出的，德国哲学在太空飞翔，而他只求深入全面领悟在现实生活中遇到的日常事物。他又指出，“新唯物主义的立脚点则是人类社会或社会的人类”⑤。

研究人的感性生活世界，注重对现实人的感性生活世界进行经验观察和抽象概括，是马克思开辟的哲学道路的第一种含义。

---

① 《马克思恩格斯选集》第1卷，145—146页，北京，人民出版社，2012。
② 同上书，153页。
③ 同上书，152页。
④ 同上书，146页。
⑤ 同上书，136页。

二 哲学的主题及其品格

在抽象的“类”与现实的人中，马克思更关注现实人的生存境遇与发展命运，马克思关注人的感性生活世界，主要是关注现实人的生存境遇与发展命运。

关注现实人的生存境遇与发展命运，是马克思主义哲学的主题。这一主题可分解为两个论题：批判性反思资本主义社会中现实人的异化并追求人的解放和发展，进而使异化世界成为人道世界的价值主题；诊断造成人的种种存在状况的根源，制定医治人和社会病态方案的科学主题。

近代西方哲学，尤其是德国古典哲学没有真正达到对人的科学理解，这主要表现在它多从“类”的意义上理解人：第一，许多哲学家只是抽象地设定“一般的人”，这种抽象的设定虽然包含了对人的某种应当性理解，但这种理解与现实人的活生生的生存活动却是相异在的。第二，一些自然主义哲学家虽然看到了人的生命存在，但却只是在一般生物学的意义上理解人，没有看到现实的人与一般生命存在的本质差别。由此，他们所建立起来的要么是关于人的形而上学，要么就是关于人的生物学。

马克思明确表达出对这种哲学的尖锐批判，也表达出对“一个时代的迫切问题”的关切。他指出，以往德国的一些哲学家往往置现实的人于不顾，把人理解为抽象的“一般人”或“类”，把整个历史发展过程看作是“人”的发展过程。这就是说，马克思主义哲学研究的主题和出发点不是抽象的人或“类”(虽然马克思并不完全排斥“类”思维)，而是现实人的实践活动和历史发展过程，“是处在现实的、可以通过经验观察到的、在一定条件下进行的发展过程中的人”①。

---

① 《马克思恩格斯选集》第1卷，153页，北京，人民出版社，2012。

马克思哲学视野中的从事实际活动的现实的人，主要是无产阶级，所以马克思哲学十分关注无产阶级的生存境遇和发展命运，关注工人与资本家之间的关系，并注重使工人阶级的异化世界成为人道世界，认为那种不关注人的现实和现实的人及其历史发展过程的哲学，不关注无产阶级生存境遇和发展命运的哲学，必将失去生存的环境。

由此马克思指出："哲学把无产阶级当做自己的物质武器，同样，无产阶级也把哲学当做自己的精神武器……德国人的解放就是人的解放。这个解放的头脑是哲学，它的心脏是无产阶级。"①这意味着，马克思的哲学是无产阶级解放的精神武器。基于这些思考，马克思指出："真理的彼岸世界消逝以后，历史的任务就是确立此岸世界的真理。人的自我异化的神圣形象被揭穿以后，揭露具有非神圣形象的自我异化，就成了为历史服务的哲学的迫切任务。"②这里，马克思把自己哲学的迫切任务确定为研究现实人的生活世界的真理和异化。

实际上，只有马克思才真正实现了对现实人的科学理解，从而使现实的人真正成为哲学的主题、前提和出发点。我和邹诗鹏教授曾认为，把现实的人看成哲学的主题、前提和出发点，实际上就是力图肯定感性的、现实的人对于哲学的首要意义。但要真正把感性的、现实的人确立为哲学的主题、前提和出发点，那就必须将感性本身本体论化，但这是传统西方哲学难以解决的问题。

在传统西方哲学中，本体论的本性即是超验性，凡是成为本体的都是超验的实体性存在，故感性是根本不可能成为本体的，更不可能建立什么感性本体论。由此看出，传统哲学的本体论注定是与感性的、现实的人相异在的。而要真正赋予感性以本体论的意义，不仅要赋予感性以新的理解，同时还必须对传统西方哲学的本体论进行一番根本改造。在马克思那里，这两项工作是连在一起完成的。

---

① 《马克思恩格斯选集》第1卷，16页，北京，人民出版社，2012。

② 同上书，2页。

在马克思看来，感性作为人的最真实的存在状态，对人来说必然具有一种本体论性的意义："如果人的感觉、激情等等不仅是[本来]意义上的人本学规定，而且是对本质(自然)的真正本体论的肯定。"①"全部人类历史的第一个前提无疑是有生命的个人的存在。因此，第一个需要确认的事实就是这些个人的肉体组织以及由此产生的个人对其他自然的关系。"②换句话说，"有生命的个人的存在"之所以成为"历史"的首要前提，就在于人通过具体的生产实践活动，即通过"生产他们所必需的生活资料"的生产性活动，从而将自身与动物区分开来，但要真正达到这一点，还不能仅限于"人自身的肉体组织活动"，而必须同时取得这种生产活动的生活意义，使得这样一种物性的生产活动不至于与人的生活相异化。因此，作为历史规定性的生产方式，"不应当只从它是个人肉体存在的再生产这方面加以考察。更确切地说，它是这些个人的一定的活动方式，是他们表现自己生命的一定方式、他们的一定的生活方式"③。显然，马克思不仅在自然人类学的意义上肯定感性本体论，而且这种自然人类学意义上的规定性同时就是人的生存的历史规定性，而自然人类学的规定性与历史规定性的统一绝不是抽象的统一，而是通过具体的生活样式所实现的生存论层面上的统一。这本身就是对本体论的内在规定。

马克思虽使用了情欲本体论这一概念，但他对情欲本体论的理解既不同于费尔巴哈"仅限于感情范围内"的"现实的、单个的、肉体的人"，也不同于后来存在主义哲学中非理性的情欲本体论。费尔巴哈与存在主义哲学中的情欲本体论正是马克思哲学所批判和超越的。因为马克思所说的"感性"是一个关系范畴，也就是人的历史实践活动本身。正是在这个意义上，马克思批判费尔巴哈"把人只看做是'感性对象'，而不是'感性活动'"，费尔巴哈对人的理解"仍然停留在理论领域，没有从人们现

① 《马克思恩格斯文集》第1卷，242页，北京，人民出版社，2009。

② 《马克思恩格斯选集》第1卷，146页，北京，人民出版社，2012。

③ 同上书，147页。

有的社会联系，从那些使人们成为现在这种样子的周围生活条件来观察人们——这一点且不说，他还从来没有看到现实存在着的、活动的人，而是停留于抽象的'人'，并且仅仅限于在感情范围内承认'现实的、单个的、肉体的人'"。①

正是通过彻底批判传统西方哲学对人的抽象理解，把感性活动的，同时也是社会的、历史的和现实的人确定为哲学的主题、前提和出发点，才开创了马克思哲学的全新景观。马克思的哲学具有一种开放性品格，它本身是未竟的和未然性的理论形态，这给当代哲学形态的建构提供了广阔的空间。当代西方哲学对人与主体性问题(包括主体间性)的高度关注，对晚期资本主义人的异化现实的思索，对工业化、技术化社会工具理性状况的揭露，对生活世界或生活形式的不约而同的兴趣，对现代性问题的深入思考，以及后现代主义哲学的崛起、文化哲学的兴起、人类学范式的转换、现象学向解释学的转向等，都与马克思的现实的人的思想有直接的承继关系。

由此，马克思的哲学绝不是空洞抽象的理论建构，而是要求具体化为个人、群体、无产阶级、民族与国家，以及整个人类争取解放、争取独立、争取自由的思想武器，并通过具体的共产主义运动真正实现世界的属人化，实现"每个人的自由发展是一切人的自由发展的条件"②的人类发展最高目标。人类关怀是马克思哲学的根本关怀，马克思也常常强调真正的哲学就应该是世界哲学。但是当具体面对人的问题时，这一人类关怀又直接生成对弱势主体强烈而现实的关怀。

关注现实人的生存境遇和发展命运，是马克思开辟的哲学道路的第二种含义。

---

① 《马克思恩格斯选集》第1卷，157页，北京，人民出版社，2012。

② 同上书，422页。

三 哲学的本质

在体系与方法中，马克思关注的是考察人的感性生活世界的科学原则与价值原则相统一的方法，要真正关注现实人的生存境遇和发展命运，必须确立一种反思和考察世界的合理方法。

德国古典哲学家比较注重构造抽象思辨的哲学体系，黑格尔更是如此。针对这种情形，马克思鲜明地指出："哲学，尤其是德国哲学，爱好宁静孤寂，追求体系的完满，喜欢冷静的自我审视。"① 在《路德维希·费尔巴哈和德国古典哲学的终结》一书中，恩格斯也明确指出，在黑格尔哲学那里，存在着体系与方法的矛盾，他的体系往往是保守的，而他的方法却是革命的，因为他的哲学彻底否定了关于人的思维和行动的一切结果具有最终性质的看法。但黑格尔更注重的是建立体系，由于他的体系往往是保守的，所以革命的方面往往被过分茂密的保守的体系所窒息，革命的思维方法也往往产生为普鲁士政府辩护的极其温和的政治结论。

对待德国哲学，尤其是黑格尔哲学，马克思恩格斯采取的态度是：一方面力求深入到他的体系的大厦里面去，发现具有价值的珍宝，把他的辩证方法拯救出来；另一方面努力走出这些体系的迷宫，找到真正的切实地认识世界的道路，并且运用这种辩证方法来揭示和发现人类社会发展的规律。由此看来，马克思的哲学在本质上注重的是反思和考察人的生活世界的辩证方法，而不是建构什么纯粹的哲学体系；马克思哲学变革的实质与核心，是走出抽象思辨的体系哲学，而使哲学成为研究现实的人及其历史发展过程的科学方法论。

---

① 《马克思恩格斯全集》第1卷，219页，北京，人民出版社，1995。

对于这一点，马克思恩格斯在其他著述中又作了进一步说明和发挥。针对德国青年作家和一些年轻的德国人认为历史唯物主义是一种套语的误解，而且用这种套语来把自己相当贫乏的历史知识快速构成体系的做法，恩格斯明确强调指出，如果不把唯物主义方法当作研究历史的指南，而把它当作现成的公式，按照它来剪裁各种历史事实，那它就会转变为自己的对立物。“我们的历史观首先是进行研究工作的指南，并不是按照黑格尔学派的方式构造体系的杠杆。”①显然，马克思恩格斯的哲学在本质上不是公式、教条、套语和标签，而是研究问题的思维方法。

马克思哲学作为一种研究问题和反思人的生活世界的思维方法，主要包括价值原则与科学原则相统一、整体分析与层次分析相结合、逻辑分析与历史考察相一致、抽象思维与具体思维相融合、批判原则与建构原则并用等方法，但最基本、最核心的，是科学原则与价值原则相统一的方法。他在分析和研究问题时，既力图按照事物的本来面目及其产生的根源来理解事物，其科学精神非常鲜明，又倡导对这一事物作出价值上的判断和导向，其人文精神也十分突出。

马克思所坚持的科学原则与价值原则相统一的方法，主要包括以下内容。

(1)注重“应有”与“现有”的辩证关系。马克思的哲学思想和实践活动，就其基本方面，主要是围绕应有与现有的关系进行的。马克思对资本主义社会现实的基本评价是：现存制度的唯一原则是“轻视人，蔑视人，使人非人化”②。马克思渴望和追求着人道理想，因而在他的一系列著作中，都对现存的一切进行无情的批判。在马克思看来，只有在批判现实世界的过程中，才能提出切合实际的理想，而要实现“应当”的理想，必须把它置于现实的基础之上。由此，马克思改变了自己思考问题的出发点：一是由个人出发改变为从社会、阶级、人类、集体和“联合

---

① 《马克思恩格斯选集》第4卷，599页，北京，人民出版社，2012。

② 《马克思恩格斯全集》第47卷，59页，北京，人民出版社，2004。

体”出发。二是从人的本质出发改变为从社会关系出发。三是从理想出发改变为从现实出发。

(2)注重人的历史活动的合规律性与合目的性的辩证关系。这集中体现在马克思对待经济活动与经济问题时，既主张按照经济自身运行的客观规律来理解，又表现出对经济活动与经济问题的人文关怀，强调要从人(在马克思那里主要是工人阶级)的角度来考察。在《1844 年经济学哲学手稿》中，马克思对劳动、商品、所有制、资本、工资、货币、分配、商业、竞争、分工、交换和利润等问题的思考与考察，就是如此。

(3)注重“物”与“人”、发展与代价的辩证关系。从物质财富增长的角度，马克思对资本主义社会给予较高评价，认为资本主义社会创造了巨大的社会生产力，推进了社会发展，为人的发展提供了物质基础；但从人的发展的角度，马克思则指出资本主义社会的发展以牺牲人的自由而全面的发展为代价，物的增值以人的贬值为代价。马克思站在革命人道主义的立场上，认为这样的社会必然产生非人性的后果，所以马克思试图改变这一社会现状，使现存世界人道化。

(4)注重主体能动性与客观制约性的统一。人的主体能动性和客观制约性的关系，是马克思哲学关注的一个重要问题。马克思的《青年选择职业时的考虑》一文的核心思想之一，就是个人的自主选择和社会关系的客观制约的关系。他说，“我们并不总是能够选择我们自认为适合的职业；我们在社会上的关系，还在我们有能力决定它们以前就已经在某种程度上开始确立了”①。他的博士论文对人的自由的论述，着眼的是人同周围世界的相互作用。在《莱茵报》做编辑时期，马克思着重谈论的是人的自由的实现同社会经济关系的制约关系。在《1844 年经济学哲学手稿》和《关于费尔巴哈的提纲》中，马克思着重论述了人的本质的思想。他一方面从人的主体性方面谈论人的类本质，认为这种主体性的本

① 参见《马克思恩格斯全集》第 1 卷，457 页，北京，人民出版社，1995。

质就是人的自由自觉的活动；另一方面又从人的社会客观制约性方面谈论人的社会现实的本质，认为这种本质是一切社会关系的总和。在《德意志意识形态》和《哲学的贫困》中，马克思又强调人既是剧作者又是剧中人，人既创造环境又被环境创造。在《共产党宣言》和《资本论》中，马克思在谈论人的自由、人的个性、个人和社会的关系、人和物的关系问题时，都贯穿着人的主体性和客观制约性的关系的核心线索。

注重考察人的生活世界的科学原则与价值原则相统一的辩证方法，是马克思开辟的哲学道路的第三种含义。

四　哲学的功能

在“注解—论证”与“批判—前导”中，马克思哲学更关注在批判旧世界中建构新世界，在解释世界中改变世界，并为新世界提供前导性理念。运用科学的方法认识现实人的生存境遇和发展命运，运用哲学的反思精神对旧世界加以批判，可以为建立新世界提供前导性理念。

马克思哲学是面向时代、实践和现实的。那么，马克思哲学与时代、实践和现实究竟是什么关系？归纳起来，马克思对此作出如下阐述：(1)哲学既是“晚上起飞的猫头鹰”，同时更应成为“高卢雄鸡”。① 所谓高卢雄鸡，就是哲学要在批判旧世界中发展新世界，并为建立新世界提供前导性理念。(2)任何真正的哲学都是自己时代的精神上的精华。② 这意味着，哲学要从时代精神或“时代的迫切问题”的科学解释中提升出核心理念，以引导时代和实践的发展。(3)既要使世界哲学化，

① 参见《马克思恩格斯选集》第 1 卷，16 页，北京，人民出版社，2012。

② 参见《马克思恩格斯全集》第 1 卷，220 页，北京，人民出版社，1995。

也要使哲学世界化。[1] 这就是说，应该从对世界的科学解释与批判研究中提升出哲学理念，然后再用这一理念改变世界，引导世界的发展。(4)理论在一个国家实现的程度，总是取决于理论满足这个国家的需要的程度。[2] 这显然是说，哲学理论应对国家的发展发挥引导作用。(5)批判的哲学是对当代的斗争和愿望做出当代的自我阐明。[3] (6)哲学不是到处可以贴标签的套语，而是行动的指南。哲学作为行动的指南，首先应在理念上对实践提供引导。

从马克思的上述阐述来看，他的哲学既具有鲜明的批判性，注重“对现存的一切进行无情的批判”(他的许多著作都是以“批判”命名的，他比较注重批判性的反思与论战)，这表现在他注重对时代性的“问题”进行相对独立的、本质性的和前提性的科学解释与批判性思考，注重对“既定的对象”进行本质性、前提性的追问与学科解释，同时又具有建构性与前导性，注重为时代、实践和现实提供前导性理念及其实现这一理念的总体构想，并为实现这一理念与构想而积极努力。如果说在黑格尔那里，他强调凡是现实的都是合理的，凡是合理的都是现实的话，那么马克思则更关注凡是合理的都是现实的。

马克思在《关于费尔巴哈的提纲》的第十一条中强调指出，哲学家们只是用不同的方式解释世界，问题在于改变世界。这句名言刻在了马克思的墓碑上，它鲜明而集中地表达了马克思哲学的本质特征与核心贡献。其实质就是说，他的哲学既要科学地解释世界，更要去改变旧的世界。

注重在科学解释世界的前提下改变世界，在批判旧世界中建构新世界，并为新世界提供前导性理念，是马克思开辟的哲学道路的第四种含义。

---

① 参见《马克思恩格斯全集》第1卷，220页，北京，人民出版社，1995。

② 参见《马克思恩格斯选集》第1卷，11页，北京，人民出版社，2012。

③ 参见《马克思恩格斯全集》第47卷，67页，北京，人民出版社，2004。

五　哲学思维方式

> 在既定论与生成论中，马克思注重实践生成论思维方式。针对青年黑格尔派只讲“震撼世界”的词句而不反对现实的现存世界，针对以往的哲学家只是用不同的方式解释世界，针对传统西方哲学中用本质规定存在的哲学倾向，马克思强调要理解“革命的”“实践批判的”活动的意义。他指出：“哲学家们只是用不同的方式解释世界，问题在于改变世界。”①这就是说，马克思哲学即新唯物主义在本质上是一种感性实践活动的唯物主义，这种唯物主义立足的基础是人类社会，使命与作用是改变世界。

马克思哲学关于实践活动的观念注重事物自身的自我生成、自我诞生、自我实现和自我确证，认为事物是在自己的发展过程中确定其本质，而且成为自己的。这种实践，本质上就是一种建构活动；实践活动观念注重“做”什么，注重追问世界、事物“如何存在”“如何使世界发生改变”，因而往往用存在的发展过程实现和确证本质，用活动理解存在及其变化；实践活动观念注重现实的人的创造个性和主体性，因而也注重人的自我生成。这其中蕴含的精神实质，就是要由过去注重先定因素走向注重后定因素。要言之，就是在哲学思维方式上，要求由“既定论”走向“生成论”。他所主张的实践的唯物主义，强调的是实践的生成性。马克思明确指出：“对实践的唯物主义者即共产主义者来说，全部问题都在于使现存世界革命化，实际地反对并改变现存的事物。”②这就是说，马克思哲学的使命，就是改变现存世界和现存事物；他所创立的历史唯物主义，强调的是历史的生成性；他所注重的是处在历史发展过程

---

① 《马克思恩格斯选集》第1卷，136页，北京，人民出版社，2012。

② 同上书，155页。

中的人，强调的是人的自我创造的生成性，强调的是现实的人及其历史发展。

注重实践生成论思维方式，是马克思开辟的哲学道路的第五种含义。

六 哲学的目的与手段

> 目的方面，马克思从社会发展的动力上注重每个人能力的充分发挥，从社会发展的和谐上注重无产阶级解放、人类解放、个人自由全面发展与社会发展的和谐一致；手段方面，马克思注重研究社会历史发展的规律和现实物质条件，注重无产阶级革命实践。马克思哲学从现实的人出发，用科学与价值统一的方法，研究无产阶级的生存境遇和发展命运，从中揭示了他的哲学追求的目的与手段，即通过研究社会历史发展的规律与现实物质生活条件，通过无产阶级革命实践的改造活动，使无产阶级获得解放，使个人自由全面发展与社会发展达到和谐一致，使每个人的能力得到充分发挥。这里充分表明马克思哲学注重的是"阶级性"与"人类性"的统一，是社会发展的动力因素与和谐因素的统一，是目的与手段的统一。

在18世纪至19世纪，近代资本主义社会获得了前所未有的发展。正如马克思恩格斯所指出的，资产阶级在它的不到100年的阶级统治中所创造的生产力，比过去一切世代创造的全部生产力还要多，还要大。但是近代资本主义社会发展的一个重要特征，就是经济或社会物质财富的增长以牺牲个人的全面发展为代价。具体来讲就是：物对人的统治，人仅仅成为创造物质财富的手段，使人不能真正发展；资本占有劳动，人成为资本的奴隶，使人不能平等发展；机器支配人，人成为机器的一个零件，使人不能自由发展；分工限制人，使人不能完整发展。

针对这些状况，马克思恩格斯运用自己确立的科学方法，强烈地批判了资本主义社会中的个人生存、发展的悲惨处境以及非人道境遇，期望建立一个以每个人的自由、平等和全面发展为目标的新社会。马克思在描述未来理想社会的一般特征时指出，共产主义是“以每一个个人的全面而自由的发展为基本原则的社会形式”①。

可见，在马克思的哲学视野里，未来的新社会不是物对人的统治，而是物为人的全面发展这一最高目的服务，人能获得真正的发展；不是资本占有劳动，而是劳动占有资本，劳动者能获得平等的发展；不是机器支配人，而是全面发展的人驾驭机器，人能获得自由的发展；消灭了旧式分工，人能获得完整的发展。

总之，不是物的原则占主导地位，而是人的自由、平等和全面发展的原则占主导地位，后者才是共产主义社会的基本原则和本质特征。

实际上，马克思哲学所追求的就是：通过对社会历史发展一般规律的分析与揭示，通过对资本主义生产方式及其发展规律的研究，通过无产阶级革命，为无产阶级解放、人类解放与每个人自由而全面发展指明方向和道路，并把人类能力的全面发展作为共产主义社会和自由王国的目的。所以无产阶级解放，人类解放，每个人自由全面发展与社会发展的和谐一致，每个人能力的充分发挥都在马克思哲学中占据目的性地位，是马克思哲学追求的根本价值目标。

这里，马克思哲学既注重无产阶级从“异化”和“物化”的境遇中获得解放，具有鲜明的阶级性，同时又显示了解放全人类和促进人类能力发展的哲学旨趣，具有开放的人类性；既从社会发展的动力因素方面注重每个人能力的充分发挥，又从社会发展的和谐因素方面注重无产阶级的解放，注重个人发展与社会发展的和谐一致；既注重追求理想的目标，更关注实现这些目标的手段。马克思指出，共产主义并不是人类发展的

① 《马克思恩格斯文集》第5卷，683页，北京，人民出版社，2009。

目标，也不是人类社会的形态(这里，马克思是从人的解放理念而不是从社会发展阶段来理解共产主义的，对于这一点，我们似乎注意不够——笔者注)，而是“人的解放和复原的一个现实的、对下一段历史发展说来是必然的环节”①，这一环节的核心旨向，就是实现人的自主活动，而“自主活动就是对生产力总和的占有以及由此而来的才能总和的发挥”②；“只有在共同体中，个人才能获得全面发展其才能的手段，也就是说，只有在共同体中才可能有个人自由”③。马克思又进一步明确强调：“自由王国只是在必要性和外在目的规定要做的劳动终止的地方才开始；因而按照事物的本性来说，它存在于真正物质生产领域的彼岸。……在这个必然王国的彼岸，作为目的本身的人类能力的发挥，真正的自由王国，就开始了。”④

注重无产阶级解放和人类解放，使个人自由全面发展与社会发展达到和谐一致，使每个人的能力得到充分发挥，是马克思开辟的哲学道路的第六种含义。

七　哲学的基本价值

由上考察可以看出，马克思哲学是力图运用科学与价值统一的考察方法，批判性地考察现实人的感性生活世界，以为实践活动提供前导性理念，使无产阶级在改变旧世界的实践过程中实现自身的解放，实现个人的自由全面发展与社会发展的和谐一致，实现每个人能力的充分发挥。

---

① 《马克思恩格斯文集》第1卷，197页，北京，人民出版社，2009。

② 《马克思恩格斯选集》第1卷，209页，北京，人民出版社，2012。

③ 同上书，199页。

④ 《马克思恩格斯文集》第7卷，928—929页，北京，人民出版社，2009。

具体来讲，马克思哲学的基本价值可以从四个逻辑层面来揭示。一是方法层面。在马克思那里，主要就是运用科学与价值统一的方法来考察事物，既坚持按照事物的真实情况来理解事物，又要符合工人阶级的利益和愿望。正如恩格斯指出的："科学越是毫无顾忌和大公无私，它就越符合工人的利益和愿望。"①

二是主题层面。在马克思那里，主要就是批判地考察现实人的生存境遇与发展命运。

三是目标层面。在马克思那里，主要就是实现无产阶级解放和人类解放；实现每个人自由全面发展与社会发展的和谐一致；使每个人的能力得到充分发挥。

四是实现方式层面。在马克思那里，主要就是以一种合理的理念，引导无产阶级在改变旧世界的实践过程中，解放与发展自己。

这样，可以把马克思哲学的基本价值集中且简要地概括为：坚持科学与价值的统一，关注现实人的生存境遇与发展命运，关注无产阶级的解放，注重个人自由全面发展与社会发展的和谐一致，注重每个人能力的充分发挥，注重用理念引领实践，注重革命实践的生成作用。

根据这些基本价值可以得出结论："马克思仍然是我们同时代的人"，马克思所开辟的哲学道路仍是我们这个时代所要进一步行走的道路，因而所谓建构马克思主义哲学的当代形态，就是要面对"时代精神""现代成果"和"中国问题"，理解马克思主义哲学的基本价值的当代意义，并与时俱进地进一步补充、丰富和发展马克思主义哲学，从而使马克思主义哲学达到新时代、中国实践和人的发展所要求的水平。

---

① 《马克思恩格斯选集》第4卷，265页，北京，人民出版社，2012。

第二章　马克思哲学的生成性本质

马克思所开辟的哲学道路具有“生成性”的本质。

1978年以来，我国哲学界就生成论这一论题展开了学术探讨，有些学者也提出了一些独到而又有启发的见解，深化了马克思主义哲学研究。至今，因有些学者不大了解马克思主义哲学的生成论思想及其实质，导致在某些重大理论和实践问题上存在一些模糊认识。这表现在：有的学者从本本主义出发，或者从西方标准和范式出发，来剪裁中国实践，对我国改革开放和社会主义现代化建设实践进行主观裁定，并对我国改革开放和中国特色社会主义产生某种质疑。产生这种模糊认识的深层根源之一，主要在于对马克思所实现的哲学变革及其本质特征缺乏全面深入的理解，没有深刻认识到马克思哲学的生成性本质。

一　马克思实现哲学变革的实质

自从古希腊哲学家苏格拉底提出“认识你自己”这一重大论题以来，西方一些哲学家就一直在追问：“人是什么？”并给出了诸多答案。

答案种种，但有一个共同点，即都是按照“是”和“是其所是”的思维方式来回答的：它首先预先抽象地设定人人都具有某种共同的本质，然后认为现实的人都是这种本质的具体体现。这里，人被预先规定为一种确定性、既成性的存在，人是由某种抽象的共同的“是”来规定的。这实质上是一种预成论或既定论的思维方式。这种思维方式的合理性在于：它注重“确定性”“普遍性”“共同性”“稳定性”。然而这种思维方式的根本缺陷就在于它忽视事物和对象的“不确定性”“特殊性”“历史性”“未完成性”和“开放性”，要言之，忽视其生成性。它注重“是”却忽视“成为是”；它注重“成”却忽视“生成”，它注重“非此即彼”，即在“是”与“非是”之两极对立中进行思考，是就是是，不是就是不是，不能既是又不是，却忽视了“历史生成”；它注重“固定性”却忽视了“发展性”“未完成性”和“开放性”；它注重“普遍性”却忽视了“特殊性”。大体来说，近代西方的知识论和形而上学大都属于这种思维方式。正如恩格斯所指出的，形而上学的思维方式，“不是从运动的状态，而是从静止的状态去考察；不是把它们看做本质上变化的东西，而是看做固定不变的东西；不是从活的状态，而是从死的状态去考察”①。

德国古典哲学虽然具有“生成性”思维方式的因素，如黑格尔的推动原则和创造原则的否定性的辩证法的伟大之处，首先在于把人的自我产生看作一个过程，他抓住了劳动的本质，把现实的人因而是真正的人理解为他自己劳动的结果。黑格尔还指出，真理就是它自己的完成过程。但是他只看到劳动的积极方面，而没有看到它的消极方面，他唯一知道并承认的劳动是抽象的精神的劳动。②

在西方，生成性思维是一个哲学范畴，它首要是针对知识论、形而上学所蕴含的既定性思维而出场的。马克思实现哲学变革的实质，就是从预成性思维方式或既成性思维方式转向生成性思维方式。这种变革，实质上就是哲学变革。马克思在继承唯物主义的前提下，把实践、历史和辩证法引入哲学，引入唯物主义，把运动、发展、变化引入哲学思维，

---

① 《马克思恩格斯选集》第 3 卷，791 页，北京，人民出版社，2012。

② 参见《马克思恩格斯全集》第 3 卷，320 页，北京，人民出版社，2002。

注重哲学的实践性、历史性和辩证性，强调事物和对象的实践性、历史性和辩证性，认为不存在永恒不变的共同的普遍的本质，一切事物都处在实践的、历史的、辩证的生成过程之中，并在实践、历史、现实展开的运动发展过程中生成自身。这正是实践唯物主义、历史唯物主义、辩证唯物主义的实质所在和本质特征。就是说，马克思所实现的哲学变革，主要在于在继承唯物主义前提下，把实践原则、历史原则和辩证原则引入唯物主义，所实现的是对唯物主义的哲学变革。这里，实践的本质，就是人类在改造世界中不断推进创新，其实质就是一种“生成性”；历史的本质，就在于它是由一个个连续的“生成”而构成的，其实质也是一种“生成性”；辩证法的本质，在于它是批判的、革命的，在于它是在超越、否定现存的事物中不断推进事物的发展、变化，其实质还是一种“生成性”。概言之，“生成性”或“生成性思维”，就是实践唯物主义、历史唯物主义、辩证唯物主义所共有的实质和本质，或者说，实践唯物主义、历史唯物主义、辩证唯物主义的共同实质和本质特征，就是“生成性”或“生成性思维”。

二　马克思哲学的生成性本质之证明

马克思哲学的生成性本质，在他的学说体系中充分地呈现出来了。

(一)哲学：从形而上学走向实践的、历史的、辩证的哲学

马克思哲学的生成性思维，较早呈现于《1844年经济学哲学手稿》中。这主要是通过对“劳动”的阐述来展现的。马克思指出：“历史的全部运动，既是它的现实的产生活动……同时，对它的思维着的意识来说，又是它的被理解和被认识到的生成运动。”①这里，“运动”“产生”

① 《马克思恩格斯全集》第3卷，297页，北京，人民出版社，2002。

“生成”表达的都是历史的生成，尤其在这里就直接、明白地使用了“生成”的概念。马克思又进一步明确强调指出，“对社会主义的人来说，整个所谓世界历史不外是人通过人的劳动而诞生的过程，是自然界对人来说的生成过程”①。这里，马克思直接且鲜明地使用“劳动诞生过程”“生成过程”，来更为明确地表达人的活动的生成性与世界历史的生成性。显然，在马克思那里，他明确使用“生成”概念，来揭示和表达历史的生成性本质。就是说，在马克思看来，历史的全部运动在本质上就是其现实的生成过程，世界历史就是人的劳动的诞生过程，人就是其全部活动和历史的全部运动的结果。

在《关于费尔巴哈的提纲》中，马克思强调：“社会生活在本质上是实践的。凡是把理论诱入神秘主义的神秘东西，都能在人的实践中以及对这种实践的理解中得到合理的解决。”②就是说，要理解和把握社会生活，本质上是要理解和把握人的实践。而人的实践，既是一种感性的、对象化的活动，同时又是一种历史过程，在这种生成性过程中，具有神秘主义性质的神秘的东西能得到合理的解释和解决。这里实际上讲的是“实践的生成”。

在《德意志意识形态》中，马克思对生成性思维作出更为明确而深入的阐述。马克思强调：“个人怎样表现自己的生命，他们自己就是怎样。因此，他们是什么样的，这同他们的生产是一致的——既和他们生产什么一致，又和他们怎样生产一致。因而，个人是什么样的，这取决于他们进行生产的物质条件。”③其中所讲的“生命”“生产”，就是一种生成性过程，人就是在这种生成过程中得以表现和实现的。马克思又指出，他研究历史的基本前提是人，“但不是处在某种虚幻的离群索居和固定不变状态中的人，而是处在现实的、可以通过经验观察到的、在一定条件下进行的发展过程中的人。只要描绘出这个能动的生活过程，历史就不

① 《马克思恩格斯全集》第 3 卷，310 页，北京，人民出版社，2002。

② 《马克思恩格斯选集》第 1 卷，139—140 页，北京，人民出版社，2012。

③ 同上书，147 页。

再像那些本身还是抽象的经验主义者所认为的那样，是一些僵死的事实的汇集，也不再像唯心主义者所认为的那样，是想象的主体的想象活动。在思辨终止的地方，在现实生活面前，正是描述人们实践活动和实际发展过程的真正的实证科学开始的地方”[①]。这里，马克思反对“固定不变”和“僵死事实”，“绝不提供可以适用于各个历史时代的药方或公式”，而是注重历史的“发展过程”和“生活过程”，这种“发展过程”和“生活过程”，实质上讲的就是历史的生成性本质。

在讲到“人”的时候，马克思强调指出，“人”的解放“是一种历史活动”[②]。这是从“历史活动”角度来理解人的解放，是一种生成性思维。马克思还指出：“哲学家们在不再屈从于分工的个人身上看到了他们名之为‘人’的那种理想，他们把我们所阐述的整个发展过程看做是‘人’的发展过程，从而把‘人’强加于迄今每一历史阶段中所存在的个人，并把‘人’描述成历史的动力。这样，整个历史过程就被看成是‘人’的自我异化过程，实质上这是因为，他们总是把后来阶段的一般化的个人强加于先前阶段的个人，并且把后来的意识强加于先前的个人。借助于这种从一开始就撇开现实条件的本末倒置的做法，他们就可以把整个历史变成意识的发展过程了。”[③]这里，马克思用“历史发展阶段”来理解人的生成性本质，体现的也是一种生成性思维方式。在讲到共产主义的时候，马克思又强调：“共产主义对我们来说不是应当确立的状况，不是现实应当与之相适应的理想。我们所称为共产主义的是那种消灭现存状况的现实的运动。这个运动的条件是由现有的前提产生的。”[④]这里讲的是共产主义的生成性。

概言之，这里马克思运用生成性思维，揭示了历史发展、人的发展、共产主义运动的生成性本质。关于历史的“生成”，他强调历史发展

---

① 《马克思恩格斯选集》第1卷，153页，北京，人民出版社，2012。

② 同上书，154页。

③ 同上书，210—211页。

④ 同上书，166页。

的过程性；关于“人的生成”，他反对固定不变状态中的人，反对把整个发展过程看作是“人”的发展过程，主张把人看作是通过其进行生产的物质条件而生成的，从而注重在一定条件下进行的发展过程中的人；关于“共产主义的生成”，他把共产主义的生成看作是由现实的运动而生成的，强调共产主义是由现有的前提产生的现实的运动。总之，马克思要建立的唯物主义历史观，就是一种注重实践活动和实际发展过程的科学，这种科学反对可以提供适用于各个历史时代的药方或公式，认为一切从人类历史发展的考察中抽象出来的最一般的思想观念，若离开了现实的历史就没有任何价值。可以说《德意志意识形态》是马克思恩格斯关于生成性思维的一部代表性著作。

(二)经济学：从抽象公式到具体过程

马克思在经济领域创立政治经济学，同样确立的是生成性思维，运用的是生成论。在《1844年经济学哲学手稿》中，马克思明确指出，国民经济学“把私有财产在现实中所经历的物质过程，放进一般的、抽象的公式，然后把这些公式当作规律。它不理解这些规律，就是说，它没有指明这些规律是怎样从私有财产的本质中产生出来的”①。显然，在这里马克思明确反对的是“削足适履”，即用一般的、抽象的、凝固不变的公式来剪裁私有财产在现实中所经历的物质过程，鲜明地强调要“根据脚选择合适的鞋”，即建立一种从经济事实出发说明“私有财产在现实中所经历的物质过程”，再从私有财产在现实中所经历的物质过程来揭示私有财产的运动规律的经济学，进一步说明私有财产的运动规律是从私有财产的本质中产生出来的。显然，在这里马克思是强调私有财产在现实中的物质过程生成了私有财产的运动规律。

在《德意志意识形态》中，马克思恩格斯把历史的生成原则引入经济学，从历史生成角度，分析了生产、生产力、交往形式、分工、所有制形式等经济学的基本问题。马克思恩格斯强调，生产、生产力、交往形

---

① 《马克思恩格斯选集》第1卷，49—50页，北京，人民出版社，2012。

式、分工、所有制形式等，都是从现实个人的物质生活过程中产生或生成的，都要到现实个人的生活过程中得到说明。他们说，他们所有确立的历史观的前提是现实的个人，现实的个人是有生命的个人，有生命的个人是具有肉体组织需要的个人，为了满足个人肉体组织的“衣食住行”等物质生活资料的需要，人们才去从事物质生产，物质生产不仅是有分工的，而且物质生产蕴含着生产力和交往形式(后来确定为生产关系)。因此，分工不过是现实个人的活动的社会形式，社会结构是从一定的个人的生活过程中产生的。这里，马克思恩格斯是从现实个人的物质活动的生成过程来说明经济学的一些基本事实和基本范畴的。

在《共产党宣言》中，马克思恩格斯运用唯物史观的历史原则和历史生成思维，解释和分析了资本和劳动内在矛盾的历史发展过程，揭示了资本占有劳动并控制社会的现实逻辑和历史逻辑，揭示了人类历史发展的一般规律和资本主义社会发展的规律，得出了资本主义必然灭亡、社会主义必然胜利的结论。

马克思的《资本论》，是从历史的逻辑来把握经济学问题与经济学范畴的。其总体思路，就是从具体的、历史的经济活动发展过程中抽象出经济学范畴、理论，而不是相反。这就是说，在马克思的政治经济学中，一切经济问题及其反映经济问题的经济学范畴、理论，都要放在历史发展过程中来理解和把握，而不是相反，即用某种固定不变的经济学范畴和理论来裁定经济发展过程。马克思首先从“商品”这一资本主义社会最基本的细胞出发，历史地和逻辑地揭示出商品的使用价值和价值的矛盾，这是商品“生成”出来的；接着，马克思从商品的使用价值和价值的矛盾中，历史地和逻辑地揭示出具体劳动和抽象劳动的矛盾，认为使用价值和价值的矛盾是由劳动“生成”出来的，具体劳动“生成”使用价值，抽象劳动“生成”价值；再接着，马克思从具体劳动和抽象劳动的矛盾中，历史地和逻辑地揭示出私人劳动和社会劳动的矛盾，再从私人劳动和社会劳动的矛盾运动中，揭示出生产资料私人占有和生产的社会化之间的矛盾，进一步揭示出无产阶级和资产阶级的矛盾。显然，在这里，马克思用历史生成和逻辑生成来分析和揭示了资本主义社会的内在矛盾运动过程。正因如此，马克思说，历史从哪里开始，思想进程也应当从哪里开始。

（三）社会主义学说：把社会主义建立在现实的基础上

空想社会主义之所以是“空想”主要在于：它既不是根据对现实社会和历史发展进程的考察提出“理想目标”，也不是根据现实社会和历史发展规律来提出理想目标的“实现路径”，而是从抽象的人性出发设定社会主义的一般原则，再用这种抽象的一般原则来剪裁具体的历史，把历史看作是这种抽象的一般原则发展的历史。要言之，空想社会主义之所以是“空想”，就在于它提出的理想目标和实现路径不是基于“历史的生成”，而主要是基于“抽象人性”。马克思恩格斯把生成性原则和生成性思维引入对社会主义的考察、理解和把握中，力求克服空想社会主义的历史局限，把社会主义建立在“现实”的基础上。恩格斯指出：“为了使社会主义变为科学，就必须首先把它置于现实的基础之上。”①这里的“现实”，就是现实的人、现实的物质生产、当时资本主义社会发展的现实境况、人类历史发展的进程和规律。显然，这里的“现实”是生成性的现实，而不是抽象的现实。恩格斯在1890年8月写给奥托·伯尼克的信中指出：“所谓‘社会主义社会’不是一种一成不变的东西，而应当和任何其他社会制度一样，把它看成是经常变化和改革的社会。”②这就是说，社会主义并非某个天才头脑的偶然发现，而是无产阶级和资产阶级之间斗争的必然产物；社会主义的任务不仅是构想完美的社会体系，社会主义者还要“研究必然产生这两个阶级及其相互斗争的那种历史的经济的过程；并在由此造成的经济状况中找出解决冲突的手段”③；社会主义不是一成不变的社会，而是经常变化和改革的社会。这就是说，社会主义社会是处在“不断生成过程”中的社会。

---

① 《马克思恩格斯文集》第9卷，22页，北京，人民出版社，2009。

② 《马克思恩格斯文集》第10卷，588页，北京，人民出版社，2009。

③ 《马克思恩格斯文集》第9卷，388页，北京，人民出版社，2009。

恩格斯批评形而上学那种“既成性”的思维方式，指出：“他们在绝对不相容的对立中思维；他们的说法是：‘是就是，不是就不是；除此以外，都是鬼话。’在他们看来，一个事物要么存在，要么就不存在；同样，一个事物不能同时是自身又是别的东西。”①这种思维方式看到事物的固定不变的“存在”，却忘记它们在“生成和消逝”。就是说，形而上学的思维方式是排斥“生成性”思维的，而与之对立的辩证思维在本质上是确立“生成性”思维的。恩格斯强调指出：“辩证法在考察事物及其在观念上的反映时，本质上是从它们的联系、它们的联结、它们的运动、它们的产生和消逝方面去考察的。自然界是检验辩证法的试金石，而且我们必须说，现代自然科学为这种检验提供了极其丰富的、与日俱增的材料，并从而证明了，自然界的一切归根到底是辩证地而不是形而上学地发生的。”②这里所讲的“它们的联系”“它们的联结”“它们的运动”“它们的产生和消逝”，本质上就是“生成性”思维。为说明这一点，恩格斯引用赫拉克利特的观点：一切都存在而又不存在，因为一切都在流动，都在不断地变化，不断地生成和消逝。③“既在又不在”“流动”“变化”“生成和消逝”，实质上讲的就是事物的“生成性”过程，恩格斯甚至就直接使用了“生成”这一概念，而且多次使用这一概念。显然，恩格斯是从生成性思维来理解和把握社会主义的。

晚年马克思着重思考的关于跨越“卡夫丁峡谷”问题，所提出的东方社会道路理论，也充分且鲜明地运用了生成性思维。1867年，在《资本论》第1卷出版后，俄国学者正在考虑俄国废除奴隶制后向何处去的问题。他们对《资本论》中所提出的由封建生产方式向资本主义生产方式转变的历史必然性与俄国农村公社的命运，以及俄国社会的发展道路等问题，展开了激烈争论。1881年年初，俄国革命民主主义者查苏利奇致信马克思，希望马克思能说明对俄国农村公社的发展命运，以及世界各国

---

① 《马克思恩格斯文集》第9卷，24页，北京，人民出版社，2009。

② 同上书，25页。

③ 参见《马克思恩格斯文集》第9卷，23页，北京，人民出版社，2009。

由于历史必然性，都应经过资本主义生产各阶段的理论的看法。马克思为给查苏利奇回信，先后写了一稿、二稿、三稿和四稿，最后把第四稿作为给查苏利奇的正式回信。在第三稿中，马克思对能否不通过资本主义制度的“卡夫丁峡谷”，基本上作出了“肯定性”回答，即可以不通过资本主义制度的“卡夫丁峡谷”。但这种肯定是有前提条件的，即“暂且不谈俄国公社所遭遇的灾难，只来考察一下它的可能的发展”①。由于这种“可以不通过”只是一种可能性，表明马克思在该问题上还没有作出最后的肯定性结论。再经过认真深入的思考，马克思在正式回信的最后一稿中，就根本没有提及“可以不通过资本主义制度的卡夫丁峡谷”问题，而只是根据俄国农村公社当时的公有制基础，作出了“这种农村公社是俄国社会新生的支点”②的判断。这就表明：

第一，马克思对俄国农村公社可以不通过资本主义制度“卡夫丁峡谷”问题确实作过认真思考，但最后一稿并没有作出俄国农村公社可以不通过“卡夫丁峡谷”的判断。应当说，最后一稿，是马克思所形成的最终思想的真实表达。这说明马克思对该问题的考虑是特别慎重的。③ 马克思逝世后，针对“跨越论”者、俄国农民社会主义的代表人物赫尔岑所提出的“俄国公社可以使腐朽的、衰落的西方返老还童和得到重生”的观点，恩格斯指出：“较低的经济发展阶段解决只有高得多的发展阶段才产生了的和才能产生的问题和冲突，这在历史上是不可能的。……每一种特定的经济形态都应当解决它自己的、从它本身产生出的问题；如果要去解决另一种完全不同的经济形态的问题，那是十分荒谬的。”④恩格斯的论述蕴含着深刻的历史生成性思维。

第二，根据马克思致查苏利奇的复信可以看出，马克思所思考的不通过资本主义制度的“卡夫丁峡谷”思想是有前提条件的：一是俄国农村

---

① 《马克思恩格斯选集》第3卷，837页，北京，人民出版社，2012。
② 参见《马克思恩格斯选集》第3卷，840页，北京，人民出版社，2012。
③ 参见《马克思恩格斯选集》第3卷，908—919页，北京，人民出版社，2012。
④ 《马克思恩格斯文集》第4卷，458—459页，北京，人民出版社，2009。

公社土地公有制的存在。即俄国农村公社“可以通过发展它的基础即土地公有制和消灭它也包含着的私有制原则来保存自己；它能够成为现代社会所趋向的那种经济制度的直接出发点，不必自杀就可以获得新的生命”①。这是“可以不通过卡夫丁峡谷”的基础和前提。二是资本主义现代化大生产的存在。即俄国农村公社“和资本主义生产的同时存在为它提供了集体劳动的一切条件。它有可能不通过资本主义制度的卡夫丁峡谷，而占有资本主义制度所创造的一切积极的成果”②。这是“可以不通过卡夫丁峡谷”的充分且必要的直接条件。这两个条件十分重要，没有土地公有制的前提条件，没有资本主义现代化大生产所提供的集体劳动的充分且必要条件，所谓的“不通过”就无从谈起。这实际上就是说，俄国农村公社不具备跨越资本主义“卡夫丁峡谷”的历史生成性条件。因为这两个条件是基于历史生成性思维提出的，是历史生成出来的条件，是历史生成性条件。这充分表明：关于俄国农村公社能否跨越资本主义的“卡夫丁峡谷”问题，马克思是直接运用生成性思维，来进行思考分析并得出结论的。

三　马克思哲学的生成性本质之基本内涵

那么究竟什么是“生成性思维”？生成性思维的基本内涵是什么？我们先从本体论谈起。

要理解和把握生成性思维，首先要理解和把握任何事物和对象所具有的基本规定。任何事物和对象都具有三种基本规定：自在规定、关系规定和过程规定。事物的“自在规定”，是指任何事物和对象都具有其原初的质的规定或本质规定，离开这一质或本质，这一事物就不成其为这

① 《马克思恩格斯文集》第3卷，576页，北京，人民出版社，2009。

② 同上书，578页。

一事物了。本质，就是一个事物之所以成为这一事物的根据，这一根据存在了，这一事物就存在了，这一根据不复存在，这一事物也就不存在了。但这种本质只是抽象的设定，它既是在具体的历史发展过程中抽象出来的(从具体到抽象)，又是在具体的历史发展过程中得以展现和实现的(从抽象到具体)。如一个人是“人”，他既然是“人”，就具有作为“人”的原初规定性，如从事生产劳动，进行思考，有思想等。这就是他作为“人”的自在规定。这样的人，实质上一种抽象的人，其规定性是从具体的人的历史发展过程中抽象出来的，离开具体人的历史发展过程，这些抽象毫无意义。不仅如此，这种规定性都是抽象的一般，都只有在具体的人的历史发展过程中才能实现。其实现方式、实现程度和实现状态，取决于具体的历史发展过程及其实现条件。本质，只规定存在发展的方向，但“存在”却决定着本质的实现方式、实现道路与实现程度、实现状态。

事物也具有“关系规定”。任何事物和对象都处在这样或那样的关系中，在不同的关系中，便具有不同的规定性。关于人，马克思认为，就其现实性来讲，是一切社会关系的总和。就是说，社会关系是什么样的，人就是什么样的，人处在什么样的社会关系中，就是什么样的人。因为人在不同的社会关系中，便承担不同的社会角色，具有不同的社会身份。你处在与上级领导的关系中，你就是下属，就要服从领导安排；你处在与下属的关系中，你是领导，就要发挥领导作用；你是父亲，就要带好孩子；你是丈夫，就要关爱妻子，诸如此类。关系规定实质上是一种“现实性规定”，表明你是现实的人，你作为现实的人，受各种社会关系规定，被各种社会关系制约。

事物还具有“过程规定”。“过程规定”是指任何事物都是未完成的、开放性的，都处在历史发展变化过程中，都是在其历史发展过程中获得规定性的，历史方位和历史阶段不同，其规定性就有所不同。如同一个“人”，他具有“人”的规定性，不管多大岁数，他都是“人”，但 2 岁的这个人、20 岁的这个人、50 多岁的这个人、70 多岁的这个人，是具有不同内涵和历史内涵的这个人。比如，70 多岁的这个人是一位著名专家，而 2 岁的这个人还在牙牙学语。

生成性思维注重事物的过程规定，事物的过程规定，是生成性思维存在的本体论依据。展开来说，生成性思维具有七个层面内涵。

第一，生成性思维关注现实生活世界及其现实发展逻辑，反对主观主义和本本主义。生成性思维不忽视理想的世界，但首要注重现实生活世界及其现实发展逻辑。现实生活世界，就是具有时间、空间、条件且看得见的可视的世界。理想的世界难以用时间、空间来把握，具有不可视性，而现实生活世界是可以用时间、空间、条件来理解和把握的，是可以看得见的。生成之“生”为出现和发展过程，生成之“成”为结果，因而生成是在现实生活世界及其现实逻辑中的生成，可以用时间、空间和条件来衡量。一切生成，首先是在现实生活世界及其现实发展逻辑中的生成。生成性思维关注现实生活世界及其现实发展逻辑，便使生成性思维建立在坚实的现实基础上。其实质，就是遵循事物发展的现实逻辑，强调现实是研究事物的出发点，原则只是研究事物的结果，注重生活公式高于书本公式，注重从现实出发，即从时间、空间、条件出发规定事物。

第二，生成性思维注重实践进程及其实践发展逻辑，反对以抽象设定理解和把握事物发展。社会生活在本质上是实践的，现实生活世界在本质上也是实践的。生成性思维绝不轻视理论发展进程，但首要重视实践进程及其实践发展逻辑。现实生活世界具有自身的现实进程及其发展逻辑，不过这是自发的，人的实践活动参与其中，现实生活世界的现实进程及其发展逻辑就显示出自觉性。因为现实生活世界是人的实践活动的人化、外化、对象化。人的实践活动是一种感性活动，因而实践发展进程便具有感性直观性；人的实践是一种活动，它总是在推动事物发展，因而实践发展进程便具有生成性。生成，是实践发展进程的生成，理解和把握了实践发展逻辑，也就找到了生成的逻辑。生成性思维注重实践进程及其实践发展逻辑，其实质就是遵循事物发展的实践逻辑，强调事物是在人的实践发展过程中生成的，要注重从人的实践出发规定事物，要用实践生成规律取代所谓预定的先验规律。

第三，注重历史进程及其历史发展逻辑，反对历史虚无主义。人类历史是人类活动的历史，人是历史的剧作者。注重人类实践活动，就必然重视人类历史。“历史”本身就是一种生成，是生成而形成的历史，没有生成便没有历史。历史是可以衡量和把握的，它可以从“时间”(如历史时间，即历史阶段、历史方位、历史时期等)、“空间”(如中国、西方等)来衡量和把握。历史发展进程是连续性和阶段性的统一，其连续性和阶段性蕴含着“生成”。历史发展进程蕴含着历史发展的逻辑，即历史逻辑，生成性思维的核心就是要理解和把握历史发展进程所蕴含的历史逻辑。其实质就是遵循事物发展的历史逻辑，注重从历史出发规定事物。

第四，注重事物存在发展的现实条件，反对脱离现实条件抽象地谈论事物的存在发展。注重事物的现实性、实践性、历史性，实际上是说事物的存在和发展都是有现实条件的，是受现实条件制约的，是以现实条件为转移的。事物不仅在时间、空间中存在和发展，也在条件中存在和发展，由于“时间”“空间”“条件”的存在，才使事物的存在和发展具有了现实性、实践性和历史性，才使事物具有具体性而不是抽象性。条件，是研究事物的生成性所必须考虑的。我们讲生成性思维，其实质就是要注重事物存在、发展的现实条件。

第五，注重实现理想的现实基础、现实条件和现实运动，反对空想主义和先验主义。理想和现实是一种范畴，谈现实定会联系理想。生成性思维谈论理想，注重的是实现理想的现实基础和现实运动，注重的是理想的生成、理想的规定和理想的实现。不谈理想的生成、理想的规定和理想的实现，理想就是空想。要谈理想的生成、规定和确定，就必须把它置于现实发展的内在必然性之中，要实现理想，就必须把它建立在现实的基础上，依靠现实的运动来推动和实现理想。要言之，理想属于“应然”，只规定“实然”所应达至的应然方向，并不具体确定“实然”所走的具体道路，“实然”的具体道路是根据现实条件、实践条件和历史条件确定的。因而，要把“应然”建立在“实然”的基础上。空想社会主义之所以是空想，就在于它脱离了现实基础。马克思恩格斯之所以把社会主义由空想变为科学，就在于他们把理想以及共产主义理想建立在现实的基础上，在于把共产主义看作是由现实条件决定的现实的运动，在于根据现实条件、实践发展和历史进程确定理想目标和实现路径。注重实现理想的现实基础、现实条件和现实运动，其实质就是要注重基于现实逻辑和现实基础来理解和把握理想的生成和实现。

第六，注重事物在其历史发展进程中的内在的自我生成，反对教条主义。形而上学强调“是”，马克思哲学的生成性思维也注重“是”，但更注重“成为是”，注重“是”的成为和“是”的发展。形而上学强调“是”，强调是就是是，不是就是不是，不能说既是又不是。这种既定性或既成性思维方式否认事物的存在和发展有一个生成过程，否定事物作为过程而存在。这样来看待事物，事物就永远是静止的、永恒的、一成不变的。生成性思维对事物的理解，是从运动和静止、连续性和阶段性的统一进行的。它既从相对确定性、阶段性角度理解和把握事物，认为事物有相对静止的一面，有其质的规定性；同时又从不确定性、连续性角度理解和把握事物，认为事物又具有运动的一面，任何事物时时刻刻都处在运动、发展、变化过程之中，没有绝对静止不动和永恒不变的事物。生成性思维甚至认为，事物的静止是运动中的静止，“人不能同时踏进同一条河流”。生成性思维认为，事物的相对“静止”的“质”的规定性，都是在过程中被确定并赋予新的内涵的，离开历史过程，事物的“静止性”的“质”的规定性都是抽象的，不可具体感知的和不可捉摸的。因而生成性思维注重事物的自我“生成性”，它不否认“是”，但其实质是更注重事物自身“成为是”，即注重事物自身如何成其为或生成为“是”。

第七，注重事物之间的环环紧扣、因果关联和内在生成。生成性思维注重实践、现实、历史发展过程中各个环节在生成性上的环环相扣或环环相扣的生成性，这种环环相扣的内核是因果关联、因果关联的内核是内在生成。如注重教育有助于解决就业，解决就业有助于解决吃饭、住房和看病问题，等等。

总体来讲，生成性思维所主张的“生成”，主要包括实践生成、历史生成、辩证性生成、自我生成和因果生成。由此，生成性思维可从五个层面来理解：一是实践生成，即在实践过程中生成，可称之为“实践即生成”；二是历史生成，即在历史过程中生成，可称之为“历史即生成”；三是辩证性生成，即在超越现实、交互作用、发展过程中的生成，可称之为“辩证即生成”；四是自我生成，即事物自身是在自我超越、自我发展过程中的生成，可称之为“自我即生成”；五是因果生成，即事物因必生果的生成，可称之为“因果即生成”。实践、历史、辩证法、自我发展、因果，都属于生成性思维的核心范畴。生成性思维强调事物的实践性存在、历史性存在、辩证性存在、自我发展的存在和因果性存在，把实践、历史、辩证法、自我发展、因果当作解释原则，用实践原则、历史原则、辩证原则、自我发展原则和因果原则解释事物、解释存在、解释发展，把事物的存在作为实践中的生成、历史中的生成、辩证性的生成、自我发展的生成和因果性存在，尤其强调实践地、历史地、辩证地、自身发展地、因果联系地看待历史。其实质，就是将实践原则、历史原则、辩证原则、自我发展原则、因果关系原则引入世界观和方法论。其核心和精髓，就是要在特定的具体的时间、空间和条件中理解具体的实践、具体的现实、具体的历史的内生性，理解事物和对象的历史内在逻辑；它强调并注重具体的存在先于抽象的本质，抽象的本质都是在具体存在之发展过程中提升出来的，是从实践发展逻辑、历史发展逻辑、现实发展逻辑中得到确定的，更是在具体存在之内、在发展过程中实现的；它不否定“是”，但更注重“成为是”；它不反对抽象，但更注重具体的历史发展规律；它注重现实基础、环环紧扣、因果关联、历史过程和内在生成，把任何事物自身的发展看作是一个具有现实基础、环环紧扣、因果关联和内在生成的自然历史过程。

第三章　马克思哲学思想的发展逻辑

“道路”“生成性”都意味着“发展”。

马克思的哲学本来就是与时俱进的，这是常识。但值得一提的是，以马克思主义哲学为理论基础的马克思主义在其发展过程中，曾被某些社会主义国家教条化，从而使社会主义建设付出一定的代价。在这种情况下，我们要站在时代前列，体现时代的先进性，促进社会主义现代化建设顺利发展，就必须强调马克思哲学与时俱进的理论品格。由此，对马克思哲学的与时俱进品格进行研究，对推进马克思主义的创新和发展，具有十分重要的理论意义。

一　与时俱进的内涵和形式

马克思哲学的本体论是实践生成本体论，这意味着它必然注重实践的生成过程，注重社会发展的历史过程和人类思想发展的历史过程。从人类思想发展的一般规律来看，任何一种思想和学说都应与时俱进。然而当一种思想体系被推崇和确立为一个政党的指导思想且容易演变为教条主义时，当一个社会的创新精神被抑制时，强调与时俱进就显得十分必要了。对马克思哲学的与时俱进品格进行研究，不应把与时俱进当作一种套语和口号，说得多做得少，而应深入研究与时俱进的内涵、形式及其精神实质。

(一)与时俱进的内涵

党的十六大报告对与时俱进的内涵作出了明确规定："与时俱进，就是党的全部理论和工作要体现时代性，把握规律性，富于创造性。"①这里强调了时代性、规律性和创造性。如果把这一规定转化为学术问题，从学术上加以研究，既需要解释和说明，又需要进一步补充和发挥。由此笔者认为，所谓与时俱进，就是我们的全部理论和工作要体现时代性，把握规律性，符合人性发展要求，富于创造性。

体现时代性。也就是反映时代精神。问题是时代的口号。所谓体现时代精神，就是要抓住具有普遍性和长期性且为人们共同关注的问题。普遍性的问题从空间上体现时代精神，长期性的问题从时间上体现时代精神，人们共同关注的问题从认识主体方面体现时代精神。一般来讲，凡是具有普遍性和长期性且为人们共同关注的问题，大都是时代精神的反映。当今，我国各地普遍意识到提高国民素质、开发人力资源、培育具有创新精神和创新能力的人才的重要性，这实际上反映了全面建设社会主义现代化的时代精神。当今所强调的"胸怀两个大局"，也体现了机遇与挑战并存时代的时代精神。

把握规律性。规律性都是以常规性、重复性、全局性的问题和现象表现出来的。凡是经常、重复、全局出现的问题和现象，大都反映着其深层背后的规律。如经常、重复和全局出现的腐败现象，表明产生腐败现象的一条规律：没有制约的权力必然产生腐败。

---

① 《中国共产党第十六次全国代表大会文件汇编》，12 页，北京，人民出版社，2002。

符合人性发展要求。过去一段时间，我们反对讲人性论，认为人性论是资产阶级的专利。近代资产阶级人性论确实具有历史局限性，它用一般的“人性”维护资产阶级的“人性”和掩盖个人的个性，用资产阶级的“人性”压制无产阶级的“人性”。它设计出一套使个人服从工作规则的标准体系，但忽视了人本身的内在精神世界。当然，资本主义社会一定意义上也会不断反映人性发展的要求进行社会体系创新。改革开放以来，我们逐步认识到了人性问题的重要性，提出要分析和研究现实的人性，并在某些方面强调要符合人性发展规律和人性化要求。然而把符合人性发展要求作为一种理论和工作原则，还没有明确确立起来。其实，符合人性发展要求，也就是不断根据人对自身利益、能力发挥、生存、发展的需求进行实践。这是人在选择过程中必须坚持的一种价值维度。因而，我们既强调理论和工作要把握规律性，又强调理论和工作要符合人性发展的要求。这是对党的十六大报告所规定的与时俱进的内涵的一种补充。

富于创造性。我所理解的创造性主要有四层含义：一是原创性，即填补空白的原创或首创，提出了新思想、新学说和新理论，开创了新实践、新事业和新局面；二是修正性，即修正前人错误的观点，纠正前人错误的实践；三是发展性，即对前人提出的命题、观点加以补充、充分说明、论证和发挥，补充、丰富和发展前人的观点，把前人的实践推到一个新的发展阶段和水平；四是整合性，即把前人提出的观点和思想放在一个新的理论框架内重新加以系统地组合和定位，进而分析和解决新问题，发挥新的功能，或是由片面的实践走向全面的实践。

这里，体现时代性、把握规律性和符合人性发展要求，是与时俱进的“时”。富于创造性，是与时俱进的“进”。

(二)与时俱进的形式

可以从理论和实践两方面来理解与时俱进的形式。

1. 理论上的与时俱进具有四种基本形式

一是自我清算、自我批判、自我超越和自我完善。也就是自己清算、批判、超越自己以前片面、错误和不合时宜的想法、思想观念和思维方式，以达到自我完善。这种与时俱进具有自觉主动和被动两种情境。马克思的哲学就具有自我清算、自我批判、自我超越和自我完善的品格。

二是研究主题、研究重点与研究方法的转移。也就是随着时代、历史、实践的发展，不断调整和改变研究的主题、重点和方法。

三是通过理论创新形成新的理论形态。也就是一种新的理论对另一种理论的扬弃与飞跃，进而由一种理论形态发展成为另一种理论形态。譬如由朴素唯物主义到机械唯物主义再到辩证唯物主义的演进与更替，就是唯物主义在历史形态上的与时俱进；马克思把历史唯心主义发展为历史唯物主义，就是历史观上的与时俱进。正如恩格斯所说的，随着自然科学领域中每一个划时代的发现，唯物主义也必然要改变自己的形式。①

四是继承与发展，即"老祖宗"不能丢，又要讲新话。"老祖宗"的基本立场、观点和方法要继承，但要随着时代、历史、实践和科学的发展，不断增添新观点、新思想、新学说、新理论和新思维，发展"老祖宗"，说"老祖宗"没有说过的新话。如列宁提出的"一国胜利论"，邓小平提出的"社会主义也可以搞市场经济"等。再如，党的十八大以来，与时俱进地倡导富强、民主、文明、和谐，倡导自由、平等、公正、法治，倡导爱国、敬业、诚信、友善，积极培育和践行社会主义核心价值观。

2. 实践上的与时俱进也具有四种形式

一是使实践反映时代精神，达到时代所要求的水平，形成新的实践形态。我国新民主主义革命时期的主要矛盾，是人民大众同帝国主义、封建主义、官僚资本主义之间的矛盾，因而在实践上的首要任务是推翻"三座大山"，解放全中国，实现民族独立、人民解放，夺取政权，"革命实践"是其本质特征。在中国共产党掌握政权以后的社会主义建设时

① 参见《马克思恩格斯选集》第4卷，234页，北京，人民出版社，2012。

期，其社会主要矛盾则是人民日益增长的物质文化需要同落后的社会生产之间的矛盾。这一矛盾决定当前我们党执政实践的首要任务就是大力解放和发展生产力，增强综合国力，提高人民生活水平，也就是追求发展，“建设实践”是其本质特征。我国首先是通过无产阶级“革命实践”夺取政权而建立社会主义制度的，当时并不完全具备建成社会主义的物质基础、国力基础和“人”的基础。当时一些人误以为，只要具备制度的完备形式就可以建成社会主义，所以比较注重根据“生产关系标准”来选择社会主义建设的实践模式。结果，没有把重心放在社会主义的“发展”上，而一味在社会主义生产关系上做文章，从而使社会主义“建设实践”付出了一定代价。邓小平在总结我国社会主义建设实践的历史经验教训的过程中深刻认识到：建设“合格”的社会主义，关键在于要通过发展，为其奠定雄厚的物质基础、国力基础和“人”的基础，这就是在实践上要通过改革开放，大力解放和发展社会生产力，增强综合国力，提高人民的生活水平。这实际上是从“改革实践”的角度谈论社会主义存在的“合法性”。不仅如此，在革命时期，革命的方式主要是开展疾风骤雨式、歼灭战式的群众运动，而在建设时期，主要是通过循序渐进且深入细致的经济建设、政治建设、文化建设、社会建设和生态文明建设的实践方式推进发展。

二是使实践符合发展规律的要求。如在我国传统计划经济时期，配置资源的方式比较单一。随着我国实行社会主义市场经济，资源便主要由市场来配置，在实践上强调人们必须凭自己的能力参与市场竞争，在对社会的管理方式上实行法治管理，在人的价值实现方式上，注重有为才有位，注重后天生成论。

三是使实践符合人性发展的要求。如在管理实践方面，根据“经济人”的要求，实行物本管理，坚持经济增长的发展观。反映“社会人”的要求，实行行为科学，实施社会结构变迁的发展战略。适应“文化人”或“主体人”的需求，实行人本管理，实施以人民为中心的发展思想或可持续发展战略。

四是使实践不断地创新。譬如，经济体制上由权力集中的计划经济到社会主义市场经济；政治体制上由过去权力过于集中的家长制走向民主法治，建立社会主义政治文明；文化方面由应试教育逐渐走向素质教育，建设文化强国；社会方面由管制走向社会治理等。

二 马克思哲学与时俱进的动因与内容

在从一般意义上对与时俱进的内涵与形式加以分析之后，再来着重分析与揭示马克思哲学与时俱进的动因和内容。

(一)马克思哲学与时俱进的动因

马克思哲学是与时俱进的。那么马克思哲学为什么注重与时俱进呢?

1. 现实人的发展呼唤马克思的哲学必须反映人性发展要求，具有新的前提

时代观决定人性观，人性观影响哲学的发展。古希腊时期，人更多地受自然界的支配，人主要被看作是自然界的“流出物”，所以那时的哲学形态主要就是自然本体论或宇宙本体论。文艺复兴时期至18世纪启蒙时期，时代的主要任务是人改造自然、创造社会物质财富，为此必须首先认识自然，于是，人认识自然、世界的理性能力和作用问题被凸显出来了，哲学由此采用了认识论形态。认识世界的目的在于改造世界，由此必须研究人改造世界的实践活动，于是，以现实的人或从事实践活动的人为前提，马克思将其哲学确定为实践的唯物主义，并用实践的唯物主义取代直观唯物主义。不仅如此，当马克思在早期把人理解为“类”意义上的人时，他将其哲学看作人道主义，而当马克思在后期把人理解为现实的人和社会的人时，他将其哲学看作历史唯物主义。

2. 超越旧理论进而要求马克思的哲学必须建立新的理论，具有新

的内容

马克思以前的德国古典哲学，尤其是黑格尔哲学，大多力求建立一个标榜为绝对真理的一劳永逸的哲学体系，体系的保守性和封闭性特征比较明显。马克思认识到这种哲学的历史局限，努力批判、超越旧理论的保守性和封闭性，积极吸收具有时代先进性的一切理论成果，将其建成一个具有开放性的发展着的哲学。实践唯物主义的实践性和历史唯物主义的历史性，就表明马克思哲学具有开放性、历史性的特征。这种开放性和历史性，就要求马克思哲学必须与时俱进。

3. 科学发展要求马克思的哲学必须吸收科学发展的成果，具有新的形式

近代科学发展的一个基本特征，就是它处在搜集材料阶段，这就是对事物的各个侧面和细节进行分门别类的分析，由此产生形而上学的思维方式和机械唯物主义。现代科学发展到整理材料的阶段，就要求在整合各种实证知识的基础上对事物的整体及其内在联系进行综合研究，由此必然产生唯物辩证法的思维方式和辩证唯物主义。马克思哲学的诞生及其具有的辩证性质，就是反映科学发展的趋势且能与时俱进的结果。

4. 现实实践的发展要求马克思的哲学必须反映实践呼声，具有新的发展

近代唯物主义主要是机械唯物主义、形而上学唯物主义，随着科学实践的发展，要求唯物主义成为辩证唯物主义。以往的哲学之所以在社会历史领域提不出科学的理论，其重要原因之一就是社会历史领域受历史唯心主义支配。时代和社会实践的发展要求必须在社会历史领域确立历史唯物主义，进而使社会科学理论成为科学。近代的唯物主义还是直观唯物主义，随着社会实践的发展，要求把唯物主义发展成为实践的唯物主义。马克思反映时代发展要求和社会历史发展规律，创造性地修正、补充、完善和发展旧的哲学理论，与时俱进地创立了辩证唯物主义、历史唯物主义和实践唯物主义的新世界观。新的实践提出新的问题，要求新的哲学理论作出回答，从而与时俱进地推动哲学理论的发展。

5. 时代精神要求马克思的哲学必须时代化，具有新的形态

近代哲学在总体上属于解释世界的哲学，而不是改造世界的哲学，因而其哲学形态主要是认识论。马克思所处的时代，阶级矛盾比较尖锐，改造旧世界建立新世界以及在批判旧世界中发现新世界的历史任务被凸显出来。马克思站在时代前列，从而与时俱进地把直观唯物主义提升到实践唯物主义的水平，把解释世界的哲学转换为在科学解释世界的前提下，改造世界的哲学，使哲学具备了新的历史形态。

(二)马克思哲学与时俱进的内容

马克思哲学是与时俱进的哲学。这种与时俱进体现在各个方面。

1. 研究主题与理论前提：由理想的人到现实的人和历史的人

1845 年以前，马克思研究的主题主要是作为“类”的人的解放和自由问题，也就是理想人性的实现问题。马克思在上大学以前确立的最高理想，就是从事一种为人类幸福而奋斗的工作。在大学期间，他追求的理想是人的自由。在《莱茵报》做编辑期间，他较为关注劳动阶级的社会地位和命运，认为劳动阶级的生存没有体现出人的本质。他在《德法年鉴》上发表的文章，着重探讨的是无产阶级的解放和德国人的解放，而且认为无产阶级解放和德国人头脑的解放是人本主义哲学，要使德国人成为人的哲学，他认为人的根本就是人本身、人是人的最高本质的哲学。因为在马克思看来，无产阶级的解放和德国人的解放就是人的解放。因此，马克思强烈要求必须推翻那些使人成为被侮辱、被奴役、被遗弃和被蔑视的东西的一切关系，使无产阶级和德国人成为人。① 概言之，1845 年以前，马克思分析、思考、解决问题的思维方式、理论框架和理论基础，主要是以理想人性为出发点和立足点的人本主义哲学，其理论前提主要是理想的人。

1845 年以后，以《关于费尔巴哈的提纲》为标志，马克思的哲学研究的主题和理论前提发生了转换，那就是着重研究现实的人与人的现实，

---

① 参见《马克思恩格斯选集》第 1 卷，16 页，北京，人民出版社，2012。

也就是研究从事实践活动的人及其生活世界，研究实现人的解放和自由的社会历史条件，而其理论前提主要是现实的人和历史的人。在1845年《关于费尔巴哈的提纲》中，有一句话表明了马克思的研究主题和理论前提的转换：人的本质，“在其现实性上，它是一切社会关系的总和”①。这实质上意味着马克思哲学在研究主题和理论前提上要发生转变：要从社会关系出发去研究现实的人，即研究现实的人所处的生活世界，尤其是社会关系。1846年，马克思恩格斯在《德意志意识形态》中，就开始集中研究现实的人的社会交往形式、物质生产活动和他们的物质生活条件，认为新哲学的前提就是从处在现实的、可以通过经验观察到的、在一定条件下进行的发展过程中的人，即现实的人出发，而现实的人是受生产力和与之相适应的交往形式制约的人，人是什么样的，取决于他们进行生产的物质条件。1846年，马克思在《马克思致帕维尔·瓦西里耶维奇·安年科夫》中着重论述了生产力是人类历史发展的基础，以及人类的历史就是生产力和生产关系相互联系的历史的基本思想。②1847年，马克思在《哲学的贫困》中集中论述了生产力决定社会关系尤其是生产关系、生产关系决定观念的核心思想。1848年，马克思恩格斯在《共产党宣言》中集中阐述的核心思想就是：无产阶级要获得解放，就必须联合起来，通过无产阶级革命消灭私有制，资本主义必然灭亡、社会主义必然胜利，这是生产力和生产关系矛盾运动的必然结果。质言之，1845年以后，马克思分析、思考、解决问题的思维方式、理论框架和理论基础，主要就是以现实的人、历史的人为出发点和立足点的历史唯物主义，其理论前提主要是现实的人、处在现实生活过程和实际发展过程中的人，其关注的主要是现实的人性和历史变化了的人性。

这种研究主题和重点的转移，是与时俱进的一种形式。

2. 哲学方法：由抽象人道主义到历史唯物主义

综观和通观马克思前后的哲学著述可以看出，马克思哲学的研究方

---

① 《马克思恩格斯选集》第1卷，139页，北京，人民出版社，2012。

② 参见《马克思恩格斯选集》第4卷，408—418页，北京，人民出版社，2012。

法也是与时俱进的。

1845 年以前，马克思哲学的研究方法主要是抽象人道主义。抽象人道主义在思维方式上是“三段论”：从理想的人性出发看待现实(肯定)，发现现实与理想之间存在的不足(否定)，然后批判、超越现实，向理想人性复归(否定之否定)。这种抽象的人道主义思维方式的基本特征，是从理想的人性出发，把人主要看作是“类”意义上的人。在《莱茵报》工作期间，马克思评价普鲁士书报检查制度和农民的生存处境的尺度，就是人作为“人”所应具有的自由本性；在《德法年鉴》发表的文章中，马克思对宗教的批判和对尘世的批判的主要理论武器，是把人看作是人的最高本质的人本主义；在《1844 年经济学哲学手稿》中，马克思的哲学研究方法基本上仍然是从人的类特性——自由自觉的活动出发，来批判资本主义社会的异化劳动的。

然而 1845 年之后，马克思的哲学的研究方法主要是历史唯物主义。历史唯物主义在思维方式上，是从现实的人尤其是现实的个人的生活世界出发，从社会历史内部寻求决定社会历史发展的根本力量，因而其基本特征就是，它要求人的活动既要合乎人性发展的要求或人的目的，又要合乎社会历史发展规律，并且要反映社会历史发展规律对活动主体的要求且积极实现这种要求。从 1845 年之后，马克思在《关于费尔巴哈的提纲》《德意志意识形态》《哲学的贫困》和《共产党宣言》等著作中，都立足于现实的人和人的现实，并运用历史唯物主义的研究方法，来研究人的实际生活过程和发展过程，来揭示人的思想观念产生的社会历史根源，来分析人们的社会物质生活过程决定人们的精神生活过程的内在机理。

这里的与时俱进，主要体现为一种自我清算、自我批判、自我超越和自我完善，也就是自己清算、批判、超越自己以前片面、错误、不合时宜的想法、思想观念和思维方式，以达到自我完善。

3. 基本原理：由生产力决定生产关系、经济基础决定上层建筑论到也注重“反作用论”“合力论”和“相对独立性论”

马克思在哲学上的一个最大贡献，就是创立了唯物史观。然而在不同历史时期，由于时代特点不同和革命任务不同，马克思阐述唯物史观的侧重点也有所不同。这也体现了马克思哲学的与时俱进的品格。

19 世纪 80 年代以前，马克思相对强调的是生产力和生产关系的矛盾，生产方式、社会物质生活以及经济因素对社会历史发展的决定作用，相对比较“唯物”。马克思主义产生以前，在社会历史领域占统治地位的是唯心史观，创立唯物史观的任务落到了马克思的肩上。要创立唯物史观，首先必须揭露唯心史观的实质要害及其理论局限，清除唯心史观在社会历史领域的消极影响。在马克思看来，唯心史观的最大缺陷就是没有揭示和发现社会历史发展“动因背后的更深层的物质动因”，没有揭示和发现推动社会历史发展的最终的、根本的决定因素和力量。针对这种情况，马克思力图深入社会历史内部，寻求和揭示“动因背后的动因”，揭示决定社会历史发展的最终目的和根本力量，马克思最终发现，物质生活的生产方式制约着整个社会生活、政治生活和精神生活的过程，经济因素在社会历史发展过程中具有最终的决定力量。由于这一发现，马克思更强调生产力对生产关系、经济基础对上层建筑的决定作用。在批判黑格尔唯心主义法哲学的过程中，马克思取得的初步理论成果，是认识到市民社会决定国家，而市民社会就是物质的生活关系；在批判鲍威尔唯心史观的过程中，马克思强调社会存在决定社会意识的基本原理；在批判黑格尔和费尔巴哈的历史唯心主义过程中，马克思强调物质生产和物质生活条件以及经济因素对社会历史发展的决定作用；在批判施蒂纳唯心史观的过程中，马克思强调要注重人所处的物质生活世界对现实的个人的影响。

但 19 世纪 80 年代以后，马克思主义在坚持生产力对生产关系、经济基础对上层建筑的决定作用的同时，着重强调“反作用论”“合力论”“相对独立性论”，相对比较“辩证”。19 世纪 80 年代末 90 年代初，历史进入垄断资本主义阶段以后，资产阶级在政治上特别注重运用国家机器的手段对无产阶级革命进行镇压，对此，马克思主义与机会主义斗争的焦点，就是如何看待上层建筑，尤其是阶级斗争、无产阶级革命和国家机器的作用。与之相应，资产阶级思想家也从理论上攻击唯物史观，其手段首先是把唯物史观庸俗化，将其歪曲成机械决定论和历史宿命论，认为唯物史观只承认经济因素的决定作用，否认上层建筑的积极作用，然后再指责其片面性。这在社会上以及德国党内造成了恶劣影响。为澄清事实，反驳一些人对唯物史观的误解和歪曲，消除资产阶级思想家在理论上造成的混乱和不良影响，指引无产阶级革命斗争沿着正确的方向前进，马克思根据时代的变化和现实理论斗争的需要，与恩格斯一起，强调上层建筑对经济基础的反作用、社会意识的相对独立性和历史发展的合力推动等历史辩证法的思想。马克思《资本论》关于工作日的那一篇，明确强调立法所具有的重大作用，而立法就是一种政治行动。在《资本论》关于资产阶级历史的那一篇中，马克思鲜明强调政治权力的作用。马克思之所以强调要为无产阶级的政治专政而斗争，就是因为看到了政治权力对经济的重要作用。马克思甚至认为，暴力(即国家权力)也是一种经济力量。

4. 思维方式：由单线论到多线论

1846 年马克思所创立的唯物史观，基本上坚持的是社会形态发展和历史道路的单线论。他认为，包括俄国在内的世界各国已经被卷入了世界资本主义体系，它们只能走发展资本主义制度的道路，并且只有在发达国家无产阶级革命成功的基础上，才能获得解放。按照五大社会形态依次演变的单线社会形态发展理论，落后国家和民族只能在资本主义条件下发展人类解放所需要的物质财富条件。也就是说，欧洲资本主义形成、发展和灭亡的道路是唯一的历史发展的普遍道路。这一观点的理论基础，是认为生产力是衡量社会历史发展的唯一尺度，生产力的发展是连续的，生产力和生产关系之间的结合方式是直接决定的，社会经济形态的发展顺序是必然的，而资本主义开创了世界历史，整个世界已纳入了资本主义体系，资本主义对世界的影响是普遍的。

这种观点的积极意义在于强调物质生产是人的发展的必要条件，社会发展的必然趋势是资本主义必然灭亡，进而实现人的解放和全面发展。然而这种观点在新的现实面前逐渐显示出其历史局限性：它只看到了生产力发展的连续性、生产力和生产关系之间的结合方式的直接性，以及社会经济形态发展的必然性，没有认识到生产力发展具有多种可能的形式，也没有认识到生产力和生产关系之间的结合方式的多样性以及人的能动的历史选择性。它主要用生产力标准来衡量社会历史发展，忽视了社会历史发展的人的尺度。19 世纪 70 年代以后，马克思通过对原始社会、俄国农村公社、亚细亚生产方式和古代日耳曼社会以及人类学的研究，逐渐认识到，应从生产力的尺度和人的尺度统一来看待社会历史的发展，生产力的历史发展具有多种形式，它还可以通过交往和借鉴的方式得到突破式的积累；生产力和生产关系并不总是一种直接决定的关系，它们既可以直接结合，也可以间接结合，还可以跨越式结合，后者可以推动社会形态跳跃式发展。因此，社会形态发展存在着多线道路，不能把对西欧资本主义历史起源的概述当作一般的发展道路，让一切民族都必须遵循这种一般发展模式。俄国革命可以跨越"卡夫丁峡谷"，走自己独特的发展道路。在特殊的历史条件下，发展物质生产的方式不一定采用资本主义形式，也不能完全卷入资本主义，非资本主义世界具有特殊的内在条件和外部环境。这种多线论的思想实质，既坚决地批判资本主义制度对人的统治，倡导人的能动精神，实现人的全面发展，又寻求东方社会特殊的发展道路。

由单线论到多线论，体现了马克思主义哲学在社会形态和社会历史发展道路问题上的与时俱进。

5. 历史视野：由西欧社会到东方社会和前资本主义社会

马克思在创立唯物史观阶段，其研究和理论的视野主要是西欧社会，或者说主要是以西欧社会为背景而建立唯物史观的。之后，马克思运用唯物史观的基本原理和方法，来研究资本主义社会的生产方式以及社会发展的规律，最后预言："生产资料的积聚和劳动的社会化，达到了同它们的资本主义外壳不能相容的地步。这个外壳就要炸毁了。资本主义私有制的丧钟就要响了。剥夺者就要被剥夺了。”①然而19世纪70年代以后，欧洲资本主义的丧钟不仅没有被敲响，反而经受住了经济危机的考验，呈现出发展的势头，具有很大的扩展能力，危机被新的发展代替了。与此同时，欧洲无产阶级运动内部出现了分化，革命运动走入低潮，而当欧洲无产阶级革命运动处于低潮之时，俄国却正在酝酿新的革命形势。

这种巨大的历史反差，迫使马克思去反思他所创立的唯物史观。为此，马克思力图扩大研究的视野，着手从历史时间的角度去研究资本主义社会以前的原始社会，从空间上去研究东方社会的历史，以此来检验、修正、补充、丰富和完善唯物史观。受人类学研究和摩尔根对古代社会研究的成果的影响，马克思对原始社会进行研究。19世纪后期，人类学取得了重要进展，人们对原始社会的组织结构及其历史发展的特点有了科学的认识，也对社会历史的基础、发展途径和社会生产的特点有了全新的说明。马克思吸取了人类学研究的科学成果，并通过对原始社会的进一步研究，明确提出以下四种观点。

其一是支配社会历史发展的双重法则。生产社会受生产劳动法则支配，而原始社会演变的支配法则不是建立在人的劳动之上的，它具有独立的演变基础，即是以自然选择和以人为目的的劳动为基础的，社会历史发展受血缘关系支配，因而社会基本矛盾原理只适用于生产社会，并不完全适用于原始社会。

其二是劳动的双重性质。在生产社会，人的劳动受交换支配，以生产交换价值为目的，而在原始社会，人的劳动是受血缘共同体和血缘关系支配、以共同体和人自身的发展为目的的。

其三是交往发展的辩证性。交往具有历史的独立性和非独立性，在原始社会，交往决定着劳动，劳动的性质是受交往关系决定的，但在资本主义社会，交往又受劳动决定。只有在自由人联合的基础上才能占有

① 《马克思恩格斯选集》第3卷，512页，北京，人民出版社，2012。

和支配社会生产力的成果，这时，交往才能成为个人全面发展的财富和根本力量。因而，交往经历了以血缘共同体关系为主导的原始阶段、以劳动交换为主导的非原始阶段和以自由人联合体为基础的阶段。

其四是农村公社的历史优越性。作为古代制度的农村公社是最早的自由人联合体，首先它既承认公有制与共同体的发展，也承认个人私有与个人的发展，因而它并不必然走向资本主义，它可以成为共产主义发展的起点，具有发展成为共产主义的可能性。受俄国革命的影响，马克思开始关注东方社会。马克思感觉到东方土地所有制问题和东方社会发展道路问题的重要性，便把研究集中在东方社会的发展道路问题上来。通过研究，马克思提出了一个重要思想，那就是跳跃“卡夫丁峡谷”的设想：如果当时俄国具备内部和外部等各方面的条件，便可以不通过资本主义的“卡夫丁峡谷”，而把资本主义制度的一切正面的成就用到公社中来，同时避免资本主义社会的苦难。这一设想的实质，就是强调社会历史发展的道路是多样的，俄国不一定必然走西方社会的发展道路，其目的是要把先进的交往形式与先进的生产力结合起来，实现以人的全面发展为目的的共产主义生产和生活。这里，马克思关于如何对待资本主义在生产力方面的成就与在交往形式方面的历史缺陷的方法论，以及东方的某种交往形式与西方发达的生产力相结合的思想，是值得我们注意的。

由关注西欧社会到关注原始社会和东方社会，是马克思在历史视野方面的与时俱进。

6. 对资本主义命运的看法：由“两个必然”到“两个决不会”

19 世纪 70 年代以前，马克思对资本主义社会命运的基本看法，可以归结为《共产党宣言》提出的“两个必然”。在 1848 年，马克思恩格斯明确地坚信，资产阶级必然灭亡，无产阶级必然胜利；在《资本论》第 1 卷，马克思预言资本主义的丧钟就要被敲响了；在 1863 年到 1867 年写作《资本论》第 3 卷时，马克思对他的预言有所修正，但依然认为资本主义企业、银行和信用制度的变化只能加速资本主义制度的解体；到 1873

年资本主义出现危机时，马克思断定这是资本主义世界的命运的不祥之兆，认为资本主义必然灭亡。

然而1848年欧洲革命和1871年巴黎公社起义的失败，尤其是欧洲自由资本主义向垄断资本主义的过渡以及西方第二次工业革命的兴起，使马克思初步感觉到资本主义不会很快走向崩溃。不过，此时他依然坚信资本主义必然灭亡，但他却给予一定的补充：在资本主义社会的生产力正以资产阶级关系范围内一般可能的速度蓬勃发展的时候，也就谈不到什么真正的革命。真正使马克思对资本主义的预言加以保留和修正的原因，是19世纪70年代后期，他看到了资本主义经受住70年代危机的冲击、发达资本主义国家革命形势的逆转和工人阶级运动内部的分化并接受改良主义。这种现实的变化，使马克思不得不对资本主义的命运作重新思考和研究，并修正个别的历史论断，于是他毅然作出决定：暂不出版《资本论》第2卷。

总的来讲，马克思对资本主义命运看法的改变体现在以下三点：

第一，“两个决不会”。也就是：“无论哪一个社会形态，在它所能容纳的全部生产力发挥出来以前，是决不会灭亡的；而新的更高的生产关系，在它的物质存在条件在旧社会的胎胞里成熟以前，是决不会出现的。”①在他看来，资本主义进入了新的发展阶段，危机本身被新的发展代替了，资本主义还具有很强的扩展能力，欧洲大陆经济发展的状况远没有成熟到可以铲除资本主义生产方式的程度。这便纠正了他在参加1848—1849年欧洲革命时提出的一些想法。

第二，仍然必须推翻资本的统治，资本主义最终要灭亡，因而革命仍然要进行。因为资本主义给人的发展带来许多致命的灾难，其生产具有非人的性质，但资本主义灭亡具有多种形式，应积极寻求资本主义灭亡的新形式和革命的新道路。应积极推动俄国革命的发生，并以俄国革命带动西方革命。当然，俄国革命必须有欧洲无产阶级革命的配合才能成功。

---

① 《马克思恩格斯选集》第2卷，3页，北京，人民出版社，2012。

第三，应根据人的尺度来寻求发展物质财富和人的全面发展的新形式，寻求资本主义的先进生产力和东方社会交往关系的优越性相结合的新形式。

由“两个必然”到“两个决不会”，是马克思在对资本主义命运看法方面的与时俱进。

7. 对共产主义的看法：由“注重人的自我异化扬弃的共产主义”到“占有全部生产力成果基础上的人的全面发展的共产主义”

青年马克思在《1844 年经济学哲学手稿》中第一次明确地表达了他对共产主义的看法，认为共产主义就是人的自我异化的积极扬弃。马克思对共产主义的认识是与对资本主义的认识联系在一起的。马克思认为，资本主义社会的本质是资本对劳动的统治、物对人的统治。与此相对立，共产主义就应该是异化劳动的扬弃，是人本身的全面发展。

具体来说，马克思所理解的共产主义具有以下三层含义：

一是“通过人”。这就是说，共产主义是以合乎人性和人的发展的方式发展的，而不是通过资本对劳动的统治、物对人的统治的方式发展的。

二是“为了人”。共产主义的基本原则是每个人的自由而全面发展，而不仅仅是生产物质财富本身。

三是人的本质的真正实现。这种共产主义是人和自然、人和人、存在和本质、对象化和自我确证、自由和必然、个体和类之间矛盾的解决。① 上述理解的理论基础主要是人本主义。

唯物史观的创立为马克思理解社会主义提供了新的方法和视野，使马克思对共产主义的认识成为科学。资本主义的新变化使马克思对共产主义有了新的理解。根据唯物史观关于生产力和生产关系、经济基础和上层建筑矛盾运动的基本原理，马克思认为，资本主义的生产关系束缚了生产力的发展，因而必须寻求适合于生产力发展的新的生产关系。

---

① 参见《马克思恩格斯文集》第 1 卷，185 页，北京，人民出版社，2009。

19世纪70年代以后，资本主义社会发生了新的变化，即在资本主义社会内部寻求到了生产力发展的新的形式，但对人的发展的限制并没有真正改变。基于这种认识，马克思对共产主义作了新的理解。

第一，共产主义具有经济的性质。这就是为共产主义创造各种物质条件，把资本主义现存的条件变成实现共产主义的条件（主要是生产力和生产关系方面的条件——笔者注），为此就必须消灭私有制。

第二，共产主义具有“为人”的性质。共产主义社会的一切生产和交往的条件都是为个人而存在的，是个人自主活动的条件。

第三，共产主义社会的基本原则。这就是每个人自由而全面地发展，共产主义社会发展的历史是个人本身力量发展的历史，在共产主义社会里，每个人的自由发展是一切人的自由发展的条件，由此有个性的个人才能真正确立起来。这就是说，共产主义既与生产力和生产关系内在相关，它是社会对生产力总和以及社会物质生活条件的占有，而且这种占有也就是人的能力的充分发挥，也与每个人的自由而全面发展具有内在本质的联系。

这是马克思在对共产主义理解上的与时俱进。

三　马克思哲学思想的发展逻辑所提供的启示

研究马克思哲学的与时俱进品质，具有重要的学术价值和现实意义。

（一）要完整理解马克思的哲学思想

过去，我国学术界的许多人较多注重马克思在1845—1859年形成和表述的经典唯物史观的思想，而对马克思晚年的哲学思想及其创新与发展研究不够，往往把1848年以前的马克思的哲学思想当作其整个哲学思想，结果易造成对马克思的哲学思想的片面性理解，也给我们的实践带来某种失误。比如，对马克思晚年关于生产力和生产关系的多种结合方式以及多线论的思想，我们就注重得不够，结果过于强调生产力对生产关系的直接决定作用，一定意义上限制了我国改革开放和社会主义现代化建设的发展空间。

当代西方一些学者比较注重研究马克思晚年的哲学思想，然而，他们往往认为存在着“两个马克思”，且晚年马克思是对青年马克思哲学思想的一种倒退。其研究的实质，就是试图把马克思主义人道主义化，忽视晚年马克思所作出的新的探索及其创新价值。

其实，晚年马克思的哲学探索具有重要的价值。它既可以帮助我们完整理解马克思的全部思想，从而正确理解马克思哲学思想的实质，也可以从中挖掘出新的具有借鉴意义和实践价值的思想。在马克思那里，与时俱进、解放思想和创新具有两种值得我们注意的方式：一是他对前人和他人思想的创新与发展，二是他在晚年对自己以前形成的思想的创新与发展。

1845—1859 年，马克思主要是对前人和他人思想的创新与发展，其成果主要就是创立唯物史观。晚年马克思更多的是对自己已经形成的思想进行补充、丰富、完善和发展。显然，马克思的唯物史观在今天仍然具有指导意义。

然而马克思晚年的思想创新对我们更具借鉴意义：这不仅因为超越他人的思想相对容易而超越自己的思想相对困难，马克思的自我批判、自我超越精神对马克思主义自身的创新和发展具有典型意义；而且马克思晚年的不少思想(如多线论、交往主体性等)以及对东方社会发展道路的探索，也对今天我国的改革开放和社会主义现代化建设，具有重要的启示意义和现实意义。

(二)要重新认识马克思主义哲学的本质特征

究竟如何理解马克思主义哲学的本质特征？当然，它最主要的是科学性、人民性、阶级性、实践性。然而自我超越与自我批判，也是马克思主义哲学的重要本质特征之一，而且是马克思主义哲学具有生命力的关键所在。马克思强调实践，实践既是改变客体的活动，同时也是改造主体的活动。马克思主义哲学就是在不断批判和超越中确立的，也是在批判和超越中发展的。他经常对自己提出的哲学观点作自我批判，不断修正自己的观点，清算自己曾经具有的哲学信仰，而且反对别人把自己的某些观点当作标签和套语加以教条化，当作完美无缺的绝对真理加以固守。马克思主义基本原理必须坚持，然而教条主义往往把马克思主义哲学的某些具体结论加以教条化，看似捍卫马克思主义哲学，实质在损害马克思主义哲学的形象。

（三）马克思主义哲学要随时代的发展不断改变自己的形态

一些人存在着固守传统马克思主义哲学形态的倾向，认为马克思主义哲学要么只是辩证唯物主义，要么只是历史唯物主义，要么只是实践唯物主义。这些哲学形态依然要继承和坚持，但也要随着时代、实践和科学的发展不断改变自己的形态。马克思主义哲学就是由直观唯物主义走向实践唯物主义，由机械唯物主义走向辩证唯物主义，由历史唯心主义走向历史唯物主义。我们当今处在经济全球化的时代，也处在日趋走向以人为本的时代，人的主体性在社会历史发展和社会实践中的作用越来越大。在这样的情况下，就要求建立一种新的哲学形态。至于这种新的哲学形态究竟是什么，需要经过探索和研究来确定，但建构哲学的当代形态已成为哲学研究的当务之急。

（四）要深入研究马克思主义哲学的中国化问题

学习和研究马克思主义哲学，目的之一就是运用其科学的方法论来分析和解决当今中国所面临的问题。这里就有一个马克思主义哲学的中国化问题，即构建当代中国马克思主义哲学的问题。针对马克思主义哲学中国化过程中存在的一些问题，笔者认为要注意以下三个问题。

一是区别方法、问题和结论。马克思主义哲学包括方法、问题和结论三个基本层次，我们更需要的是马克思主义哲学解决问题的基本方法，而不是某些具体的结论。一些人往往重视马克思主义哲学中的某些具体结论，而轻视其解决问题的方法，这是需要避免的。

二是解决原则与实践的关系问题。目前，我国学术界存在着“回到马克思”与“强调马克思是我们同时代人”这两种观点。这两种观点的动因是好的，目的在于全面地、准确地理解马克思的思想及其当代意义，因而应给予肯定。根据中国“原则到位而实践不到位”这一普遍存在的问题，要解决好中国的问题，还应从中国的实践出发。我们应运用马克思主义哲学的基本方法，在立足于中国改革开放和社会主义现代化建设的具体实践中，寻求具体的解决方法。如果一些好的原则只停留在空中，那是无济于事的。

三是注重研究马克思主义哲学在中国的实现形式问题。也就是要研究发展着的马克思主义哲学，而且在这种研究中，要正确处理理论继承与理论创新的关系问题。在马克思主义哲学中国化过程中，既不能丢掉其基本原理，也不能“搞教条主义(教条主义害死人)”，一定要立足于中国全面深化改革和全面建设社会主义现代化国家的实践。

第四章　马克思哲学的三种形态及其历史命运

马克思以后，马克思主义哲学的发展呈现为不同态势：或强调马克思主义哲学的政治性，或突出马克思主义哲学的学理性，或注重马克思主义哲学的大众性。但由于只是抓住马克思主义哲学中的某一因素、某一特性而对其他因素、其他特性注重不够，这往往就在一定意义上导致对马克思主义哲学的片面理解。究竟如何完整地看待马克思主义哲学，以及以何种理论框架清理总结马克思主义哲学的发展历程？这已成为马克思主义哲学界关注的重要问题。笔者认为，解决这一问题，首先要基于马克思所开辟的哲学道路，从弄清马克思哲学的真实的完整结构开始，因为作为马克思主义哲学的主要创始人，马克思的哲学影响着整个马克思主义哲学的发展进程。

一 马克思哲学的大众形态、学术形态、政治形态的有机统一

问题是哲学之源。马克思主张用哲学方式研究“时代的迫切问题”①。每个时代都有属于它自己的问题，哲学批判要分析的正是那些重大时代性问题。“人类始终只提出自己能够解决的任务，因为只要仔细考察就可以发现，任务本身，只有在解决它的物质条件已经存在或者至少是在生成过程中的时候，才会产生。”②这启示我们，哲学视阈的问题不是任意的，而是具有极强的时代性和现实性的。马克思的哲学探索发源于对他那个时代深层问题的追问，正是从问题出发，紧扣时代脉动，马克思哲学才成为哲学的典范。

马克思哲学分析和解决的“总问题”，是资本统治社会的逻辑，或者说是资本占有劳动与无产阶级的解放。马克思在《〈黑格尔法哲学批判〉导言》中指出：“真理的彼岸世界消逝以后，历史的任务就是确立此岸世界的真理。人的自我异化的神圣形象被揭穿以后，揭露具有非神圣形象的自我异化，就成了为历史服务的哲学的迫切任务。于是，对天国的批判变成对尘世的批判，对宗教的批判变成对法的批判，对神学的批判变成对政治的批判。”③这里，马克思提出了现代哲学的历史使命：消解人在资本主义社会中的“自我异化”，亦即资本占有劳动的异化劳动。为研究资本主义社会中的异化劳动，马克思深入探究市民社会，并结合当时资本主义社会的状况，集中考察了国民经济学中的三个最基本范畴：资

① 《马克思恩格斯全集》第1卷，203页，北京，人民出版社，1995。
② 《马克思恩格斯选集》第2卷，3页，北京，人民出版社，2012。
③ 《马克思恩格斯全集》第3卷，200页，北京，人民出版社，2002。

本、劳动、地租。由此发现资本主义社会的一个基本事实，即异化劳动，进而发现产生异化劳动的根源，即资本占有劳动。

马克思主张通过积极的共产主义实践扬弃异化劳动，为人的解放和自由全面发展创造条件。他尖锐地指出，在资本主义社会，“物的世界的增值同人的世界的贬值成正比”①。工人的劳动受资本的奴役最沉重、最典型，因而工人阶级的解放实质上就是把劳动从资本的奴役中解放出来。1845 年之后，马克思清醒地认识到，要实现工人阶级的解放，就必须分析揭示人类社会历史的发展规律和资本主义社会的发展规律，创立一种关于工人阶级解放条件的理论。1846 年，马克思着手寻求揭示这些规律的方法即历史唯物主义。马克思运用这一方法与理论，深入研究他当时所处的资本主义社会资本对劳动的占有关系，揭示工人阶级被剥削的根源，寻求工人阶级解放的途径、手段和条件。《资本论》便是马克思研究资本统治或资本占有劳动问题的代表性著作。通过对一系列分离关系，如商品的两重性(价值与使用价值)、劳动的两重性(具体劳动与抽象劳动)、国家的两重性(虚假与真实)和意识形态的两重性(批判与辩护)的深刻揭示，马克思得出了“全部问题都在于使现存世界革命化，实际地反对并改变现存的事物”和“哲学家们只是用不同的方式解释世界，而问题在于改变世界”的结论。

马克思哲学从其产生起便形成了完整的形态。这里所谓的“形态”是指由哲学的主题、研究方法、核心内容、表述形式、涉指主体和运思方式所呈现出的哲学形象。马克思哲学具有相对独立的问题域、研究方法、基本内容、表述形式、涉指主体和运思方式。基于这样的界定，我们在相对的意义上，把马克思哲学区分为大众形态、学术形态和政治形态。

马克思的哲学首先是以大众哲学形象出现的。马克思大学毕业后去做《莱茵报》编辑，便与现实生活有了大量接触。在与现实生活接触的过

---

① 马克思：《1844 年经济学哲学手稿》，51 页，北京，人民出版社，2000。

程中，马克思认识到德国哲学的思辨特征，是不关心人民大众的生存境遇和发展命运。这时，马克思形成了一种动因和信念：要跳出单纯研究理论问题的园囿，深入现实生活，去关注并维护劳苦农民大众的物质生产劳动和物质利益。在《科隆日报》第179号的"社论"中，马克思曾对德国哲学提出批评，德国哲学"爱好宁静孤寂，追求体系的完满，喜欢冷静的自我审视"，它"不是通俗易懂的；它在自身内部进行的隐秘活动在普通人看来是一种超出常规的、不切实际的行为"。① 较为清晰地呈现马克思哲学形象的，是在《德法年鉴》上发表的文章。其中最具有代表性的一个思想是：建立一种通过关注人本身来掌握群众的哲学，这样的哲学是无产阶级解放的"头脑"，而无产阶级是这种哲学的"心脏"。面对德国的现实状况，马克思指出："德国人的解放就是人的解放。这个解放的头脑是哲学，它的心脏是无产阶级。""哲学把无产阶级当做自己的物质武器，同样，无产阶级也把哲学当做自己的精神武器。"②这表明马克思开辟的哲学道路，是面向现实人的生活世界，尤其是无产阶级的生存世界的，是要为民众立言的。

正由于此，1844年，马克思集中研究工人阶级的异化劳动问题，并把工人阶级的解放当作他哲学的一个主题与核心内容。马克思指出："哲学家……是自己的时代、自己的人民的产物，人民的最美好、最珍贵、最隐蔽的精髓都汇集在哲学思想里。"③既然哲学要成为无产阶级解放的头脑和精神武器，那就必须使哲学语言或形式大众化。这样，1844年之后，马克思的哲学语言有一个转换过程，异化等概念在马克思以后的著述中的使用率就相对减少了(《资本论》除外。当然，异化概念使用率的减少不仅仅是出于语言通俗的考虑，更有哲学世界观和方法论上的原因，即早期的马克思往往把人本主义作为一种方法并以此来看待社会历史。唯物史观创立之后，马克思注重运用唯物史观的方法来分析社会

① 《马克思恩格斯全集》第1卷，219页，北京，人民出版社，1995。
② 《马克思恩格斯选集》第1卷，16页，北京，人民出版社，2012。
③ 《马克思恩格斯全集》第1卷，219—220页，北京，人民出版社，1995。

历史，而作为人本主义的异化概念就使用得少了），代之而起的，是较多使用生活、物质生产、生产劳动、资本、剥削、阶级、社会生活条件、生存条件等概念。不仅如此，马克思还注重参加工人运动，强调全世界无产者联合起来。在晚年马克思的著述中，马克思在考察个人和社会的关系、资本和劳动的关系问题时，始终贯穿着“人民大众”这根红线。马克思哲学活动的方式，也集中体现为深入民间调研，关注大众切身利益问题，走入大众心灵世界，为大众提供现世智慧，且诉诸民众实践。

马克思又是一位理论哲学家。马克思在《青年在选择职业时的考虑》一文中，表达了从事真理研究职业的愿望。马克思大学毕业时曾经打算在大学谋得一个教师资格，虽未能如愿，但在后来的理论建构过程中，他善于从理论上言说哲学，他的哲学是以理论哲学形象出现的。在马克思那里，哲学与理论是内在统一的，“哲学的实践本身是理论的”①。要实现无产阶级的解放，就必须研究无产阶级的生存处境，研究人类社会发展的一般规律和资本主义社会发展的特殊规律。理论与现实的需要促使马克思深入研究大量有关文本、文献(读“文本之书”)，深入工厂、现实进行社会调研(读“现实之书”)，进入书房思考问题。马克思积极参加博士俱乐部，与老年黑格尔派、青年黑格尔派进行哲学辩论，马克思的大多哲学理论都是在与论敌的争论中确立起来的。马克思通过哲学观的变革，创立了唯物史观、政治经济学和科学社会主义，系统地建立起了解释世界和改造世界的理论。马克思理论哲学的形象是通过与政治经济学和科学社会主义结合来映现的。马克思哲学的特点之一就是与政治经济学和科学社会主义紧密结合，三者存在“互镜”的关系，其中马克思哲学主要是思想方法，政治经济学主要是分析构架，而科学社会主义主要是现实结论。离开政治经济学和科学社会主义，就不能完全理解马克思所开辟的哲学道路的真实意蕴；同样，离开马克思哲学，也不可能真正

① 《马克思恩格斯全集》第1卷，75页，北京，人民出版社，1995。

理解马克思的政治经济学和科学社会主义的真谛。因此，“只有透过经济学的语句读出他内在的哲学思想，并透过哲学语句读出他内在的经济学基础，我们才能真正理解马克思”①。但就整体而言，“马克思的经济理论来源并奠基于他的哲学成就”②。显然，在这里马克思转换了身份——作为一个严谨的学者，他具有厚实的学术积累，他深入细致地研究问题，创造性地建立了较为系统的哲学理论。由于他致力于哲学理论本身的学术探索，所以概念、判断、逻辑推理、哲学分析和叙述、理论论战等，便构成马克思理论哲学的运思方式。

马克思也是一位政治哲学家，他的哲学蕴含着丰富的政治哲学内涵。马克思注重用代表无产阶级根本利益的哲学理论武装政党，掌握群众，以解决无产阶级政党由自发到自觉的转变问题，解决无产阶级政党如何组织和带领群众以实现无产阶级解放的问题。马克思从哲学上言说政治、从政治上谈论哲学，提出哲学是无产阶级政党观察世界的世界观和方法论；哲学是无产阶级政党的行动指南；哲学首要的政治功能是武装无产阶级政党，掌握人民群众；“哲学是阐明人权的，哲学要求国家是合乎人性的国家”③；以哲学理念为核心，来制定无产阶级政党的行动纲领；马克思也以政治活动家的身份运思哲学，从政治上关注德国劳苦农民大众的切身物质利益，关注政治与人民大众的关系。马克思十分注重研究黑格尔的政治哲学著作《法哲学》，批判黑格尔关于国家决定市民社会的政治哲学理论。马克思批评费尔巴哈的多谈自然少谈政治的倾向，认为政治与哲学联盟是“现代哲学能够借以成为真理的惟一联盟”④。马克思还对青年黑格尔重宗教批判轻政治批判表示不满，强调要注重政治批判，注重无产阶级的政治解放。在马克思看来，无产阶级

---

① 孙承叔：《经济学与哲学：马克思思想发展的内在轨迹》，载《学习与探索》，2009(1)。

② [法]汤姆·洛克曼：《马克思主义之后的马克思：卡尔·马克思的哲学》，杨学功、徐素华译，中译本前言4页，北京，东方出版社，2008。

③ 《马克思恩格斯全集》第1卷，225页，北京，人民出版社，1995。

④ 《马克思恩格斯全集》第47卷，53页，北京，人民出版社，2004。

解放必须具备两个基本条件：一是用理论武装无产阶级，使其斗争由自发成为自觉；二是建立一个代表无产阶级根本利益且用无产阶级理论武装的政党。从 1848 年起，马克思参与了一系列政治活动，积极为建立无产阶级政党而努力，并为建立无产阶级政党提供哲学的世界观与方法论，使哲学为无产阶级政党服务。

不可否认，马克思哲学的三种形态具有相对独立性，三种形态各有其核心和特点，马克思在研究和阐释哲学时也各有侧重。但同时我们也应清醒地认识到，马克思哲学的这三种基本形态构成了一个具有内在联系的完整结构，在本质上是统一的，且统一于哲学所要解决的"总问题"、基本方法论和人民大众的根本立场。这里的"总问题"就是前面所说的"资本统治社会的逻辑，或者说是资本占有劳动与无产阶级解放"；基本方法论就是马克思哲学三种形态用以分析问题的方法，这一方法是科学与价值的统一；根本立场指马克思哲学的三种形态所坚持的共同立场是实现人民大众的根本利益，它是面向人民大众根本利益的世界观、方法论。

马克思在其哲学活动初期，最关注的就是人民大众的生存处境与发展命运，期望建立一种作为无产阶级解放"头脑"或"精神武器"的大众形态的哲学。这样的哲学必须通过分析和揭示人类社会历史发展的一般规律和资本主义社会发展的特殊规律，通过分析工人阶级的生存境遇与发展命运建立起来，这就需要从理论上系统思考研究问题，用科学的理论来解释世界，建立起学术形态的哲学，以从理论上武装无产阶级。要实现无产阶级解放，还必须建立一个能代表无产阶级根本利益且用为无产阶级立言的理论武装的政党，使这个政党来组织和带领无产阶级进行社会主义革命，这就需要确立起政治形态的哲学，以作为无产阶级政党的理论基础。因此，只有把马克思哲学的"大众形态""学术形态"和"政治形态"作为一个有机统一体，才能完整准确地把握马克思哲学的精神实质，才能勾勒出马克思哲学的完整结构。

二　马克思哲学的大众形态、学术形态、政治形态之历史演变

这里所说的“历史”，既指马克思主义哲学的主流在苏联的演变进程，也指马克思主义哲学的主流在中国共产党成立后和中国改革开放前这一段历史中的演变进程。在马克思那里，哲学的大众形态、学术形态和政治形态是有机统一的。然而在马克思以后的马克思主义哲学发展的历史进程中，这三种形态呈现出不同的演变逻辑，也出现了一定程度的分离，即政治形态不断强化，学术形态没有获得相对独立性，且政治形态和学术形态在一定程度上疏离大众，尚未真正赢得大众的认同。这些历史演变主要是通过马克思主义主要经典作家以及一些重要思想家对待这些形态的态度、方式及其结果体现出来的。

从应然性来讲，马克思主义哲学发展史首先是面向大众的历史。但在马克思主义哲学发展史和马克思主义哲学发展史的教科书中，一般来说，大众形态的哲学被不断强调，但没有在现实中真正建立起来。

哲学与大众的关联是理解马克思哲学本性和特质的关键。受18世纪法国启蒙学派的影响，以及家庭的熏陶和在《莱茵报》工作期间对德国现实的关切，马克思首先强调要建立一种面向人民大众的哲学，所以一开始他就从哲学立场和价值导向上强调，他所开辟的哲学是汇集人民精髓、为民众提供现世智慧、为民众立言的哲学。这是马克思哲学的首要本性。马克思坚决反对把自己的哲学当作“书斋里的学问”和“纯粹思辨的观念”，强调哲学要为人民群众所掌握，要尽可能使抽象晦涩的哲学

理论通俗易懂。《资本论》作为“工人阶级的圣经”[①]，就是写给每一位工人的。

为实现工人阶级的解放，塑造社会主义一代新人，列宁十分重视马克思哲学的大众本性，他从通俗化角度强调其哲学的大众化。列宁哲学所关注的问题，不少是民众关心的、与民众根本利益相关的现实问题。列宁反对把马克思主义包括马克思主义哲学写成“只向学术界吐露”的特别厚的书，倡导把深奥的哲学理论转化成简单明了的知识。由此，列宁把“最高限度的通俗和简单明了”当作党的思想理论工作的重要原则，把为平民大众提供革命理论当作自己最大的希望，并且撰写了不少简单明了的马克思主义哲学文章，力求使自己的哲学论述和表达做到通俗易懂，如他所强调的：“最马克思主义＝最通俗和朴实(转化)。”[②]

斯大林也注重马克思哲学的大众性，主张对由马克思哲学发展而来的马克思主义哲学给予简明扼要的阐释，即把马克思主义哲学归结为几个结论。这样既有利于苏联共产党人记住、理解和掌握马克思主义哲学，同时又把马克思主义哲学简单化了。

毛泽东从哲学应被人民群众掌握的角度反复强调哲学的大众性。他指出：“让哲学从哲学家的课堂上和书本里解放出来，变为群众手里的尖锐武器”[③]；又说：“洋八股必须废止，空洞抽象的调头必须少唱，教条主义必须休息，而代之以新鲜活泼的、为中国老百姓所喜闻乐见的中国作风和中国气派。”[④]毛泽东反对把哲学仅仅当作哲学家在书斋里进行学术研究的对象，强调它应成为提高人民群众思想素质、提高人民群众分析解决问题能力的武器和方法论。基于这种考虑，毛泽东倡导在用马克思主义哲学来分析解决中国的实际问题时，要善于运用平民大众喜闻乐见的语言来阐述马克思主义哲学，把马克思主义哲学的世界观和方法

---

① 参见《资本论》第1卷，34页，北京，人民出版社，2004。

② 《列宁全集》第30卷，422页，北京，人民出版社，1985。

③ 《毛泽东文集》第8卷，323页，北京，人民出版社，1999。

④ 《毛泽东选集》第2卷，534页，北京，人民出版社，1991。

论变成广大人民群众能够掌握和运用的思想方法与工作方法。

马克思主义哲学按其本性必须大众化。艾思奇是中国马克思主义哲学的“大众形态”的主要建立者。就此而言，他在马克思主义哲学大众化历史上的贡献是不可低估的。研究马克思主义哲学在20世纪30—40年代对中国知识分子的影响，艾思奇是绕不开的重要人物。艾思奇响应毛泽东的号召，一生致力于从哲学内容和形式等方面去开拓马克思主义哲学大众化的新局面，写出了《大众哲学》一书，在马克思主义哲学大众化的历史上写下了可喜的一页。

马克思主义哲学经典作家以及中国共产党人倡导马克思主义哲学的大众化，根本上是要求人们认识到，理论只要掌握群众也能变成物质力量。只有实现马克思主义哲学的大众化，才能真正使马克思主义哲学深入人心，增强马克思主义哲学的生命力、吸引力和凝聚力。然而在马克思主义哲学发展的历史进程中，虽然其大众性不断得到强调，但实际情况却是马克思主义哲学的大众形态没有真正确立起来，许多人并未真正认识到大众性是马克思主义哲学的首要本性，甚至认为哲学是少数人研究的学问，与平民大众无关，因而不重视甚至轻视大众形态的哲学。大众形态的马克思主义哲学在马克思主义哲学发展史的教科书中没有应有的地位，马克思主义哲学研究的问题、方法、内容、形式和运思方式远离人民群众，大众形态的马克思主义哲学研究者及其成果寥寥无几，大众也对马克思主义哲学望而生畏。如何让马克思主义哲学走近大众，就成为真正确立马克思主义哲学大众形态的关键问题。

马克思主义哲学发展史也应当是研究者解读、发展马克思主义哲学的历史。在马克思主义哲学发展史及传统马克思主义哲学发展史的教科书中，学术形态的哲学在不同程度上得以显示。

马克思在系统深入研读“大众之书”“文本之书”“现实之书”的基础上，在对传统旧哲学实行革命变革的过程中，创立了以无产阶级解放与人的自由全面发展为主题的理论哲学。

列宁为了避免犯狭隘经验主义的错误，十分注重哲学理论的建构，他也是一位理论哲学家。在针对时代性问题、关注工人阶级解放、研读经典、注重与论敌进行思想论战、运用哲学方法分析解决所关注的问题和为无产阶级政党奠定理论基础、哲学为政治服务等方面，列宁与马克思具有相似之处，但列宁哲学的学术形态与马克思哲学的学术形态也有所不同。在研究的问题上，马克思哲学着重面向现实人的生活世界与人类社会历史发展的一般规律，揭示无产阶级解放与人的自由全面发展的实现方式，而列宁哲学着重探讨革命后落后俄国向社会主义过渡的特殊规律与俄国社会主义建设的特殊道路；在哲学内容上，马克思哲学更侧重于唯物史观和人的理论，而列宁哲学更注重认识辩证法和历史辩证法，人的理论虽有论述，但不够突出；在哲学表述与叙述方式上，马克思哲学比较注重理论建构自身的学理逻辑，列宁哲学更关注实践发展的逻辑，重视根据实践发展的逻辑谈论理论发展的逻辑；在哲学运思方式上，马克思哲学比较注重理论自身的建构，而列宁哲学主要是针对他那个时代的政治问题，并在与论敌的论战中，解释、完善、补充、丰富和发展马克思主义哲学。列宁哲学思想演进的四个时期，即从《什么是"人民之友"以及他们如何攻击社会民主党人?》到《唯物主义和经验批判主义》(简称《唯批》)，经《哲学笔记》，再到晚年对"俄国社会主义道路"的探索，体现着列宁在不同时期对马克思主义哲学的唯物史观、认识论、辩证法和历史辩证法独到的学理解读、补充完善和丰富发展。

苏联的马克思主义哲学研究虽然存在某些局限，如意识形态色彩浓重，但在学术方面取得了不少积极成果。尤其是重视汲取自然科学和社会科学的最新成果，注重同世界各国哲学界开展学术交流，因而在宣传、普及和发展马克思主义哲学方面，取得了长足进展。例如，凯德洛夫反对斯大林"原理＋例子"式的体系论述方法，奥伊泽尔曼对马克思主义哲学史和马克思主义哲学体系的研究，费尔谢耶夫和伊利切夫将哲学归结为人的问题甚至归结为人的实践活动，科普宁试图通过对人的问题的讨论来解释哲学基本问题，认为哲学反思的对象是"主体—客体"关系问题，以及弗罗洛夫的人学研究、生态问题研究等，均是对马克思主义哲学学术形态的一种积极探索。正如聂锦芳教授通过细致的文本研究后所指出的："当时年青一代的哲学家是从研究和掌握在官方哲学中所没有的某些问题开始其哲学生涯的。通过对当代科学、哲学史和现代资产阶级哲学的深入分析，许多哲学问题的内容和范围获得了很大的丰富和扩展。如科学哲学和方法论、人的综合研究和人道主义问题、价值问题和对科学知识的评价等，就是从那时开始得到深入广泛的研究的。"①

毛泽东研究哲学的主要目的，是为分析解决当时的中国问题提供方法论，为中国共产党领导中国革命和建设提供理论基础，为广大人民群众认识世界和改造世界提供思想武器。毛泽东虽不像马克思、列宁那样致力于哲学的学理研究，但其哲学思想也蕴含着丰富的学理内容。毛泽东哲学主要研究的是马克思主义哲学与中国实际相结合过程中出现的重大理论、现实问题，集中体现为针对教条主义和经验主义及中国社会历史发展的新情况，研究以实践为基础的马克思主义认识论，以对立统一为核心的唯物辩证法，以社会基本矛盾为中心内容的唯物史观。毛泽东的哲学研究方式，既有解读、发挥性的，如《实践论》便是对马克思主义哲学的认识论作学理解读、发挥的代表作；也有丰富、发展性的，如《矛盾论》就包含许多丰富和发展了马克思主义唯物辩证法的学理性阐述；还有运用性的，如《关于正确处理人民内部矛盾的问题》就是运用马克思主义唯物史观的基本原理分析中国矛盾问题的代表作。

李达、杨献珍的哲学也不乏与政治有关的内容，但比较注重从学理上阐述马克思主义哲学，在马克思主义哲学的学术形态方面作出了重要的贡献。李达注重从学理上系统阐释和传播马克思主义哲学，他的作为"中国人自己写的第一部马克思列宁主义的哲学教科书"的《社会学大纲》，注重用科学的宇宙观和历史观武装人民的精神，用科学的方法指导实践。他的《现代社会学》是一部从学理上全面系统阐述唯物史观的著作，就其论及问题的广泛性和内容的深刻性而言，代表了中国早期马克

---

① 聂锦芳：《国外四位"马克思学家"及其对马克思主义哲学的理解》，载《江西社会科学》，2008(3)。

思主义者对唯物史观的理解所能达到的水平。与杨献珍直接相关的“三次哲学大讨论”虽然与政治有关，但主要是从学理上入手的。

西方马克思主义在反对把马克思主义教条化这种意义上，可以看作是马克思主义哲学发展的一个分支。他们批评一些所谓正统的马克思主义者仅仅把马克思主义当作意识形态的倾向，主张根据新的文本、新的实际和新的思想资源从学理上重新诠释马克思、马克思主义以及马克思主义哲学，强调从学理上研究并补充、完善、发展马克思主义，包括马克思主义哲学，重视马克思主义哲学的学术形态。据此，有人认为西方马克思主义者远离了马克思主义哲学的政治形态，也有人认为西方马克思主义者通过学术关心政治，具有强烈的介入精神，还有人认为西方马克思主义者注重马克思主义哲学的大众化，具有大众化特征。如何恰如其分地评价西方马克思主义的哲学贡献，仍然是一个有待进一步深入研究的学术问题。

虽然学术形态的马克思主义哲学在其发展过程中有不同程度的存在，并有一定的创新和发展，但相对独立的学术形态的哲学理论体系尚没有完整、明晰和系统地建立起来。一个重要原因是一些哲学研究者不是长期专门从事系统学术研究的哲学家，难以提出系统的原创性理论体系，且多侧重运用哲学解释、论证既定的理论。这虽然对马克思主义的发展是必要的，但却是远远不够的。

应当承认，马克思主义哲学发展史还是伴随政治的发展而发展，且为政治服务的历史。然而在马克思主义哲学发展史及传统马克思主义哲学发展史的教科书中，由于过度强调意识形态(应当承认，它是一种意识形态)，马克思主义哲学发展史几乎被看作政治形态的马克思主义哲学的发展史，政治形态的马克思主义哲学受到高度重视(这是应当的)，但却没有真正深入人民群众的心灵世界。

马克思力求建立一种为无产阶级立言的哲学，用以武装无产阶级政党，进而实现无产阶级的解放。哲学为政党政治服务，政党政治为无产阶级解放服务，是马克思“无产阶级解放—哲学理论—政党政治”逻辑链条和框架中的必然环节，也是马克思哲学的政治表达。

列宁注重从革命和建设两方面使哲学为政治服务。列宁的哲学研究大多是为了解决政治领域的问题，且针对党内政治斗争和思想论战而展开的，其根本目的之一，是统一无产阶级政党的思想。因此，列宁特别注重哲学思想斗争背后的政治立场、政治利益和政治斗争，注重为政治斗争提供哲学武器。列宁的时代是战争与革命的时代，可用三个基本事实来说明那个时代的本质特征：世界历史从自由资本主义向帝国主义过渡；帝国主义矛盾的激化促发了第一次世界大战，由此酝酿着无产阶级的社会主义革命；第二国际时期，马克思主义内部出现了修正主义，它们用唯心主义和形而上学修正马克思主义哲学。当时的俄国既面临着通过无产阶级革命实现社会主义的时代任务，也面临着从哲学上反对党内修正主义、诡辩论与总结自然科学新发现和革命经验教训的理论任务。这样的时代背景要求列宁集中探索三大政治问题：无产阶级革命，落后俄国向社会主义发展的道路以及创立新的认识论和辩证法，为俄国无产阶级革命和社会主义建设实践提供理论基础。

列宁哲学活动经历的四个历史时期，都分别与党内政治斗争息息相关。一是第一次俄国革命时期，列宁的主要代表作《什么是“人民之友”以及他们如何攻击社会民主党人?》，重点阐述和运用唯物主义历史观研究“俄国是否应该发展资本主义”这一政治问题。二是革命转入低潮时期，列宁的主要代表作《唯物主义和经验批判主义》针对布尔什维克党内消极思想的政治影响，把阐述马克思主义唯物主义认识论放在首位，以此来捍卫布尔什维克党的理论基础，实现党在思想上的统一，维护党的团结。这里，列宁把哲学理论问题看成是关系俄国革命事业全局的重大政治问题。在《唯物主义和经验批判主义》中，列宁强调要善于识别某些哲学家复杂思想背后的政治面目，善于分析一切重大哲学思想斗争和争论背后的政治背景以及阶级立场。列宁强调的哲学的党性原则，实质上是强调哲学思想斗争背后的政治斗争，重视为俄国无产阶级革命斗争提供哲学理论武器。三是第一次世界大战和俄国十月革命准备时期，列宁的主要代表作

《哲学笔记》，重点研究和运用唯物辩证法，为判明时代和战争的性质、为无产阶级制定新的战略和策略提供哲学方法，为与第二国际的一切思想体系实行决裂提供理论武器，为俄国十月革命提供理论准备。四是向社会主义工业化过渡时期，这一时期列宁著述的重点是运用历史辩证法，结合俄国国情，探索和开创落后俄国建设社会主义的道路这一重大政治课题。

毛泽东更加注重哲学为政治服务。这集中体现在毛泽东运用哲学方法所研究的问题大多是政治问题，如《论持久战》解决的是战争问题，《实践论》《矛盾论》解决的是党内教条主义和经验主义问题，《关于正确处理人民内部矛盾的问题》解决的是政治生活中的矛盾问题；毛泽东的哲学思想大多是针对党内政治论战、为统一党内思想认识而提出的，如《论持久战》是针对战争中的冒进主义（急性病）和悲观主义而写的，《实践论》《矛盾论》是针对党内的教条主义和经验主义而著的，《关于正确处理人民内部矛盾的问题》是针对党如何处理人民内部矛盾而论的；毛泽东哲学比较注重哲学的意识形态性，如强调马克思主义哲学是中国共产党的世界观和方法论，是中国共产党的理论基础等。

由上看出，马克思哲学的政治形态在其后马克思主义哲学发展进程中不断得到强化，且几乎成为马克思主义哲学发展史的主流，这应当肯定。但由于它无论在内容、形式，还是语言、传播方式等方面，还缺乏应有的感染力、吸引力，要真正深入大众心灵，仍然任重而道远。

三　马克思哲学的大众形态、学术形态、政治形态在当代中国的命运

当今，马克思主义哲学的“三形态”在某种程度上处于相对分离的状态，尚未达到真正的统一。由此，在一定意义上造成了马克思主义哲学的大众认同危机、学术认同危机和政治认同危机之困境。

改革开放以来，中国马克思主义哲学的大众化不断得到倡导。邓小平从学习效用的角度强调马克思主义哲学的大众性，指出：“学马列要精，要管用的。”①胡锦涛从增强社会主义意识形态的凝聚力和吸引力以及宣传普及的角度，强调不断“推动当代中国马克思主义大众化”②，其中包括推进当代中国马克思主义哲学的大众化。马克思主义哲学本来是最朴实的道理，是人民大众所需要的、为人民大众服务的。但在实际生活中，常有人说马克思主义哲学很深奥，不容易理解和把握，难以真正达到预期效果。这意味着，马克思主义哲学只有满足人民大众的精神需要，才能真正掌握人民大众，才能深入人心，在中国扎根、开花、结果，从而增强马克思主义哲学的生命力、吸引力和凝聚力。

但是中国哲学理论工作者在马克思主义哲学的通俗化、大众化方面做得还远远不够，马克思主义哲学的大众形态并没有真正确立起来。这种状况集中表现在：学术界对大众关心的问题关注和研究不够，人民大众的生存境遇、发展命运与精神世界问题没有真正进入哲学视阈；哲学研究的内容要么是“文本”，要么是“政治生活”，要么是“当代西方哲学”，人民大众的生活世界和心灵世界没有成为专家学者研究的基本内容，人民最美好、最珍贵、最隐蔽的精髓没有完全汇集在哲学中；研究者乐于在书斋中读文本之书，重视读政治生活之书，偏好读当代西方哲学之书，而对人民大众的实践之书、生活之书和心灵之书读得不够；研究者们提出了不少新的政治理念和学术思想，但对我国改革开放 40 多年的人民群众生动活泼的实践经验与生存智慧的哲学总结和提升不够；马克思主义哲学研究充满学术话语、政治话语、西方话语，但通俗易懂的大众话语严重缺失。要言之，虽然我们在政治上重视马克思主义哲学的“大众形态”，但总体上，马克思主义哲学研究更多的是专家学者的专利，这在一定程度上疏离了马克思主义哲学的“大众本性”，导致马克思主义哲学大众形态未真正建立起来。究其原因，一是学者的工作和研究

① 《邓小平文选》第 3 卷，382 页，北京，人民出版社，1993。

② 《胡锦涛文选》第 2 卷，639 页，北京，人民出版社，2016。

方式往往是学院式的、远离大众的；二是评价研究成果价值的尺度仅仅是“学术含量”“学术水准”和“学术影响”，不包括对民众的社会影响。有必要指出，马克思主义哲学的通俗化、大众化绝不是庸俗化，而是既要改变语言表达方式，赋予马克思主义哲学以通俗易懂的表现形式，更要把“人民大众关心的问题”引入马克思主义哲学的研究视阈，使仅由少数人理解掌握的哲学变成对广大人民群众的实践发挥指导作用的思想理论。换言之，马克思主义哲学，尤其是当代中国马克思主义哲学要发挥对实践的指导作用，就必须大众化，而“不应该是哲学家们的‘盛宴’，更不应该是哲学家个人的私语和独白”①。

改革开放以来，针对仅仅把马克思主义哲学当作一种意识形态的倾向，不少从事马克思主义哲学研究的学者力求突出马克思主义哲学研究的“学术性”，强调要把马克思主义哲学作为一门学问或学术来进行研究。20世纪90年代，一些学者就提出“思想淡出，学术凸显”，批评中国马克思主义哲学研究学术性不强，研究水准不高，其成果经不起时间和学理检验。应当承认，在“体系哲学”的束缚下，马克思主义哲学确实存在被简单化、教条化的倾向，马克思主义哲学的功能也被片面化和单一化了。为此，他们力图走出意识形态和政治化的某种“困境”，回到学术层面，强调学术研究的相对独立性，甚至主张回归学术、放逐现实，对活生生的现实生活世界采取一种逃避的态度。于是，中国马克思主义哲学研究界出现了一种“文本解读”和“对话研究”的热潮。

应当充分肯定，“文本解读”和“对话研究”在细致挖掘、整理相关文献的基础上，率先以科学精神对马克思哲学文本和“西方马克思主义哲学”文本做了深度学术解读，再现了马克思哲学的“新”形象，从而获得了判断以往各种马克思哲学研究的对错得失的学理评判权和进一步发展马克思哲学的学术思想资源，为揭示马克思哲学思想的当代意义奠定了较为坚实的学理基础，因而有其重要的学术贡献。质言之，从“学术形

① 陈先达：《马克思主义哲学关注现实的方式》，载《中国社会科学》，2008(6)。

态”研究并理解马克思主义哲学，克服了仅仅从政治形态看待马克思主义哲学发展、理解马克思主义哲学的局限，有助于人们较为全面、客观地看待和理解马克思主义哲学，也为马克思主义哲学提供科学的学理支持。

从整个马克思主义哲学发展的进程来看，马克思主义哲学的学术形态还未得到健康发展：一是理论界的主流依然多强调马克思主义哲学为政治服务，但对学界的研究成果吸收不够，最终影响了马克思主义哲学的学术形态的确立；二是一些学者对马克思主义哲学的“政治形态”和“大众形态”重视不够，没有充分认识到马克思主义哲学本质上就是以哲学方式全面而深入地反思和把握现实，进而为广大人民群众立言，为有利于人民大众的政治提供合理有效的服务，其后果却是哲学远离现实，远离大众，远离政治。

需要指出的是，一些学者逃避现实、政治和大众，是因为存在种种顾虑：或者认为研究现实不是学术，不愿研究；或者认为研究现实触及政治，不敢研究；或者认为哲学不解决现实问题，不必研究；或者研究现实困难重重，不去研究；或者找不到哲学研究现实、政治和大众的合理有效路径，不会研究。实际上，学术性与现实性是统一的，离开学术性，现实只是感性经验层面的现实，而不是哲学层面的具有本质性的现实；离开现实的学术则只是一种抽象思辨，而不是具有真实思想和对现实具有积极意义的学术。马克思说过，“甚至随着自然科学领域中每一个划时代的发现，唯物主义也必然要改变自己的形式”①。因此，如果只注重学术诉求而疏离现实、政治与大众，马克思主义哲学研究注定是没有生命力的，其合法性也会受到质疑。让哲学走进现实与政治、走进大众生活，是哲学获得生命力的关键。因此，哲学研究者应以哲学方式研究现实，超越现实并引领现实。

在中国，政治领域的马克思主义哲学主要是为破除思想障碍、确立

① 《马克思恩格斯选集》第4卷，234页，北京，人民出版社，2012。

党的思想路线而加以强调的，是为了解决我国改革开放和社会主义现代化建设进程中的根本问题而加以运用的，是为了推进马克思主义中国化而加以倡导的，马克思主义哲学为政治服务的功能比较明显，但也存在着需要进一步关注的问题：其一，有的学者多注重马克思主义哲学的政治性，而忽视其科学性，把马克思主义哲学教条化。马克思主义哲学如何为政治服务，如何正确理解、把握马克思主义哲学的政治性与科学性的关系，马克思主义哲学的政治形态如何进一步取得学理上的科学支持，还有待深入研究。其二，当代中国马克思主义哲学特别强调从政治哲学理念上注重以人民为本，可以说这是从政治哲学上面向人民大众的马克思主义哲学。但由于缺乏推进马克思主义哲学大众化的主体队伍，要使马克思主义哲学赢得人民大众的广泛理解和认同，深入推进马克思主义哲学的大众化，依然任重而道远。

总之，实现马克思主义哲学“三形态”的统一，则三者相辅相成，反之，则三败俱伤。如果大众形态不能得到政治形态和学术形态的支持，就难以真正实现；如果学术形态疏离政治形态和大众形态，就会失去合法性和生命力；如果政治形态脱离学术形态和大众形态，就会失去学理支撑和大众认同。不能满足大众需要、实践需要、国家需要，且抓不住事物根本、不能说服群众、不能转化为现实力量的哲学，迟早要被历史终结。今天，马克思主义哲学政治形态的主体主要是中国共产党人，学术形态的主体是专家学者，但是大众形态的主体相对缺失，这是值得深思的问题！当今中国马克思主义哲学界呼吁“回到马克思”，应回到“三形态”相统一的马克思哲学。那么当代中国马克思主义哲学研究中如何推进这三种形态的结合？

笔者认为这一结合的总体思路、方法和路径是：首先，哲学研究工作者要跳出过去仅从单一形态理解马克思哲学与马克思主义哲学的局限，确立一种新的马克思哲学与马克思主义观，重新从结构、整体、协同、生态等视角对马克思哲学与马克思主义哲学进行学术形态、大众形态和政治形态的解读，注重三者间“三位一体”“彼此映照”的关联性，以勾勒出马克思哲学与马克思主义哲学的完整形态，建构当代中国马克思主义哲学可持续发展的“生态环境”，从认识上解决不同研究主体必须且愿意实现三种形态之结合的问题。

其次，哲学研究工作者应具备合理的知识结构和思维结构，既要深入现实，全面了解人民大众的生存世界与生活境遇，又要全面准确把握执政党的政治理念与执政方式，还要具有丰富深厚的学理积累，依据“三形态”的有机统一来重新理解和把握马克思主义哲学发展史，以解决不同的研究主体实现“三形态”结合所需要的理论素养，即“能力”问题。

再次，哲学研究工作者须明确“三形态”结合的方向、目标，寻求共同关注的“总问题”、共同遵循的基本方法论和共同坚持的根本立场，以解决不同研究主体“在何处结合”的问题，并选择三种形态的结合点，以解决“如何结合”的问题。

最后，国家应积极倡导并鼓励从事马克思主义哲学研究的专家学者投入大众哲学研究领域，把执政党的思想体系和专家学者的哲学学理转化为人民大众可以理解、接受和掌握的精神食粮，让哲学深入人民大众的心灵世界，掌握人民大众，以解决实现“三形态”结合的“主体”问题。

第五章　马克思以哲学方式解读现实问题的基本路径

马克思主义哲学的创新与发展必须基于马克思所开辟的哲学道路，基于马克思哲学的本性。由上考察便知，马克思所开辟的哲学道路，马克思哲学的本性，是以哲学的方式面向现实人的生活世界。那么，马克思如何看待哲学及其与现实的关系？马克思是如何以哲学的方式解读现实问题的？马克思解读现实的具体方法是什么？马克思解读现实所形成的哲学理论是什么样的？这些问题并不是“不证自明”的，迄今为止，仍是“悬而未决”的。

一　马克思以哲学方式关注现实及其深远影响

马克思在直面现实、直面现实的人、直面实践、直面问题中终结旧哲学，从而实现了哲学观的革命性变革，创立了一门关注“现实的人及其历史发展”的哲学。

（一）以哲学方式把握现实：把抽象的纯粹“思辨哲学”改造成为改变世界的“实践哲学”

如前所述，马克思开辟的哲学道路，从根本上说是以哲学方式面向现实人的生活世界和实践发展过程的实践哲学。马克思哲学的本性是关注现实人的生活世界，关注时代和实践提出的重大现实问题。马克思恩格斯指出：“在思辨终止的地方，在现实生活面前，正是描述人们实践活动和实际发展过程的真正的实证科学开始的地方。关于意识的空话将终止，它们一定会被真正的知识所代替。对现实的描述会使独立的哲学失去生存环境，能够取而代之的充其量不过是从对人类历史发展的考察中抽象出来的最一般的结果的概括。这些抽象本身离开了现实的历史就没有任何价值。”①

传统西方哲学脱离现实生活世界来理解人，“人”要么湮没于天国，要么依附于自然，从这种“抽象的人”出发，只能产生抽象的人本主义，不可能真正实现对人的尊重。与此不同，马克思的哲学研究不是从“天国降到人间”，而是从“人间升到天国”。由此，马克思的哲学注目于现实人的生活世界。“回归生活世界”是马克思主义哲学的呼声，这一呼声在当代引起激烈的回响。在马克思之后，胡塞尔、维特根斯坦、卢卡奇等哲学家均发出了回归生活世界的声音。

随着哲学理性定位的下移，哲学逐渐向生活世界回归。哲学回归生活世界本质上乃是向“人的现实”和“现实的人”的历史性回归。马克思不喜欢黑格尔哲学那种离奇古怪的调子。在《莱茵报》工作的实践，使马克思认识到黑格尔哲学面对现实物质利益问题时无能为力，黑格尔哲学的致命弱点就是远离现实生活实际。恰在此时，费尔巴哈提出：“未来哲学应有的任务，就是将哲学从‘僵死的精神’境界重新引导到有血有肉的，活生生的精神境界，使它从美满的神圣的虚幻的精神乐园下降到多

① 《马克思恩格斯选集》第1卷，153页，北京，人民出版社，2012。

灾多难的现实人间。”①正是受黑格尔和费尔巴哈的双重影响，马克思放弃了知识论路向，转向对现实人的生活世界的反思性探索，从而开辟了回归生活世界的哲学道路。马克思之所以要研究哲学，并不是为了满足纯粹的理论兴趣，也不是要创立什么哲学学派，而主要是为了解决他所关心的现实问题，即哲学与现实的互动关系问题。在马克思看来，真正的哲学必须有助于现实问题的解决，如果无助于现实问题的解决，哲学就将失去其存在的“合法性”。

在《德意志意识形态》中，马克思恩格斯批判了青年黑格尔派远离现实生活而醉心于抽象哲学批判的思辨倾向，批评青年黑格尔派的哲学家“没有一个想到要提出关于德国哲学和德国现实之间的联系问题，关于他们所作的批判和他们自身的物质环境之间的联系问题”②。质言之，青年黑格尔派严重脱离实际，不关心德国现实，仅仅满足于抽象思辨而搞“修辞学的革命”。他们不是反对现实的、现存的世界，而是仅仅反对“词句”，试图通过另外的解释来承认现存的东西，最终沦落为最大的保守分子。马克思指出：“德国哲学从天国降到人间；和它完全相反，这里我们是从人间升到天国。”③在马克思看来，哲学的“根”不在天国，而在人间，它的出发点不是抽象的人，而是从事实践活动的现实的、感性的和历史的人。以现实的人作为哲学研究的前提，实际上就是以“人的活动和他们的物质生活条件”为出发点，也就是从现实人的“物质实践出发来解释各种观念形态”。④ 正是在此意义上，生活和实践的观点才成为马克思主义哲学首要的和基本的观点。

(二)对哲学的新理解：马克思哲学观的自我定位

马克思曾提出一系列有关哲学理解的命题：哲学是有关人的“自我

① [德]路德维希·费尔巴哈：《费尔巴哈哲学著作选集》上卷，荣震华、李金山等译，120页，北京，商务印书馆，1984。

② 《马克思恩格斯选集》第1卷，145—146页，北京，人民出版社，2012。

③ 同上书，152页。

④ 参见《马克思恩格斯选集》第1卷，172页，北京，人民出版社，2012。

意识”的科学；哲学的实践本身是理论的；哲学关心的是一切人的真理，而不是个别人的真理；哲学是时代精神的精华；哲学是文明的活的灵魂；哲学是现世的智慧；哲学是人类解放的头脑；哲学是关于人的外化即人的实践活动的科学；哲学是头脑掌握世界的特殊精神方式；等等。透过这些命题，我们可以发现马克思对哲学观的新定位。

哲学是对“尘世”进行批判和确立“此岸世界”真理的“批判哲学”。马克思反对虚幻的“修辞学革命”，而注重改变旧世界的现实实践活动。新哲学的优点恰恰在于不想教条地预期未来，而是“通过批判旧世界发现新世界”。“批判”无论是对于揭示马克思哲学基本价值，还是理解其哲学立场，无疑都是一个重要概念。马克思很多著作均以批判为名，如《〈黑格尔法哲学批判〉导言》(1843)、《德意志意识形态》(1845—1846)、《〈政治经济学批判〉导言》(1859)、《资本论》(1867、1885、1894)、《哥达纲领批判》(1875)，等等。马克思所主张的批判，主要是现实的实践批判，即“批判不是头脑的激情，它是激情的头脑”①。批判哲学不是只有“解构”，没有“建构”。马克思在哲学批判观上优于青年黑格尔派和费尔巴哈的地方，就在于他扬弃了逻辑批判与道德批判而达到了实践批判的高度。② 完整意义上的马克思哲学实际上包含理论批判、社会批判(主要包括宗教批判、政治批判、经济学批判)和自我批判三大部分，它分别针对一切理论、资本主义社会和自己的思想。与之相应，马克思哲学必然具有三个现实针对性：其一，在学术方面，主要是针对思辨哲学，主要是解决哲学与时代的关系问题；其二，在现实方面，主要是针对资本主义商品经济条件下人的生存境遇与发展命运问题，主要是解决资本奴役劳动、人对物的依赖问题；其三，在自我批判方面，主要是针对不同历史条件下的现实结论，力求不断完善、超越自己的理论。只有充分理解了上述三个现实针对性，才能更深刻理解马克思哲学绝不仅仅

---

① 《马克思恩格斯选集》第 1 卷，4 页，北京，人民出版社，2012。

② 参见何中华：《哲学：走向本体澄明之境》，261 页，济南，山东人民出版社，2002。

是纯粹理论逻辑的产物，更主要的是现实革命逻辑的产物。

哲学与现实的张力是理解马克思哲学的切入点。马克思哲学不是对“彼岸世界”的探讨，而是要确立“此岸世界”的真理。如果要关注“此岸世界”，就必须深入研究资本主义社会。马克思哲学正是在对资本主义商品经济社会和以资本逻辑为主导的现代性的批判中出场的。马克思对资本主义社会现实的基本评价是：现存制度的唯一原则是“轻视人，蔑视人，使人非人化”①。因此，马克思主张对资本主义社会现存的一切进行无情的批判。“所谓无情，就是说，这种批判既不怕自己所作的结论，也不怕同现有各种势力发生冲突。”②马克思哲学正是在批判旧世界中发现新世界，在解释世界中改变世界。需要指出的是，马克思并不是直接从现实出发经验性地去解答和解决时代问题，而是把现实经验问题提升到哲学层面，从哲学高度解答和解决时代问题。

哲学是“非常懂得生活”并为现世提供智慧的“生活哲学”。马克思哲学是对“尘世”进行批判和确立“此岸世界”真理的“批判哲学”，这意味着它内在地关注现实生活。这里的生活并非泛指一切生存，而是特指建立在实践活动基础上的现实人的社会生活。这里的哲学也并非泛指一切哲学，而是特指马克思所开辟的反映时代精神之精华的哲学。这种哲学既懂得生活——实实在在的生活，也懂得人——有血有肉的人。马克思开辟了哲学回归生活世界的新道路，从而使回归生活世界成为现代哲学的基本诉求之一。人类的生活世界可分为公共领域和私人领域两部分。值得注意的是，马克思哲学回归生活世界绝不是向私人领域的“龟缩”，更主要的是向公共领域的“挺进”。一方面，马克思通过对黑格尔《法哲学原理》的批判发现，要获得理解人类历史发展过程的钥匙，不应到被黑格尔描绘成“大厦之顶”的国家中去寻找，而应到黑格尔所蔑视的“市民社会”中去寻找。从此马克思展开了对市民社会的批判，开启了对资本主义历史合理性的追问，最终把矛头指向私有制。

---

① 《马克思恩格斯全集》第 47 卷，59 页，北京，人民出版社，2004。

② 同上书，64 页。

另一方面，马克思不满意费尔巴哈“强调自然过多而强调政治太少”，认为政治与哲学联盟是“现代哲学能够借以成为真理的惟一联盟”。① 由于费尔巴哈不理解革命实践的作用，他没能找到从抽象王国通向生活世界的现实道路。超出费尔巴哈而进一步发展费尔巴哈观点的工作是由马克思完成的。马克思把哲学看作“为现世提供智慧”的哲学，其意思是指从哲学、政治经济学和科学社会主义的内在统一来理解现实生活世界的本质、规律并为人的生活提供智慧和方法。与旧唯物主义（包括费尔巴哈的唯物主义）从“抽象的人”出发，其立脚点是“市民社会”不同，马克思哲学的出发点是“现实的人”，其立脚点则是“人类社会”或“社会化的人类”。

哲学是理解现实人的生活世界、进入同时代人的灵魂、为劳苦大众提供心灵引导的“人的哲学”。马克思哲学关注现实生活，主要是关注现实的人。马克思哲学以人和世界的关系为对象，人是马克思哲学的主题和重心。这充分体现了马克思哲学的主体维度和人文关怀维度。马克思哲学的核心主题是以揭示资本主义社会发展的现实逻辑及其现实问题为基础，把现实问题提到哲学高度来思考，努力实现每个人的自由和全面发展。要研究现实问题，就必须研究造成这些问题的“世俗基础”和“经济根源”，进而探索人的解放的条件。而马克思所处时代问题的核心，正如恩格斯所言：“资本和劳动的关系，是我们全部现代社会体系所围绕旋转的轴心。”②在马克思生活的时代，现实的个人必然处于物与人、资本与劳动的关系之中。因此在哲学上，马克思毕生所关注的主要是物与人、资本与劳动、公平与效率以及压迫与解放的关系所研究的总问题，是资本占有劳动并控制社会的逻辑。因此，马克思的哲学研究就具体推进为政治经济学研究和科学社会主义构建。马克思透过物与物的关系把握到人与人的关系，透过纷繁复杂的现象透视到资本主义的本质，从而揭示了近代资本主义社会发展的一个重要特征，就是经济或社会财

---

① 《马克思恩格斯全集》第 47 卷，53 页，北京，人民出版社，2004。

② 《马克思恩格斯选集》第 2 卷，70 页，北京，人民出版社，2012。

富的增长以牺牲个人的平等、自由发展和全面发展为代价。具体而言就是：物对人的统治，人仅仅成为创造物质财富的手段，使人不能真正发展；资本占有劳动，人成为资本的奴隶，使人不能平等发展；机器支配人，人成为机器的一个零件，使人不能自由发展；分工限制人，使人不能完整发展。针对这种情境，马克思始终围绕现实人的生活世界展开自己的哲学研究，分析批判资本主义条件下现实人的生存发展，从而探索人类历史发展的一般规律(唯物史观)和资本主义社会发展的特殊规律(剩余价值规律)，最终得出社会主义和共产主义的结论。

哲学是超越现实并改变世界的“实践哲学”。现实的人本质上是从事实践活动的人。马克思主义哲学不是对现实的默认和肯定，而是对现实世界的批判、改造和超越。对实践的唯物主义者即共产主义者来说，全部问题都在使现存世界革命化，实际地反对并改变现存的事物。① 在《德意志意识形态》中，马克思恩格斯指出，如果只是把“人”从词句的统治下——而人从来没有受过这些词句的奴役——解放出来，那么“人”的“解放”并没有前进一步；只有在现实的世界中并使用现实的手段才能实现真正的解放。② 当人们还不能使自己的吃喝住穿在质和量方面得到充分保证的时候，人们就根本不能获得解放。可见，在实践哲学视阈，“解放”是一种历史活动，而不是思想活动。

哲学是关注无产阶级解放并成为人民精髓的“政治哲学”。马克思研究现实人的实践活动，是为了实现人的解放。政治哲学的复兴既是社会变迁的必然结果，同时也是经济发展的必然要求。马克思政治哲学的意蕴值得深入挖掘。这主要体现在马克思关于市民社会与政治国家相分离的理论分析，尤其是对市民社会、国家和法律的相互关系及其本质的研究中。马克思的“市民社会”概念大体有三个层次：一是指社会发展各历史时期的经济制度，主要指决定政治制度和意识形态的物质关系的总和，即作为历史“基础”的市民社会；二是作为特殊历史的近代资产阶级

① 参见《马克思恩格斯选集》第1卷，155页，北京，人民出版社，2012。

② 参见《马克思恩格斯选集》第1卷，154页，北京，人民出版社，2012。

的市民社会，即资产阶级社会的物质关系；三是作为不存在政治权利的未来市民社会。权利与权力的关系问题，是马克思政治哲学的核心问题之一，但“权利决不能超出社会的经济结构以及由经济结构制约的社会的文化发展”①。

(三)旧哲学的终结：“哲学终结”的真实含义

马克思确实谈到要“终结哲学”“消灭哲学”和“扬弃哲学”，但他的真实意思是说，基于哲学所提出的是理念、原则和本质，社会主义革命会把这些理念、原则和本质内化在社会经济的现实中，因而在社会主义革命之后，哲学将失去其某种抽象思辨的作用。在此意义上，“哲学之终结”亦即“哲学之完成与实现”。在马克思看来，要终结的不是泛指一切哲学，而是特指远离生活世界、不关注现实的人的生存境遇和发展命运的非批判的哲学。像黑格尔一样，马克思也认为，人是通过在世界中的活动来改变自身和世界的同时，来改变自身与世界之间的关系的。但与黑格尔不同，他认为这一变化作为实践活动发生在现实世界中，而不仅仅发生在思想中。在改造自然界的活动中，人通过发展新技能和新需要，从而提升自己。而这反过来又催生出新的更高的需要和能力。这样，关于人与自然相互作用的哲学观点，就成了一种社会历史理论的基本原理。依据这一思想，马克思认为，哲学已经最终达到它力求的真理，哲学的工作已基本完成，或许这才是“哲学终结”的真实含义。

马克思恩格斯曾断言以下四种意义的哲学形态会被终结：其一，在自然和历史领域用头脑中的联系代替自然界的联系和历史本身的内在的客观必然联系的，以观念构建世界的哲学(《路德维希·费尔巴哈与德国古典哲学终结》)；其二，不关注人的实践活动和现实生活实际发展过程的，只讲意识空话和注重自我意识想象的纯粹思辨哲学(《德意志意识形态》)；其三，不能满足国家需要、群众需要、实践需要，并且抓不住事物的根本、不能说服人、不能被群众掌握的哲学(《〈黑格尔法哲学批判〉

① 《马克思恩格斯选集》第3卷，364页，北京，人民出版社，2012。

导言》)；其四，丧失自由理性的研究、丧失自我批判能力、哲学批判，达不到真正解决人的问题、批判触动不到当代问题核心的封闭保守的哲学。总之，所谓“哲学之终结”，并非全部哲学之结束，乃是达不到时代要求的某种哲学之终结。哲学终结乃是以哲学危机的形式宣告传统思辨哲学的衰落，同时呼唤批判哲学、生活哲学、实践哲学和人的哲学的诞生。正是在这样一种时代和实践召唤之下，马克思哲学应运而生并脱颖而出，成为表达人的解放和全面发展诉求、反映时代精神和实践要求的批判性理论，从而成为哲学从传统走向现代、从过去走向未来的标志性和基础性的理论之一。

(四)为哲学而献身：马克思如何看待哲学与职业选择的关系

马克思不仅把哲学看作一种职业，而且把哲学视为一种事业。《青年在选择职业时的考虑》作为马克思思想发展的起点，既反映了他当时伦理的、启蒙的世界观，也反映了他愿意为全人类幸福而献身的决心和信念。他自觉地把“自身完美”与“人类幸福”结合起来，认为“人只有为同时代人的完美、为他们的幸福而工作，自己才能达到完美”①。在马克思看来，“为人类进行活动”才是最完美的职业。如果一个人只为自己劳动，他也许能够成为著名的学者、著名的哲人，但永远也不会成为伟大之人。人“决不是求得一个最足以炫耀的职业，因为它不是那种可能由我们长期从事，但始终不会使我们感到厌倦、始终不会使我们劲头低落、始终不会使我们的热情冷却的职业”②。相反，“能给人以尊严的只有这样的职业，在从事这种职业时我们不是作为奴隶般的工具，而是在自己的领域内独立地进行创造”③。只有如此，哲学家才会在哲学的大地上有所收获，不是把哲学仅仅当成一个饭碗和一种职业，而是当成人“安身立命”的一种生存方式和一种事业。马克思认为，对于那些没有坚定原则和真诚信念、凭一时冲动就仓促从事艰深清苦的“抽象真理”研究

① 《马克思恩格斯全集》第1卷，459页，北京，人民出版社，1995。
② 同上书，456页。
③ 同上书，458页。

的人，这样的研究是对其一生的毁灭。

总之，马克思以哲学的方式关注现实所实现的哲学观变革，最后形成的哲学是：对社会现实进行无情批判的“批判哲学”；关注生活世界的“生活哲学”；关注现实人的生存境遇与发展命运的“人的哲学”；改变现存世界的“实践哲学”；不断修正和完善自己理论的与时俱进的哲学；善于自我批判和自我超越的开放哲学。

二　马克思以哲学方式解读现实问题的基本路径

对象的性质决定把握对象的方法，而方法又影响结论。既然要真正关注现实人的生存境遇与发展命运，那么就必须确立一种从本质上把握现实的合理方法与基本路径。

任何真正的哲学总是要以哲学的方式来把握现实问题。哲学如何面向现实，这同哲学的自我定位密切相关。与英国古典经济学、法国空想社会主义和德国古典哲学不同，马克思扬弃了以经验实证的方法、外在伦理的方法和抽象思辨方法来关注现实的局限，找到了把握现实的合理的方法。[①] 总体来讲，马克思以哲学的方式解读现实的方法，主要包括在实践基础上的超验与经验相统一、历史尺度与价值尺度相统一、科学方法与价值方法相统一、整体分析与层次分析相结合、逻辑分析与历史考察相一致、抽象分析与具体分析相融合、批判原则和建构原则并用，以及历史唯物主义方法等，但最基本的是马克思在解读现实过程中始终把科学方法和价值方法统一起来，以反思的方式关注现实人的生存境遇和发展命运。所谓科学方法，是指从客观的角度，通过经验和实证的分析揭示客观规律的方法。科学方法容易导致“只见物不见人”，因此需要

① 参见吕世荣、周宏：《唯物史观的返本开新》，11页，北京，人民出版社，2006。

价值方法的出场。所谓价值方法，是指从人的角度思考问题的方法，即思考或反思经济社会发展对人的意义。科学方法与价值方法的统一蕴含以下内容：在理论张力方面注重“应有”与“现有”的辩证关系；在历史观方面注重人的历史活动的合规律性与合目的性的辩证关系；在发展观方面注重“物”与“人”、发展与代价的辩证关系；在主体方面注重主体能动性与客观制约性的统一；在生存论上注重经验性与超越性的统一；在思维向度上注重“对象意识”与“自我意识”的统一。

马克思以哲学方式解读现实问题的基本路径主要体现在以下几个方面。

(一)判定历史方位：以对“历史方位”进行判断的方式把握现实

解读现实，首先必须科学判定历史方位。马克思从社会历史发展三形态与人的历史发展三阶段的关联中对历史方位进行科学判断，以此把握现实。

社会历史发展三形态：前资本主义社会—资本主义社会—未来理想社会。在《1857—1858年经济学手稿》中，马克思提出了著名的“三大社会形态”理论：“人的依赖关系(起初完全是自然发生的)，是最初的社会形式，在这种形式下，人的生产能力只是在狭小的范围内和孤立的地点上发展着。以物的依赖性为基础的人的独立性，是第二大形式，在这种形式下，才形成普遍的社会物质变换、全面的关系、多方面的需要以及全面的能力的体系。建立在个人全面发展和他们共同的、社会的生产能力成为从属于他们的社会财富这一基础上的自由个性，是第三个阶段。第二个阶段为第三个阶段创造条件。”①在此，马克思运用历史与逻辑相一致的原则，论证了个人独立性形成的历史过程和人类社会发展的总趋势。这一过程就是人类从建立“自然经济”基础上的前资本主义社会，到建立在“商品经济”基础之上的资本主义社会，最后到建立在“产品经济”基础上的共产主义社会的历史演进过程。马克思把社会历史划分为三大

---

① 《马克思恩格斯文集》第8卷，52页，北京，人民出版社，2009。

形态，其实质是把现实放在历史发展进程中进行定位，从历史发展阶段来把握现实的方位。

人的历史发展三阶段：人的依赖—物的依赖—自由个性。与“社会历史发展”三形态理论相呼应的是“人的历史发展”三阶段理论。马克思哲学主张个人发展与社会发展的良性互动，具体体现为主张个人发展与社会发展的和谐一致。马克思在考察生产力发展和人的发展关系问题时，总是把人放在经济活动和经济关系中，尤其是放在一定的生产力发展水平之下来考察，同时又把经济活动、经济关系和生产力的发展提高到人的高度来思考。在考察社会发展与人的发展阶段时马克思发现，由前资本主义社会的原始的、丰富的人的依赖关系、自我牺牲，到资本主义社会的畸形发展、个人独立、利己主义，再到未来共产主义社会的人的全面发展、自由个性、个人和社会的一致，是人的历史发展的三个阶段。每个人自由而全面发展是马克思主义哲学追求的最高价值目标。马克思把人的历史划分为三大阶段，其实质是把现实的人放在历史发展进程中进行定位，从历史发展阶段来把握现实的人的发展的方位。

(二)捕捉时代问题：以“捕捉问题”的方式把握现实

解读现实必须具有“问题意识”。马克思对历史方位的判定是为了准确捕捉现实问题。强烈的“问题意识”是马克思哲学出场的主要路径。现实中的问题很多，究竟该抓什么？怎么抓？这需要研究。正如马克思所言：“一个时代的迫切问题，有着和任何在内容上有根据的因而也是合理的问题共同的命运：主要的困难不是答案，而是问题。”①因为问题是时代的声音，哲学思考源于时代的呼唤，是对现实的理论回应。“每个问题只要已成为现实的问题，就能得到答案。……问题却是公开的、无所顾忌的、支配一切个人的时代之声。问题是时代的格言，是表现时代自己内心状态的最实际的呼声。”②马克思正是通过准确捕捉时代的、现

① 《马克思恩格斯全集》第1卷，203页，北京，人民出版社，1995。

② 同上书，203页。

实的根本问题来把握现实的。马克思通过对现实的资本主义社会和物的基础上的人的独立的分析，着重关注以下具有根本性的问题：

1. 现实人的生存境遇与发展命运

马克思哲学关注现实的方式，是从“现实生活本质上是实践”的立场出发，去考察现实人的生存境遇与发展命运，并通过对现实问题的批判反思和理想建构，实现“解释世界”与“规范世界”的统一。在马克思看来，“不是意识决定生活，而是生活决定意识”①。因此，真正的哲学应直面现实的人的生活世界，重视人的“感性活动”。归结起来，马克思哲学对现实的人的关注，主要是以哲学的方式来关注人的生存方式、活动方式、发展方式和思维方式。马克思关注现实的人的生活世界，主要是关注物与人、资本与劳动、公平与效率以及压迫与解放的关系。马克思哲学正是在关注现实的人(主要是工人阶级)的生存境遇与发展命运的过程中建立起来的，它不是对世界的部分改良，而是一种从整体上谋求变革世界的宏伟战略。作为一种为无产阶级求解放、图发展、谋利益的哲学，马克思哲学不仅要把人从封建专制中、从抽象的理性中解放出来，而且要把人从对“物”的依赖中解放出来，把资本的独立性和个性变为人的独立性和个性，最终实现每个人自由而全面的发展。这就是马克思哲学所要实现的“解放旨趣”与“解放道路”的统一。

2. 资本(物)奴役劳动(人)

资本的利与弊、善与恶如影随形。近代以降，资本逻辑在西方演绎了充满悖论的现代性。马克思既是资本逻辑的关注者，也是资本逻辑的批判者，更是人本逻辑的重建者。马克思深入分析了现实资本主义的生产方式，揭示了这种经济制度是以追求资本利润最大化为“基本动机”和“唯一目的”，揭示了利润至上构成资本主义所有矛盾的总根源。马克思分别从历史眼光和价值眼光看到资本的双重作用：就积极作用而言，资本是“一本打开了的关于人的本质力量的书”②，资本在“它已经取得了

---

① 《马克思恩格斯选集》第1卷，152页，北京，人民出版社，2012。

② 马克思：《1844年经济学哲学手稿》，88页，北京，人民出版社，2000。

统治的地方把一切封建的、宗法的和田园诗般的关系都破坏了，它无情地斩断了把人们束缚于天然尊长的形形色色的封建羁绊”；就消极作用而论，资本的本性是贪婪的，“死的资本总是迈着同样的步子，并且对现实的个人活动漠不关心”。[①] 其结果是，正像不断增值的资本使农村从属于城市一样，它还使未开化和半开化的国家从属于文明的国家，使农民从属于资产阶级，使东方从属于西方。与之相应，一切固定的僵化的关系以及与之相适应的素来被尊崇的观念和见解都被消除了，一切新形成的关系等不到固定下来就陈旧了。一切等级的和固定的东西都烟消云散了，一切神圣的东西都被亵渎了。一句话，资产阶级“按照自己的面貌为自己创造出一个世界”[②]。在现实社会中，资本的利益和雇佣劳动的利益是对立的。只要“物的世界的增值同人的世界的贬值成正比”[③]的现状没有彻底改变，只要在资本最大化的逻辑没有终止其有效性之前，马克思对资本的批判仍是不可超越的。马克思对资本主义的全部批判的合理性，恰恰在于资本主义把对金钱和物质利益的追逐变成了人的主要动力和唯一目标，直至出现了资本拜物教，资本(物)支配劳动(人)。马克思超出同时代人的地方，就在于他从科学和价值统一的视角，科学说明了经济社会发展和人的发展的关系，从而实现了现实性与超越性、批判性与建构性的统一。

3. 劳动异化及其解放

揭露现实世界中人的自我异化，是马克思哲学的一个主题。马克思对人的自我异化的分析集中体现为他的异化劳动理论。在马克思看来，异化劳动是导致异化生活的总根源。《1844年经济学哲学手稿》是马克思批判地研究德国哲学、资产阶级国民经济学和空想社会主义的最初理论成果。其哲学立场基本上是费尔巴哈的人本主义。当时马克思的思路是：人有一个理想的本质就是自由自觉的活动，但是工人阶级的劳动却

---

① 马克思：《1844年经济学哲学手稿》，9页，北京，人民出版社，2000。

② 《马克思恩格斯选集》第1卷，404页，北京，人民出版社，2012。

③ 马克思：《1844年经济学哲学手稿》，51页，北京，人民出版社，2000。

呈现为异化劳动，只有通过否定性辩证法以超越现实，才能实现向人的“类本质”的复归。此时，马克思还未能从社会历史的内部矛盾运动来寻找社会发展的根源，而是从外部理想的状态出发审视现实，因而仍然带有黑格尔否定性辩证法和费尔巴哈人本主义哲学的痕迹。马克思走的是“乐园”—“失乐园”—“重归乐园”否定之否定的思维路线。在《异化劳动和私有财产》一节中，马克思把德国广为使用的异化概念用来分析社会关系，把它同私有制的统治和由私有制的统治所产生的社会制度联系起来，并用异化劳动概念从四个基本层面集中分析工人阶级的悲惨现实：工人同自己的劳动产品相异化，工人同自己的生产活动相异化，人同自己的类本质相异化，人同人相异化。马克思认为，异化的根源在于分工与私有制的相互作用，因此他主张通过积极的社会实践以扬弃异化。这里，马克思的异化劳动理论实质上主要是从伦理和价值的维度对资本主义社会现实作集中的批判。

(三)揭露“世俗基础”：以揭露“世俗基础”的方式把握现实

解读现实必须揭示现实问题的世俗基础。那么产生以上根本问题的世俗基础是什么？这是马克思解读现实问题的进一步深化。马克思从现实的人出发，运用从具体到抽象的方法，揭示了物质生产规律、社会历史发展规律，从而对当代斗争作出了符合时代水平的自我阐明。

从现实的人出发，从现实中首先看到了“人”。马克思揭露现实问题的世俗基础，首先是从现实的人出发。在马克思那里，现实的人包含三层基本含义：有生命的个人即人的自然需要，从事物质生产，人所面对的社会物质生活条件。这实际上就是肯定了“人的自然需要”“感性活动”和“社会物质条件”对理解现实问题的世俗基础的首要意义。这实际上意味着马克思力求从人和自然的关系(人通过物质生产以满足人的自然需要)、人和人的关系(人们在生产中结成的生产关系)出发，来揭示现实问题的世俗基础。

从物质生产出发，从物质生产(生产什么和怎样生产)中深刻揭示了现实问题的世俗基础，揭示了历史的发源地。历史唯物主义是关于现实的人及其历史发展的科学。历史唯物主义方法既反对用抽象思辨的方式把握现实，也反对用日常经验实证的方式把握现实，而主张从物质生产方式中把握历史的基础，把握现实问题的世俗基础。在《德意志意识形态》中，马克思恩格斯集中研究现实的人的自然需要、物质生产活动和他们的物质生活条件以及社会交往形式，认为新哲学的前提就是从处在现实的、可以通过经验观察到的、在一定条件下进行的发展过程中的人出发，而现实的人是受生产力和与之相适应的交往形式制约的人，人是什么样的，取决于他们生产什么和怎样进行物质生产。

马克思首先肯定物质生产对理解历史和现实的意义，认为物质生产是历史的发源地，“他周围的感性世界决不是某种开天辟地以来就直接存在的、始终如一的东西，而是工业和社会状况的产物，是历史的产物，是世世代代活动的结果，其中每一代都立足于前一代所奠定的基础上，继续发展前一代的工业和交往，并随着需要的改变而改变他们的社会制度”①。马克思又强调：“历史不外是各个世代的依次交替。每一代都利用以前各代遗留下来的材料、资金和生产力；由于这个缘故，每一代一方面在完全改变了的环境下继续从事所继承的活动，另一方面又通过完全改变了的活动来变更旧的环境。”②如果没有生产力的巨大增长和高度发展，“那就只会有贫穷、极端贫困的普遍化；而在极端贫困的情况下，必须重新开始争取必需品的斗争，全部陈腐污浊的东西又要死灰复燃”③。接着，马克思进一步去揭示物质生产的内在结构，生产什么和怎样进行生产，并揭示物质生产与经济形态、现实的人的生活方式的关系，各种经济时代的区别不在于生产什么，而在于怎样生产，用什么生产资料生产。“个人怎样表现自己的生命，他们自己就是怎样。因此，他们是什么样的，这同他们的生产是一致的——既和他们生产什么一致，又和他们怎样生产一致。因而，个人是什么样的，这取决于他们进

① 《马克思恩格斯选集》第1卷，155页，北京，人民出版社，2012。
② 同上书，168页。
③ 同上书，166页。

行生产的物质条件。”①为进一步揭示物质生产产生的两种基本的结构要素，马克思分别深入分析了分工和私有制。马克思认为，物质生产的社会存在形式是分工，分工与“生产什么”息息相关，物质生产的首要社会物质条件是生产关系，而私有制是资本主义物质生产的首要社会物质条件，它与“怎样生产”息息相关。马克思正是在对分工与私有制的分析中，来揭示现实的人的生存境遇与发展命运，进而揭示劳动异化及其解放，阐述资本(物)如何奴役劳动(人)。

从生产方式出发，从生产力和生产关系的矛盾运动中揭示社会历史发展的基本规律。马克思恩格斯通过研究生产力和社会交往形式的历史的和现实的矛盾运动，发现了生产力和生产关系、经济基础和上层建筑的矛盾运动规律，其中也深刻揭示了现实社会、社会发展历史中的经济因素的决定作用和多种因素的合力作用。马克思恩格斯指出，人们自己创造着自己的历史，但是人们是在十分确定的前提和条件下创造的，其中经济的前提和条件归根到底是决定性的；“一切社会变迁和政治变革的终极原因，不应当到人们的头脑中，到人们对永恒的真理和正义的日益增进的认识中去寻找，而应当到生产方式和交换方式的变更中去寻找；不应当到有关时代的哲学中去寻找，而应当到有关时代的经济中去寻找”②。同时，“历史是这样创造的：最终的结果总是从许多单个的意志的相互冲突中产生出来的，而其中每一个意志，又是由于许多特殊的生活条件，才成为它所成为的那样。这样就有无数互相交错的力量，有无数个力的平行四边形，由此就产生出一个合力，即历史结果，而这个结果又可以看做一个作为整体的、不自觉地和不自主地起着作用的力量的产物”③。

马克思通过对历史发展规律的揭示，深化了对资本主义社会所存在的根本问题的理解。

---

① 《马克思恩格斯选集》第 1 卷，147 页，北京，人民出版社，2012。

② 《马克思恩格斯选集》第 3 卷，654—655 页，北京，人民出版社，2012。

③ 《马克思恩格斯选集》第 4 卷，605 页，北京，人民出版社，2012。

(四)提升“核心理念”：以提升“核心理念”的方式把握现实

解读现实是为了更好地引领现实。马克思主张在批判旧世界中发现新世界。马克思通过对现实问题的世俗基础的揭示，提升出引导社会现实发展的哲学理念。哲学区别于一切具体实证科学的一个基本特点，就是既要不断地反思、批判和超越现实，也要作为社会变革和发展的前导，为社会实践和社会发展提供“核心理念”。哲学关注现实有其特有的方式：“一方面以追问和反思现存事物合理性的方式关注现实(即凡是现存的是否都是合理的)，体现为革命的批判的精神；另一方面以凡是合理的都是现实的思考为现实提供发展的新理念。”①马克思哲学以思想的力量为自己开辟道路，进而以思想的方式影响和引领时代及实践的发展。马克思哲学不但是黄昏时起飞的“猫头鹰”，更是黎明前报晓的“高卢雄鸡”。在马克思看来，哲学探索之目的无非是塑造和引导新的时代精神，通过核心理念引领时代发展，最终实现无产阶级解放和全人类解放。为引领实践和现实社会的发展，马克思哲学提出两大核心理念：

1. 人的理念：人的全面而自由发展是“基本原则”，政治解放与人类解放是“现实路径”，自由人联合体与能力发展是“根本目的”

在马克思恩格斯看来，人的全面发展，主要且根本的是人的能力和需要的全面发展，全面发展自己的能力和需要是每一个人的职责与使命。马克思恩格斯指出，未来社会“由社会全体成员组成的共同联合体来共同地和有计划地利用生产力；把生产发展到能够满足所有人的需要的规模；结束牺牲一些人的利益来满足另一些人的需要的状况……所有人共同享受大家创造出来的福利，通过城乡的融合，使社会全体成员的才能得到全面发展”②。反过来，个人能力和需要的全面发展又作为最大的生产力反作用于劳动生产力。因此，要大力发展社会生产力，就必须重视每个人能力的充分发挥和需要的全面发展。马克思认为，社会实

---

① 吕世荣、周宏：《唯物史观的返本开新》，1页，北京，人民出版社，2006。

② 《马克思恩格斯选集》第1卷，308—309页，北京，人民出版社，2012。

践的发展，生产力的提高，社会关系的丰富，最终都要转换和提升为人的能力的提高和需要的丰富，能力的全面发展成为目的本身，需要的丰富构成人的本质的丰富，每个人自由而全面发展是未来社会的基本原则。正是在此意义上，马克思指出，共产主义并不是人类发展的目标，也不是人类社会的形式，而是“人的解放和复原的一个现实的、对下一段历史发展来说是必然的环节”①，这一环节的核心旨向，就是实现人的自主活动，而“自主活动就是对生产力总和的占有以及由此而来的才能总和的发挥”②。

马克思追求的每个人自由而全面发展的基本路径，就是实现人的“政治解放”和“人类解放”。在马克思的语境中，“政治解放”主要是反封建专制主义，即把人从“人的依赖”中解放出来，把市民社会从国家中相对分离出来，而“人类解放”主要是反资本主义，即把人从“物的依赖”中解放出来，确立人的独立个性。这里，“政治解放”为“人类解放”提供基础，而“人类解放”又是对“政治解放”成果的巩固和深化。在《论犹太人问题》中，马克思指出，政治解放虽然是一大进步，但它决不是人的解放的最后形式。因为资产阶级的政治革命虽然消灭了封建等级和封建特权，民主兴起，贵族没落，实现了所谓“政治解放”，但却把解放严格限定在政治领域，在自由国家中，人仍然是不自由的，因为他受到一种“社会力量”的统治，这就是资产阶级财产权的统治，它造成对人的一种新的压迫。③ 在《〈黑格尔法哲学批判〉导言》中，马克思将这种情况明确地概括为：德国无产阶级“不是同德国国家制度的后果处于片面的对立，而是同这种制度的前提处于全面的对立”④，这个前提就是资本主义经济制度，那是造成异化的更深刻的“社会根源”和“世俗基础”。

政治解放与人类解放的根本目标，就是形成自由人的联合体与实现

---

① 马克思：《1844年经济学哲学手稿》，93页，北京，人民出版社，2000。

② 《马克思恩格斯选集》第1卷，209页，北京，人民出版社，2012。

③ 参见《马克思恩格斯全集》第3卷，174、189页，北京，人民出版社，2002。

④ 《马克思恩格斯全集》第3卷，213页，北京，人民出版社，2002。

能力的全面发展。马克思强调，“自由王国只是在必要性和外在目的规定要做的劳动终止的地方才开始；因而按照事物的本性来说，它存在于真正物质生产领域的彼岸。……在这个必然王国的彼岸，作为目的本身的人类能力的发挥，真正的自由王国，就开始了。但是，这个自由王国只有建立在必然王国的基础上，才能繁荣起来”①；“代替那存在着阶级和阶级对立的资产阶级旧社会的，将是这样一个联合体，在那里，每个人的自由发展是一切人的自由发展的条件”②。只有在共同体中，个人才能获得全面发展其才能的手段，也就是说，只有在共同体中才可能有个人自由。从前各个人联合而成的虚假的共同体，总是相对于各个人而独立的，由于这种共同体是一个阶级反对另一个阶级的联合，因此对被统治的阶级来说，它不仅是完全虚幻的共同体，而且是新的桎梏。在真正的共同体中，各个人在自己的联合中并通过这种联合获得自己的自由。③

2. 实践理念：使现存世界革命化；社会生活在本质上是实践的，实现“人”的理念需要实践

马克思在《关于费尔巴哈的提纲》中指出，社会生活在本质上是实践的。“从前的一切唯物主义（包括费尔巴哈的唯物主义）的主要缺点是：对对象、现实、感性，只是从客体的或者直观的形式去理解，而不是把它们当做感性的人的活动，当做实践去理解，不是从主体方面去理解。”④马克思主张要建构一种“改变世界”的实践哲学。在马克思那里，实践作为人之为人的基本的存在方式，本质上是不断把人的本质力量对象化，从而使“自在自然”不断生成为“属人自然”，并不断扩大人的生活世界的广度和深度。这里，通过实践，马克思肯定并确证了人的现实性，认为现实的人在现实的实践中展开着自己的现实生活。这就突出了实践在人的生存与发展以及哲学中的基础地位与核心作用。不仅如此，

① 《马克思恩格斯文集》第7卷，928—929页，北京，人民出版社，2009。
② 《马克思恩格斯选集》第1卷，422页，北京，人民出版社，2012。
③ 参见《马克思恩格斯选集》第1卷，199页，北京，人民出版社，2012。
④ 《马克思恩格斯选集》第1卷，133页，北京，人民出版社，2012。

在马克思看来，实践被理解为人能动地改造客观世界的感性物质活动，它是哲学与现实的“结合部”，其功能在于使现存世界革命化，改变事物的现状。以现实人的实践活动为中介，探索现实的人与现实世界及其二者的关系，是马克思哲学的重要贡献。

(五)哲学方案：以“改变世界”的方式把握现实

解读现实是为了有效地改变现实。“人类始终只提出自己能够解决的任务，因为只要仔细考察就可以发现，任务本身，只有在解决它的物质条件已经存在或者至少是在生成过程中的时候，才会产生。”①可见，“用来消除已经发现的弊病的手段，也必然以或多或少发展了的形式存在于已经发生变化的生产关系本身中。这些手段不应当从头脑中发明出来，而应当通过头脑从生产的现成物质事实中发现出来”②。为实现其核心理念，马克思设定了自己解决问题的“哲学方案”。

1. 依靠力量：无产阶级

哲学不能靠自身实现自身。马克思在哲学观上反对把哲学视为一种独立的思想运动，而是始终坚持哲学理论与群众实践的紧密相连。马克思哲学从来就不是书斋里的学问，而是无产阶级改变世界的思想武器。无产阶级是马克思哲学的依靠力量，这主要是通过三个比喻，即“头脑”与“心脏”、“物质武器”与“精神武器”，以及“批判的武器”与“武器的批判”来阐释的。“德国人的解放就是人的解放。这个解放的头脑是哲学，它的心脏是无产阶级。”“哲学把无产阶级当做自己的物质武器，同样，无产阶级也把哲学当做自己的精神武器。”③“批判的武器当然不能代替武器的批判，物质力量只能用物质力量来摧毁；但是理论一经掌握群众，也会变成物质力量。”④马克思关于哲学与无产阶级“头脑”和“心脏”的比喻，其最深刻的喻义，就在于明确地揭示了革命的无产阶级与关注

---

① 《马克思恩格斯选集》第 2 卷，3 页，北京，人民出版社，2012。

② 《马克思恩格斯选集》第 3 卷，655 页，北京，人民出版社，2012。

③ 《马克思恩格斯选集》第 1 卷，16 页，北京，人民出版社，2012。

④ 同上书，9 页。

现实的哲学作为实现人的解放的头脑和心脏，具有不可分割的内在关联。一方面，无产阶级只有把哲学作为精神武器，才能消灭一切奴役制，实现自身和一切人的解放；另一方面，哲学只有把无产阶级当作自己的物质武器，才能成为解放人的哲学。在马克思眼里，哲学是无产阶级从事解放斗争的精神武器，而哲学也只有成为无产阶级的精神武器，才能摆脱种种曲解与误解而成为现实的哲学。因此，马克思提醒哲学家们要少发些不着边际的空论，少唱些高调，少来些自我欣赏，多说些明确的意见，多注意一些具体的事实，多提供一些实际的知识，多向人民宣传哲学的内容，使哲学真正“掌握群众”。而哲学（思想）要掌握群众，就必须抓住人民群众的根本，即代表人民群众的根本利益。“‘思想’一旦离开‘利益’，就一定会使自己出丑。”①总之，在哲学观革命变革之初，马克思就自觉地将这一变革与指导无产阶级进行解放斗争紧密地联系在一起，使哲学变革适应现实无产阶级革命斗争的需要，并在后者的具体实践中得到丰富和发展。

2. 现实途径：革命实践

马克思的哲学与革命实践具有内在相关性。哲学作为一种意志力量，必然要同现实世界发生关系，外化为一种实践力量。哲学和现实世界这种相互作用，一方面使哲学不断扬弃自身内在的不足，另一方面也使现实世界不断趋于合理化和完善化，其结果是，哲学把“内在之光”变成转向外部的“火焰”。“哲学不仅在内部通过自己的内容，而且在外部通过自己的表现，同自己时代的现实世界接触并相互作用。”②因为“理论的对立本身的解决，只有通过实践方式，只有借助于人的实践力量，才是可能的；因此，这种对立的解决绝对不只是认识的任务，而是现实生活的任务，而哲学未能解决这个任务，正是因为哲学把这仅仅看作理论的任务”③。与此不同，马克思把革命实践看作“改变世界”的现实路

① 《马克思恩格斯文集》第1卷，286页，北京，人民出版社，2009。

② 《马克思恩格斯全集》第1卷，220页，北京，人民出版社，1995。

③ 马克思：《1844年经济学哲学手稿》，88页，北京，人民出版社，2000。

径。正是在此意义上马克思指出，共产主义对我们来说不是应当确立的状况，不是现实应当与之相适应的理想。我们所称为共产主义的是那种消灭现存状况的现实的运动。

第一，注重实现理念的现实客观条件：使哲学与政治经济学和科学社会主义相结合，使哲学理念通过经济学、科学社会主义得到实现。在马克思那里，哲学、政治经济学和科学社会主义是内在统一的。其中马克思哲学主要是思想方法，政治经济学主要是分析问题，而科学社会主义则多是现实结论。因此，离开政治经济学和科学社会主义，就不能完全理解马克思所开辟的哲学道路的真实意蕴。在踏上哲学道路之初，马克思并不是为了构造一种哲学体系和创立一个学派，他是在为无产阶级寻求彻底解放的道路，科学论证无产阶级历史使命和资本主义社会历史命运的过程中，逐步形成自己的理论的。在马克思主义形成和发展的不同阶段，经典作家确实分阶段、有重点地研究和阐发了这三个组成部分中的某一部分，但这绝不意味着这三个组成部分是相互独立、能够孤立地加以研究和理解的。实际上，三部分之间并不存在绝对的“楚河汉界”和“泾渭分明”的界限。事实上，马克思主义哲学的特色就是使哲学理念通过政治经济学、科学社会主义而得到实现。马克思为什么在创立唯物史观之后，就立即去研究政治经济学和科学社会主义？是为了实现其理念的需要。因为人的理念和实践理念的实现都需要现实的客观条件：政治经济学是从经济方面研究理念实现的经济条件，而科学社会主义本身就是关于实现无产阶级解放条件的学说。

第二，使抽象的哲学范畴具体化、感性化：把抽象、一般的哲学范畴具体化为具有感性的现实内容的生动具体概念。马克思反对离开现实而沉醉于哲学的“词句革命”的倾向。他对现实的分析和把握不是从抽象概念出发的，而是从具体概念出发的。马克思对哲学和历史的分析是从“现实的个人”这一具体概念出发的，把“人”具体感性化为“现实的个人”；马克思对人的实践活动的分析是从“生产劳动”出发的，把实践具体感性化为“生产劳动”“阶级斗争”和“异化劳动”。比如，在论述他的哲学的出发点时，马克思指出："我们首先应当确定一切人类生存的第一个前提，也就是一切历史的第一个前提，这个前提是：人们为了能够'创造历史'，必须能够生活。但是为了生活，首先就需要吃喝住穿以及其他一些东西。因此第一个历史活动就是生产满足这些需要的资料，即生产物质生活本身。"①以吃喝穿住等为基本内容的物质生产是实实在在的且具有极强感性的现实内容的。现实的个人必然处于现实的实践活动之中，主要包括物质生产、阶级斗争和科学实验等形式，这些都是感性的实践活动，具有感性的现实内容。马克思对资本主义社会矛盾的分析是从"商品"出发的，把资本主义社会的矛盾具体感性化为商品所具有的矛盾；马克思在解读现实问题时，运用的是"现实的人""物质生产""社会物质生活条件"等具体概念。马克思之所以这样做，主要是因为用来解读现实问题的概念，必须是具体的和具有感性的现实内容的。

三　马克思以哲学方式解读现实问题的当代意义

总体来说，回顾马克思以哲学方式解读现实的根本目的不是为了重温历史，而是为了厘清马克思主义哲学的本性，在马克思主义哲学的本性的基础上推动马克思主义哲学的发展，以显现出马克思主义哲学的活力和生命力。

国内在马克思主义哲学研究中存在以下几种值得注意的倾向，具体来讲，关注并研究马克思以哲学方式解读现实问题的基本路径，具有以下启示意义。

(一)不能远离中国现实，把哲学研究抽象化

在当代中国语境中，马克思主义哲学作为"时代精神的精华"和"思

① 《马克思恩格斯选集》第1卷，158页，北京，人民出版社，2012。

想中的时代”，应体现在对新时代和当代中国特色社会主义实践这本大书的解读中，准确捕捉当代中国社会发展背后的“现实逻辑”与“中国问题”，然后运用“哲学方法”进行研究，提炼出符合时代精神的“核心理念”，引领中国现实社会健康发展。这就内在地要求“使理论需要直接成为现实需要”。因为理论力量的实质主要是思想的力量。但是“光是思想力求成为现实是不够的，现实本身应当力求趋向思想”①。有的学者追随西方理论，在中国大肆宣扬，谋求所谓的“纯粹学术话语”，却对中国发展的“历史方位”“现实逻辑”“中国问题”“世俗基础”没有真正搞清楚，迷失了方向，自然也就迷失了自我。我们的基本判断是：中国依然处在并长期处在社会主义初级阶段，处在中国特色社会主义新时代。具体而言，正处于从前现代走向现代的征途中。在这种征途中，多种思想文化并存，人的依赖、物的依赖和人的自主个性并存，前现代、现代和后现代并存，官本位、金钱本位和能力本位并存。我们应在这种并存现象中，提炼出属于我们自己特有的“中国问题”。

反思当代中国的马克思主义哲学研究，其困境主要在于：没有厘清当代中国所处的历史方位，没有准确捕捉属于我们自己特有的“现实逻辑”“中国问题”及其“世俗基础”，也没有把经验层面的问题提升到哲学高度来审视和解决。哲学没有提供新思想，哲学家不满意；哲学对人的生存境遇与发展命运关注不够，对现实生活不了解，民众不满意。当前，我们迫切需要通过澄明马克思主义哲学的本性和马克思主义哲学的基本价值，来“激活”当代中国马克思主义哲学的研究。

(二)不能疏远现实社会生活，仅仅把哲学研究学院化

为避免当代中国马克思主义哲学研究的尴尬局面，一些学者力图走出所谓的意识形态“困境”而回归学术和学院研究。这是对过去的哲学研究一味地跟着意识形态跑的某种“反叛”。强调回归学术并对基础理论进行学术研究，是相当必要的，也是需要强调的。然而，当现实社会、国

① 《马克思恩格斯选集》第1卷，11页，北京，人民出版社，2012。

家发展及广大民众需要哲学提供核心理念、心灵引导的时候，却放弃现实对哲学的诉求，这就是放弃哲学的社会责任。

改革开放以来，针对传统哲学教科书的某种缺陷，我国哲学界的一些学者开始超越传统的哲学教科书体系，力求推进马克思主义哲学的创新。其中取得的最大成就，就是形成了马克思主义哲学研究的四种基本路径：以回归马克思主义哲学本真精神和凸显学术性为主要特征的“文本解读”；以加强对话、交流和融通为主要特征的“比较研究”；以凸显思想与现实良性互动为主要特征的“实践解读”；以思想性和超越性为主要特征的“基础研究”。这四种研究彼此竞相争鸣，共同构成当代中国马克思主义哲学研究的新图景。文本解读不是纯粹的知识考古学研究，它的目的毋宁说是让马克思的文本在当代生成新的意义。比较研究，力图通过对与马克思主义哲学相关的其他哲学遗产的研究，来重新理解马克思主义哲学，以进一步发展马克思主义哲学。实践解读的重要意义在于努力回归马克思开辟的哲学道路，使哲学为时代立言，并以现实问题研究带动基础理论研究。基础研究则努力通过对哲学基础理论或元哲学的重新理解，突破传统的误解。这些研究功不可没，应充分肯定！但反思这四大路径，主要有两大局限：一是各有局限且整合不够；二是在现实研究上，对当代“中国问题”缺乏准确而又有深度的哲学阐明。就总体而言，在我国社会主义市场经济体制建立过程中，在改革开放和社会主义现代化建设的重大现实问题面前，我们的马克思主义哲学研究在一些领域基本上处于“不在场”“失语”甚至“边缘化”状态，研究活力明显不足，“面向当代‘中国问题’的马克思主义哲学没有真正建立起来”。

在这幅新图景中，回归文本、回归学术的学院化倾向值得关注。面对当前马克思主义哲学研究过程中出现的文本解读热潮，我们应高度且充分肯定其学术价值、理论价值、创新价值甚至其现实意义。同时我也主张，既要解读好马克思主义经典文本，也要厘清当代中国现实、当代中国实践和当代中国问题与当代中国发展的“现实逻辑”。因为马克思主义哲学在本性上不是把哲学研究学院化，搞纯粹书斋里的学问，也不是纠缠纯粹的哲学概念的游戏，而是以哲学的方式关注现实人的生活世界，以易于明白的语言影响民众。我们不能一方面做马克思主义哲学研究，另一方面却不关注现实；一方面在研究马克思主义哲学的实践范畴，另一方面却在搞纯粹的概念游戏。

今天，人们在研究现实问题上存在四种顾虑：认为研究现实问题不是学术，不愿研究；怕研究现实问题触及政治，不敢研究；认为哲学不解决现实问题，不必研究；感觉研究现实困难重重，不去研究。马克思则倡导这样的学术观："我们决不想把新的科学成就写成厚厚的书，只向'学术'界吐露。正相反，我们两人(马克思和恩格斯——笔者注)已经深入到政治运动中；我们已经在知识分子中间，特别是在德国西部的知识分子中间获得一些人的拥护，并且同有组织的无产阶级建立了广泛联系。"①其实，任何真正具有生命力的学术思想都来自对现实的深刻反思和批判，研究现实并不是无度地注解给定的东西，而是对现实要具有"问题意识"；研究现实并不是专注现象，而是以哲学方式去深刻把握现实的本质与规律，研究当代中国发展的现实逻辑；研究现实就是要研究人们的社会生活过程，而不是仅仅将现实意识形态化。面对现实，基于马克思哲学的本性，也正如陈先达教授所言，当代中国的马克思主义哲学研究既要注重"哲学的问题"，也要注重"问题的哲学"。

(三)不能漠视现实人的生存境遇和发展命运

自 20 世纪 90 年代以来，我国的马克思主义哲学研究出现一种逐渐远离马克思哲学本性的倾向，对现实人的生活问题不再担负责任。这样的哲学丧失了直面现实的能力和勇气，成为部分学者自娱自乐的东西，由此也就丧失了马克思主义哲学固有的尊严。笔者认为，研究马克思主义哲学，理应坚持哲学关注现实人的生活世界、进入同时代人的灵魂、成为人民精髓、为劳苦大众提供心灵引导的立场，"马克思主义哲学"应当去关心人民群众的疾苦，反映现实人的苦难，倾听人民群众的呼声，

① 《马克思恩格斯选集》第 4 卷，203 页，北京，人民出版社，2012。

总结人民群众的经验，研究与最广大人民群众根本利益密切相关的现实问题。只要是名副其实的“马克思主义哲学”，就需要扎根于大地，为民众立言，从民众的土壤中吸收养分，生枝育叶，开花结果。因为“哲学家并不像蘑菇那样是从地里冒出来的，他们是自己的时代、自己的人民的产物，人民的最美好、最珍贵、最隐蔽的精髓都汇集在哲学思想里”①。

(四)不能离开马克思开辟的哲学道路，“关起门”来搞哲学研究且“自以为是”

当今中国的马克思主义哲学研究表面看似繁荣，实质上原创性思想成果却凤毛麟角。这与哲学的自我迷失和哲学研究者迷失自我密切相关，与“关起门”来搞哲学研究且“自以为是”有关。早在《莱茵报》当编辑时期，马克思就认识到德国哲学的致命弱点是脱离实际，不关注生活世界。在《科隆日报》第 179 号的“社论”中，马克思曾对德国哲学提出批评：德国哲学“爱好宁静孤寂，追求体系的完满，喜欢冷静的自我审视”，“不是通俗易懂的；它在自身内部进行的隐秘活动在普通人看来是一种超出常规的、不切实际的行为；就像一个巫师，煞有介事地念着咒语，谁也不懂得他在念叨什么”。② 马克思则要求全面深入领悟在现实生活中遇到的日常事物，正是在对现实生活的哲学关注中，马克思提出诸多原创性的哲学思想。

当代中国马克思主义哲学研究应注重学以致用的传统，重视与国计民生有关的学问。为此，当代中国马克思主义研究，不仅要研究“死”的马克思，也要研究“活”的马克思；不仅要批判世界，也要批判自己；不仅要关心人民疾苦，“为民立命”，也要关注时代，“为时立言”；不仅要适应世俗化(回归生活世界)，也要凸显思想性(思想力转化为行动力)；不仅要学会“独白”，更要学会“对话”。

① 《马克思恩格斯全集》第 1 卷，219—220 页，北京，人民出版社，1995。

② 同上书，219 页。

第六章　以哲学把握经济的基本方式

马克思以哲学方式把握现实问题，关心大众，首要的是把握经济问题，也可称之为“经济哲学”。当今，研究“经济哲学”的一个原点，就是阐释“经济哲学”这一基本概念，这是经济哲学研究的学理前提。我国经济哲学研究始于对“经济哲学”这个原点进行的学理理解。以此为基础，我国学者开启了经济哲学研究的历程。

国内一些学者对我国的经济哲学研究作出了学术贡献，主要体现在经济哲学研究在不断地反思经济活动的“合理性”，自觉地用哲学方式来把握经济。在这种反思中，经济哲学致力于超越经济活动的“局限性”，矫正经济活动的“偏执性”，规制我国经济活动的正确方向。其中有六次较为重要的反思：一是在商品经济活动中，追问“道德是否滑坡了”；二是在市场经济活动中，追问“人文精神是否缺失了”；三是在经济快速增长的过程中，追问“人们在价值观上是否迷失了”；四是在资本逻辑的运作中，追问“人性是否出现了扭曲”“人的价值是否遭到了漠视”；五是在财富增长和积累的进程中，追问“公平正义的制度安排是否缺位了”；六是在追求经济快速增长和发展中，追问

"发展是否付出了沉重代价"。在这六次反思中，哲学，尤其是经济哲学发挥了"猫头鹰"的功能，也发挥着"雄鸡"的作用，还发挥着"啄木鸟"的力量。

中国特色社会主义进入新时代，需要对我国的经济活动、经济问题进行总体反思。这种反思首先要回到经济哲学研究的原点，依据马克思主义经典文本，对"经济哲学"给出全面深入的理解。

总体来讲，理解"经济哲学"有五个维度，分别从本体论、认识论、辩证法、价值观、人学切入，具有环环相扣的逻辑关系。这五个维度，实际上也是哲学把握经济的基本方式。

一　对经济活动的本体论理解：追问劳动的本质

第一个维度实质是追问经济活动的本体——劳动的本质。

生产劳动是经济活动与经济哲学的基石和基础，离开生产劳动就无法从根本上理解和把握经济活动与经济哲学，所以在《1844年经济学哲学手稿》《德意志意识形态》《政治经济学批判大纲》《资本论》等文献中，马克思把生产劳动看作是一切经济活动的基础和前提，又把经济活动作为理解一切经济问题的基础和前提。

马克思的《1844年经济学哲学手稿》是对经济活动给予本体论理解的一个典型样本。其中，马克思从哲学上批判国民经济学，认为国民经济学只看到劳动的经济学意义，把劳动的本质看作"生产财富"的劳动。在国民经济学看来，生产劳动的真正目的是带来多少利息，每年总共积攒多少钱，它不知道处于劳动关系之外的人，不把工人当人看，它认为劳动就是追求利润的最大化。在李嘉图看来："人是微不足道的，而产品则是一切。"①对劳动本质的这种经济学理解，本质上是一种功利主义

① 《马克思恩格斯文集》第1卷，139页，北京，人民出版社，2009。

经济学。在《让·巴蒂斯特·萨伊〈论政治经济学〉一书摘要》中，马克思对萨伊关于财富的性质和流通的原理的论述写有评注，他批判这种对劳动本质的功利主义理解。马克思指出："国民经济学按其本质来说是发财致富的科学。"①马克思从"人"的维度来理解和把握劳动，认为劳动的本质，就是使人的本质力量得到充分发挥，就是人的自我产生过程。②这种理解，本质上是在构建一种人本主义经济学。进一步来说，国民经济学只关心劳动创造财富，而马克思则更加关切当时的劳动如何被异化的内在机理。

所谓"异化劳动"，本质上就是工人劳动所创造的财富被资本家占有，成为与自己对立的力量，工人本身为此作出巨大牺牲。正如马克思所讲的，工人生产的财富越多他就越贫穷，物的世界的增值同人的世界的贬值成正比。工人劳动被异化的深层原因究竟是什么？马克思给出的答案是：人和人的关系异化了。他进一步指出，这种人和人关系异化之根源，就是私有财产制度。"尽管私有财产表现为外化劳动的根据和原因"，同时"它是外化劳动的后果"。"后来，这种关系就变成相互作用的关系。"③这里的私有财产制度，实质上就是财产、财富的所有制度和分配制度。这种财产、财富的所有制度和分配制度维护了资本家的利益，却剥夺和牺牲了劳动工人的利益。马克思从当时他所接受的人本主义出发，对劳动的本质作出不同于国民经济学的新的哲学理解。显然，国民经济学和马克思的经济学都是基于对劳动本质的本体论追问。不过，国民经济学家是自发的，而马克思是自觉的；国民经济学家只从经济学意义上理解劳动的本质，把劳动只看作一种创造物质财富的经济活动，而马克思则从人本主义哲学上理解劳动的本质，把劳动理解为人的本质力量的充分发挥和人的自我实现。对劳动的本质理解不同，经济学研究的路向和路径也就不同：一个是功利主义经济学，一个是人本主义经济学。

---

① 《马克思恩格斯选集》第1卷，874页，北京，人民出版社，2012。
② 参见《马克思恩格斯全集》第3卷，320页，北京，人民出版社，2002。
③ 《马克思恩格斯选集》第1卷，60页，北京，人民出版社，2012。

因此，当面对经济活动、经济问题与经济学时，首先要追问经济活动的本体之维——对劳动本质的理解。改革开放之初，我国一些地方往往把经济建设仅看作“项目经济”，又把项目经济仅看作“金钱经济”。这种理解是在认知上对经济建设的本质出现了偏差。在这种把追求经济项目、国内生产总值(GDP)增长当作唯一的进程中，从事经济哲学研究的学者强调，不能把经济增长和经济发展仅理解为GDP的增长，还要关注经济增长和经济发展中的“公平正义”“人的价值”。后来，中共中央也提出了“以人为本的科学发展观”。党的十八大以来，习近平总书记又提出以人民为中心的发展思想。这些，都体现了对我国经济活动、经济发展、经济问题之本质的哲学反思和追问，具有重要的学术价值和实践意义。

二　对经济活动的认识论分析：追问经济问题的哲学之道

第二个维度实质是从具体到抽象，自觉从哲学之“道”的层面来认识和理解经济活动、经济问题，或者自觉理解和把握经济活动、经济问题中的哲学之“道”。追问经济活动的本体离不开人的认识，需要借助人的认识来进行，因为认识是达到对事物本质的认识。

马克思主义哲学认识论的核心观点，就是强调人的认识是在实践基础上达到对事物之本质的认识。要达到这一目的，一般要经过两个阶段：一是从感性认识上升到理性认识，这是第一次飞跃；二是从理性认识回到实践，这是第二次飞跃。感性认识所认识的是事物的现象，理性认识则是认识事物的本质。黑格尔认为，人的认识过程要经过“感性”—“知性”—“理性”三个阶段。这里讲的“理性”也是达到对事物之本质的认识。列宁所讲的辩证法是研究自在之物的、本质的也有类似的意思。中华优秀传统文化讲“道”“术”“行”，这里所讲的“道”，主要指的是对事物现象背后的本质理念的认识和理解。这就启示我们：对事物和对象的认识，首先是对其现象的认识，最后要达到对事物、对象之本质的认识，这种认识的成果就是“道”。对经济活动、经济问题同样如此，既要从“感性”—“知性”—“理性”三个层面来理解，又要从理性层面来揭示经济活动、经济问题中的哲学之道，或者说，要认识和理解经济活动、经济问题之道，就必须进入哲学层次，从具象到抽象。经济活动、经济问题中的“道”，主要讲的是反映经济活动、经济问题之“本质”的哲学理念、哲学思想。认识、理解经济活动、经济问题的哲学之道至关重要，它有助于我们从哲学上理解和把握经济活动、经济问题的本质、规律。

《资本论》就是从理性层面揭示经济活动、经济问题的哲学之道的典型样本。在《资本论》中，马克思是沿着从具体到抽象的思维逻辑，先从具体的感性层面——资本主义社会最普遍、最平凡的事实即商品——入手，来分析资本主义社会内部的基本矛盾的；其致思走向，就是通过抽象一步步深入到理性层面，来揭示劳动工人所创造的剩余价值被资本家占有和剥削的秘密；再进一步通过对生产资料私人占有与生产社会化的矛盾、无产阶级和资产阶级的矛盾的辩证分析，揭示出“由物的依赖走向自由个性”的历史必然性和道义必要性；基于这一历史必然性，马克思批判并超越了资本占有劳动并控制社会的逻辑，提出了以“促进每个人自由全面发展”为核心理念的哲学之道。

一些人谈论经济活动、经济问题，多停留在“感性”认识上，较注重“术”和“行”的层面，很少进入“理性”认识或“道”的层面，因而往往看到的是经济活动、经济问题的现象，而看不到经济活动、经济问题背后的哲学之道，所以往往抓不住问题的本质。

我们试从哲学之“道”层面，对近年国内马克思主义理论中的前沿问题加以哲学分析。

先看社会主义市场经济。把社会主义制度和市场经济有机结合起来，已被党的十九届四中全会列入我国现阶段的基本经济制度。以往一些人着重于从经济学角度认识和理解市场经济，认为市场经济就是追求经济利益和利润最大化，因而往往把“利益”看作市场经济之“道”。对市场经济的这种认识和理解是产生功利主义、拜金主义的认识论根源，也是实践上使市场经济“剑走偏锋”的认识论根源。其实，“利益”并非市场经济的真正之“道”。要真正认识和理解市场经济之“道”，必须进入哲学层次。如果从哲学层次来认识和理解市场经济之“道”，那么市场经济就是追求“利益—能力—理性—自立”四者的有机统一。应当承认，从事经济活动的人首先追求的是“经济利益”，这是原初动因，不然，就不会有他们所从事的经济活动；那么我们要追问：获取经济利益“合法性”或“合理性”的根据是什么？当然，应当是从事经济活动的人最大限度地发挥其能力，作出相应的业绩或贡献，凭“能绩立足”，此可谓“能力发挥最大化”。我们再进一步追问：怎样才能保证从事经济活动的人最大限度地发挥其能力？这就必须有一种能体现公平正义的制度安排，只有这样的制度安排，才能真正保证从事经济活动的人最大限度地发挥其能力，这种制度安排必须基于人的理性的高度自觉，缺乏高度的理性自觉是不可能有这样的制度安排的，此可谓“理性最大化”；从事经济活动的人在体现公平正义的制度安排中最大限度地发挥其能力，作出相应的业绩或贡献，从而获取经济利益和经济利润的最大化，这在实质上意味着从事经济活动的人要凭其能力和业绩而自立，此可谓“自立的最大化”。“能力”对应“权力”，“理性”对应“非理性”，“自立”对应“依附”。这样，从上述具有因果逻辑关系的哲学层面来完整认识和理解市场经济之“道”，就超越了对市场经济的狭隘经济学理解，也超越了对“利益”的狭隘追求，能把市场经济提升到哲学境界，而这种境界，会把市场经济引入“正途”，会使市场经济的积极因素充分发挥出来，也会避免人们对市场经济的误读和误解。更何况当今我们谈论的是“社会主义”的市场经济。

再看分配制度。分配是马克思主义政治经济学的一个核心问题，它涉及人的根本利益。如果仅限于经济学视阈的理解，分配自然首要指向的是经济领域基于“效率”的分配，而获得这种经济效率的根据，自然是从事经济活动的人的能力和贡献。这实际上就是经济学家所讲的第一次分配，它体现的是“实然”意义上的基于“市场”中的能力和业绩的“应得性”，即比例对等或相对平等，亦即哲学理念上的“公平”。这种认识和理解之积极意义，就是力戒懒汉，鼓励勤劳，反对平均主义，使“蛋糕”越做越大。同时也要认识到，人们之间的能力乃至业绩的差异是客观存在的，如果仅仅按照能力和业绩进行分配，就必然会拉开人们之间在收入上的差距。这样，即使一些人再努力，但由于先天禀赋差异与后天能力、业绩的有限，其收入也追不上能力、业绩较大的人。久而久之，人们之间的收入差距会越拉越大，甚至出现贫富悬殊，当超过临界点，就会导致社会不稳定。这样，按照能力和业绩进行的所谓第一次“市场”意义的分配应有其边界。这时，就必须超越对分配仅仅作经济学或“市场”意义上的狭隘认识和理解，进而从哲学所讲的“正义”层面来认识和理解分配，这种分配实际上就是人们所讲的第二次分配。这种分配主要是在政治领域进行的，因而在这种分配中，政府必须出场。就是说，政府要基于哲学理念上的“正义”原则，运用公共权力和公共政策，通过财政和税收等手段，对人们之间过大的收入差距进行合理调节。

显然，上述所讲的第一次分配实质上是解决经济效率问题，体现的是“公平”，它有助于“做大蛋糕”，促进经济发展；而第二次分配实质上是致力于解决社会稳定问题，体现的是“正义”，它有利于“分好蛋糕”，使经济社会发展具有稳定性和可持续性。众所周知，政府也不是万能的，政府治理也具有一定的历史局限和缺陷。政府注重从“政治”领域解决“正义”意义上的分配问题，却不能完全解决社会领域的“道义”调节问题。于是，还必须进一步超越对分配的政治领域中的认识和理解，进而再从哲学理念所讲的“道义”层面并在社会领域来认识和理解分配，这就是人们常讲的第三次分配。在这种分配中，整个社会都是对过大收入差距进行调节的主体，它是由个人和非政府组织及其他组织(如慈善机构等)构成，以道义为指针，采用募捐、救助、基金等人道手段自觉进行社会调节，它体现的是人道主义原则，其目的主要在于救助社会弱势群体。

简要归纳一下上述所讲的“三次分配”：第一次分配的主体是市场，主要是在经济领域，根据能力和业绩进行分配，体现的是效率优先原则，它确保分配的效率性（对等性公平带来效率），目的在于“做大蛋糕”，促进经济发展；第二次分配的主体是政府，主要在政治领域，体现的是“正义”原则，确保分配的正义性，目的在于“分好蛋糕”，促进经济、政治和社会的稳定；第三次分配的主体是社会，主要在社会领域，体现的是人道原则，确保分配的道义性，目的在于促进社会和谐。显然，支撑这三次分配的“哲学之道”或“哲学理念”，分别是“公平”“正义”和“道义”，三者共同构成哲学意义上的所谓整体性的“分配结构”。

最后看当代中国经济快速发展的奇迹。党的十九届四中全会首次对中国奇迹作出精辟概括，即“经济快速发展奇迹和社会长期稳定奇迹”。对经济快速发展奇迹既可以作经济学阐释，也可以作哲学理解，这就是揭示我国经济快速发展奇迹背后的“哲理”——哲学之道。其实，哲学的理解更具根本性、深刻性，它是从“道”的层面进行的。从“道理”来看，中国经济快速发展奇迹是全国各族人民共同“奋斗”出来的；从“学理”来看，中国经济快速发展奇迹背后有其道路逻辑和制度密码。学理基于道理，哲理基于学理又高于学理；从“哲理”来看，创造中国经济快速发展奇迹的哲学之道，可以理解为在中国共产党领导下的“权力”“劳动”“资本”三大根本要素之合力的结果。这三个要素具有严格的界定。

在这里，“权力”仅指党中央集中统一领导的力量，具体体现为中国共产党运用“权力”，动员、组织和集中国家资源和力量办大事。当代中国经济快速发展奇迹的密码，首要的是在政治领域。要理解当代中国经济快速发展奇迹，首先要理解中国共产党，只有理解中国共产党，才能真正理解当代中国经济快速发展的奇迹。

“资本”既指我们党所讲的“资本投资”或“投资驱动”，又指“资本”可以把许多生产要素聚合起来，激发它们推动经济快速发展的活力，也指市场配置资源的力量。显然，这里所谓的“资本”，主要是“国家掌握和驾驭的资本”，当然也包括被国家允许、鼓励和引导的民营经济中的“资本”。要言之，我们所讲的“资本”，从根本上是在中国共产党领导下，在社会主义制度框架内运作，被合理引导的、为中国特色社会主义和社会主义现代化建设发挥积极作用的“资本”，而不是马克思当年所批判的那种具有“吃人本性”的“资本”。

“劳动”指的是中国特色社会主义事业的建设者，具体来说是指从事整个社会财富创造的中国广大劳动人民群众及其人民主体力量。正是这三大根本要素(“权力”“劳动”“资本”)或三大力量(“党的集中统一领导力量”“市场配置力量”“人民主体力量”)之合力，既能实现我国经济赶超跨越式的快速发展，同时又能保持我国自身的独立性。这就是当代中国经济快速发展奇迹的“哲理”，就是当代中国经济快速发展奇迹的“哲学之道”，就是对当代中国经济快速发展奇迹的哲学理解。

因而，认识和理解经济活动、经济问题，也要注重从具体到抽象，自觉从哲学层面理解和把握其哲学之“道”，即经济活动、经济问题背后的深层哲学理念、哲学思想。

三　对经济活动的辩证法阐释：追问经济问题的哲学分析

第三个维度实质是用哲学讲经济，用辩证方法分析经济问题，对经济问题进行哲学“批判”。这种“批判”不是政治学意义上的“推翻”，而是哲学意义上的“辨析”。无论是理解和把握经济活动的本体，还是理解和把握经济活动、经济问题中的哲学之“道”，都需要借助辩证方法。列宁讲过，辩证法也就是马克思主义的认识论。

《德意志意识形态》《共产党宣言》《资本论》，是用辩证方法分析经济问题的典型样本。这种用辩证方法分析经济问题的重大成果的路径，实现了哲学变革、经济学变革和政治学变革。

在《德意志意识形态》中，马克思恩格斯通过对经济问题的哲学分析，创立了唯物史观，从而实现了“哲学变革”。马克思恩格斯首先集中面对的，是经济学的一个基本概念——“物质生产劳动”。在马克思恩格斯看来，历史首先是人类活动参与其中的历史，研究人类历史，其前提和出发点是关注现实的个人；① 现实的个人就是有生命的个人；这种有生命的个人具有肉体组织的需求，这种需求主要就是“吃喝住穿”，即对物质生活资料的需求；满足人的物质生活资料的需求，这叫作“生活”；人和动物根本不同，人必须也只有通过物质生产劳动这种方式，才能获取物质生活资料，进而才能满足人的肉体组织的需求，所以人首先要“生活”，然后才去从事“生产”(这可以看作是经济学问题)；由此，马克思恩格斯进一步研究人的物质生产劳动，开始运用辩证方法，来分析研究物质生产劳动中的两个矛盾着的根本方面，一是生产过程中，人和自然所发生的根本关系，他们用“生产力”这一核心概念进行分析；二是在生产过程中，人和人所发生的根本关系，他们开始用“交往形式”，后来用“生产关系”这一核心概念进行分析；接着，马克思恩格斯又进一步运用历史辩证法及其矛盾分析方法，研究物质生产劳动过程中这两个根本方面，即生产力和生产关系的内在矛盾运动及其历史发展过程，结果从中揭示并发现了人类历史发展的一般规律，从而创立了唯物史观，进而实现了“哲学变革”(这可以看作是哲学分析)。这里，马克思恩格斯是通过对经济问题(肉体组织的需求—吃喝住穿—物质生活—资料—物质生产劳动)进行哲学上的辩证分析，从而创立唯物史观的。

在《资本论》中，马克思通过对经济问题作哲学上的辩证分析，创立了剩余价值学说，实现了“经济学变革”。马克思从德国古典哲学继承下

① 参见《马克思恩格斯选集》第1卷，147—154页，北京，人民出版社，2012。

来的首要的是辩证法。在这个意义上，他称自己曾是黑格尔的学生。然而马克思又力求把黑格尔“头脚倒置”的辩证法颠倒过来，将其改造成为唯物辩证法。唯物辩证法是马克思哲学方法论体系中最为核心的方法。他运用唯物辩证法分析人类历史发展的内在矛盾——社会基本矛盾，揭示了人类历史发展的一般规律，创立了唯物史观。他又运用唯物辩证法分析研究资本主义社会的基本矛盾，揭示了资本主义社会形态的特殊运动规律，从而创立了剩余价值学说。剩余价值学说，是马克思运用唯物辩证法，在揭示劳动与资本的矛盾关系时提出的一种学说，因而只有借助唯物辩证法，并在劳动与资本的矛盾关系中，才能得到真正理解。列宁认为，马克思“遗留下《资本论》的逻辑”①。这一“逻辑”当然包括唯物史观，但首要的是唯物辩证法，用大家熟知的话来说，就是“矛盾分析方法”。正如恩格斯所说，“马克思对于政治经济学的批判就是以这个方法做基础的”②。马克思之所以运用唯物辩证法来研究资本主义生产方式，主要是因为《资本论》所致力揭示的是其基本经济事实背后的内在本质联系即矛盾关系，而唯物辩证法就是研究事物内部的本质联系或内在矛盾关系。

在《资本论》中，马克思运用唯物辩证法分析资本主义社会的基本矛盾，分析资本主义社会形态的特殊运动规律，主要体现在分析一系列经济范畴的矛盾二重性及其矛盾运动上，这是从分析资本主义社会所存在的一个基本经济事实——商品交换开始的，或者说，马克思首先从资产阶级社会里最简单、最普通、最基本、最常见、最平凡的事实，即商品交换开始，逐步揭示出现代社会的一切矛盾，这是逻辑起点。列宁陈述马克思的思想说，商品交换是资产阶级社会的“细胞”，它包含着现代社会的“一切矛盾的萌芽”，包含着资本主义的尚未展开的一切主要矛盾。③

---

① 《列宁专题文集　论辩证唯物主义和历史唯物主义》，145 页，北京，人民出版社，2009。

② 《马克思恩格斯选集》第 2 卷，13 页，北京，人民出版社，2012。

③ 参见《列宁专题文集　论辩证唯物主义和历史唯物主义》，150 页，北京，人民出版社，2009。

商品交换显然是经济学范畴，属于经济问题。然而马克思运用唯物辩证法的矛盾分析方法，首先揭示出商品本身的内在矛盾，即使用价值和价值的矛盾；接着，从使用价值和价值的矛盾中，揭示出具体劳动和抽象劳动的矛盾；然后，再从具体劳动和抽象劳动的矛盾中，进一步深入揭示出私人劳动和社会劳动的矛盾；再接着，又进一步从私人劳动和社会劳动的矛盾中，揭示出生产资料私人占有和生产社会化的矛盾；之后，力求从物和物的关系背后揭示出人和人的关系，即无产阶级（工人）和资产阶级（资本家）的矛盾关系。

马克思试图从分析劳动和资本的矛盾入手，来分析无产阶级（工人）和资产阶级（资本家）的矛盾。沿着劳动和资本的矛盾这一逻辑，马克思分别从劳动和资本两个方面来揭示剩余价值的来源及其产生的秘密：从劳动方面说，资本主义生产过程的实质是劳动过程与价值增值过程的统一。作为劳动过程，工人的具体劳动转移生产资料的价值，作为价值增值过程，工人的抽象劳动既创造劳动力自身的价值，也为资本家创造剩余价值。从资本方面说，马克思把资本区分为不变资本和可变资本，正是在对不变资本和可变资本在价值增值过程中不同作用的分析中，进一步揭示了剩余价值的真正来源。显然，马克思通过对上述一系列矛盾关系的辩证分析，创立了“剩余价值学说”，揭示了工人的劳动被资本占有、工人创造的剩余价值被资本家剥夺的秘密。所以他号召全世界无产者联合起来，消灭私有制，解放无产阶级，进而解放全人类，最终实现每个人自由而全面发展。总之，上述所谓的“逻辑”，就是马克思运用唯物辩证法的矛盾分析方法，从分析和揭示经济学中最基本的事实和细胞——商品开始，一步一步地揭示出剩余价值的来源或产生的秘密，从而创立了剩余价值学说，创立了以劳动人民为本的马克思主义政治经济学，实现了“经济学变革”。

在《共产党宣言》中，马克思恩格斯通过对经济问题的辩证分析，创立了科学社会主义学说，从而实现了“政治学变革”。这是通过分析“资本和雇佣劳动的关系”来实现的。“资本”是经济学范畴，蕴含的是经济问题。资本和雇佣劳动是一种辩证关系。马克思恩格斯指出，资产阶级生存和统治的根本条件，是财富在私人手里的积累，是资本的形成和增值，而资本的生存条件是雇佣劳动。雇佣劳动完全是建立在工人的自相竞争之上的。这种自相竞争是工人在找工作中的自相竞争，现代的工人只有当他们找到工作的时候才能生存，而且只有当他们的劳动增值资本的时候才能找到工作。① 这些都是私有制造成的。然而随着资产阶级即资本的发展，无产阶级即现代的工人阶级也在同一程度上得到发展，因为资产阶级无意中造成而又无力抵抗的工业进步，使工人通过结社而达到的革命联合代替了他们由于竞争而造成的分散状态。于是，随着大工业的发展，资产阶级赖以生产和占有产品的基础本身也就从它的脚下被挖掉了。它首先生产的是它自身的掘墓人，就是说，资产阶级不仅锻造了置自身于死地的武器，同时它还产生了将要运用这种武器的人——现代的个人，即无产者。② 因此，共产主义的特征，就是首先必须对所有权和资产阶级生产关系实行暴力的干涉，即消灭旧的生产关系，废除资产阶级所有制。当然，它并不剥夺任何人占有社会产品的机会，只剥夺利用这种占有关系去奴役他人劳动的机会。由此，无产阶级要运用自己的政治统治，一步一步地夺取资产阶级所有的全部资本，把一切生产资料集中在国家手里，即集中在已组织成为统治阶级的无产阶级手里，并且尽可能更快地增加生产力的总量。

资产阶级的灭亡和无产阶级的胜利同样是不可避免的。③ 这里，劳动是生产力中的决定因素。因为在一般意义上，我们所说的生产力，主要包含劳动对象、劳动工具、劳动者，其中劳动者是劳动生产力中最活跃、最革命的因素。马克思在《资本论》第一卷就提出了劳动生产力概念："劳动生产力，即由于生产条件发展程度的不同，等量的劳动在同

---

① 参见《马克思恩格斯选集》第 1 卷，412 页，北京，人民出版社，2012。

② 参见《马克思恩格斯选集》第 1 卷，411—412 页，北京，人民出版社，2012。

③ 参见《马克思恩格斯选集》第 1 卷，413 页，北京，人民出版社，2012。

样时间内会提供较多或较少的产品量。”①他又指出：“劳动生产力是由多种情况决定的，其中包括：工人的平均熟练程度，科学的发展水平和它在工艺上应用的程度，生产过程的社会结合，生产资料的规模和效能，以及自然条件。”②这里的资本，代表的是一种生产关系。他认为：“资本也是一种社会生产关系。这是资产阶级的生产关系，是资产阶级社会的生产关系。”③“资本不是物，而是一定的、社会的、属于一定历史社会形态的生产关系，后者体现在一个物上，并赋予这个物以独特的社会性质。”④

马克思恩格斯运用唯物辩证法的矛盾分析方法，对“资本占有劳动并控制社会的逻辑”这一当时资本主义社会存在的“总问题”，进行了深入的分析：首先，分析了雇佣劳动对资本的依附关系和资本对雇佣劳动的依存关系；接着，进一步分析了资本和劳动、资产阶级和无产阶级之间的“彼此推进”与相互作用、相互矛盾(即相互对立、彼此斗争)的关系；再接着，运用历史尺度和价值尺度相统一的辩证法，又进一步分析并揭示了资本和雇佣劳动关系的历史必然性和历史局限性，最终得出“全世界无产者，联合起来”“消灭私有制”“资本主义必然灭亡、社会主义必然胜利”“每个人的自由发展是一切人自由发展的条件”等结论。这里，马克思恩格斯运用唯物辩证法及唯物史观，分析和揭示了资本主义社会的现实逻辑，创立了科学社会主义，实现了“政治学变革”。

因此，当面对经济活动、经济问题时，也要注重对其作哲学分析和批判。新时代中国特色社会主义建设的一个基本事实，就是要经常处理其发展过程中必然遭遇的一系列基本矛盾关系，诸如“社会主义制度和市场经济”“政府和市场”“效率和公平”“劳动和资本”“又快又好”“跨越式

---

① 《马克思恩格斯全集》第 42 卷，531 页，北京，人民出版社，2016。
② 同上书，26 页。
③ 《马克思恩格斯选集》第 1 卷，341 页，北京，人民出版社，2012。
④ 《马克思恩格斯选集》第 2 卷，644 页，北京，人民出版社，2012。

发展和循序渐进”“经济全球化和独立自主”“经济发展和环境保护”等。能否正确处理这些矛盾关系，事关新时代中国特色社会主义建设事业的成败。要正确处理这些矛盾关系，就必须运用辩证方法。善于辩证分析、正确驾驭和处理好这些关系，中国特色社会主义建设就会走向成功，否则，就会遭遇曲折。

四　对经济活动的价值观解读：追问经济问题的价值评价

第四个维度实质是注重把握经济活动、经济问题中的事实尺度和价值尺度、实证和规范之间的辩证关系，注重对经济问题作出正确的价值评价。把握经济活动的本体，理解经济活动、经济问题中的哲学之“道”，对经济活动进行辩证分析，总体上属于对经济活动“事实”维度的理解；“价值”与“事实”相对应，在对经济活动的“事实”维度给予理解时，还应对经济活动作价值评价。

《1844年经济学哲学手稿》《共产党宣言》是对经济问题作出价值评价的典型样本。

马克思在《1844年经济学哲学手稿》中指出，国民经济学只讲经济事实，也只对经济事实作实证分析，不作价值评价。国民经济学思考劳动、私有财产和资本，都是基于对经济事实的描述，其研究只对经济活动、经济事实、经济问题作事实判断而不作价值判断，只作实证性分析而不作规范性研究，价值评价在它那里是缺失的。马克思指出：“私有财产是一个事实，国民经济学对此没有说明理由，但是，这个事实是国民经济学的基础”①；“整个国民经济学便建立在一个没有必然性的事实

① 《马克思恩格斯文集》第1卷，783页，北京，人民出版社，2009。

的基础上”[①]。马克思在《1844年经济学哲学手稿》中，既尊重经济活动、经济事实、经济问题的“本性”，这遵循的是事实尺度；又对经济活动、经济事实、经济问题作出价值评价，给出价值导向，这注重的是价值尺度。从价值评价来看，他认为，在资本主义社会，工人的劳动被异化了，这是有悖于人的本质和人性的劳动，它不是对人的本质的确证，反而使人的本质丧失，使人性受到压抑，得不到充分发挥，使工人不具有做“人”的尊严。[②] 私有财产使人成为“占有”或“拥有”者，使人变得愚蠢而片面，使人成为利己主义者。[③] 资本使工人的劳动仅仅成为其谋生的手段，而不是使人的能力得到充分发挥。正是基于对经济活动、经济事实、经济问题既作事实判断，又作价值评价，所以马克思得出结论：共产主义是私有财产，即人的自我异化的积极的扬弃，因而是通过人并且为了人而对人的本质的真正占有，因此，它是人向人自身、向社会的人的复归，这种复归是完全的、自觉的而且保存了以往发展的全部财富的。[④]

在《共产党宣言》中，马克思恩格斯同样运用历史尺度和价值尺度的辩证统一分析批判资本主义社会。他们从历史尺度看待资本和资本主义社会，对此作出了中肯评价，认为资产阶级在它的不到100年的阶级统治中所创造的生产力，比过去一切世代创造的全部生产力还要多，还要大；[⑤] 然而他们话锋一转，又从价值尺度批判资本和资本主义社会，认为在资产阶级社会，资本具有独立性和个性，而资本却占有劳动，使活动着的个人却没有独立性和个性。[⑥] 由此，马克思恩格斯得出结论：要通过无产阶级革命消灭私有制，解放无产阶级，进而解放全人类，促进

---

① 《马克思恩格斯选集》第1卷，874页，北京，人民出版社，2012。
② 参见《马克思恩格斯全集》第3卷，270—271页，北京，人民出版社，2002。
③ 参见《马克思恩格斯全集》第3卷，303页，北京，人民出版社，2002。
④ 参见《马克思恩格斯全集》第3卷，297—298页，北京，人民出版社，2002。
⑤ 参见《马克思恩格斯选集》第1卷，405页，北京，人民出版社，2012。
⑥ 参见《马克思恩格斯选集》第1卷，415页，北京，人民出版社，2012。

每个人的自由发展。①

这里涉及一个深层次的理论问题，即对事物和对象的认识所达到的“知”，是否包含价值评价？或者什么叫作真正的“知”？在马克思主义哲学看来，任何事物和对象既具有原本的“事实”属性，也具有对于人而言的“价值”属性，或者说既具有“自在规定”，也具有“关系规定”(即为人而存在的规定性)。在马克思的范畴和话语体系中，也都具有这两种规定性，如“货币”“劳动”“资本”“财富”等，它们既是“自在性”范畴，具有自身的原本规定性，也是“价值观”范畴，具有对人而言的价值观意义上的规定性。因此，对任何事物和对象的认识，既是对其“客观实在性”的认识，也是对其“价值性”的认识，所谓“知”，就是对事物和对象之“客观实在性的知”和“价值性的知”的有机统一。换言之，只有坚持事实尺度和价值尺度、实证和规范相统一，才能达到对事物和对象真正完整的认识，达到真正完整的“知”。由此，借客观性而否认对事物和对象作价值评价，是片面的。当然，不把“价值评价”建立在“科学认知”上，也是片面的。

改革开放以来，许多人注重从经济谈经济，一讲经济就是GDP，就是项目经济，就是金钱经济，就是资本投资。这说明在经济活动中，价值评价相对缺位。结果导致了人和自然关系的紧张，出现环境污染；导致人和社会关系的紧张，社会发展以牺牲某些个人发展为代价；导致人和人的关系紧张，人们之间存在着不信任、不和谐；人自身的身心关系紧张，即身心不和谐，身体在享受现代化的物质成果，而心灵世界或精神世界却依然处于空虚、无序和焦虑的状态。随着我国经济社会的整体转型升级，我国哲学界逐渐具有一种超越精神，即以学术探索精神，以价值关怀，自觉主动去研究经济发展中的代价，研究“发展与代价”的关系，超越“资本”的逻辑，提出了经济发展要树立以人为本的价值取向。

可见，对经济活动、经济事实、经济问题，既要具有价值批判意

---

① 参见《马克思恩格斯选集》第1卷，422页，北京，人民出版社，2012。

识，也要具有高度的价值自觉，即作出价值评价，进行价值引导，使经济活动、经济发展沿着正确的方向前行。

五　对经济活动的人学追问：关于人的本性、人的本质的理解

第五个维度实质是把握从事经济活动的人的本性、人的本质。把握经济活动的本体，理解经济活动、经济问题的哲学之“道”，对经济活动进行辩证分析和价值评价，主体都是“人”，最终也都是为了“人”，所以对经济活动的人学追问，是经济哲学研究的出发点和落脚点。

在西方经济学研究的传统中，有一个人性假设问题。这种人性假设，核心是确定从事经济活动的人之本性，而不是人的本质。人的本质和人的本性是两个有联系但又有本质区别的概念。人的本性主要指所有自然人共同具有的原初本性，如“追求自我利益”“趋利避害”“自保”。人的本质则是指人之所以成为人的根据。前一个“人”指的是“自然人”，后一个“人”既指作为最高价值追求的“理想的人”，也指作为具有“类”属性（或类意识）的人、作为具有社会属性的人、作为具有自主创造个性的个人。就作为人的修养、塑造和境界而言，人的本质显然高于人的本性。西方经济学具有自己的“人性假设”，这种“人性假设”中所谓的“人的本性”，核心是指“每个人追求其利益最大化”或“自我利益驱动”，西方经济学的理论体系就是建立在这种“人性假设”基础上的。它们由此认为，从事经济活动的人都是追求其利益最大化的人，对这样的“人”，不宜作价值判断。由此就产生了自由主义经济学、功利主义经济学及其诸多变种。

马克思主义政治经济学不作“人性假设”，而注重谈论从事经济活动

的主体和前提。在马克思看来，在现实社会中，不存在“抽象的人”或抽象的“自然人”，人都是现实的人，这种现实的人是处在一定社会实践活动和社会关系中进而满足其需要的人，人的需要、社会实践活动、社会关系是什么样的，人就是什么样的。所以首先要分析研究人的需要、人所从事的社会实践活动和所处的社会关系。[①] 这就把西方经济学所讲的“人性假设”或抽象的自然本性给否定掉了。

马克思的经济学研究与建构的政治经济学也是围绕“人”进行的，但他所讲的“人”是现实的人，是具有需要并“从事实际活动的人”，是处在一定社会关系总和中的人，是“以一定的方式进行生产活动的一定的个人”。[②] 马克思是把“现实的人”作为经济学研究的出发点，因而对经济活动进行人学追问，就要分析研究经济活动中人的需要、人的实践活动、人的社会关系和人的个性。“出发点”与“人性假设”是两个截然不同的概念：“人性假设”中的“人”是抽象的、固定不变的，而“出发点”中的“人”是处在社会关系总和中的现实的、发展变化的人，如在《1844 年经济学哲学手稿》《关于费尔巴哈的提纲》《德意志意识形态》《哲学的贫困》《共产党宣言》《资本论》中所讲的“人”，都是现实的人。正因如此，马克思的政治经济学都具有政治立场和价值导向，也具有浓浓的人文情怀，当然，更是建立在唯物史观基础之上的。

由此，把握经济活动还要确立一种科学的人学观，对从事经济活动与经济问题中的“人”给出科学和道义的解释，对经济活动、经济问题作出事实和价值相统一的科学判断。

“经济哲学”的本体论理解、辩证法阐释、认识论分析、价值观解读和人学追问之间，具有内在逻辑关系，构成理解“经济哲学”的完整图景，也构成马克思与马克思主义以哲学方式把握经济的完整框架。生产劳动是经济活动与经济哲学的基石，离开生产劳动，就无法从根本上理解经济活动与经济哲学，所以在经典文献中，马克思都把生产劳动作为

---

① 参见《马克思恩格斯选集》第 1 卷，146—147 页，北京，人民出版社，2012。
② 参见《马克思恩格斯选集》第 1 卷，146—152 页，北京，人民出版社，2012。

理解经济活动的前提，把生产劳动看作人的内在本质力量的充分发挥。这便引出对经济活动的本体论理解：追问劳动的本质。存在决定意识，既然对经济活动首先有一种本体论理解，接着就需要对经济活动进行认识论分析，从哲学上进一步追问经济活动、经济问题中的哲学之道，从哲学之“道”来理解经济活动、经济问题，这便有了对经济活动的认识论分析。任何事物和对象都是一种矛盾性存在，对任何事物和对象的认识也是一种辩证认识过程，从哲学上理解经济活动，所看到的是经济活动也具有辩证的性质。由此，便有对经济活动的辩证阐释，对经济问题进行哲学分析，其实质，就是用唯物辩证法的矛盾方法分析经济活动和经济问题。从哲学上讲，对经济活动、经济问题不仅要从客观存在上加以理解，注重其“事实尺度”，而且从逻辑上也要对经济活动、经济问题进行价值评价，注重“价值尺度”，这就从逻辑上进一步提出要对经济活动、经济问题作价值观解读，其实质，就是要把握经济活动、经济问题中的事实尺度和价值尺度、实证和规范之间的关系。人是从事一切经济活动的主体，理解经济活动和经济问题最终都是为了人，所以在经济活动和经济问题的深层背后，在经济学与经济哲学研究中，都有一个对“人”的理解问题，这就是对经济活动、经济问题的人学追问，其实质，就是要把握从事经济活动的人的本性和人的本质。对经济哲学上述五种理解之内在逻辑关系，就这样呈现出来了。

第七章 马克思哲学的创新发展：“经典文本”与“现实逻辑”

对马克思开辟的哲学道路、马克思哲学的生成性本质、马克思哲学思想的发展逻辑和马克思哲学的形态作逻辑和历史的考察，有助于我们把握马克思哲学的本性，也有助于基于这一本性来探寻马克思哲学的创新发展之路。

马克思在哲学上的创新发展基于两大维度，即“经典文本”与“现实逻辑”。“经典文本”与“现实逻辑”的彼此理解和交互作用，推动着具有原创性和引领作用的哲学理论的创新和发展。

1978年以来，中国马克思主义哲学研究力求在“经典文本”与“现实逻辑”的互动互解（彼此理解）中实现学术创新和发展。尤其是在对经典文本、当代西方哲学思潮等研究方面取得了巨大学术成就，为把握当代中国发展的“现实逻辑”提供了思想资源，在当代中国马克思主义哲学发展史上留下了浓墨重彩的一页。对此，应予以充分肯定。

然而在对当代中国发展的“现实逻辑”的哲学研究、理解和阐释方面，仍存在一定“短板”。也就是说，我们在研究“经典文本”这一“上篇”方面取得了巨大的学术成就，而在研究“现实逻辑”这一“下篇”方面还有进一步拓展的广阔学术空间。这种“上篇”研究有余而“下篇”研究不足的局面，既会由于对中国问题的研究缺位和失语而易被边缘化，也会因缺乏使“经典文本”与“现实逻辑”的互动，从而失去了马克思主义哲学创新发展的动力驱动。

一　马克思哲学创新发展的两个基本维度

> “经典文本”和“现实逻辑”是彼此理解、交互作用的。哲学的“经典文本”既是对“现实逻辑”之哲学理解的历史沉淀，也能为把握“现实逻辑”提供思想资源。马克思哲学的创新和发展，离不开并根植于“经典文本”和“现实逻辑”的彼此理解和交互作用。推进马克思主义哲学创新和发展，既需要从“经典文本”中获得哲学上的立场、观点、方法以及思想资源，又需要在对“现实逻辑”的理解和把握中获取现实问题、时代精神、实践要求和人民诉求。这两方面，共同成为马克思主义哲学创新发展不可或缺的重要维度。

作为马克思主义哲学的创始人，马克思恩格斯的哲学经典著作是对他们所处的那个时代所面临的“现实逻辑”加以哲学理解而形成和沉淀下来的，从中可以找到我们理解、把握“现实逻辑”，包括当代中国发展的“现实逻辑”的哲学思想资源和方法论启示。如关于哲学，尤其是马克思哲学本质的理解，关于哲学把握“现实逻辑”的方法论，关于哲学理解、把握“现实逻辑”的逻辑起点，关于实现哲学变革与哲学创新发展的方向、方式和路径，等等。对这些问题的研究和解答无疑有利于推进马克思主义哲学的创新和发展。凡是力求推进哲学创新和发展的哲学家，大体都既注重从前人的“经典文本”中寻求思想资源的支持，又关注并研究他们所处的那个时代，研究那个时代发展的“现实逻辑”。

马克思恩格斯更是如此。马克思恩格斯既注重“在书房中”对英国古典经济学、法国空想社会主义和德国古典哲学之“经典文本”做广泛而深入的研究；又“走出书房”，关注并深入研究他们所处的那个时代及其发展的“现实逻辑”，由此实现了马克思主义哲学的历史性变革。从《德意志意识形态》所实现的历史观变革，到《共产党宣言》和马克思主义的问世，从《路德维希·费尔巴哈与德国古典哲学的终结》中对马克思主义哲学变革的系统阐述，到马克思恩格斯对唯物史观的经典表述，由以上著述均可以看出，马克思恩格斯是在“经典文本”与“现实逻辑”的交互作用中，完成并实现了马克思主义包括马克思主义哲学的伟大变革的。马克思明确指出：“任何真正的哲学都是自己时代的精神上的精华，因此，必然会出现这样的时代：那时哲学不仅在内部通过自己的内容，而且在外部通过自己的表现，同自己时代的现实世界接触并相互作用。那时，哲学不再是同其他各特定体系相对的特定体系，而变成面对世界的一般哲学，变成当代世界的哲学。”①

二　马克思哲学基于人民立场对“现实逻辑”作既“科学”又“价值”的理解

本质是一个事物之所以成其为这一事物的根据。若这一根据保持存在，那么这一事物就保持存在；若这一根据不复存在了，那么其本质被颠覆，从而这一事物在本质上就不复存在了。区别于其他哲学，马克思哲学的本质就是基于劳动人民立场，对“现实逻辑”作出既“科学”又“价值”的理解和把握。其中具有三个相互关联的核心要素：(1)立场上的“劳动人民”；(2)研究对象上的“现实逻辑”；

① 《马克思恩格斯全集》第1卷，220页，北京，人民出版社，1995。

(3)研究方法上的“科学和价值的有机统一”。所谓“现实逻辑”，在马克思恩格斯那里，既是劳动和资本现实关系展开的逻辑，又是“现实的个人”存在和发展的逻辑，还是社会实践、阶级关系、社会革命内在演进的逻辑。这种理解和把握，应该说已经深入到了“现实”的本质之中了。所谓“科学”，主要指对社会历史发展规律的科学把握；所谓“价值”，主要指对每个人自由而全面发展价值目标的价值追求。

从马克思在《德法年鉴》上发表的两篇文章(《论犹太人问题》和《〈黑格尔法哲学批判〉导言》)，到马克思的《1844年经济学哲学手稿》；从马克思的《关于费尔巴哈的提纲》，到马克思恩格斯的《德意志意识形态》；从马克思恩格斯的《共产党宣言》，到马克思的《资本论》等，从这些经典文本中都可以看出，马克思恩格斯所创立和阐述的哲学，大都是基于劳动人民的立场，对他们所面临的时代精神、“现实逻辑”所作出的既科学又价值的哲学理解和把握。离开这一点，就难以真正把握马克思恩格斯所创立和阐述的哲学。

《德法年鉴》上发表的两篇文章，是马克思对当时德国所面临的宗教批判、政治批判和资本主义制度批判之逻辑关系的哲学理解，是对实现人类解放之逻辑的哲学表达。在《1844年经济学哲学手稿》中，马克思站在劳动大众的立场上，对现实劳动过程中资本的增值和人(劳动)的贬值之逻辑关系作出了哲学理解。在《关于费尔巴哈的提纲》中，马克思立足于人类社会，揭示了社会实践的逻辑。《德意志意识形态》则立足于对现实的个人尤其是无产阶级的关注，既分析研究了现实的个人及其实际生活过程的逻辑，也批判了维护资产阶级利益的意识形态的虚假性，并得出了“对实践的唯物主义者即共产主义者来说，全部问题都在于使现存世界革命化，实际地反对并改变现存的事物”①，并实现真实个人的自

① 《马克思恩格斯选集》第1卷，155页，北京，人民出版社，2012。

由的价值判断。在《共产党宣言》中，马克思恩格斯站在无产阶级立场上，运用科学与价值相统一的分析研究方法，既对资产阶级的产生、资产阶级在历史上发挥过的积极作用、资本主义生产方式的矛盾运动与无产阶级的产生及其历史发展过程进行了科学分析，也基于科学分析并在批判资本主义制度的基础上，作出了“两个必然”“两个最彻底决裂”和“自由人的联合体”的价值判断①，进一步展示了劳动和资本之现实关系的内在逻辑。他们指出：“共产主义革命就是同传统的所有制关系实行最彻底的决裂；毫不奇怪，它在自己的发展进程中要同传统的观念实行最彻底的决裂。”②

在《资本论》中，马克思更是基于无产阶级和劳动人民的立场，运用历史与逻辑相统一、科学与价值相统一的方法，既阐明了作为资本主义经济细胞的商品包含着资本主义生产关系诸种矛盾的萌芽，揭示了货币的起源和本质，以及资本积累的本质、一般规律和历史趋势，还根据对资本主义的基本矛盾，即生产的社会化与生产资料资本主义私人占有之间的矛盾的分析，批判了资产阶级对无产阶级的残酷剥削，并总结性地阐释和论证了资本主义必然灭亡的价值判断：“随着那些掠夺和垄断这一转化过程的全部利益的资本巨头不断减少，贫困、压迫、奴役、退化和剥削的程度不断加深，而日益壮大的、由资本主义生产过程本身的机制所训练、联合和组织起来的工人阶级的反抗也不断增长。资本的垄断成了与这种垄断一起并在这种垄断之下繁盛起来的生产方式的桎梏。生产资料的积聚和劳动的社会化，达到了同它们的资本主义外壳不能相容的地步。这个外壳就要炸毁了。资本主义私有制的丧钟就要响了。剥夺者就要被剥夺了。”③

当代中国马克思主义哲学研究在对“经典文本”的解读方面确实取得了巨大的学术成就，但在面向当代中国发展的“现实逻辑”的学术研究和

① 参见《马克思恩格斯选集》第1卷，413、421、422页，北京，人民出版社，2012。

② 《马克思恩格斯选集》第1卷，421页，北京，人民出版社，2012。

③ 《马克思恩格斯选集》第3卷，512页，北京，人民出版社，2012。

哲学理解方面，却相对缺失，由之，马克思主义哲学的本质没有完全或真正体现出来。有学者对研究“现实逻辑”不够重视，不愿研究；有学者对研究“现实逻辑”无能为力，不能研究；有学者对研究“现实逻辑”顾虑重重，不敢研究。由此在学术界导致了这样的情景和状况：马克思注重“走出书房”，我们却多“呆在书房”；马克思注重解读“现实逻辑”，我们却远离“现实逻辑”；马克思的学说引领着时代和实践发展，我们的某些研究却落后于时代和实践发展所要求的水平；马克思的学说是世界性的，我们的一些研究成果却自言自语；马克思的学说是实践性的，我们的有些研究成果多是概念性的。一句话，在学术界，我们的一些马克思主义哲学研究对接不上当代中国发展的“现实逻辑”。而这，正是我们需要作进一步学术努力、学术探究的目标和方向。对此，我们大部分哲学学者已经充分意识到了问题所在，正在作出积极而自觉的学术努力，也已取得初步的学术成果。

三　马克思哲学所理解的现实与把握“现实逻辑”的方式

应该怎样理解我们所讲的“现实”？马克思哲学所理解和把握的“现实”，从本质上讲，并不直接等于看得见、摸得着的“现存”，即“现象”或“表象”。它具有三层含义：一是偶然性背后的“必然性”，它更着眼于必然性，是必然性的一种展开；二是现象背后的“本质性”，它更着眼于本质，是本质的一种展现；三是感性背后的“理性”，它更着眼于理性，是理性的一种展示。当然，“现实”也并不是与偶然性、现象和感性毫不相关的。我们往往是透过一系列偶然性来把握必然性，通过现象来把握本质，通过感性来把握理性。因为必然性与偶然性、本质与现象、理性与感性是直接相关的，是紧密联系在一起的。因此，“现实”是一种必然性与偶然性相统一、本质与现象相统一、理性与感性相统一的“存在”，那种没有表现在偶然性、现象和感性中的必然性、本质、理性，只是在逻辑推理中的一种存在，并不具有现实性。

黑格尔曾对“现实”下过一个经典定义：“现实是本质与实存或内与外所直接形成的统一”①，他的法哲学思想中还有一个关于“现实”的著名论断：“凡是合乎理性的东西都是现实的；凡是现实的东西都是合乎理性的。”②这里，黑格尔的现实观为我们呈现出一个全面的、立体的、动态的、通过偶然性而为必然性与合理性开辟道路的“现实”。有学者却割断了必然性与偶然性、本质与现象、理性与感性的内在关系与联系，只强调必然性、本质和理性，而轻视偶然性、现象和感性，这就容易把自己置于偶然性、现象和感性之外，而在实际上却难以真正把握必然性、本质和理性。因为如果不与感性现象直接接触，我们是永远把握不到必然性、本质和理性的。我们从事哲学研究的目的，是要把握感性现象背后的本质，把握必然性及其展开、展现的内在逻辑，而把握的方式则是要用理性思维透过偶然性、现象和感性来完成的。这就对我们的哲学研究提出了要求：既要了解感性现象，更要把握其本质和必然性。这可称为“从感性认识上升到理性认识”。至于“现实的逻辑”，则指的是现实中的必然性、本质和理性内在展开的逻辑进程，且其逻辑展开进程具有内在的因果关系。

解读“现实逻辑”这本无字之书，往往容易因切入角度、立场、观点和方法的不同，从而造成各说各话、自以为“是”、争论不休，甚至跑马圈地、互相设防的消极格局。那么如何才能避免此种不利局面？建构面向“现实逻辑”的哲学研究范式和学术共同体是一剂良方。在笔者看来，基于历史与逻辑的统一来把握“现实逻辑”的逻辑起点，是借

① [德]黑格尔：《小逻辑》，贺麟译，295页，北京，商务印书馆，1980。

② [德]黑格尔：《法哲学原理》，范扬、张企泰译，11页，北京，商务印书馆，1961。

助面向“现实逻辑”的研究范式和学术共同体而走向达成共识之路的路标。

现实的逻辑无疑也是由一个逻辑起点开始的。这一逻辑起点，既是一个时代、一个社会中所普遍存在的“基本事实”，对其他“事实”会产生深刻影响；也是一个时代、一个社会的历史必然性逻辑展开中的一条“主线”，它贯穿于历史必然性逻辑展开的全过程和各个方面。不同于黑格尔基于绝对理念和充满思辨气息的现实概念推演，马克思的现实观借助费尔巴哈以感性颠覆绝对观念的逻辑，把立足点放在了坚实的感性实践活动之上。立足于感性实践活动，准确捕捉逻辑起点，进而展开对现实人的生活世界的系统而深入的批判，成为贯穿于马克思恩格斯一系列经典文本的主线：《1844年经济学哲学手稿》中的逻辑起点是“自由自觉的活动”，由此展开了对“自由自觉的活动”之逻辑的经济学哲学分析，如异化劳动四种形式之间的现实逻辑；《关于费尔巴哈的提纲》之逻辑起点是“社会实践”，由此展开了社会实践在感性对象、感性活动、思维活动、革命活动、宗教活动、人的社会关系、社会生活、市民社会、人类社会和改变世界中之逻辑分析，或展开社会实践在唯物主义、认识论、宗教学和人的学说中的逻辑之分析；《德意志意识形态》中的逻辑起点是“现实的个人”，由此展开了对“有生命的个人—需要—物质生产—生产力与交往形式—生产力与交往形式的矛盾运动—社会历史发展规律—历史唯物主义”之现实逻辑的分析；《共产党宣言》中的逻辑起点是“阶级”，由此展开了对阶级矛盾、阶级冲突、阶级对立、阶级斗争、无产阶级专政、社会主义革命、“两个必然”“两个彻底决裂”之现实逻辑的分析；《资本论》中的逻辑起点是“商品”，由此展开了对使用价值和价值、具体劳动和抽象劳动、私人劳动和社会劳动、生产的社会化与生产资料的私人占有、无产阶级和资产阶级的矛盾之现实逻辑的分析。

正像马克思恩格斯所采取的把握现实逻辑的方式那样，确定并把握现实的逻辑起点，是我们在把握“现实逻辑”之时的关键。时代的不断发展不仅要求我们“研究马克思”，更要“像马克思那样从事研究”。实际上，马克思恩格斯的经典文本，往往是在占有一定思想资源和借鉴一定思维方法的基础之上，且面向时代精神及作为其“呼声”与“格言”的现实问题，历经艰难困苦的孕育而书写“现实逻辑”的典范。马克思在其关于哲学与现实关系问题的阐述中，直接表达过对面向“现实逻辑”的哲学研究的高度关注。如马克思曾批判德国的实践政治派“没有把哲学归入德国的现实范围”，指出“不使哲学成为现实，就不能够消灭哲学”。① 在谈到哲学与现存的无产阶级的关系时，马克思还说过：“哲学不消灭无产阶级，就不能成为现实；无产阶级不把哲学变成现实，就不可能消灭自身。”②在《德意志意识形态》中，马克思恩格斯批判德国的青年黑格尔派哲学没有考虑德国哲学与德国现实之间的联系问题，没有考虑他们所作的批判和他们自身的物质环境之间的联系问题。在马克思恩格斯那里，哲学首先要“成为现实”，才能成为“时代精神的精华”；哲学只有与现实世界和实践相互作用，才能捕捉到“一个时代的迫切问题”，才能成为“自己的时代、自己的人民的产物”，才能把“人民的最美好、最珍贵、最隐蔽的精髓都汇集在哲学思想里”，而这正是马克思所肯定的“真正的哲学”。③ 更为重要的是，无论是以哲学的方式，还是以科学的方式，或者以艺术的方式和宗教的方式，要切中现实并且走进现实和历史的深处，而不是浮光掠影或蜻蜓点水式地抓住一点不及其余，就离不开具有指向性的方略和全面系统的结构分析框架。其中，准确地找到一个逻辑起点，是马克思善于使用的能够以小带大、由点及面进而系统深入地解读“现实逻辑”的关键一环。

① 《马克思恩格斯选集》第 1 卷，8 页，北京，人民出版社，2012。
② 同上书，16 页。
③ 参见《马克思恩格斯全集》第 1 卷，219—220 页，北京，人民出版社，1995。

四　哲学视阈中当代中国发展的“现实逻辑”

受马克思哲学启发，我们应从哲学上深入分析与揭示当代中国发展的“现实逻辑”。这一“现实逻辑”，就是我所理解的哲学中的“现实”。

从哲学上，也就是从历史和逻辑的统一上把握当代中国发展的“现实逻辑”，起点是“结构转型”。原因在于，1978年以后，中国所实行的改革开放和社会主义现代化进程，首先是从中国社会的“结构转型”开始的。1978年以前，中国传统的社会结构表现为政治力量过大而经济力量、社会力量相对较小的“金字塔式”的社会层级结构；1978年以后，中国传统的社会结构开始转型。从本质上讲，中国改革开放和社会主义现代化建设的进程，就是结构转型的进程。这种转型，既表现为经济领域从政治领域相对“分开”，使经济领域相对独立，市场或资本的力量日益发挥重要作用，在今天，可称之为“政企分开”；也表现为社会领域从政治领域相对“分开”，使社会领域相对独立，社会治理和公民参与日益发挥重要作用，在今天，可称之为“政社分开”。由此，结构转型展开的内在逻辑，首先是“领域分开”。

领域分开本质上意味着“力量转移”，即经济力量、社会力量在增长，政府力量在转变，即政府由管制的力量转变为公共服务的力量和治理的力量，由过去一元的政府力量部分地向经济力量、社会力量进行“合理”转移。由此，领域分开的逻辑展开便是力量转移；每一种力量的背后本质上是利益或利益诉求的表达，因此各种“利益博弈”的逻辑便现实地呈现出来，且成为当今中国现实所面临的并值得特别关注和探讨的重要问题之一。当今中国正处于一个多样、多元、多变的时代，利益主体日益多样化。如果“多样化”不淡化主旋律，多样化之间能够达至良性的对话交流，那么这种多样化对繁荣经济社会文化大有裨益。然而，问题在于，当今这种“多样化”出现了三种情境：一是这种“多”淡化了“一”，即淡化了指导思想、淡化了主旋律、淡化了马克思列宁主义；二是多样化之间出现了“多元纷争”；三是由于我们的法治还没有充分跟进、德治没有有效跟进、治理没有及时跟进，结果使多样化之间出现了“思想分化”倾向。如果对这一思想分化现象缺乏整合，人们在社会层面达不成共识，就可能会出现“认同危机”。今天，这种认同危机在一定程度上确实逻辑地呈现了出来，它会带来“三种任性”：有权就任性，有钱就任性，有“嘴”就任性(即说话没有边界意识、底线意识、时空意识和身份意识)。当今，这三种任性已经带来了一定程度上的“社会无序”，进而导致精神懈怠和腐败滋生。在这种情境下，“整合共识”的维度即通过整合以达成共识的逻辑，就凸显了出来。整合共识意味着要实现且实际上我们正在实现“整体转型”。

一是“结构转型”，即由传统“金字塔式”的社会层级结构向由中国共产党领导下的经济力量、社会力量和政治力量相对分开的“三维”社会结构转型。这一转型是从 1978 年开始的。

二是“生产力转型”，即由权力驱动型生产力经过资本驱动型生产力走向创新能力驱动型生产力。用中央精神来表述，就是由要素驱动、投资规模驱动走向创新驱动。这一转型正在“路”上。

三是“生产关系转型”，即由单一公有制向公有制为主体、多种所有制经济形式共同发展转型，由按劳分配向按劳分配为主体、多种分配方式并存转型，由收入分配差距过大向分配正义转型，由计划经济体制向社会主义市场经济体制转型。1978 年尤其是 1992 年以后的一段时期，由于市场和资本因素以及权力因素的参与，在有些人看来，生产关系中的社会主义因素似乎一定程度上有被弱化的情形。科学发展观的提出，表明我们党已经自觉地认识到了这一点。于是在党的十八大以后，以习近平同志为核心的党中央从实践上自觉主动地“合理”实现生产关系转型，其中之一就是走向分配正义。

四是“国家权力运作方式转型”，即实现由国家管制经过国家主导走向国家治理。1978年以前的一段时期，我国国家权力运作方式的本质特征主要是“国家管制”；1978年以后至党的十八大召开之前，国家权力运作方式的本质特征主要是“国家主导”。国家主导体制最大的比较优势，就是如果决策正确，它可以动员和组织国家一切资源和力量办大事。然而这种体制也有一定局限，那就是高度集中的权力如果缺乏有效制约，容易产生腐败和不良作风。为了保持国家主导体制的比较优势，同时克服国家主导体制的局限，“国家治理”现代化适时地出场了。党的十八大以来，国家权力运作方式本质上是走向“国家治理”，即为治理好国家公共权力提供一种现代化的制度模式，这就是“党的领导，社会参与，法德并治，协商共治，能力现代”。

五是“人的生存方式转型”，即由权力化生存经过物化生存走向能力化生存。1978年以前，中国人的权力化生存相对突出，即人的生活和生存方式对权力的依赖相对突出。1978年以后，在市场经济条件下，人的生活和生存方式对“物”的依赖相对突出了出来，人的需要、人的能力、人的关系、人的情感和人的价值往往通过“物”来表现、确证和实现。“物化生存”之殇，最严重的就是“精神懈怠”。超越“物化生存”和“精神懈怠”的新趋向，即是能力化生存，也就是人要靠本事吃饭、靠能力和业绩立足。在当今中国社会，权力化生存、物化生存和能力化生存并存。但现实的逻辑使其正在发生新的转型，即由物化生存方式正在走向能力化生存方式。

六是“国际地位转型”，也就是中国在国际上正在由大国走向强国，正在向强国转型。

整体转型的“现实逻辑”内在地要求实现“现代治理”。以习近平同志为核心的党中央正是在这种背景下，提出了推进国家治理体系和治理能力现代化的治国方略。现代治理的目标就是“建构秩序”，即建构当代中国社会发展的新的良性秩序。这种秩序基于公平正义，既使社会发展充满创新活力，又使社会达到和谐稳定，这在今天显得尤为突出。建构秩序的根本目标，就是实现中华民族伟大复兴的中国梦，此即“民族复兴”。

由此，“结构转型”既是理解和把握当代中国“现实逻辑”的逻辑起点，也是理解和把握当代中国发展的“现实逻辑”的一把钥匙；而“结构转型—领域分开—力量转移—利益博弈—多元纷争—思想分化—认同危机—社会无序—整合共识—整体转型—现代治理—建构秩序—民族复兴”，则是1978年以来当代中国发展的基本的“现实逻辑”。当然，这只是笔者在学术上的一种初步理解，还需要与学界同仁共同做进一步深入的学术研究。

然而，我国当代学界的马克思主义哲学研究在一定程度上疏离了当代中国发展的“现实逻辑”和“中国问题”，对当代中国的“现实逻辑”和“中国问题”还缺乏真正全面深入的研究、理解和把握，要么借学术之名轻视现实，要么在对“现存”的盲目辩护中遮蔽了本真的现实，要么借对“现实”的误解而远离现实。或者说，在面对或直面当代中国发展的“现实逻辑”和“中国问题”时，要么不在场，要么不知何为，要么自言自语。这样的哲学难以理解和把握当今中国时代、中国实践和中国问题，尤其是达不到理解和把握中国发展的“现实逻辑”所要求的水平。

由此，要推进当代中国马克思主义哲学的创新发展，就需要走入时代，走入当代中国实践，走入社会历史与现实的深处，走入当代中国发展的“现实逻辑”之中，把马克思主义哲学研究置于当代中国发展之“现实逻辑”的基础之上；或者说，需要面向或直面当代中国发展的“现实逻辑”，处理好“现实逻辑”“中国问题”和“哲学发展”的内在辩证关系，解决好这种关系中提出的新问题，并从中提升出推进马克思主义哲学创新和发展的新概念、新范畴、新方法和新理论，进而实现研究对象、研究方法、思维方式、哲学范畴、哲学观念和哲学形态的转换，建构“面向中国问题的马克思主义哲学”。

第八章　当代中国马克思主义哲学研究的历史演进

从这里开始，我们从研究马克思哲学进一步走向研究当代中国马克思主义哲学。当代中国马克思主义哲学，是一个超越学术依赖且具有学术自主、学术主体性的重大命题，它主要是指改革开放以来中国化的马克思主义哲学。

基于马克思哲学“用哲学方式关注人的生活世界和研究现实问题”的本性，在当代中国，就必然提出建构当代中国马克思主义哲学或中国化马克思主义哲学的当代形态这一命题。这是结合当代中国实际推进马克思主义哲学创新的一种现实要求。建构中国化马克思主义哲学的当代形态的重要途径与方式之一，就是要对当代中国马克思主义哲学研究的历史进展和理论创新成果给予全面深入的清理与总结。因为改革开放以来的40多年，是当代中国马克思主义哲学发展的40多年，如果用一句话来概括40多年中国马克思主义哲学研究的根本特征，那就是：反映时代精神和当代中国实践的发展要求，马克思主义哲学研究在创新。这其中实际上蕴含着建构中国化马克思思主义哲学的当代形态的基本要素。显然，全面而深入地揭示时代变迁过程中当代中国马克思主义哲学研究的整体性创新与历史发展，对建构中国化的马克思主义哲学的当代形态，具有十分重要的意义。

一　哲学主题的转换

当代中国马克思主义哲学研究的历史进展，首要表现在研究主题的转换，即从研究整个世界到主要研究人的世界。

马克思主义哲学的创始人马克思并不排斥对整个世界的研究，对此，我们应当承认。但就其本质特征来讲，他更关注和研究人的生活世界，关注人的解放和人的全面发展。从《德法年鉴》上的文章到《1844年经济学哲学手稿》，从《关于费尔巴哈的提纲》到《德意志意识形态》，从《哲学的贫困》到《共产党宣言》等，马克思自始至终关注和研究的基本主题，就是人的生活世界中的问题。正如马克思所指出的："新唯物主义的立脚点则是人类社会或社会的人类。"①

然而，在马克思主义哲学历史发展过程中，一定程度上存在着远离马克思主义哲学基本主题和基本价值的倾向。这种倾向不大关注"现实的人"和"人的世界"，把人的存在、人的发展、人的解放、人的自由、人的权利、人的价值、人的个性和人的主体性等问题放在一边。

改革开放以来，当代中国大多数马克思主义哲学研究工作者在对马克思哲学的重新理解中，在对以往马克思主义哲学研究的反思中，在对中国特色社会主义现代化建设实践经验教训的总结中，逐渐觉醒，认识到马克思主义哲学主要是在关注人的生活世界过程中建立的，马克思主义哲学研究的主题主要是人的生活世界。因而，马克思主义哲学的研究应回归人的现实生活世界，着重研究人的生存状况、发展规律和未来命

---

① 《马克思恩格斯选集》第1卷，136页，北京，人民出版社，2012。

运。于是，当代中国许多马克思主义哲学工作者逐步实现了研究主题的转换，由过去着重研究整个世界转向着重研究人的现实生活世界。从1988年前后出现的实践唯物主义，到1990年以后正式出现的发展哲学、文化哲学、价值哲学、人学、生存哲学、交往哲学和社会哲学等，就体现了这一点。

二 哲学观念的发展

伴随着哲学研究主题的转移，当代中国马克思主义哲学研究发生的一个深刻变化，就是哲学观念的发展，即从坚持物质观念到坚持物质和实践相统一的观念。

传统的苏联马克思主义哲学教科书所贯彻的哲学基本观念，主要是“物质是世界万物的基石”。它强调：世界是物质的，世界统一于物质；物质是运动的；运动是有规律的；意识是对物质存在的反映；社会历史是受物质生产方式支配的。这种哲学教科书也讲“实践”，但主要是把实践看作认识论中的一个基本范畴，没有把实践看作贯穿于唯物主义、唯物辩证法、历史观和人的学说中的一个根本范畴。

马克思主义哲学要把“物质”作为哲学的一个基本前提和基础接受下来，对此，我们应有清醒的认识并予以坚守。马克思指出：“物质生活的生产方式制约着整个社会生活、政治生活和精神生活的过程。”①然而，当代中国一些马克思主义哲学工作者对过去传统哲学教科书进行了全面而深入的反思，认为它没有全面和真正体现马克思主义哲学的本真精神。马克思主义哲学是唯物主义哲学，它坚持唯物主义的一般前提——物质原则。然而马克思主义哲学又往前迈出了决定性一步，它鲜

① 《马克思恩格斯选集》第2卷，2页，北京，人民出版社，2012。

明地强调自己的哲学是“新”唯物主义和“现代”唯物主义。这种“新”和“现代”充分体现了马克思主义哲学的本质特征，这就是马克思主义哲学是注重感性实践活动的唯物主义。因为：

第一，作为马克思主义世界观萌芽的第一个文献《关于费尔巴哈的提纲》，始终把实践作为新世界观的基石，用实践来解释感性对象（现实）、环境的改变、宗教、人的现实本质和人的社会生活。马克思明确指出：“哲学家们只是用不同的方式解释世界，问题在于改变世界。”① 实际上，使哲学从无视现实的人和人的生活世界的抽象思辨回到现实的人和人的真实生活世界，是马克思面临的时代性课题。

第二，在标志唯物主义历史观诞生的《德意志意识形态》中，马克思恩格斯又强调指出：“我们的出发点是从事实际活动的人”，而实践是人的根本存在方式和生成方式，人在本质上是在实践的生成过程中存在的。所以“在思辨终止的地方，在现实生活面前，正是描述人们实践活动和实际发展过程的真正的实证科学开始的地方”②。

第三，“人和世界的关系”“各种事物的生成和发展过程”“人的生成性存在”，是人的生活世界首先面对的核心问题。这些问题，实质上就是人的生活世界中的根本问题。它要求努力寻求处理各种关系并使各种关系达到统一的基础、根据和方法；寻求事物自己生成和发展的根源；寻求人之所以是这样的现实存在并成其为理想存在的根据。在马克思看来，只有诉诸人的感性实践活动，才能为解决这些问题找到有效出路。因为人的感性实践生成活动是人见之于世界的主体和客体相统一的过程，是在对象中实现自己、确证自己的对象化与自我生成、自我实现、自我确证相统一的过程，是受情欲、激情支配与受外部对象制约的能动性和受动性相统一的过程，是人能在其中不断感受自己生存境况的过程。实践活动的上述特征，本质上表现了人的双重本性——人的现实性和理想性、给定性和生成性、主体性和客体性、对象性和自我确证性、

---

① 《马克思恩格斯选集》第1卷，136页，北京，人民出版社，2012。

② 同上书，153页。

能动性和受动性。人就是在自己的感性实践活动过程中表现、实现、成为和确证自己的。这样来理解感性实践，既不否定物质原则，也不夸大主体性原则，而是把物质原则纳入感性实践活动之中，把物质理解为感性实践活动中的一个内在环节。认为物质是感性实践活动中的物质，要从与感性实践活动的关系中确证物质的客观实在性及其对人的意义；也是把人的实践活动看作感性的，这种感性虽然注重实践活动的主体创造性，即能动性，但也强调实践活动的现实性、对象性，即受动性。它承认在实践活动之外有感性的物质对象，这种感性的物质对象是实践活动的一个基本条件，是表现、实现和确证实践活动不可缺少的对象，实践活动是在现实的物质对象中表现、实现和确证自己的，它受现实的物质对象制约和限制。这里物质和实践存在着互相理解、互相规定——物质在实践中，实践也在物质中。

这里涉及如何理解物质和实践的关系及其在马克思主义哲学中的地位。

物质概念是在回答思维和存在何者为第一性问题时提出来的，是在唯物主义和唯心主义的区别中确定的，唯物主义和唯心主义的概念只在回答物质和意识何者为第一性时才有意义。马克思主义哲学首先是唯物主义哲学，自然要坚持物质观念这一一般唯物主义的基本立场。

实践概念是在回答主体和客体的关系、原始的存在和创造的存在的关系时提出来的，是在直观唯物主义和实践唯物主义的区别中确定的。马克思主义哲学不是直观的唯物主义，而是实践的唯物主义，因而它在坚持物质观念的前提下，还强调感性实践活动，强调把物质和实践活动统一起来加以理解。这里，对物质不仅有一个从客体(直观)或主体(实践)方面加以理解的问题(他强调要从实践的角度理解现实，就含有这种意思)，而且对实践也有一个从唯物主义或唯心主义方面加以理解的问题。也就是说，马克思的物质概念已不同于旧唯物主义的物质概念，马克思的实践概念也不同于唯心主义的实践概念。

就唯物主义和唯心主义的区别而言，物质概念是首要的，但就实践的唯物主义和直观的唯物主义的区别而言，感性的实践活动概念则是首要的。马克思在坚持物质概念这一唯物主义基本立场的前提下，又不同于一般的唯物主义，他更强调感性实践活动在其新世界观中的决定性意义。这里，“感性实践活动”便具有十分重要的、不可忽视的意义，它是物质和实践相统一的一个概念：既包含物质原则，又包含实践原则；既是受动的，也是能动的。由此，认为马克思主义哲学强调感性实践，实际上就是说马克思主义哲学既坚持唯物主义立场，又强调实践的唯物主义。我们既反对用存在的实践化取代存在的客观化，强调实践中的存在仍有其物质客观实在性，又反对用存在的客观化取代存在的实践化，强调事物的生成、变化及其对人的意义应放到人的实践活动当中来理解。

这样来理解实践，它不仅是马克思主义哲学中的一个观点，而且是根本观点，且具有世界观的意义；不仅是马克思主义哲学的一个特征，而且是根本特征；不仅是马克思主义哲学的一个功能，而且是使马克思主义哲学发生划时代变革的根本所在。

三　哲学思维的跃迁

马克思的实践活动观念注重事物自身的自我生成、自我表现、自我实现和自我确证，认为事物是在自己的发展过程中确定其本质，而且成为自己的。这种实践，本质上就是一种建构活动；实践活动观念注重“做”什么，注重追问世界、事物“如何存在”“如何使世界发生改变”，因而往往用存在的发展过程实现和确证本质，用活动理解存在及其变化；实践活动观念注重现实的人的创造个性和主体性，因而也注重人的自我生成。这其中蕴含的精神实质，就是要由过去注重先定因素走向注重后定因素。要言之，就是在哲学思维方式上，要求由“前定论、给定论”逐渐走向“后定论、实力论”。

传统的苏联哲学教科书相对强调物质决定论、因果决定论和历史必然性。这有其合理性。它虽然没有忽视人的主体能动性，但对个人的主体性、选择性和创造性的注重不够。注重物质决定论和历史必然性是十分必要的，在今天仍要坚持。但只强调物质决定论、历史必然性而忽视人的主体性、选择性和创造性，表现在社会心理和社会行为上，就容易使人们重先天给定的客观条件(环境)而轻后天的努力奋斗，重命运安排而轻能力发挥，重外在因素而轻主体内在实力。

当今我国正在建立的社会主义市场经济、正在到来的智能经济和日趋激烈的综合国力竞争，内在地要求我们必须注重能力发挥和实力提高，我们逐渐进入了以创新能力及实力决定地位的时代。在对这种时代精神的反映中，在对实践观念的现实意义的进一步挖掘中，我国哲学界特别强调确立一种以注重人的主体性、选择性和创造性为核心理念的现代哲学思维方式，这就是要由过去相对注重先定因素走向也注重后定因素，由相对注重出身、身份、背景走向也注重奋斗、能力、实力和业绩，由相对注重“前定论”“给定论”走向更加注重“后定论”“实力论”。近年我国哲学界提出的“实践生成论”“能力本位论”和“主体性哲学”，就是这种哲学思维方式的体现。

实际上，马克思哲学强调哲学的实践原则、辩证原则、历史原则，实质上注重的就是“后天生成”的“后定论”“实力论”，注重的是“人的自我生成。”

四　哲学视野的拓展

从 1949 年新中国成立到 1978 年党的十一届三中全会召开，尤其是在 1957 年至 1977 年这 20 年期间，我们往往认为人性就是阶级性，人和人的关系首要就是阶级关系，因而常常主张在两极对立的阶级视野中来看待世界和实践，用阶级分析方法来观察、分析和处理问题。比如，强调社会主义与资本主义，公有制与非公有制，劳动与资本，计划经济与市场经济等的“两极对立”。当代中国马克思主义哲学研究拓宽了视野，也注重人类发展的一般规律，强调人类先进文明和共生共赢。

今天，我们仍然需要用阶级方法来观察和分析问题，对此不能否定。然而如果只从两极对立的阶级视野来分析和处理问题，在一定意义上就容易忽视人类发展的一般规律，忽视共同人性和人类先进文明成果，也不注重对人类共同的先进文明成果的借鉴和吸收。

当今时代是以和平与发展为主题的时代；当今的世界既是存在着阶级对立的世界，也是人类共生、共存、共有的世界，是携手共建人类命运共同体的世界；人的实践既具有阶级性，也体现着一般规律性；我们要注重后天作为和内在实力，就必须注重吸收人类共同的先进文明成果。哲学要反映时代精神，在其视野上就必须关注人性、共同人性和人类共同的先进文明成果。

改革开放以来，哲学理论工作者在坚持用阶级分析方法来观察和分析问题的同时，又强调从人类发展的一般规律、人类的共同性和人类的共生共赢的视野来观察、分析和处理问题。这集中表现在以下对象进入了我们哲学研究的视野：

(1)注重研究和遵循人类社会发展的一般规律。对此不再赘述。

(2)注重借鉴和吸收人类共同的先进文明成果，包括在资本主义社会存在但属于人类共有的先进文明成果。过去，我们在“凡是敌人拥护的我们就要反对”的思维方式影响下，往往把在资本主义社会存在但实际上属于人类共同的先进文明成果当作姓“资”而加以排斥，结果影响了对人类共同的先进文明成果的吸收。党的十六大强调要借鉴人类共同的先进文明成果，如市场经济、先进技术、管理经验等。“三个代表”重要思想指出，中国共产党要代表中国先进生产力的发展要求、代表中国先进文化的前进方向、代表中国最广大人民的根本利益，这实际上意味着要分析研究和批判借鉴在当代资本主义社会存在，但实际上属于人类在发展先进生产力和先进文化方面的共同的先进文明成果。这里，一定要把资本主义制度固有的特殊的东西与在资本主义社会中存在但为社会化大生产和现代化建设固有的一般东西区分开来，不能用前者掩盖和取代后者。

(3)注重并研究过去我们所忽视的人性、共同人性或普遍人性及其意义。比如有些专家提出的“类本位”思想。再如，党的十六大在继承我国改革开放以来逐渐注重人性发展要求的基础上所确定的奋斗目标和工作举措更加人性化了。党的十六大把党在21世纪头20年的奋斗目标确定为“全面建成小康社会”，这就使党的奋斗目标贴近人民群众的现实需求；党的十六届三中全会提出的以人为本的科学发展观，反映了社会发展和人性发展对推进人的全面发展的要求，奋斗目标更加人性化了；习近平强调要坚持以人民为中心的发展思想，日益满足人民对美好生活的需要，其中就蕴含着对人性的现实关切。

(4)注重人的思想和实践的先进性。当今我们所面临的一个核心问题，就是在新的历史条件下如何进一步保持党的先进性，以求在应对世界百年未有之大变局、实现中华民族伟大复兴这一战略全局的重要时期，能始终站在时代前列。

(5)注重共赢共生。如哲学界提出的“从两极走向中介”“和合哲学”“共生哲学”等，就体现了这一点。邓小平提出的“三个有利于”，也是要求我们从仅仅注重“两极对立”的视野中跳出来。党的十六大进一步继承和发展这一思想，更加明确、集中和深入地强调由注重两极对立走向注重“共生共赢”，也就是注重互利合作、共同发展。这种视野拓展的深层背景和原因是：社会财富是在劳动、知识、技术、管理和资本等各种要素相结合的过程中共同创造出来的，这些要素对中国特色社会主义建设都作出了贡献，因而，中国的改革开放和社会主义现代化建设需要调动一切积极因素，把一切积极力量凝聚在我们党的周围，从而为发展不断增添新力量和新活力。要做到这一点，就必须从“共生共赢”的哲学视野上来分析和处理问题。习近平总书记强调携手共建人类命运共同体，强调和平发展、合作共赢，更是表达对共生共赢的高度重视。

我国社会主义现代化建设已经走过了“动员期”，各种要素和力量已竞相迸发、充分涌流；现在，我们正进入对这些要素和力量进行调整和协调的“整合期”，因而所面临的主要问题，就是如何使这些要素和力量积极参与到我国社会主义现代化建设中来，并形成合力以在其中发挥积极作用，确立其地位。这一问题解决得好，就会增强我们的凝聚力、创造力和战斗力；解决得不好，这些要素和力量就会对我国社会主义现代化建设造成消极影响。

要解决好这一问题，就必须注重一切积极要素和力量的“共生共赢”。党的十六大报告提出的“一个调动”（“要把一切积极因素充分调动和凝聚起来”）、“一个确立”（确立劳动、资本、技术和管理等生产要素按贡献参与分配的原则，完善按劳分配为主体、多种分配方式并存的分配制度）、“一个促进”（促进区域经济主要是发达地区与欠发达地区协调发展）、“两让”（放手让一切劳动、知识、技术、管理和资本的活力竞相迸发，让一切创造社会财富的源泉充分涌流）、“两个毫不动摇”（毫不动摇地巩固和发展公有制经济，毫不动摇地鼓励、支持和引导非公有制经济发展）、“三个代表”“四个尊重”（尊重劳动、尊重知识、尊重人才、尊重创造）、“四个都要”（对为祖国富强贡献力量的社会各阶层人们都要团结，对他们的创业精神都要鼓励，对他们的合法权益都要保护，对他们中的优秀分子都要表彰，努力形成全体人民各尽其能、各得其所而又和谐相处的局面），党的十六届四中全会提出的构建社会主义和谐社会，习近平总书记提出的和平发展、合作共赢、包容普惠等，强调的都是“共生共赢”的哲学理念。

五　哲学内容的丰富

传统苏联哲学教科书中的哲学呈现的是“四大板块结构”——辩证唯物论、认识论、唯物辩证法和唯物史观。受此影响，我国传统的哲学教科书虽然补充了不少新的内容，但基本上没有跳出“四大板块结构”的内容框架，一些反映时代精神和当代中国实践发展要求的哲学内容没有真正进入哲学体系中。如今，在当代中国马克思主义哲学研究的历史进程中，涌出了一批哲学发展的生长点。

如果哲学的当代主题是研究人的世界，哲学的当代观念是坚持物质和实践统一的观念，哲学的当代思维方式是相对注重后定论和实力论，哲学的当代视野是注重人类发展的一般规律、人类共同的先进文明成果和共生共赢；如果要反映时代精神和当代中国实践发展的要求，那就必然要丰富和增添新的哲学内容。

改革开放以来，我国哲学工作者的积极努力及其带来的可喜变化，就是丰富和增添了许多新的哲学内容，涌现出一系列哲学发展的新的生长点。其中主要表现在：从过去传统苏联哲学教科书中那种多见“物”少见“人”的哲学到既见“物”又见“人”的哲学，重新恢复和确立了人在马克思主义哲学体系中的地位，注重研究人的问题，关怀人的生存与发展，人学、价值哲学和生存哲学的出现就是如此；从只关注阶级性(阶级性还要坚持)而不够注重人性、共同人性、先进性和人类共同文明成果的哲学，到关注人性、共同人性、先进性和人类共同文明成果的哲学，发展哲学、交往哲学、生态哲学的出现就是确证；从关注“书本公式”的哲学到更加关注“人的生活公式”的哲学，马克思主义哲学更注重研究人的生活世界中的问题，经济哲学、政治哲学、社会哲学、文化哲学、人学的出现就反映了这一点；从关注“客观”存在的哲学到也关注“价值”存在的哲学，注重研究存在的意义和价值，研究有意义和有价值的存在，研究怎样使存在成为有意义和有价值的存在。也就是说，过去比较关注“存在着”，新时期在关注“存在着”的同时，也关注“有价值的存在着”，价值哲学的出现就是这方面研究的重要成果。

六　哲学研究方式的变化

改革开放前，我国的哲学研究基本上缺乏研究者的主体自我意识，作为研究者的“我”不在哲学、哲学研究和哲学思想中，哲学、哲学研究和哲学思想中也没有“我思”的存在。哲学研究者只是研究的主体，而不是表达自己哲学思想的主体。这种哲学的研究方式，我们称之为“无我的哲学”。过去我们的哲学千人一面、没有哲学流派就是明证。如今，在当代中国马克思主义哲学研究过程中，“我思”即“有我”的哲学逐渐显现出来，逐渐具有了学术自主性、学术主体性。

哲学研究首先应当注重把握事物的本质和客观规律，应当追求客观真理，尽力避免“我”这一“主观意志”的干扰，不然的话，哲学就无任何科学性可言，就容易陷入独断论、诡辩论和唯我主义。同时，哲学家也要表达自己的生存体验、人生感悟、哲学立场、价值观和思想倾向，哲学家的哲学研究和哲学思想中也应有“我思”的存在，正如康德所说的，哲学研究者总是带着某种“认知图式”和“观念框架”来观察、分析和研究事物的。否认这一点，也不易把握事物的本质，不易认识真理。因为任何事物都是多面的，可以从不同侧面来认识，只有综合各方面不同的认识，才能完整地把握事物的本质，认识事物的真理。

其实，哲学的主题是研究人的世界，这包括研究“客体的我”。实践活动离不开“主体的我”，当代哲学所倡导的后定论和实力论思维方式，就蕴含着“我”的努力奋斗、能力发挥和业绩贡献，当今，我国哲学所涌现出的一些新的生长点，如发展哲学、文化哲学、价值哲学、人学、经济哲学、政治哲学、社会哲学、历史哲学、交往哲学和生存哲学等，一定程度上也体现了不同研究主体的“我思”的个性。哲学史上出现的各种哲学流派表明不同哲学流派都体现着不同的“我思”。尽管马克思与恩格斯在哲学的基本立场、方法和价值取向是根本一致的，但实际上，他们关注的问题、研究的重点和研究的方法也是有差异的，这种差异体现了马克思与恩格斯在哲学研究中不同的“我思”。

改革开放以来，我国不少哲学工作者在其哲学研究的过程中，在强调遵循客观事物的本质与规律的同时，逐步贯彻了自己对所在时代的生存体验、人生感悟、哲学立场、价值观和思想倾向，研究者的主体性得到了一定体现，也就是其哲学、哲学研究和哲学思想中有“我思”的存在，“我”就在哲学、哲学研究和哲学思想中，甚至有些人的哲学、哲学研究和哲学思想就是在表达自己的哲学理念，就是表达对时代的“我思”。这种对时代的“我思”并没有否定哲学的科学性，反而是以科学性为基础和前提的，是在对时代精神进行科学反思与深刻提炼的基础上进行的。

七　哲学发展新的路径

过去一段时期，我国一些哲学工作者在从事哲学教育和研究时，相对注重“书本公式”，即较为固守传统教科书中的哲学框架、范畴体系、内容观念和思维模式，对马克思主义哲学的本真精神的解读具有某种片面性，对时代精神的反映具有一定滞后性，对“西方哲学”具有一定排斥性。当然，传统教科书的哲学不可全盘抹杀，在一定的历史时期，它对宣传和普及马克思主义哲学曾起到了积极作用。如今，当代中国马克思主义哲学研究更与时俱进地注重实践发展进程中的“生活公式”。

马克思恩格斯所创立的马克思主义哲学，实际上是反映时代精神精华的发展性哲学，是面向时代、实践和人的生活世界的开放性哲学，是充分批判性继承和吸收人类先进文明成果的世界性哲学。

改革开放以来，我国马克思主义哲学工作者在对马克思主义哲学的基本价值和中国社会发展实践的内在要求的研究过程中，开始注重对传统哲学教科书的局限的反思和超越，试图建立一种能体现马克思主义哲学的基本价值、反映时代精神和当代中国实践发展要求、科学吸收西方哲学优秀成果的当代马克思主义哲学，以促进当代中国马克思主义哲学的创新与发展。

马克思曾经指出："一定要把我关于西欧资本主义起源的历史概述彻底变成一般发展道路的历史哲学理论，一切民族，不管它们所处的历史环境如何，都注定要走这条道路，——以便最后都达到在保证社会劳动生产力极高度发展的同时又保证每个生产者个人最全面的发展的这样一种经济形态。但是我要请他原谅。（他这样做，会给我过多的荣誉，同时也会给我过多的侮辱。）"①因而，马克思指出不能把他们的具体结论当成包医百病的药方，当成现成的公式到处套用。实际上，我们研究马克思，真正获得的主要是研究和解决当代中国发展道路的方法和思想资源，而不是最终答案。

解读真实的马克思，发展马克思，最终都要立足于时代和当代中国的实践。因为回到马克思"热"，说到底来自现时代和当代中国社会发展实践对挖掘马克思基本思想的需求；对时代的理解不同，往往对马克思的解读方式和结果也不同，时代达到什么水平，解读者的认识就达到什么水平，文本解读也就达到什么水平；时代需要马克思，发展马克思更需要时代，要真正获得发展马克思的资格和权利，除了回到马克思外，还必须走进时代和生活，也就是必须以时代和当代中国的实践为立足点，着眼于新的实践和新的发展，着眼于对新的实际进行理论思考，着眼于解读马克思所取得的成果的实际运用。以"西马"来解读马克思，能达到"西马"的水平或解读者的学术水平，却不能完全或真正达到当今中国时代和社会实践所要求的水平；离开时代和当代中国实践的发展要求

① 《马克思恩格斯选集》第3卷，730页，北京，人民出版社，2012。

和前进方向，就无法真正挖掘和理解马克思思想的当代价值，这就降低了其解读的时代意义。

马克思主义哲学是思想中的时代，是时代精神的精华，是关注人的生活世界的哲学，是改变世界的哲学，是注重实践生成论的哲学，是与时俱进的哲学，因而，在它的概念体系的深层背后，涌动着中国历史、时代和现实的运动过程。马克思的文本并没有为我们提供一种解决当代中国发展道路的现成药方，要解决当代中国的发展道路问题，就必须把马克思主义的基本原理同当代中国的实践相结合，着眼于对新的时代和新的实践进行科学研究。

八　哲学功能的提升

哲学主题的转换、哲学观念的发展、哲学思维的跃迁、哲学视野的拓展、哲学内容的丰富、哲学研究方式的变化和哲学发展的新路径，必然带来哲学功能的提升，即由过去相对注重“注解论证”的哲学到也注重“批判反思与前导理念”的哲学。

总体来讲，哲学的一般功能主要表现在：一是批判反思。哲学产生于疑问和困惑，哲学要对时代性的“问题”进行相对独立的、本质性和前提性思考，要对“既定的对象”进行本质性、前提性追问。二是概括总结。哲学要对各门具体科学所取得的实证知识进行综合、总结、概括和提升，以达到对事物的完整性认识。三是把握本质。哲学要透过现象，把握事物的本质。四是思维方法。哲学要为分析和解决问题提供思维方式和方法论。五是解释分析。哲学要对世界，对已经出现和发生的事物进行说明、分析和解释。六是前导理念。哲学要为时代、社会和实践的发展提供前导性理念，提供精神支撑。然而除客观原因外，由于以下主观原因，我们的哲学被一些人冷落、边缘化了：

(1)一些哲学工作者往往注重用哲学来注解、论证给定的对象(虽然说这是必要的)，提供前导性理念的哲学功能没有充分发挥出来，结果使人们对哲学的独立性、科学性和批判性产生怀疑。改革开放以前，我国哲学研究的一个特点，就是较注重对给定的对象的注解、论证和辩护，“注解论证”的倾向较为突出，哲学的批判超越功能和前导性功能没有充分发挥。“注解论证”也是需要的，然而哲学区别于一切实证科学或具体科学的一个基本特点和首要功能，就是既要不断地反思、“批判”和超越现实，也要作为社会变革和发展的前导，为社会实践和社会发展提供合理性的理念，以引导社会发展。否则，哲学将不成其为真正的哲学。真正的哲学是时代精神的精华，就有这种意思。这样的哲学，就好比是黎明前的“雄鸡”。

(2)一些哲学工作者热衷于在象牙塔里搞形而上学的研究(这也有必要)，远离社会公共领域、公共生活和人的生活世界，没有为公众提供通俗易懂、切实有用的精神食粮和精神产品。

(3)一些哲学工作者仅把哲学研究和教学看作是一种职业，一个饭碗，而没有看作是一种精神追求，并不真心热爱哲学。

(4)一些哲学工作者往往把哲学仅仅看作是一种知识体系和公式教条，哲学原理中所蕴含的精神、思想、理念、智慧、方法和意义没有真正被揭示出来，哲学原理成了一些呆板的教条词句。

(5)一些哲学工作者缺乏思想的独立意识，哲学思想的客观性、科学性和批判性被弱化。

(6)一些哲学工作者的哲学思维方式落后于时代和社会实践所要求的水平，一些哲学工作者普遍缺乏对具体实证知识的概括、总结和提升能力。

改革开放以来，我国马克思主义哲学研究工作者力图在提升哲学功能方面作出学术努力：一是使哲学在批判反思现实方面有所作为，而不仅仅是为现实辩护；二是使哲学在为当代中国发展提供前导性理念方面有所作为，以引导当代中国发展；三是使哲学在关注公共领域、公共生活和公众的精神世界方面有所作为，既为大众提供人生价值观、生活理念、思维方式和认识事物的方法论，帮助人们解疑释惑和认识世界，又注重思想启蒙与思想解放，注重解放人和开发人；四是使哲学在思维方式的时代性、框架性转换方面有所作为，提升和确立当今时代、中国改革开放和现代化建设所需要的新思维。这些努力使当代中国马克思主义哲学在中国发展过程中发挥着重要作用，“三个代表”重要思想、以人为本的科学发展观、习近平新时代中国特色社会主义思想，以及加强党的执政能力建设、构建社会主义和谐社会等思想，一定程度上都得益于当今中国马克思主义哲学研究工作者的不懈努力和思想贡献。

九　哲学本体的重解

> 哲学主题、哲学观念、哲学思维方式、哲学视野、哲学内容、哲学研究方式、哲学发展路径和哲学功能的新变化，必将直接影响对哲学本体的理解。这就是：从“既成本体论”走向“生成本体论”。

本体论是哲学的根本和基础，哲学形态往往取决于本体论形态。建构中国化马克思主义哲学的当代形态，必须对本体论给出自己的理解。所以改革开放以来，我国的哲学工作者较为注重本体论的研究。尽管人们对本体论有这样或那样的理解，但从大思路和方向来看，主要有两种本体论：一是既成本体论，强调既定客观条件的决定性；二是生成本体论，强调后天努力作为。

传统哲学教科书的哲学形态主要体现为物质本体论。物质本体论并没有过时，在今天必须坚持。问题是，有些人只坚持物质本体论，不注重实践的生成作用，就容易走向宿命论、前定论和既成论，即忽视人的后天努力奋斗和能力发挥，认为人的命运都是由先天客观物质条件决定的。要进一步体现马克思主义哲学注重物质实践的本质特征，要反映时代精神和当代中国实践发展新要求，就必然在坚守物质本体论的前提下，强调实践生成本体论，即人是在劳动过程中，在不断创造世界和历史的活动过程中成为自己和确立自己的。改革开放以来，许多中国哲学工作者强调马克思主义哲学是一种生成本体论。其中有三种代表性观点：一是认为马克思主义哲学是实践唯物主义，它强调实践的生成性；二是认为马克思主义哲学是历史唯物主义，它强调历史的生成性；三是认为马克思主义哲学主要是人学，它强调人的自我创造的生成性，强调人的命运主要是由人的后天实践决定的。这些观点都从“生成本体论”来理解马克思主义哲学及其本体论，是具有历史进步意义的。

十　哲学形态的建构

哲学主题、哲学观念、哲学思维方式、哲学视野、哲学内容、哲学研究方式、哲学发展路径和哲学功能的新变化，以及对哲学本体的新理解，最终都要落脚到中国化马克思主义哲学的当代形态的建构上来。因而，上述各方面的研究，都是建构中国化马克思主义哲学当代形态的一种努力。这充分表现出由“哲学失语”达到了“哲学自主”。

建构马克思主义哲学的当代形态问题，绝不是一个局部性的哲学问题，而是一个涉及当代中国马克思主义哲学研究各个方面的总体性问题，是对待马克思主义哲学既要一脉相承又要与时俱进的一种战略性考虑，是对创新和发展当代中国马克思主义哲学并使其显示当代意义的一种高度自觉。面对新的时代、新的实践、新的发展和新的问题，我们的哲学时常显示出一种无能为力、力不从心的“失语”或“不在场”状态。面对这种尴尬局面，近年来，我国哲学工作者作出了种种努力，其最终旨向，就是建构中国化马克思主义哲学的当代形态。这表现出我国的哲学工作者对创新发展当代中国马克思主义哲学的高度自觉。

我国的哲学工作者对建构中国化马克思主义哲学的当代形态的途径与方式进行了全方位探索。归纳起来，主要有以下五种基本思路：

一是从一脉相承和与时俱进、返本与开新的统一入手，要么认为中国化马克思主义哲学的当代形态，实际上是指马克思主义哲学基本价值的当代表现与中国表述，基本价值、时代精神、现代成果、中国问题和中国表述，是建构中国化马克思主义哲学当代形态的五大核心要素和努力方向；要么认为既要回到马克思，又要走入当代实践，尤其是当代中国实践，以揭示马克思主义哲学的当代价值。

二是从当代中国马克思主义哲学的创新入手，认为建构中国化马克思主义哲学的当代形态，要么就是“解读原典化—内容现代化—风格中国化—表述系统化”；要么就是随着时代、实践和科学的发展，实现对哲学主题、哲学观念、哲学思维、哲学视野、哲学内容、哲学研究方式、哲学发展路径、哲学功能和哲学本体的全新理解。

三是从对本体论的重新理解入手，认为建构中国化马克思主义哲学的当代形态，首要表现在重新理解和建构本体论。其代表性的观点有物质本体论、实践(生成)本体论、社会关系本体论、以生产力为核心的物质实践存在论和人学本体论等。

四是从借鉴当代中国共产党人理论创新成果和当代中国学术界理论创新成果入手，认为这其中蕴含着建构中国化马克思主义哲学当代形态的基本要素。

五是从研究当代中国人的生存与发展境遇入手，认为哲学的本性与本质是指向人的，哲学发展的历史形态取决于人的发展的历史形态，马克思恩格斯创立的马克思主义哲学就是在研究人的现实生活世界中建立的，马克思主义哲学的基本精神就是每个人自由而全面的发展，当今哲学的主题和重心已经转向研究当代中国人的生存境遇和发展状况。因而，中国化马克思主义哲学的当代主题形态是人学。

这里着重谈谈第五种思路。

人的问题在中国自有其深刻的现实背景。现代化的关键就是人的现代化，而文化传统的现代转换的实质就是实现对人的现代理解，即从单一的伦理人模式转换为包含着经济人、政治人、理性人、文化人以及伦理人等在内的人的完整理解，其目标都是促进个性主体性的培植与健全发展。我们接受一切外来的思想都必须清楚地服膺于这一根本目标，而马克思的人学思想，也正是因为其所包含的对非西方民族国家现代化道路的深切关注以及在此基础上真正体现出的人学视野，才逐渐成为中国当代文化的重要部分。我国哲学界自 20 世纪 80 年代以来从关注人的问题到人学的自觉建构本身，也直接主导着整个当代中国哲学的进程。人学这一方兴未艾的研究课题在中国大有可为。

改革开放以来，当代中国共产党人对“人”作出了如下时代性的理解：

一是把人的全面发展与社会主义本质联系起来。毛泽东把德智体全面发展看作是一种教育方针，而且主要是针对青少年来讲的，着重从政治上强调红与专相结合，强调培养社会主义事业的接班人。邓小平着重从我国社会主义现代化建设的角度，强调培育“四有新人”是我国精神文明建设的根本任务。江泽民根据我国已进入全面建设小康社会、加快推进社会主义现代化的新的发展阶段的实际，从社会主义本质与人的全面发展内在联系的角度，与时俱进地指出，人的全面发展既是社会主义新社会的本质要求，又是我国社会主义现代化建设努力奋斗的一个现实目标，还是一种不断推进的历史过程和现实运动过程，这就突出了人在社会主义本质规定性中的地位。胡锦涛突出了以人为本在科学发展观中的核心地位。习近平总书记特别强调坚持人民至上，树立以人民为中心的发展思想，把人民对美好生活的向往作为党的奋斗目标。从社会主义本质和历史(现实)发展过程来理解社会主义初级阶段人的全面发展，具有创新的意义。

二是把以人为本与党的执政本质、当代中国发展的本质联系起来，把以人为本看作是党的执政理念和科学发展观的核心。

三是突出了具有创新能力的人与人才在生产力发展和综合国力提高中的决定性地位。邓小平根据时代的发展变化和科学技术在经济增长中日趋重要的作用，指出科学技术是第一生产力。江泽民在坚持这一思想的同时，又根据知识经济时代人的主体地位和作用日益突出的实际，提出“人是生产力中最具有决定性的力量”“人才资源是第一资源”“应加强人力资源能力建设，实行以开发人力资源为核心的发展战略”和“具有创新能力的人才在综合国力竞争中越来越具有决定性的意义”等思想。习近平新时代中国特色社会主义思想在中国特色社会主义进入新时代、我国发展步入新的历史方位的新阶段，为使大国成为强国，更加强调发展是第一要务，人才是第一资源，创新是第一动力。这三个“第一”，充分体现了习近平总书记在创新能力和人才问题上已达到了高度的认识自觉和实践自觉。

第九章　当代哲学的主题形态何以是人学

马克思所开辟的哲学道路，首要是面向现实的人的感性生活世界。马克思主义哲学最关注的是现实人的解放和全面发展，因而对人的哲学思考一直是马克思哲学与马克思主义哲学的重要主题。这就建立起马克思哲学、马克思主义哲学与人学的内在关联性。即我们既从马克思哲学来谈人学，又从人学角度来理解马克思所开辟的哲学道路。

人学，即人的问题的哲学，是对人的现实生存、发展及其意义的强烈关注与理论追求，它反对用抽象的、非历史的方法理解人，要求立足于现实生活世界去关注人的现存与发展状态，并追求一个符合人的旨趣的生存与发展样态。这样一种人学观，本身就是对马克思哲学与马克思主义哲学之当代精神的基本理解。因而，对于熟悉当代思想文化状况及其走势的人来说，把人学看成是当代哲学尤其是马克思主义哲学的主题形态，已经成为一种常识。

但就目前而言，要人们接受并理解这一常识恐怕还有不少困难，人学研究也亟待化解和回答许多疑难问题。

常常有类似的诘问：如果把当代哲学确定为人学，那就意味着传统哲学就不是人学。然而，事实上，除了西方中世纪那样一种极端蔑视和糟蹋人性的宗教神学以外，所有的哲学都应该是关于人的问题的思考，也都有理由称之为人学，既然如此，把人学确立为当代哲学的主题形态，其根据何在？再如，既然称之为"人学"，而且是"形态"意义上的"人学"，那么人学就必须符合一定的规范要求，就应该包含着相应的理论形式与内涵，而这些正是人学研究还没有很好明确的。还有，当代哲学把自己看成是人学，与此同时，许多人文学科乃至一些自然科学也都把自己看成是人学，既然如此，当代哲学作为人学与一般人文学科把自身定位为人学，其区别何在，关联又何在？或者说，这样一种泛人学的状况对当代哲学究竟意味着什么？等等。要回答上述问题，就必须对人学成为当代哲学主题形态的内在理路有一个较清晰的梳理和申述。由此可见，要真正说清楚"人学"这一常识也并不是一件容易的事。

一　哲学形态的论阈与特质

所谓形态，即事物基于自身内部组织、结构和功能并直接显示出来的形状、外貌、样态和结构，作为事物直观的和典型的形象，形态也直接蕴含着事物内部诸要素间的相关性。因此，通过形态的客观性、可认知性和可分析性，我们就可以理解事物的"内部"结构及其功能。可见，形态决不等于教科书意义上的"形式"，其本身就是形式与内容的统一。基于形态所具有的上述特质，人们形成了形态学(Morphology)的理论并直接引入科学研究。人们一般认为形态学的运用只限于生物学与语言学领域，实际上，科学研究(包括实证性、分析性较强的社会科学研究)可以说一直就间接或直接地遵循着形态学的研究方法。

在科学研究中，人们对于研究对象，总是需要从种属、构造、学科以及理论模式等方面进行分类或界定，借此使得研究活动更富有确定性，这并不只是简单的类别划分，这种界定本身就确定着研究对象的范围与意义，恰恰就是形态学研究方法的具体运用。进一步说，作为具体发挥着科学共同体作用的一定科学理论的范式本身，也是由相应的科学理论形态所承载起来的。当然，范式反过来也影响着理论形态，科学理论的整体转换既是科学范式的转换，也是科学形态的转换。其实，形态学研究方法也被日益广泛地引入当代人文学科领域(如历史学、考古学、艺术学、宗教学等)，并对当代人文研究的规范化起到了至关重要的作用。

(一)形态学研究方法对哲学学术产生着重要影响

作为一切科学之根的哲学，当然也存在并呈现为一定的形态，形态学研究方法也对哲学学术产生着重要影响。所谓形态与形态学的思想，从思想渊源上，就是来自亚里士多德的“形式”说。在亚里士多德看来，“质料”不过是事物构成的材料，并且是“无性状的原始基质”，而“形式”才是“更为实在”并且“也先于形式与质料的组合”。故“形式”不是实体性的，而是活动意义上的，“形式”的活动贯穿于“存在之在”的全过程。可见，亚里士多德的“形式”本身就是事物的本质与内涵规定性，研究“形式”也就是研究事物的本性，这正是为后世的形态学理论所遵循的基本思想。亚里士多德本人的自然哲学(科学)研究就是形态学研究方法的典型运用(注：最典型的例证表现为亚里士多德基于形式说及其目的论思想所开展的动物分类法)。当然，亚里士多德形式说终归要服膺于其本体论，形式之动变过程的典型的和整体的呈现与体现形式，就是形而上学(本体论)。作为存在之根的“本体”才是真正的“形式”，而这样一种“本体”论才是真正的“形式说”，也才可能展现为一种“哲学体系”。可见，亚里士多德所建构起来的本体论学说及其整个哲学体系，本身就开创和确立起了一个经典的哲学形态，即本体论哲学形态，这是哲学史上的第一个并且也是贯穿整个传统西方哲学的哲学形态。

(二)区分哲学形态与科学形态

将哲学形态与科学形态区分开来是十分必要的。在亚里士多德那里，这两种形态尚未明确地区分开，但随着科学从哲学中的分化和哲学的总体性、方法论以及世界观特点的日益突出，这两种形态的区别也日益明显。

一般地说，哲学形态与科学形态并不矛盾，但不能用科学形态代替哲学形态，哲学形态应该体现科学形态，并在一定意义上以科学形态为基础，但决不能局限于科学形态。与科学形态相比，哲学形态有其自身的论阈与特质，科学研究的对象是明确的，具有客观性，而哲学研究的对象本身就是有待明确的对象，具有相对性；而且哲学研究的特点恰恰就在于对已经明确了的对象进行不断反思，并且努力把具体的知识学科无法明确或者干脆被认定为是非对象的问题或领域确定为研究对象，与其说哲学追求对象的明证性，倒不如说是追求明证性本身。哲学就是一种不断地批判与反思的活动。科学研究也要求批判与反思活动，但这种活动仅仅是对科学理论前提的批判与反思活动，一旦前提得到确立并进入到具体理论系统的论证与演绎活动时，批判与反思活动就中止了，直到整个科学理论形态出现解释及范式危机。

从这个意义上说，科学理论形态更切合其理论的体系化需要。但是哲学的反思与批判活动却贯穿哲学活动的全过程，这决定了在哲学形态上不可能建立一个一劳永逸的哲学体系，退一步说，即使可以展开为一个“体系”，那么哲学体系内部各个环节之间也必然呈现为不断地反叛和超越的逻辑联结，这实际上是哲学的批判与反思活动的体系化表达。哲学呈现为一种体系，并非由于哲学的爱智本性，而是由于追求明证性时的不得已行为，而在追求明证性这一点上，可以说，所有的哲学体系都是原则同格的。

因此，如果说科学形态总是呈现为一种静态的、相对封闭的理论结构，那么哲学形态本身就应该是一种流动的和开放的结构。科学形态重事实，是实然形态；而哲学形态重价值，本质上是可能形态。如果说传统哲学总是在追求一种类似于科学形态的理论体系的话，那么越是到晚近，哲学形态的流动性和开放性越是明显地表现出来。

哲学的反思与批判活动造成了哲学形态的流动性与开放性，但这并不是说哲学是为了批判而批判，为了反思而反思，更不是说哲学形态没有静态和建构性的一面。批判与反思仍然要提供关于自然、社会以及人自身的思考及态度，并直接承担哲学活动所必须承担的社会功能。哲学是时代中的思想，因此哲学活动必然蕴含着哲学家本人关于社会人性的思考与理解，哲学总是要追问一切社会建制、知识学科、人文状况，包括哲学思考本身的实践意义，这种活动本身就是哲学活动的内在组成部分和根本要求。哲学形态是可能形态，因为一定的哲学形态总是对生活的应然状态的理想构想，这一构想总是引导着现实生活；哲学形态同样也应该是历史性的形态，任何一种哲学形态，都是对时代精神及其历史意识的理解与建构，“哲学形态是哲学的形式和内容在社会实践基础上的具体的、历史的统一”①。可见，任何一种哲学形态，尽管从理论结构上看都是具有自洽性与逻辑性的理论学说乃至体系，因而具有明显的确定性与可认知性，但它并不是像自然科学知识那样是完全对象性的知识体系，而是直接与人的主观性、与人的具体的历史实践活动相关联的。内存于哲学中的社会功能与人性关怀，本身就决定着流动和开放的哲学形态所蕴含着的恒定的目标旨归，这就是对人性价值与人生存的创造本性的不懈张扬与开掘。其实，哲学关于自然、社会和人的思考与探索，本质上都是人性的自我理解、反省与创造活动以及在此基础上所获得的关于历史的自我意识，一切哲学形态都必须蕴含着关于人及其历史的自我理解。我们之所以说哲学形态必然是历史性的形态，就在于哲学形态的演进直接就是人的自我理解的不断提升过程。反过来说，正是基于人的自我理解，我们才需要切入对传统哲学形态的批判，并进而理解人学何以成为当代哲学的主题形态。

① 欧阳康：《哲学研究方法论》，47页，武汉，武汉大学出版社，1998。

二　传统哲学形态中“人”的缺失

从苏格拉底开始，哲学的目标就不再停留于对外部自然世界的冥思苦想，而是将这种知识性的冲动与探索转换到或内化为对社会人生的关注、思考、研究和范导，哲学之所以成为哲学，本身就要跳出早先那种直接认同既定存在状态的素朴实在论，以反思的、理性的和批判的眼光探索世界、关怀社会人生。

(一)正确理解传统哲学形态中存在的“人”的缺失

首先应当指出，说传统哲学形态中存在着“人”的缺失，并不是指传统哲学缺乏对人的理解。因为透过传统西方哲学的理论表达形态，我们仍然可以看到它包含着深刻而执着的对人和人性的说明。从苏格拉底开始，哲学的目标就不再停留于对外部自然世界的冥思苦想，而是将这种知识性的冲动与探索转换到或内化为对社会人生的关注、思考、研究和范导，哲学之成为哲学，本身就要跳出早先那种直接认同既定存在状态的素朴实在论，以反思的、理性的和批判的眼光探索世界、关怀社会人生。因此，哲学介入人的生活，就必定不是对感性生活的盲目认同，而是需要超越实存状态，并提供一种对于人类生存境界的终极性的理解与阐释。从苏格拉底到黑格尔的传统西方哲学，一直就在努力这样做。不懈地认识自我、肯定和提升人的精神世界，始终就是传统西方哲学的根本目的与旨趣。

作为哲学形态，必须是理论形式与理论内涵的统一，因而传统哲学所包含的人性与人生关怀也就应该包含于传统哲学形态中。但问题在于，如果我们必须“穿过传统哲学的理论形态”才能“把握到传统哲学所包含的深刻的人性与人生关怀”，那么传统哲学的理论形态是否承载起了相应的人性与人生关怀，还是干脆遮蔽和妨碍了哲学关于人的深刻理解？退一步思考，哲学的理论形态与其理论内涵总是连为一体的，因此如果传统哲学的理论形态确实承载着相应的人性与人生关怀，那么我们是否就能断言这种关怀直接就是对人的全部理解？上述两个提问其实就是对传统哲学形态作为哲学形态的合法性的质疑。我们说，传统哲学形态存在着严重的人的缺失，切入点也在这里。

传统西方哲学形态的区分是相对的。若按纵向的思维方式的演进划分，可以区分为本体论形态与认识论形态；若按横向的主题划分，可以区分为唯物主义与唯心主义；若考虑不同时期哲学的特点，还可以区分为前苏格拉底时期的自然哲学、古希腊哲学、中世纪的经院哲学、近代的认识论哲学以及德国古典哲学，等等。为了分析方便起见，这里主要以纵向的本体论与认识论形态的区分为据。

(二)本体论哲学是贯穿整个传统西方哲学的主要哲学形态

从理论内容上说，本体论哲学是以“实体”为核心，通过一系列抽象范畴的逻辑演绎所形成的用以解释存在何以在的“纯粹原理体系”；从思维方式来说，本体论哲学成就了一种以绝对的、一元性的和还原式的方式寻求事物的超验根源的本体论的思维方式。本体论哲学的意义是应当肯定的。

第一，本体论哲学实际上意味着人已经不满于有限的、无序的、经验的现实事物，也不满于对事物的常识的、素朴实在论式的理解，而要追求一种隐身于现实事物背后的超验的、有序的、绝对的存在，并且把这样一种存在及其逻辑推演看成是现实事物之所以实存以及整个世界趋向完善的根本原因。从这一意义而言，本体论哲学第一次以理论的形式表达了人的自我意识的觉醒，表达了对人类生活应然秩序的内在向往。

第二，本体论哲学确立起了一种重视客观分析、反对主观想象的矛盾研究方法，依靠这一方法，人们能够从事物的芜杂的表象入手，深入揭示事物的内在矛盾及其本质。这样一种方法，实际上正是后来科学研究所遵循的基本方法。

第三，本体论哲学也为整个西方的超验文化传统确立起了一种哲学基础。为上帝存在寻求最终根据，可以说是本体论哲学的最高目的。如果说古希腊时期的本体论哲学还是倾向于从本体论哲学中逻辑地推导出超验的神存在的话(这实际上已经赋予了神存在一种逻辑必然性)，那么在中世纪神学及经院哲学中，已经获得逻辑必然性的上帝存在，则直接成为整个本体论哲学的理论出发点，所谓上帝存在的本体论证明，不过是以上帝存在为前提的本体论式的推展。即使是那些带有明显的唯物主义及自然主义倾向的哲学，超验的上帝存在也往往是其本体论哲学的不证自明的前提承诺。

但问题恰恰也在于，本体论哲学及其思维方式同时也意味着对现实的、感性存在着的人的无视及否定。本体论哲学舍弃和割裂事物的现象存在而去追求某种绝对的本体(质)存在，并进而把这种绝对本体看成是一切事物的真正本质。按照这样一种本质主义思路，人的本质并不是由人自己确定的，而是由先于和外在于人的活动的本体给定的，人并不能以自己的方式去实现其本质，然而这种与活生生的人的存在相敌对的“本质”，对人来说却始终只能是异在的东西。本体论哲学要求遵循客体化的、对象化的研究立场，反对主观性的介入，这种立场作为一种基本的研究方法当然是必要的，但一旦成为整个哲学的根本立场和方法，那么其排斥和漠视人的价值及其需要的客体主义倾向一下子就暴露出来了。本体论哲学确实呈现了传统西方哲学高度的逻辑分析与综合能力，但如果这种能力只是用来确证某种绝对的明证性，那就会反过来成为人们追求生活的直觉体验的限制。本体论哲学总是把一切事物的存在归结为某种抽象的、纯粹的存在形式，把一个本来开放、复杂多变的世界还原为一种封闭的、单一的实在，这就直接抽掉了包括人的生存样式在内的生活世界的丰富性及变动性。本体论哲学总是把自身直接看成是某种终极存在的理论形式，把信念信仰化，这就堵住了怀疑与批判活动的介入，而怀疑及批判精神的匮乏，则使得本体论哲学不可能真正地实现自我超越。因而，本体论的形成就已经注定了其僵死的理论实质。超验性与实体性使得本体论哲学本身就存在着一种强烈的非人本化的理论追求。本体论在中世纪宗教神学及经院哲学中得到圆熟的运用和发挥并不是偶然的，只有上帝才真正体现着本体的超验性与实体性，而上帝之所以获得这样一种超验性与实体性，恰恰是以牺牲人生存的经验性与实存性为代价的。

在对人的理解上，整个本体论哲学都是通过将人的生存分裂为物性方面(肉体)与精神性方面(灵魂)的方式而展开的，而且由于其固有的超验性、实体性以及它无法摆脱的二元对立思路，本体论哲学在肉体与灵魂的二元对立中，只能否定前者，提升后者。而一旦人生存的精神层面与物性层面分裂开来，那么作为物性的人生存与一般生命存在物也就没有什么两样了，这实际上是用一般物的规定性来抽象地看待人。在亚里士多德那里，作为实存的人，其人性规定性直接来自于一切物的本质规定性，人性本质就是物性本质，而人生成的原因也是各种生物性生成的主要原因及构成要素，而不是文化上的原因及要素。亚里士多德说："人的原因(一)人的内涵要素(其一为物质如火与地，与另一为人的特殊形式)，以及(二)另一些外在事物如父亲，与(三)除两要素以外，如太阳与其黄道，既非人的物质，亦非形式，又非缺失，又与人品种不同，但却是人〈和生物〉的动因。"①把人的生存还原为与一般生命物无异的肉体生存，实际上正是迎合了中世纪宗教神学抬高神性、贬低人性的理论需要。在基督教看来，人的现世的生存都是低级的、有限的，人要获得永生，注定要彻底超越其肉体生存、趋向于神性存在。后来，为了否定宗教神学对人的世俗生活的否定，从近代文艺复兴到法国唯物主义的哲学家们更为强调人作为自然存在物的生物存在本性，强调人生存的自然齐一性，甚至把人的生命直接等同于机器。

当然，这并不是说，本体论哲学看不到人生存的精神性的一面。事实上，传统哲学一直就把理性看作是人的最高本质，注重人生存的精神性层面，强调提升人的生存意义始终就是本体论哲学的目标。因此，不

---

① [古希腊]亚里士多德：《形而上学》，吴寿彭译，243页，北京，商务印书馆，1959。

管是将人的生存贬低为一般生命物的存在，还是在一般生命物的意义上高扬人的生存，哲学家们所强调的都不过是通过理想形式实现和呈现出来的人的应然的生存。但问题就在于作为人的最高本质的理性，往往是高居于现实生活之上的，事实上总是与人的感性生活相异在，甚至相敌对着的抽象的形式，因而对人的应然生存的理想化的表达也就是完全回避或脱离了人的现实的生存矛盾的乌托邦式的纯粹抽象的产物。“本体论哲学所谓‘深入’理解的结果，正是远离现实世界、脱离了现实的人；它们的所谓本体世界、本真的人，不论把它理解为物质本性还是精神本性，都只是一种人为虚构的抽象物。抽象化的‘本体’被用作现实存在的替代物，只能引入陷入抽象化的虚构世界。传统本体论哲学作为思辨的形而上学理论，犹如一个蒸馏装置，凡经过它处理过后之物，都要失去现实内容，变成抽象存在。人就是这样被抽象化而后失落的。”①可见，割裂人生存的物性层面与精神层面并据守其中任一层面，都只能是对人的片面的，而且是抽象的和僵死的理解。把人生存的物性方面与精神性方面统一起来，把实然性与应然性统一起来，是本体论哲学乃至整个传统西方哲学都没有达到的。

(三)从本体论形态向认识论形态的转换

西方哲学形态在近代发生了一次重大转换，这就是从本体论形态转换到认识论形态，哲学的主题则从关于认识对象的研究转向于关于人自身认识能力的研究。

本体论哲学不过是独断地设定了一种无限的能力，这种独断，说到底还是源于一种无力正视自身的生存现实、不能从自身固有的本性去理解人和把握人，但又试图借助于一种超验性的力量一劳永逸地解决人的问题并摆脱人自身受动性生存方式的主观臆想。本体论哲学所建构的绝对的、一元的和封闭的形而上学体系并非人的实际的认识能力所及，故

① 高清海：《哲学的憧憬：〈形而上学〉的沉思》，241 页，长春，吉林大学出版社，1995。

在本体论哲学中，人作为认识主体实际上是缺席的。但是认识论哲学却要确证人的认识能力，解决人的认识来源，明确人的认识对象和范围，从而真正把人看成是认识主体。只有清楚地分辨和把握了人的认识能力之后，哲学关于存在的断言才是有根据的。

对认识能力的考察，实际上已表明近代哲学明确意识到认识的程度(包括认识的对象与范围)是与人的认识能力直接相关的。这本身就是人的自我认识的一次重大进步。只有人，才具有一种理智的思考能力，这种能力不仅表现在对于外部世界的思考与探索上，也表现在对人类自身精神世界及其实践行为的关切、理解与自我改造的活动中。作为爱智之学，哲学的基本功能就是要帮助人们理解并使用这种能力。事实上，如何把一种向外的认知能力转换为处理社会人生的明智力，本来就是苏格拉底为哲学提出的根本任务。如果说本体论哲学还只能一般地、抽象地建构一个形而上学体系，因而也只能把人抽象为某种纯粹的形式的话，那么认识论哲学就应该可以通过确证人的认知对象及范围，而使哲学的关怀更多地投注于现实生活世界，而人作为认识主体，也应当能够通过建立起自身反省机制从而自觉地提升为实践与生活主体。就是说，认识论哲学本来应当成为从本体论哲学走向价值论或生存论哲学的中介环节，但现在看来，认识论哲学并没有很好地完成这一任务。

所谓认识主体，在不同的哲学家那里其实又有不同的理解，这造成了对认识能力的不同把握。相对而言，只有康德的“纯粹理性(知性)”最为切合认识论转向的旨趣，它确证了知性能够帮助人们获得关于包括外部自然世界在内的现象界的知识，但知性却不能够进一步认识自在之物即本体，康德哲学由此为后世哲学，包括现代人学的发展提供了无限的空间。但是康德本人的旨趣仍然在于确证“人类诸能力的知识之可能性条件”，而不是真正重视人的问题。更多的近代哲学家仍然难以摆脱独断论，笛卡尔的“我思”与黑格尔的“绝对精神”本身既是对认识能力的设定，又具有本体论的意义。在他们那里，主体直接就是本体，这种理解实际上又是在重蹈本体论的老路，而且较亚里士多德的本体论具有更强的思想强制性。亚里士多德是在本体意义上理解主体的，但对他来说，主体并不是一个自明的东西。黑格尔则是在已经获得了自明性的主体意义上理解本体的，这样一来，其方法论就直接取得了本体论的意义，认识论哲学实际上最终又回到了本体论哲学。

哲学形态从本体论转向认识论，并没有出现两种形态的彻底断裂。如果说整个西方哲学的范式都是确立在概念辩证法之上的，而概念辩证法实际上又是超验的存在与客观的知性活动交互作用的结果，那么奠基于超验存在之上的本体论与具体展开客观的知性活动的认识论，就必然存在一种相互阐释和贯通的关系。一方面，认识论本身就是由本体论中内生出来的，本体论的理论建构直接就体现着一种认知能力，同时也包含着对人的认知能力的前提批判。另一方面，本体论之所以成为本体论，就是由认识论支撑起来的，本体论当然是人们认识活动的结果，亚里士多德的关于存在的学说，本身就是苏格拉底追求概念的绝对性定义的必然后果。而这种学说之所以被近代哲学家以本体论的话语方式固定下来，与近代哲学认识论的整体氛围是分不开的，本体论恰恰是通过认识论才发展成熟并成为整个认识论形态中的第一哲学的。其实，本体论哲学与认识论哲学的相关性是全方位的，在超验的本体论形式与先验的认识论形式之间，在自然主义的本体论形式与经验主义的认识论形式之间，在本体论的实体主义与认识论的本质主义之间，在本体论的一元性与认识论的独断性之间，在本体论的封闭性与认识论的自足性之间，以及在本体论的抽象性与认识论的客体主义之间，我们都能寻求到一种强烈的相关性。

由于认识论与本体论的强相关性，在本体论哲学中所出现的“人”的缺失也进一步延伸到认识论哲学中，而且正像本体论哲学是在认识论哲学中才取得成熟发展一样，整个传统哲学形态对“人”的失语也是在认识论哲学中才全面暴露出来的。本质主义、客体主义更主要的是通过认识论哲学展开的，而本体论得以奠基的概念辩证法，则是在认识论哲学中进一步展现为逻各斯中心主义的。本质主义也好，客体主义也好，逻各斯中心主义也好，它们运行的基础仍然都是与人的生活相异在的对象世界。通过对认识主体的明确，认识论哲学提出了我思、自我及自我意识问题，但这里的“自我”并不是每一个具体的、差异的自我，不是基于感性个体与个人真实性意义上的自我与自我理解，而是所有的自我，是整体性的、一般的、无差别的自我，这种“自我”不仅体现不出人生存的丰富性内涵，反而成为获得生存丰富性的限制。尽管认识论哲学从形式上看，包含着对人性的某种程度的承诺，而且从历史进步与社会效果上看，这种承诺，其现实目的就是要弘扬科学精神，批判封建神学对人性价值的抹杀，也正是由于把批判对象确定为封建神学，我们常常赋予认识论哲学以人本化理解。但是这里的人性承诺，与其说是对人性的合理承诺，倒不如说是对现实的人的生存活动的外在要求，这种要求包含着认识论哲学对人的极其简单的和片面的理解。所谓“人本”，在认识论哲学所特有的反神学背景下，不过就是“人的非神圣的形象”，实际上就是人之世俗性的抑或是生物性的本性。

基于此，我们也就不难理解为什么近代哲学，特别是法国唯物主义哲学家们要对人作还原式理解了。而且认识论哲学虽然反对神学，但在思维水平上却根本没有从本体论哲学，尤其是中世纪神学所设定的肉体与灵魂的二元对立中走出来，这不仅表现为认识论哲学家经常陷入身心二元论，更典型地表现是认识论哲学本身所确立起来的非此即彼的知性思维方式，这种思维方式将仅仅只是肉体与灵魂的对立关系放大为一切理论领域与实践领域的对立。

三　人的问题是当代哲学的主题

人的问题成为当代哲学的主题，一方面是因为人的主体性、价值与意义等在当代获得了全面展现的可能性，另一方面也是由于人在全面展现其内涵时也陷入了重重困境。

（一）人的问题成为当代哲学的主题，与当代哲学所面临的时代际遇直接相关

人的主体性及自我意识程度是随着人自身生存境况的变化而变化的。传统哲学中的主体性及自我意识程度相对要低得多，甚至没有独立出来，实际上就是由于当时人所处的受动性的生存状况。

传统时代，人类总体上处于一种绝对匮乏型的生存样态。在这种状态下，人自身的生存能力极其低下，人所获得的生活资料不仅没有剩余，而且经常难以保证和满足当下的生命需要，而人自身生存能力的弱小以及生存状况的恶化和外部世界的强大与无限形成尖锐对立，以至于人不得不臣服于自然万物乃至超自然的力量，人把自己完全看成是依附性的存在，因而不可能产生明确的主体自我意识。

人的生存活动无法从物质性活动中区分开，劳作成为全部的“生活”内容，更不可能有独立的、闲暇意义上的精神生活。对于少数人来说，“精神文化生活”是其身份象征，对于绝大多数终日劳顿的人们来说，则属非分之想，这种精神文化的创造者与享受者的分离，本身就意味着精神文化并没有成为人的完整而自由的生活内容。人们也很少感到精神生活的匮乏对生存本身带来的威胁。这倒不是说人们不需要或不追求精神文化生活，而在于困厄的生存状况限制了人们自由的精神活动，既然从现世的生存活动中难以获得精神上的慰藉，人们就把精神活动的根源置于超验世界，并通过对超验生活的向往完全代替人们俗世的精神生活。

但是随着生产力的提高，人也在逐渐摆脱绝对匮乏的生存样态，而跃迁到相对匮乏的生存样态。当代人类生存从总体上看已经进入了相对匮乏的生存样态。从绝对匮乏的生存样态到相对匮乏的生存样态的跃迁，本身就是人自身生存能力空前提高的结果，是人自身实践活动的结果。主体自我意识就是在这种生存样态的跃迁中历史性地形成起来的。这一事实对当代人的自我理解具有至关重要的意义，“人类不再把历史当作命运和神意的安排来被动地忍受了。人类第一次意识到自己的力量，把自己提升到历史的主体的地位，并承担起对自己未来的责任。在

这里，现代心态中一个具有深远意义的变化是显而易见的：生活不再着眼于传统的东西；相反，它在希望和规划中放眼未来。个人和社会生活不再在自然规律的基础上与宇宙的永恒法则和谐一致了；相反，现实被体验为历史，而在历史的诸多可能性中，人类的种种希望是能够实现的。与人类自由意识的进步相应的，是对人类的生活现实和自然秩序，以及对未来的开放性的承认。人们不再到被传统变为现实的过去中，也不到被宗教变为现时的永恒中，而是到未来的热情邀请中去寻求历史的意义”①。

然而就在主体性获得全面展现其可能性的同时，也陷入了新的危机。借助于人自身不断增强的实践活动和现代性的强势推进，自然已从从前那种被崇拜的对象转变为被征服的对象，通过对自然的祛魅，人的主体性得以凸显，自我意识能力也空前增强。但是主体自我意识的这种挺立过程，是直接建立在无视自然的内在价值，尤其是自然对于人生存的优先的存在价值的前提上的，“自然界的一切力量，都成了主体的抽象力量的单纯的、没有差别的抵抗力”②。其结果必然是使主体性陷入人类中心主义及自我中心主义的深深困境。与主体性膨胀相关的，则是人们精神生活的匮乏感的增强。由于解除了生存的绝对匮乏状态，独立的、闲暇意义上的精神生活成为可能，人们也不再满足于对世俗生活的完全超验式的解释，而是追求一种精神生活的自主的、经验意义上的理解与满足。但是这种追求是否能够带来人们精神生活的自足，却值得怀疑。

当代人类的精神生活状况表明，丰裕的物质生活并没有带来健康充实的精神生活，反而常常使人的精神深陷于物欲的泥淖中而不能自拔，人们的精神生活也缺乏不断超越的向度且不再保有批判本性，并且逐渐

---

① 《基督教文化评论》编辑委员会编：《基督教文化评论》第4辑，54页，贵阳，贵州人民出版社，1994。

② ［德］马克斯·霍克海默、特奥多·阿多尔诺（现译为阿多诺）：《启蒙辩证法》，洪佩郁、蔺月峰译，82页，重庆，重庆出版社，1990。

与商业化时代的当下满足与自娱同化，单面人现象加剧，许多精神个体宁愿选择“沉沦”，宁愿做“文化工业时代的舒舒服服的不自由的奴隶”（马尔库塞语）。健康如常的精神生活必须包含关于“未来”的筹划与思虑，在绝对匮乏样态下，它是通过超验的途径达到的。但是在相对匮乏样态下，人不得不割断与超验的关联而直接面临当下的经验，一旦割断与超验世界的关联，也就断绝了与文化传统的联系，而作为个体存在的人，显然又没有能力确立起自足的精神生活，这就使得个体的精神生活陷入空前的焦虑与失重状态。事实上，整个当代社会中的个体始终都没有从这种生存论焦虑中解脱出来。

人的问题成为当代哲学的主题，一方面是因为人的主体性、价值与意义等在当代获得了全面展现的可能性；另一方面也是由于人在全面展现其内涵时陷入了重重困境。人之所以是当代哲学的主题，首先是因为人是这一时代面临的难题。“人从来没有像现在这样成为有疑问的；他不再知道他是什么并知道自己不知道。由于不能确定自己的道路，由于自己有疑问，因此，他以无比的忧虑研究他自己的意义和实在，研究自己来自何方、走向何方。”①

马克思指出，文明“如果自发地进行，而不是有意识地加以控制（他作为资产者当然想不到这一点）——会导致土地荒芜”②。评说20世纪，实在不是一个轻松的话题。20世纪需要反省和检讨的东西太多太多。无疑，20世纪的人类文明在取得辉煌成就的同时，也陷入了太多的非理性的乃至于种种极其混乱无序的状态。约翰·奈斯比特说：“从某种意义上说，20世纪曾经历了自己的中世纪——高技术的发展和以用机器取代人为特征的高度工业化时期，极权政治和战争摧残了人和人类文化。”③生态哲学家施威泽则更为悲切地指出：“整个社会与其经济状况

① ［德］米夏埃尔·兰德曼：《哲学人类学》，张乐天译，47页，上海，上海译文出版社，1988。

② 《马克思恩格斯选集》第4卷，471页，北京，人民出版社，2012。

③ ［美］约翰·奈斯比特及奈斯比特小组：《影响未来的十大趋势》，武秉仁译，66页，北京，国际文化出版公司，1988。

之间存在着悲剧性的联姻。经济条件毫不留情地使现代人变成了一个没有自由、没有自信心、没有独立性的存在物，总之使人具有各种缺陷以至缺乏人性的那些品质。精神……它必须为我们提供一种文明人的理想而使我们统一起来，在谋生越困难而使得大众越只关心物质利益，使得大众把物质利益以外的东西视为过眼烟云的情况下，精神必须使大众去关心文明问题，使我们对进步的可能性充满信心，当世俗的和宗教的各种组织及其领导者使我们大失所望时，当艺术家和学者成为野蛮行径的拥护者时，当危机来临而那些视为思想家的名人也附庸风雅时，精神还必须给我们提供希望的根据。”①

20 世纪人类社会的首要问题无疑是发展问题。发展极大地推进了当代文明进程，但当代社会为获得发展也付出了太大的代价。根本的代价仍然是人的失落。社会发展的决策者们往往只是在经济活动的意义上考虑人的因素，而没有从人自身、从文化内涵方面考虑人。这样一种唯经济的发展模式可以说已经走到了尽头。随着对当代人类生存状况的清楚而深入的反思，人们逐渐认识到人的因素在社会发展中的至关重要的地位。事实上，在今天，罗马俱乐部的这一见识在越来越多的当代学者中成为共识：人的要素要比所解决的问题更加核心和更占优势，人的潜力的发展与发挥在最终决定着经济和社会的或任何种类发展的成败。问题是，在观念上我们可能已经理解和接受了“以人为本”的理念，但在实践中我们可能基于某种效率尺度仍然还是撇开了这一理念，就像环保意识虽然已经深入人心，但在现实的发展中许多人仍然走牺牲环境求发展的老路一样。正是在这个意义上，我们认为，人的问题不仅只是一个自我意识问题，而且也是一种他律意识的培养以及自我规范的问题。

时代对哲学的挑战使得人的问题成为当代哲学日益自觉的主题。众所周知，几届世界哲学大会的主题都是关于人的问题。

第十七届(蒙特利尔，1984)主题：哲学与文化。重点探讨：现代人

---

① ［德］施韦泽：《文明的哲学》，转引自［美］埃利希·弗洛姆：《健全的社会》，欧阳谦译，232—233 页，北京，中国文联出版公司，1988。

与文化；当代世界文明间的朴素作用；哲学在未来文化和文明中的作用等。

第十八届(布来登，1988)主题：对人的哲学理解。重点探讨：人性、人的理性和人的未来；哲学在人类全球性问题形成中的作用；人类生存条件与和平；技术与人道化；人的生活的意义。

第十九届(莫斯科，1993)主题：世纪之交的哲学与人类。重点探讨：哲学与文化转型及未来重建；技术文明与代价；现代人道主义；人和自然等。

第二十届(蒙特利尔，1998)主题："人的教育"。重点探讨：价值哲学问题等。

(二)人的问题成为当代哲学的主题，是当代哲学发展的内在要求

人的问题可以说一直就是哲学的隐蔽主题。苏格拉底之所以把"认识你自己"当作哲学的最高目标，就是因为人的问题复杂难解。人的问题复杂难解，并不在于人的生命现象的复杂(尽管人的生命现象本身也十分复杂)，而在于"人如何成为人"这一内在问题的复杂难解，"人如何成为人"，说穿了即"如何做人"。因此，苏格拉底从来不对人下定义，但却对成为人的那些品质，诸如美德、善良、公正、节制、勇敢等，进行不厌其烦的对话、追问和分析，其实这些哲学活动的结果也就应该是苏格拉底从未明示过的关于人的定义。如果说人就是哲学的奥秘，那么以爱智慧为己任的苏格拉底是断不会把这一奥秘抖搂出来的。对成为人的品质的对话、追问与分析，表明哲学家对于现实人生的理智的、批判性的，是切己的关怀。在这样的哲学背景下，卡西尔认为苏格拉底那里的人"是一个对理性问题能给予理性回答的存在物"，即通过具体的求知与道德践履活动具体地回答生存意义的存在物："人被宣称为应当是不断探究他自身的存在物——一个在他生存的每时每刻都必须查问和审视他的生存状况的存在物。人类生活的真正价值，恰恰就存在于这种审视

中，存在于这种对人类生活的批判态度中。”①

但是作为哲学的隐蔽主题，人的问题却在传统哲学的本体论及认识论形态中渐渐隐没了。前面论述过，本体论本身就是抽掉现实的、感性的人的生存之后所形成的抽象的形而上学，其理论结构中只是存在一个抹去了人生存的丰富内涵的、抽象的、空洞的人的形式，而且由此形成的本体论的思维方式，恰恰就是要追求一种与人的感性活动相异在的客体式的绝对存在。本体论哲学隐没了人的问题，失去了对人的关怀，但人的问题及其关怀作为文化问题仍然存在。既然理性不能解决这一问题，那么就只能诉诸非理性的宗教解释。因而，宗教作为“人的自我异化的神圣形象”②，竟成为传统哲学关于人的问题的最“可靠”的答案，以至于在传统西方文化中，并不是哲学而是宗教神学充当着理解人和关怀人的职能。当然，通过宗教神学方式思考和解决人的问题本身也是本体论哲学的必然归结。宗教确实是以异化的形式所体现出来的人的哲学，但是仅仅局限于宗教，我们却不可能获得对人的完整而真实的理解。

在认识论哲学中，人的问题也没有被看成是一个正面问题，认识论哲学并未把人直接确定为存在主体，人也没有获得主体性。认识论哲学所关注的意识问题，只能算作是人的问题的一个层面，本身并不就是人的问题。对人的生存意义的理解，认识论哲学不仅没有超过，反而在某种程度上落后于本体论哲学，本体论哲学还包含着一种关于人性的尚未敞开的内在神圣性，而在认识论哲学中，人的问题则直接变成了一个在一般人类学意义上的认知对象。在康德那里，“人是什么”是其整个哲学的思想归宿，但这一问题并没有通过纯粹理性去完成，在其《实用人类学》一书中，人的活动的目的仍然只限于认知的实用伦理学意义上的主体性，而不是感性的、实践的主体性。德国哲学家兰德曼就曾抱怨康德的充满猎奇性描述的《实用人类学》最多只能算作是“心理学的人种学”，

① [德]恩斯特·卡西尔：《人论》，甘阳译，8页，上海，上海译文出版社，1985。
② 《马克思恩格斯选集》第1卷，2页，北京，人民出版社，2012。

而不是“文化的和哲学的人类学”。[①] 事实上，“人是什么”的真正答案，并不在康德的人类学中，而应该在其道德伦理学中，尤其在其关于灵魂不朽与上帝存在两种公设以及作为道德最高原则的意志自由(律)的本体论式的解释中。[②] 可见，在康德那里，人的问题还是属于超验领域的。

康德的纯粹理性(知性)是有限的，而且确证这种有限性是进一步确立生活与实践领域的自明性的前提条件。黑格尔反对的就是思维及理性有限性的观点。“凡是有限的东西都要消逝的……思维、概念必然地不会停留在主观性里，而是要扬弃它的主观性并表示自身为客观的东西。”[③]“理念深信它能实现这个客观世界和它自身之间的同一性。——理性出现在世界上，具有绝对信心去建立主观性和客观世界的同一，并能够提高这种确信使成为真理。”[④]黑格尔实际上把思维与理性直接客观化和实体化了，客观化和实体化了的思维与理性就是黑格尔据以构建整个本体论体系的绝对精神，整个世界不过是绝对精神作为主体自身运演的过程。绝对精神成了“绝对的人格”[⑤]，但“绝对的人格”并不是属人的，而是属于上帝的，“自我意识”不过是黑格尔整个逻辑体系的一个工具而已，具体的、现实的、活生生的人则被肢解为抽象的、僵死的逻辑联结与形式。“上帝是绝对的实质，但他同时又是绝对的人格。”[⑥]可见，黑格尔的哲学体系的“逻辑”结果仍然还是超验的上帝存在。绝对的理性主义与非理性的宗教神学两极相通。

但是宗教的本质说到底还是人的本质。费尔巴哈指出：“属神的本质不是别的，正就是属人的本质，或者，说得更好一些，正就是人的本

---

① [德]米夏埃尔·兰德曼：《哲学人类学》，张乐天译，42页，上海，上海译文出版社，1988。

② 参见[德]康德：《实践理性批判》，韩水法译，133—146页，北京，商务印书馆，1999。

③ [德]黑格尔：《哲学史讲演录》第4卷，贺麟、王太庆译，285页，北京，商务印书馆，1978。

④ [德]黑格尔：《小逻辑》，贺麟译，410页，北京，商务印书馆，1980。

⑤ 《马克思恩格斯文集》第1卷，280页，北京，人民出版社，2009。

⑥ [德]黑格尔：《小逻辑》，贺麟译，314页，北京，商务印书馆，1980。

质，而这个本质突破了个体的、现实的、属肉体的人的局限，被对象化为一个另外的、不同于它的独自的本质，并作为这样的本质而受到仰望和敬拜。”①其实，人们之所以相信上帝存在，就是因为把上帝看成了完整人格和完满生活的化身，但这是以“突破了个体的、现实的、肉体的人的局限”，即无视人的现世生存价值为前提的，一旦人们将立足点确定为现实生活世界，确定为“个体的、现实的、肉体的人”，就必然会对超验的宗教神学思想所表达的人性关怀产生深深的怀疑、抵制和排斥，从而带来当代哲学对整个西方哲学的超验文化传统的反叛。

当然，反叛活动并不只是对上帝的实体性存在的否定，同时也是对整个传统哲学的知性传统以及理性主义精神的清理和反叛，通过这一活动，人们可以看到上帝是如何被实体化的，可以看到人性是如何被抽象化和片面化的，可以看到对人的生存的理解何以仅限于生物学范围，进而可以展现出哲学作为人实现自我理解活动的真实的生活基础。“自笛卡尔以来，知识已被认为是哲学必须以之作为开端的首要事实。现在，知识仅是意识的功能这一点正变得明显起来。而意识本身又只是人的整个生活中的一部分。因此，基本的事实显然不是认识的主体，而是生活的主体，是作为一个整体的人。只有从这一整体出发，知识的公正地位和意义才能得到正确估价。人的知识世界不仅一定与感觉和范畴的形式相关，而且一定也与人的生活的实践方面相关；人也是其文化世界的创造者。”②

正是通过对传统哲学的整体性的反叛活动，人的问题直接被推向当代哲学的前台。

(三)人的问题是贯穿整个当代西方哲学演进的主线

将现当代西方哲学划分为科学主义与人本主义两大主流，基本上符合当代西方哲学，特别是 20 世纪 60 年代以前的现代西方哲学的状况。

---

① [德]费尔巴哈：《基督教的本质》，荣震华译，44 页，北京，商务印书馆，1984。

② [德]米夏埃尔·兰德曼：《哲学人类学》，张乐天译，45 页，上海，上海译文出版社，1988。

不过，这种划分确实暗合了某种基于我们自身文化传统的先入为主式的理解。比如，我们往往过于看重那些人本主义思潮的人学意蕴，并夸大了科学主义与人本主义之间的对立，似乎科学主义就没有人文关怀。一旦上述倾向受到批判，马上又会走上另一个极端，即否定人文主义传统在当代的意义，甚至认为人文主义传统已经终结。事实上，人本主义思潮与科学主义思潮的划分本身就是相对的，很多具体的哲学流派，如实用主义、现象学，乃至后期的分析哲学等，它们的哲学倾向要么是科学主义与人本主义兼而有之，要么其思想本身就游离于二者之外，甚至整个范式仍然还未走出传统哲学。另外，20 世纪 60 年代以来，特别是到晚近，随着英美哲学与欧陆哲学的融合趋势以及整个当代哲学多元化格局的形成，再用科学主义与人本主义二分法来定位整个当代西方哲学已经不太现实了。但是这并不意味着整个当代西方哲学就成了一堆乱麻，难以厘清。事实上，在整个当代西方哲学变化不定、错综复杂的状况中，人的问题始终是当代哲人以不同的方式关注和思考的主题，并激发和推进着整个当代西方哲学的演进。

当代人本主义思潮与整个欧洲的传统人文主义特别是近代以后的欧洲人文主义传统是一脉相承的。人文主义的核心就在于强调人的自由与尊严，认为这是天赋的和不可剥夺的，“每个人在他或她自己的身上都是有价值的”①。也只有不断地解放和发掘人的潜在能力和创造能力，个人才能实现其价值。这一核心根植于古希腊哲学精神中，并在文艺复兴时期的人文主义与当代人本主义中不断发扬光大。不管是文艺复兴时期的人文主义，还是当代的人本主义，都是把人的关怀看成哲学的主题。不过，在什么意义和程度上关怀人，当代人本主义则与文艺复兴所形成的欧洲主流人文主义思想有很大差别，而关键仍然在于对人的不同理解。

文艺复兴时期，人文主义主要是强调一种与神对立的人性，它对人

① [英]阿伦·布洛克：《西方人文主义传统》，董乐山译，234 页，北京，生活·读书·新知三联书店，1997。

的理解可以从以下四个方面把握。

(1)把人看成是理性的存在物(而非信仰的存在物)，而且注定是通过理性确立起来的，启蒙理性的功能就在于通过教育唤醒人的主体自我意识，进而确立起人类中心主义观念，人既不是神的世界的一部分，也不是自然世界的一部分，人本身就是属人世界的中心，神的存在以及自然世界本身只有与人相关联才是有意义的。

(2)强调应在自然本性上和实体意义上理解人，把人的本性看成是与生俱来的存在，把人看成是对于上帝的所谓“虚妄实体”来说的真正的实体性的存在，至于对人存在的论证，更多的则是注重其生物性层面，文艺复兴时期人文主义与自然科学的关系其实是十分密切的。

(3)文艺复兴时期人文主义也强调个人，个人的自由本身就是人的诸种能力获得解决的先决条件，但这种个人的现实的展开则仅仅停留于政治的、经济的、权力的个人，正因为如此，欧洲人文主义传统中的个人主义往往表现在世俗层面。

(4)与基督教文化浓厚的悲观主义相对立，文艺复兴时期人文主义强调人完全可以通过自身的力量实现整个人类社会的完善，因而对历史持一种强烈的进步信念。其实，传统的本体论尤其是认识论哲学，也是与上述人文主义传统相契合的，因为要对抗实体化的上帝，就必须把人本身也当作实体。要确立人作为理性的存在物，就必须充分运用知性；要强调人的自然本性，也必然要注重对人的生物性存在的理解。要解决历史的无限进步性，首先就必须解决人认识世界的无限性。要解决个人在世间生活中的自由性，就必须通过理性这一武器，祛除“由世俗的和宗教的习俗、过时的法律、权威主义的制度所加的限制和禁忌，驱散教会和整个天启宗教的机器所利用的恐惧和迷信”①。

当然，并非所有的近代人文主义都符合上述四种规定性。这四种规定性的前提即人性与神性的对立，这一规定性指向一条在近代占有主流

① ［英］阿伦·布洛克：《西方人文主义传统》，董乐山译，234页，北京，生活·读书·新知三联书店，1997。

地位，靠科学、工商业以及资本主义制度支撑着近代化进程的人文主义传统，我们不妨称之为理性主义的人文主义传统。但是若考虑到人文主义传统与整个西方超验文化传统的内在关联，那么我们还应当看到，强调内省意识和悲剧体验的神学文化自身也直接形成了一种人文主义传统，这正是源于奥古斯丁，中经帕斯卡尔、卢梭，到狂飙运动达到高潮的浪漫主义传统，这是一个影响范围远在哲学之外的人文思想传统，而它对上述占主流意义的理性主义人文传统的渗透，无疑弥补了后者刚性有余、弹性不足的缺陷，并在很大程度上促成了人文主义传统的当代转换。

当代人本主义的起点就是要反叛传统的认识论哲学，同时也旨在更加彻底地反叛本体论哲学，当代人本主义是对近代理性主义人文传统的一次反拨，在思想内涵上则是更多地承接了浪漫主义传统。首先，当代人本主义哲学中的人是非理性的人，而不是实体性的、有一个先在本质的人，人直接地就在那里存在着，并不需要什么理性的证明，通过本体论哲学与认识论哲学所确立起来的人只能是抽象的、外在的人。

其次，当代人本主义也强调人的自然本性，像弗洛伊德、柏格森的生命哲学以及带有生物学倾向的哲学人类学就是如此，但更多的人本主义则往往强调人的超生命的本性，并且坚决反对以生物学来解释人的生存，反对实用理性与工具理性对人的约束。其实，当代存在主义所强调的人的自然存在，其实就是那种不限于世俗化意义的、通过悬置和摒弃了某种先在的道德规定性之后所剩余(还原)的审美化的感性个体，还原这样一种感性个体的意义，就在于揭露技术时代人的不断加深的物化及异化状态。

再次，与传统人文主义把人当作一种实体性存在不同，当代人本主义强调人的生存在本质上就是虚无性。如果说传统人文主义还满怀着废黜超验神性之后对人的自为的存在及其历史的喜悦与憧憬，那么现代人本主义所强调的，恰恰是人面向真正的自我时所陷入的无所归依的体验状态，这种情况本身就表明，人本主义一方面不得不接受日益世俗化的生存样态，但另一方面对于西方文明深处的超验意识还存在着某种深深的、无法割舍的眷恋，这同时也铸就了现代人本主义对历史的悲观主义态度。至于对人类中心主义的态度则较为复杂，大多数人本主义者恐怕并未意识到作为问题的人类中心主义，而像海德格尔这样真正意识到并要求彻底反叛人类中心主义观念的思想本身，也使当代人本主义获得了一种向后现代主义过渡的思想准备。

近代哲学实际上是通过一种人类学的主体性直接取代了现实的个体性，人类学的主体性，一般来说只能局限于对一般的个人作一种形而上的设定。当然，这种设定是以反思或追问的形式表现出来的，因而在某种程度上也赋予了主体以自我意识，但这种自我意识仍然只是一种抽象的同一性，但恰恰是这样一种抽象的同一性逐渐成就了认识论意义上的人，这样一种人表面上与超验神学中的人相对立，但因为二者同时都是根植于本体论哲学范式之上的，因此，“上帝之死”必然带来“人之死”。“在相同之深远的历史的所有插曲中，只有一个于一个半世纪以前开始而也许正趋于结束的突变，才让人这个形象显露出来。”①但是所谓“人之终结”并非就是要否定人的问题，因为这里的“人”，仍然只是认识论哲学意义上的人。因此，终结认识论意义上的人，也就意味着丰富性的个人，尤其是各种具体生存条件直接在场的现实的人的出场。在这个意义上，后现代哲人的旨趣恰恰就在于呈现人的各种真实的生存条件与境况。事实上，也正是在后现代哲学中，人的问题才受到前所未有的关注，生态问题、女权主义、女性主义、民族主义、主体间性、公共性问题，等等，都是通过后现代哲学呈现的人的问题，这些极其广泛的问题阈，表明当代哲学对人的问题的关注已远远超出了传统哲学的视阈，同时也将当代哲学及人学引入了一个新的天地。

至于当代宗教哲学，完全可以看成是人本主义哲学的一部分。当代宗教神学本身也在经历一场巨大的转换，这一转换是多层面的，这就是

---

① ［法］米歇尔·福柯：《词与物：人文科学的考古学》，莫伟民译，505—506页，上海，上海三联书店，2001。

从上帝之言说转换为人对上帝的言说，从宇宙哲学意义上的神学转向伦理学意义上的神学，从纯粹本体论意义上的神学转向以多样文化相互涵化和沟通为主旨的文化神学，神学人类学、宗教伦理学以及文化神学成为当代神学中的显学，追求多元性、含混性与差异性成为当代宗教神学的精神实质。宗教神学当代转换的根本宗旨，就在于实现宗教的世俗化与个人化，即从对上帝本身的关怀转向通过强调生存个体，实现上帝与生存个体的沟通，达到"真正的上帝和真正的人融为一体"①，并通过上述途径唤醒人的理性及整体性的自觉。因此当代宗教哲学更多的是以宗教为思想资源来表达对人的理解——这同时也是基于人性对宗教资源的重新理解。确实，宗教从来没有像现在这样以如此浓厚的情怀与自觉性来关注人的现世生活，关注人在现世生活中的遭遇与苦难，关注生态环境，关注死亡面对生存的意义并培植起对于生命的敬重意识。

如果说，从人本主义到后现代主义哲学对人的问题的理解始终都在追求着一种与传统理性主义迥然有别的范式的话，那么胡塞尔的现象学以及整个英美分析哲学则在致力于进一步确立起理性的人。这一努力，一方面是对传统认识论哲学的承接和深化，是对传统哲学乃至整个欧洲文明中的理智传统的发扬；另一方面也旨在寻求一种与当代人的生存活动相协调的理智形式，寻求对当代人类生活的理性的理解。由此可以看出，尽管现象学与分析哲学从表现形式上看可能无法像人本主义那样激情洋溢并直接支配着当代文化态势，但恰恰由于这种稳重沉着的气质使现象学与分析哲学运动在当代思想史上产生了更深层的影响。相对而言，现象学与分析哲学运动对当代人本主义哲学的影响要更大一些，越是到晚近越是如此，这本身也表明人的自我理解在经过一个多世纪的反复摧毁与解构之后，正在获得和趋向成熟。这是我们今天在回眸整个20世纪西方哲学走向时需要认真思考和总结的。

事实上，人本主义的一些最关键的学派本身就是胡塞尔现象学的新

---

① 《基督教文化评论》编委会编：《基督教文化评论》第1辑，235页，贵阳，贵州人民出版社，1990。

发展(这一情况也表明，把人本主义完全等同于非理性主义是极不合理的)。贯穿胡塞尔整个现象学哲学的根本旨趣，显然在于追求一种既优于一般自然科学也超越了心理主义的“严格科学”，它试图既给人们研究自然世界提供可靠的哲学前提与方法论基础，也力图通过超越和批判当下过分散漫、感性并且缺乏自控力的生活世界，从而还原为一种真正具有规范意义的先验样式。假如说胡塞尔的现象学方法达到了上述目的，那么他的所谓“严格科学”本身也就达到了马克思所说的“人的科学”。但问题在于，“人的科学”必须同时就是人的经验的、历史的科学，而“经验”与“历史”恰恰在胡塞尔的视野之外，这样一种状况明显地限制了胡塞尔现象学的思想意义，这也就是其后继者为什么要“悬置”其“超验”前提，从而走上了一条经验现象学的道路。正是通过这样一种努力，整个现象学运动直接融入整个当代哲学的人学走向中，这才有了海德格尔与雅斯贝尔斯的以“超越”为核心的生存哲学，有了狄尔泰的以“历史”为核心的生命哲学，有了以确立人是理性存在物为宗旨的哲学人类学，有了以经验与语言为本体的哲学解释学，也有了以揭示并实现人的真实存在为根本旨趣的形形色色的西方马克思主义，等等。

在某种意义上，胡塞尔仍然属于典型的认识论中心主义，而且仍然是在笛卡尔哲学意义上理解人的本质及其结构的，对认识如何切中对象的研究、对作为认识条件的概念与形式的根源的追问，始终是胡塞尔现象学的主要论阈。但是就其给整个当代哲学与思想文化界带来的巨大影响看，现象学方法实际上又给人的问题展示了一种全新的境界。胡塞尔晚年明确提出的生活世界理论绝非偶然。生活世界实际上是人们识别和走出近代以来的科学与人性危机，并获得纯粹意识的超验的本质结构，这本身就是其整个现象学方法的归宿，因而其中所包含的人学思想又远远超出了认识论论阈。当然，胡塞尔生活世界的根基仍然在于超验性，不过，在一个超验传统已经式微、社会生活范式日益世俗化的当代文化背景下，胡塞尔的现象学仍然获得了巨大的回响，这本身就表明欧洲的知识论与超验传统仍然在直接支配着当代思想文化界关于人的问题的理解，胡塞尔及整个现象学运动更为内在地体现并引导着从传统向当代的转换。迄今为止，追求关于人的理智的、客观的并充分地包容了超验文化传统的理解，仍然是当代西方思想文化界不懈努力的方向。

分析哲学则在另一个意义上体现了传统认识论哲学对当代哲学的巨大影响。大致可以作这样的分析：现象学是近代唯理论传统在当代的延伸，而分析哲学则是近代经验论传统在当代的延伸。现象学运动以及语言学转向都是认识论转向在当代的具体表现，这表明认识论转向在近代哲学中就没有完全展开，或者说在近代哲学特有的理论论阈下尚无法完全展现认识论转向。撇开现象学不说，语言学转向并不是一个新的话题，在认识论转向中就已经隐含着这一转向。因此，如果不深入理解认识论转向，就无法理解语言学转向对整个当代哲学的意义。正因如此，与其说语言学转向转变了整个当代哲学的方向，倒不如说认识论转向改变了整个当代哲学的方向，至于语言学转向本身，恐怕只是发生在哲学内部的研究重心与方法的改变。分析哲学作为语言学转向的哲学形式，其实就是认识论的具体化，但与现象学不同的是，分析哲学把语言看成是唯一的意义本体。

在对人的问题的理解上，像现象学一样，分析哲学也呈现一种复杂的状况。如果基于人本主义立场，人们就完全有理由指责分析哲学承继了英美经验主义与实证主义传统，因而缺乏对人的理解。引用美国存在主义哲学家威廉·巴雷特的批评："实证主义的人是一个奇怪的动物，他居住在由他认为是科学上'有意义'的东西所构成的渺乎其小的光明之岛上，而普通人日复一日生活并与其他人相互来往的整个周围区域，则被委诸为'无意义'的黑暗。实证主义完全接受了现代人断裂的存在，并建立了一种哲学来强化这种状况。而存在主义，不管成功与否，却力图把人的实在性的所有要素都收集起来，构成人的一幅完整的图像。"①承继了实证主义传统的分析哲学，确实建立了一种关于世界的表象式的理

---

① [美]威廉·巴雷特：《非理性的人》，杨照明、艾平译，21页，北京，商务印书馆，1995。

解模式。但是笔者认为，这种表象式的理解模式相对于存在主义哲学对人的过于感性、散漫和无序的理解(存在主义其实是无法给我们提供“人的一幅完整的图像”的)而言，仍然提供了关于人的理性的，也是存在主义哲学无法达到的确定性理解。可见，在对人的问题的理解上，分析哲学可能更多地秉承西方知识论与逻辑传统，这样一种对象性的思考方式，也是当代种种非理性的人学思潮缺乏的，相信随着问题的逐步明朗和深化，分析哲学将为当代人学的自我反思与理解提供更多的治疗智慧。

意义问题确实是分析哲学自身设定的限制，把意义完全限定于语言的能指中，不可避免地造成与人的实践活动的疏离，这一限制，随着问题的不断积累而逐渐浮出界面。不过，尽管分析哲学把哲学活动确定为对语言有无意义之类问题的分析甄别，但决不能掩盖分析哲学的根本目标，即敞开意义的多方面内蕴并寻求思想的交互理解性，这既是一个源于苏格拉底的关于哲学的可传达问题，也是一个渗透于当代哲学中的主体间交往问题，这一点在分析哲学的晚近发展中已越来越明显地体现出来。前期分析哲学声称拒斥形而上学，并不是要彻底地否定形而上学的存在意义，毋宁说是旨在根除形而上学话语的异在性并还原形而上学作为生存之道的本来面目。按照怀特的见解：“形而上学的非理论的性质本身并不是一种缺陷，所有的艺术都有这种非理论的性质而并不因此就失去它们对于个人和对于社会生活的高度的价值，危险是在于形而上学的欺惑人的性质；它给予知识的幻象而实际上并不给予任何知识，这就是我们为什么要拒斥它的理由。”①分析哲学未曾言明的意思是，形而上学如果有意义，是因为它所内含的人的理解。

在前期维特根斯坦那里，人本意义上的形而上学就占有极高的地位，在那里，形而上学以及人的问题虽然属于不可说的、难以书写出来的问题，但绝不意味着这样的问题就不重要，这就类似于康德那里的纯

---

① ［美］M. 怀特编著：《分析的时代》，杜任之主译，223页，北京，商务印书馆，1981。

粹理性(知性)与实践理性的关系一样，纯粹理性确实无法证明实践理性，但实践理性不会因不能由纯粹理性直接证明就失去意义。相反，越是如此，才越是显出实践理性的自明性来。维特根斯坦本人就抱怨人们过多地注重其文本部分，而忽视他本人更为看重在文本中无法呈现的部分："我的著作(指《逻辑哲学论》，引者注)是由两个部分构成的，一部分就是在此书中发表出来的东西，另一部分则是我没有写出来的东西。而重要的却正是这第个二部分。"①在后期分析哲学中，已经呈现了一种强势的复兴本体论的运动。蒯因的努力表明，严格的分析哲学本身就可以通向形而上学，本体论承诺是分析哲学的内在承诺。一些英美哲学家甚至断言，分析哲学应当逐渐为解释学所取代，伯恩斯坦就说："利科、伽达默尔和哈贝马斯提出的解释学批评模式越来越为英美思想家们所能接受。"②事实上，来自于英美哲学的期望在一些欧陆哲学家，如伽达默尔、哈贝马斯以及阿佩尔等人那里得到了更大的回应。

断言当代西方的两大主流哲学已汇合一体，恐怕过于乐观。二者各自的哲学主旨仍然存在相当大的分歧，现象学运动不可能真正认同分析哲学的前提理解，而分析哲学基于自身特定的问题阈与研究方法，更不可能与解释学完全融会贯通。要真正实现交互理解并实现对时代精神的真正理解，二者恐怕都需要在人的问题的理解上继续前行。如果说现象学运动对人的理解应当更多地考虑经验的、历史的维度，那么分析哲学恐怕应当从根本上反思自己关于人的假定。我们有理由认为，由于分析哲学一开始就把全部论阈确定为语言与世界的关系(弗雷格)，这首先就肢解了人生存的内在意义，而且这样一种图像论(和旧唯物主义的直观反映论如出一辙)的思想贯穿于整个前期分析哲学中。至于后期的分析哲学，如维特根斯坦的语言游戏论、斯特劳森的情景说、奥斯汀的言语

① [美]M. 怀特编著：《分析的时代》，杜任之主译，223页，北京，商务印书馆，1981。

② [美]理查德J. 伯恩斯坦：《超越客观主义与相对主义》，郭小平等译，136—137页，北京，光明日报出版社，1992。

行为论、赖尔的行为主义，均契入了人的因素。但是在他们那里，人仍然只是话语的承载者，类似于亚里士多德的质料，并没有主体性意义，因为关涉人的主体性的历史、意志、潜能、情感、意向性、处境，等等，都不在他们的考虑之列。分析哲学的前景与其说是复兴形而上学，倒不如说是如何融入生存论问题。

所以说，人的问题确实是整个当代西方哲学的主线，但当代西方哲学仍然没有达到对人的成熟理解和科学理解。而且从总体上看，整个当代西方哲学仍然处于走向人学的途中。

四　人学在当代哲学中的总体性地位

人学在当代哲学中的总体性地位，一方面是由人学形态在当代诸多哲学形态中的主导地位决定的；另一方面也是由人学对整个当代科学技术、知识学科以及整个社会生活的整合功能决定的。

(一)当代哲学形态的特点

从哲学形态学的角度看，在20世纪，哲学本身就包含着林林总总、错综复杂的具体的哲学形态。若按不同的学说分类，大致包括：现象学哲学、实证主义哲学、意志哲学、新康德主义哲学、新黑格尔主义哲学、生命哲学、存在哲学、实用主义哲学、西方马克思主义哲学、分析哲学、人格主义哲学、解释学哲学、科学哲学、结构主义哲学、解构哲学、哲学人类学、后现代主义哲学，等等。

若按不同的学科，又可分为：社会哲学、历史哲学、道德哲学、价值哲学、宗教哲学、政治哲学、法律哲学、文化哲学、艺术哲学、符号哲学、生态哲学、环境哲学、人类学哲学、语言哲学、逻辑哲学、自然哲学、科学哲学、技术哲学、发展哲学、应用哲学、经济哲学、管理哲学、心灵(智)哲学，等等。

当然，这些亚形态或次级形态还可以继续划分为更次级的形态，如社会哲学可以进一步划分为社会理论、社会研究方法论、社会认识论、社会评价哲学、社会批判哲学、社会决策哲学、社会进化哲学、社会转型(变迁)哲学、社会交往哲学，等等。这些更次级的哲学形态的内涵仍尚待明确，而且相互之间以及与之相应的知识学科、亚哲学形态及其更次级的哲学形态的区分也有待界定，从已经显示出来的理论趋向上看，更接近于一种社会科学范式。但无论如何，这种状况确实表明，哲学随着当代知识学科的细化而呈现越来越专门化和小型化的态势，而知识学科的每一次分化本身提供了哲学分化的新生点。

(二)按不同学科归属而呈现出来的众多哲学形态

学派纷呈、学科林立，这是当代哲学形态的特点。通过当代思想的过滤，传统哲学给我们显现出来的形态轮廓无疑简练和明确得多。确实，以往每一个世纪的哲学状况都不可能像 20 世纪那样繁杂，甚至让人无所适从。但是这样一种状况并不是不可理解的。当代哲学尽管呈现出纷繁复杂的征貌，但其中却存在一个全方位地贯穿于当代哲学的核心学说或学科，这就是人学。人学是整个当代哲学的主题形态。前面的分析已经表明，人的问题本身就是贯穿于 20 世纪西方哲学思想演进的主线，人学就是整个当代西方众多哲学思潮的中心理论。这里为便于分析起见，我们不妨集中剖析按不同的学科归属而呈现的众多哲学形态。

我们称社会哲学、历史哲学、道德哲学……为具体的哲学学科，首先是因为它们形成了相对稳定的哲学形态。就这一意义而言，它们较学派意义上的哲学形态更宜于称为“形态”。但是尽管如此，这些形态都只是当代哲学的亚形态或次级形态，而不是一级形态。之所以这样说，是因为这些形态都有自身明确的、具体的研究对象，这些形态之间尽管存在错综复杂的关系，既有纵向上的关联，也有横向上的关联，但它们相互之间的区分却是十分明确的，不可相互代替。而且，无论哪一种形态，都不可能涵容或总括当代哲学的全部内涵。但人学从总体上却涵容和总括着这诸多具体的哲学形态并且渗透于每一种亚形态之中，所有这些亚形态都是人学的具体表现形式，关涉着人的问题的诸多具体领域，因而都应该看成是人学的分支学科。人学是整个当代哲学的一级形态。

当代哲学在学科形态上呈现如此繁杂的状况，本身也表明了哲学与20世纪社会系统的结构细化以及诸多知识学科的复杂关系。其实，仔细分析，不同的学科形态与传统哲学的几大学科之间大体上还存在着某种意义上的对应关系：社会哲学、历史哲学、道德哲学、价值哲学、政治哲学、法律哲学、发展哲学、经济哲学、管理哲学和教育哲学，大体上隶属于传统的伦理学与社会历史哲学范畴；逻辑哲学、语言哲学、自然哲学、科学哲学、技术哲学、生态哲学、环境哲学、人类学哲学和心灵(智)哲学，大体上隶属于自然哲学与逻辑学范畴；而文化哲学、艺术哲学、符号哲学、宗教哲学，则隶属于传统的美学及人文主义哲学范畴。其中，每一种具体的哲学形态都直接或间接地包含着一种本体论的追求或承诺，而整个学科的这种细致分布也仍然保持了传统认识论哲学的知识学规范。当然，这种分类仍然只是相对的，甚至在很大程度上还是勉强的。因为在表面上，上述当代哲学的具体形态似乎隶属于传统哲学的某一类哲学形态，但事实上，其中的每一种具体的形态，其问题意识与理论论阈都已经溢出了传统哲学范式。其实，一旦把它们分割开来并归为不同的传统哲学学科(形态)，我们会突然发现它们相互之间的关联竟非常密切，因此只要真正进入当代哲学背景，我们才可能对上述诸多学科性的哲学形态有一个真实的把握。可见，要真正进入这些哲学的内部，就必须超越传统哲学的思维方式，包括学科范式。

(三)人学是整个当代人文科学的主题形态

如何实现这一超越？关键的问题还是在于对人的问题的高度自觉。这些学科性的哲学形态的出现，本身就旨在思考和分析当代人类社会由于人的复杂性所带来的诸多问题。因而在具体哲学形态那里以直接或间接的方式所包含着的本体论追求与承诺，实际上就是关于人的应然生活的假定。整个学科形态的细致分布，与其说呈现出一种认识论的规范要求，倒不如说是通过人学的方式实现的对各门具体学科与问题(诸如社会学、历史学、政治学、法学、经济学、管理学、教育学、生态学、理论科学、技术科学，等等)的前提批判与方法论反思。当代哲学的诸多具体的学科形态都直接构成了相应的具体学科及问题的理论基础，而构成这一理论基础的核心就是人学。在我们看来，当代哲学学科分布的细致化，一方面体现了哲学学术的专门化与技术化，另一方面，在更重要的意义上，则呼唤着一种能够提供对日益细致化的、具体知识学科的人文学反思与范导。

人学其实不仅是当代哲学的主题形态，也是整个当代人文科学的主题形态。多年来，人们一直就强调应把文学艺术直接称为人学，历史学也常常被叫作人的科学，越来越多的社会科学，如政治学、法学、经济学、管理学等，也都特别注重人学关怀对于自身学科的基础性意义。实际上，人学也日益深刻地影响着当代自然科学与技术科学，当代科学技术与人的关系越来越明显，任何一项科学技术的研究与开发都要包含足够的人性价值与关怀。

这里存在着一个问题，也是经常困扰着对人学理解的疑窦：既然把所有的人文学科乃至把整个当代知识学科都称为或看成是人学，那么用这样一种宽泛的人学来确定当代哲学的主题形态，是否合适?

这里的问题似乎不仅涉及如何认识人学，还涉及如何认识当代哲学，当然还涉及如何理解哲学本性。人学的旨趣显然既不在于提供一种人的本体论学说，也不在于提供一种关于人的知识学体系，人学本身并不存在一种超验式的本体论理论，而哲学人类学或人类学哲学还只是人学的分支形态，决不能代替人学。恰恰相反，人学的根本旨趣就在于既要超越把人的问题归结于超验存在的传统本体论哲学及其思维方式，也要超越那种把人的问题仅仅看成是客观的知识论探索与建构的知性思维方式。因此严格来说，人学并不应叫人学，而应叫“人论”，或全称为“关于人的问题的哲学”。

人学本身确实代表着一种思想潮流，但这一潮流却不同于大多只流行几年甚至更短时间的哲学流派，它是整个世界哲学一个多世纪以来的思想运动。作为一种思想运动，它的影响也许超出了哲学学科范围，甚至从表现形式上看，它对一些人文学科的影响要比对哲学学科看起来更大一些。但这并不意味着人学就不是哲学。完全按照哲学学科的确定性来定位哲学也许本身就违背了哲学的本性。哲学的本性是爱智慧，是对一切既定范式与问题的前提性理解，是对确定性的不懈追求，是对人的生存意义的不懈地追问与探寻。相对于建构一种知识体系或确立一门具体的学说而言，哲学更强调非体系性和思想性，只是在表达某种哲学思想或方法时，哲学才呈现为某种体系与学说。在这个意义上，我们所熟悉的传统西方哲学离哲学的本性追求仍有很大差距，而人学无疑更应该接近于哲学本性，更适于被称为“哲学形态”。人学看起来对一般人文学科以及整个知识学科的影响更大，这不仅没有动摇人学的当代哲学主题形态的地位，反而更进一步说明了当代哲学的重要特点：这就是对人文社会科学与诸多具体知识的前提反思与思想渗透，如果割裂了哲学与一般人文学科以及与诸多具体知识学科的关联，当代哲学也就剩不了什么东西了。

在我们看来，人学的意义并不在于其学科内涵的确定性与规范性，而在于其思想性，一旦思想性得到确立，那么相应的学科规范性与确定性或许就只是技术性问题了，而且还应当说，要求人学达到上述具体哲学学科形态式的确定性与规范性本身是不可能的，因为我们永远无法用某种确定的学科规范来界定一个未定性的、开放性的思想领域，这恰恰也是由人学在当代哲学形态中的主体地位所确定的。

人学作为当代哲学的主题形态，本身就意味着当代哲学正在寻求对整个人文学科乃至整个知识学科的整合。哲学是一切科学之母，当一门又一门具体科学从哲学母体中孵化出来，并形成一门又一门分门别类的独立科学之后，哲学的学科“阵营”却似乎在逐渐“缩小”，但与此同时，哲学的整合功能却在增强。在古代哲学中，哲学本身就是一个包含着一切处于萌芽状态的科学在内的大全式的本体论体系；在近代哲学中，哲学还直接承担着催生科学并帮助科学取得文化与解释合法性的认识论功能；在德国古典哲学中，随着经典自然科学的成熟，哲学的工作则展现为方法论的本体论化努力，并最终体现为黑格尔的尽可能融当时一切自然科学为一体的辩证法体系。然而，也正是在黑格尔那里，试图用哲学体系融会一切科学的做法就已经走到了尽头。本来，哲学不应当成为一种包容一切的知识性体系，因为“这样给哲学提出的任务，无非就是要求一个哲学家完成那只有全人类在其前进的发展中才能完成的事情”①。看来，既想建立一个理性大全，又要精通一切的科学，确实是源于哲学家本人的某种妄想，随着科学技术知识专门化程度的不断提高，哲学家本人的心智与学识方面显然是无法胜任其大全式的理论追求的。

事实上，在黑格尔的哲学体系中，他对自然科学的解释与运用经常显得力不从心，与他对辩证法方法的娴熟操作形成鲜明对比。可见，方法论的本体论化本不必要，也不可能包容和融会一切自然科学。按照恩格斯的看法，随着超验的历史哲学以及知性的自然哲学的终结，整个哲学已经只剩下了“一个纯粹思想的领域：关于思维过程本身的规律的学说，即逻辑和辩证法”②。就是说，方法论本身也不应该本体论化。正是在这个意义上，从黑格尔之后，整个当代哲学都自觉地进行了“方法学的驯服”，把哲学的工作看成是致力于寻找一种能够使哲学切入当代知识状况的恰适的工作台面与工作方式，并在一定意义上，以现象学的方法、语言分析方法与技术以及后现代式的相对主义方法确定下来。然而把恩格斯给当代哲学确定的领域仅仅简化为哲学方法与技术，恐怕本身就是对辩证法精神的误解。

真正的问题在于，哲学虽然应该对科学技术及其发展状况尽可能达到一种通晓——通晓并不意味着精通。在这一时代，哲学研究工作者以及整个人文科学工作者如果本人就是科盲，那么他的研究成果或作品就

① 《马克思恩格斯选集》第4卷，226页，北京，人民出版社，2012。

② 同上书，264页。

很可能与迷信无异——但更主要的是哲学家们首先必须有思想，能够从事实本身发现问题，必须对人与社会发展有一种确定的信念与理解，并依靠这一主见评价和规范科学技术的研究与运用。思想始终是无法破解的哲学"阵地"，这块阵地本不应该随着科学从哲学的分家与具体化而削弱，而是更加重要，须得坚守和拓展，作为思想的哲学给科学技术提供的乃是一种靠科技本身的物化活动所无法获得的人文关怀，这是哲学之所以存在的根本价值。如果哲学遗忘了这一根本关怀，总是亦步亦趋地跟在科学后面，并且把自己直接打扮成科学，那么哲学也就成了另一种类型的科学，而且常常是笨拙可笑的"科学"。

在这个意义上，在黑格尔那里以抽象辩证法的方式所实现的绝对理性精神的圆满，必须还原为人与社会的应然状态并以鲜活的人文精神体现出来。至于语言分析哲学本身，就不可能代庖整个当代哲学，它确实是当代多元哲学景观中的一种有影响的哲学形态，但就其旨意而言，仍然不过是以一种十分机敏的方式表达和迎合了科学技术时代的工具理性，它所包含的对哲学科学化的反讽意义恐怕远远超过它的学科功用。如前所述，分析哲学技术本身必须考虑到当代哲学的总体的人学背景。也只有把人学确定为当代哲学的主题形态，当代哲学才能够切实地实现对一个科技、知识学科以及哲学学科越来越具体化和专门化的当代文化状况的整合功能。

我们说当代哲学是一种多元性的哲学，但多元性的哲学首先就是人的哲学。因为人首先是个体性的存在，是个体的自我创造活动铸就了多元性，而多元性反过来又诠释着主体的多样性、开放性与可选择性，并合理地导向一种生活实践哲学。如果仍是强调一种纯粹客观的认识，自然也谈不上多元。

人必须是一种文化的存在，而文化不过是不断实现着自我创造的人的活动，由于人是文化的存在，所以人需要知识、需要科技，需要秩序，需要交往并接受现代化，接受市场经济形式。当代人学对科技、知识学科以及哲学学科的整合正是通过文化的方式实现的，这种整合方式，无疑较传统哲学本体论及认识论试图以体系化包容科学的方式优越，以体系化的方式包容科学总是以哲学科学化或伪科学化而终结，实际上是以牺牲哲学本性为代价的，而以文化方式整合科学，就不再是停留在知性层面上理解科学，而是对科学的社会功能以及属人价值的前提反思与评价，因而是对科学的人文化引导，是科学的人化，也是科学的哲学化，因为它充分体现了哲学对科学、对知识学科的批判与治疗功能。当然，这同时也是人与文化的自我批判与治疗。

事实上，人学的整合功能远远超过了科学技术、知识学科以及具体的哲学学科，在更大的范围中，人学通过文化方式所实现的是对整个当代社会生活的整合。这一点从现代人本主义哲学仅仅停留于张扬此在个体的生存意义，到后现代哲学所关注的极其宽广的问题领域，就可以看出来。当然，说人学是当代哲学的主题形态，同时也意味着当代哲学以前所未有的问题意识涵括了社会生活的方方面面。像传统哲学那样的抽象形式只适合传统时代，面对复杂多变的当代现实生活，这种哲学抽象注定是苍白无力的。如果仅仅停留于传统哲学的理论论阈中，我们就只能游离于现实生活之外，这只会带给我们更多的困惑与厌倦。因此，从抽象的形而上学哲学转向强调人的历史实践活动的人学，本身就是人自身历史发展的必然结果，而这正是马克思的实践人学观所要昭示的思想。

五　马克思哲学与人学的内在关联

把人学确定为当代哲学的主题形态，也是由马克思哲学与马克思主义哲学在整个当代哲学的主导地位所决定的。马克思哲学与马克思主义哲学不仅开创了整个当代哲学，而且也实际地影响和参与整个当代哲学的发展进程，而马克思哲学与马克思主义哲学的核心就是人学。

(一)传统哲学对人的理解

把人看成是哲学的出发点，并且把哲学看成是人学，都不是始自马克思。古希腊文明的一个基本特点就是浓厚深切的人本关怀，“全部希腊文明的出发点和对象是人。它从人的需要出发，它注意的是人的利益和进步”①。普罗泰哥拉说得明白：“人是万物的尺度，是存在者存在的尺度，也是不存在者存在的尺度。”人既是世界的中心，也是哲学的中心，因而苏格拉底的努力常常被后人称为将哲学从天上带到人间，从“自然哲学”转向“人生哲学”，从而真正成就了“哲学”。这就是说，以人为中心，乃哲学的本色，正因为如此，才有了那一条万世不渝、策励着一代又一代哲人进行不懈的思想探索的箴言：“认识你自己。”如果说古希腊哲学开创了整个哲学的典范，那么可以说，后来的哲学(撇开中世纪那样一种直接蔑视和摧残人性的宗教神学，但奥古斯丁的感性的神学恐怕仍然是例外)都是，也应该叫作人学(关于人的哲学)。文艺复兴本身就是对古希腊人文传统的复兴，这一复兴因为坚定地反抗以神为中心的基督教神学，以及对科学精神的高扬，同时也开创了人学的近代形态。卢梭以及整个德国唯物主义已经明确提出要建立关于人的完备的知识理论。费尔巴哈则直接将自己的哲学定名为“人本学”，把从“神的哲学的批判”转变为“建立人的哲学的批判”②当成自己的全部哲学使命。黑格尔以绝对精神为核心理念的客观唯心主义哲学体系本身，就是传统西方哲学完成了的主体性哲学形态，甚至在中世纪以后力图实现上帝世俗化、人本化，并体现了深切的人生关怀的宗教哲学也应该叫作人学。

然而上述应该成为人学的传统哲学并没有真正成为人学，根本原因仍然在于传统哲学尚未形成对人的合理理解：

第一，许多传统哲学家都只是抽象地设定了人，这种抽象的设定虽

---

① [瑞士]安·邦纳：《希腊文明》，转引自[苏]鲍·季·格里戈里扬：《关于人的本质的哲学》，汤侠声、李昭时等译，28页，北京，生活·读书·新知三联书店，1984。

② [德]路德维希·费尔巴哈：《费尔巴哈哲学著作选集》上卷，荣震华、李金山等译，121页，北京，商务印书馆，1984。

然包含了对人的某种理想性理解，但这种理解与人的活生生的生存活动却是相异在的，甚至是相敌对的。

第二，一些自然主义哲学家虽然看到了人的生命存在，但却只是在一般生物学的意义上理解人，而没有看到人与一般生命物存在的本质差别。基于上述对人的理解，传统哲学家所建立起的人学要么是关于人的形而上学，要么是关于人的生物学。

(二)马克思哲学实现了对人的完整的理解

把人看成是哲学的前提，实际上就是力图肯定感性的人对于哲学活动的首要意义。这一态度隐含着一种基本的无神论与唯物主义立场。但要真正把感性的人确立为哲学的前提，那就必须将感性本身本体论化，但这一点是基于传统西方哲学难以解决的难题。在传统西方哲学中，所谓本体论，就是指由柏拉图开创的，并在亚里士多德那里正式确立起来的以抽象的、实体性的概念的推演来寻求某种绝对普遍性，从而解释万事万物生成变化的“纯粹原理体系”。[①] 这就是说，本体论的本性即超验性，凡成为本体的都是超验的实体性存在，故感性是根本不可能成为本体的，更不可能建立什么感性本体论。由此可以看出，传统哲学的本体论注定是与感性的人相异在的，而要真正赋予感性以本体论的意义，不仅要赋予感性以新的理解，同时还必须对传统哲学的本体论进行根本改造。在马克思那里，这两项工作是放在一起完成的。

马克思哲学强调人之所以能够作为主体，就必然存在一种“依靠自己而存在”的依据，因而感性、感觉作为人的最真实的存在状态，对人来说必然具有一种本体论性的意义，“人的感觉、激情等等不仅是本来意义上的人本学规定，而且是对本质(自然)的真正本体论的肯定”[②]。“全部人类历史的第一个前提无疑是有生命的个人的存在。因此，第一个需要确认的事实就是这些个人的肉体组织以及由此产生的个人对其他

---

① 俞宣孟：《本体论研究》，287页，上海，上海人民出版社，1999。

② 马克思：《1844年经济学哲学手稿》，140页，北京，人民出版社，2000。

自然的关系。"[①]换句话说，"有生命的个人的存在"之所以成为"历史"的首要前提，就在于人通过具体的生产实践活动，也即通过"生产自己的生活资料"[②]的生产性活动，从而将自身与动物区分开来，但要真正达到这一点还不能仅限于"人的肉体组织以及由此产生的个人对其他自然的关系"，而必须同时取得这种生产活动的生活意义，使得这样一种物性的生产活动不至于与人的生活相异化。因此，作为历史规定性的生产方式，"这种生产方式不应当只从它是个人肉体存在的再生产这方面加以考察。更确切地说，它是这些个人的一定的活动方式，是他们表现自己生命的一定方式、他们的一定的生活方式"[③]。显然，马克思不仅是在自然人类学的意义上肯定感性本体论的，而且这种自然人类学意义上的规定性同时就是人生存的历史规定性，"全面发展的个人……不是自然的产物，而是历史的产物"[④]，而自然人类学的规定性与历史规定性的统一绝不是抽象的统一，而是通过具体的生活样式所实现的生存论层面上的统一。这本身就是对本体论的内在规定，这一规定实际上已经排除了本体论的超验语境，因而也就把本体论直接还原成了生存论。在生存论的语境下，感性作为本体，已经不再是实体意义的本体，也不是实体性的对象，而是生命本体，也就是"对象性的、现实的、活生生的"生存实践活动，正是通过这样一种生存实践活动，"人以一种全面的方式，就是说，作为一个完整的人，占有自己的全面的本质"[⑤]，并且"以全部感觉在对象世界中肯定自己"[⑥]。

特别值得注意的是，马克思虽然使用了情欲本体论这一话语，但他对情欲本体论的理解却不同于费尔巴哈"仅限于感情范围内"的"现实的、单纯的、肉体的人"，同时也不同于后来存在主义哲学中非理性的情欲

① 《马克思恩格斯选集》第1卷，146页，北京，人民出版社，2012。
② 同上书，147页。
③ 同上。
④ 《马克思恩格斯文集》第8卷，56页，北京，人民出版社，2009。
⑤ 《马克思恩格斯文集》第1卷，189页，北京，人民出版社，2009。
⑥ 同上书，191页。

本体论。恰恰相反，费尔巴哈与后来存在主义哲学那里的情欲本体论是马克思哲学所要超越的，“我们必须从我，从经验的、有血有肉的个人出发，不是为了像施蒂纳那样陷在里面，而是为了从那里上升到‘人’”①。作为这一超越或提升活动的结果，正是为了确立起人的本质规定性，这一本质规定性同时就是情欲本体论的生存论前提。人的本质规定在于感性个体(自然个体)、社会性的人与历史活动中的人的三位一体：第一，作为个体生存特征，同时也是人的类特征的“自由的有意识的活动”②，构成了人本质规定性的真实维度；第二，作为“一切社会关系的总和”的社会性维度构成了人本质的现实维度；第三，作为“人的实际生活过程”的历史性构成了人本质规定性的事实维度。

上述三种规定性或维度缺一不可，共同构成人的本质的完整规定。它们彼此之间绝不是杂多的关系，而是有着相互阐释、不可分割的内在关联。

社会性与历史性不是与感性规定性相对立的外在的规定性，而是人生存的内在的规定性。传统哲学正是把社会性与历史性看成是人的外在规定性，所以不能正确地理解人。在马克思哲学看来，人的感性活动本身就是通过人的社会性与历史性的活动才得以实现的。

一方面，表现出人的感性丰富性的对象化活动只有通过人的社会化才可能实现。“只有当对象对人来说成为人的对象或者说成为对象性的人的时候，人才不致在自己的对象中丧失自身。只有当对象对人来说成为社会的对象，人本身对自己来说成为社会的存在物，而社会在这个对象中对人来说成为本质的时候，这种情况才是可能的。”③“社会的人的感觉不同于非社会的人的感觉。只是由于人的本质客观地展开的丰富性，主体的、人的感性的丰富性，如有音乐感的耳朵、能感受形式美的眼睛，总之，那些能成为人的享受的感觉，即确证自己是人的本质力量

---

① 《马克思恩格斯文集》第10卷，25页，北京，人民出版社，2009。

② 《马克思恩格斯文集》第1卷，162页，北京，人民出版社，2009。

③ 同上书，190页。

的感觉，才一部分发展起来，一部分产生出来。”①而且，“已经生成的社会创造着具有人的本质的这种全部丰富性的人，创造着具有丰富的、全面而深刻的感觉的人”②。当然，也通过社会化的人，人类才得以“合理地调节他们和自然之间的物质变换，把它置于他们的共同控制之下，而不让它作为一种盲目的力量来统治自己”③。

另一方面，人的感性丰富性也必须在人的历史过程中才能实现，通过历史而具体生成的人的世界才是支撑人学的本体性世界，这一本体性世界也就是通过历史实践活动所确证起来的文化世界或属人世界，因而是人的一切活动的既定的前提性世界。“周围的感性世界决不是某种开天辟地以来就直接存在的、始终如一的东西，而是工业和社会状况的产物，是历史的产物，是世世代代活动的结果，其中每一代都立足于前一代所奠定的基础上，继续发展前一代的工业和交往，并随着需要的改变而改变他们的社会制度。甚至连最简单的‘感性确定性’的对象也只是由于社会发展、由于工业和商业交往才提供给他的。”④至于“被抽象地理解的、自为的、被确定为与人分隔开来的自然界，对人来说也是无”⑤。就是说，自然界只有当它成为人的感性活动的对象及周围世界时，它才有理由成为人的本体世界。这实际上正是马克思哲学对其感性本体论、更准确地说是对其人学生存论的十分明确的阐释。

与此同时，历史作为人的本质的实际展开过程也不断地内化为感性的、属人的历史性，“历史是人的真正的自然史”⑥，“人类历史的经常前提，也是人类历史的经常的产物和结果，而人只有作为自己本身的产物和结果才成为前提”。因此，只有人才是历史的主体，“历史不过是追

---

① 《马克思恩格斯文集》第1卷，191页，北京，人民出版社，2009。
② 同上书，192页。
③ 《马克思恩格斯文集》第7卷，928页，北京，人民出版社，2009。
④ 《马克思恩格斯文集》第1卷，528页，北京，人民出版社，2009。
⑤ 同上书，220页。
⑥ 《马克思恩格斯全集》第3卷，326页，北京，人民出版社，2002。

求着自己目的的人的活动而已”[1]，历史就是人的自我解放的过程，其最终目的就是通过从地域历史走向世界历史，建立自由人联合体的社会样态，实现“把人的关系还给人自己”的解放目标，确证“一切人也就是所有人”的自由自觉的生命活动，具体到社会道路上，则是指通过不断扬弃人的自我异化(私有财产)，从而带来“人与自然之间、人和人之间的矛盾的真正解决”，带来“存在和本质、对象化和自我确证、自由和必然、个体和类之间的抗争的真正解决”的主体自我解放道路，这一道路本身就是人的社会化，也即人的感性丰富性的全面实现道路。因此，马克思哲学直接把这一主体自我解放之路看成是“历史之谜的解答”[2]。

因此，人的本质绝不是一种先验的和超验的规定性，既不是费尔巴哈那种“内在的、无声的、把许多个人纯粹自然地联系起来的”抽象的类的“共同性”，也不是黑格尔所说的遮蔽着人的异化了的生存活动的抽象的自我意识，而是人自身社会历史实践活动的自为的规定。可见，马克思哲学所说的“感性”是一个关系性范畴，也就是人的历史实践活动本身。正是在这个意义上，马克思批判费尔巴哈“把人只看做是‘感性对象’，而不是‘感性活动’”，费尔巴哈对人的理解仍然停留在理论的领域内，而没有从人们现有的社会联系，从那些使人们成为现在这种样子的周围生活条件来观察人们，因此，毋庸讳言，费尔巴哈“从来没有看到现实存在着的、活动的人，而是停留于抽象的‘人’，并且仅仅限于在感情范围内承认‘现实的、单个的、肉体的人’”。[3] 因此，要真正理解并确立起感性，就必须立足于实践的、主观的理解，把感性真正确定为主体感性的解放过程，通过“批判现在的爱的关系……把感性世界理解为构成这一世界的个人的全部活生生的感性活动”[4]，通过对财产的真实占有并通过先进的工业活动直接实现人的感性丰富性——这样一种实现

① 《马克思恩格斯文集》第1卷，295页，北京，人民出版社，2009。
② 同上书，185页。
③ 《马克思恩格斯选集》第1卷，157页，北京，人民出版社，2012。
④ 同上书，157—158页。

感性的途径是费尔巴哈等人情感化的，乃至伤感的梦呓般的诉求所无法比拟的，同时也是存在主义以及西方马克思主义哲学通过情欲的彻底解放从而实现对现代性的“大拒绝”所无法比拟的。事实上，“只有通过发达的工业，也就是以私有财产为中介，人的激情的本体论本质(这里，‘人的激情的本体论本质’实际上就是指‘生存论’——引者注)才既在其总体上、又在其人性中存在”①。“因此，如果把工业看成人的本质力量的公开的展示，那么自然界的人的本质，或者人的自然的本质，也就可以理解了”。也正是在这一前提下，“自然科学将……成为人的科学的基础”。② 由此，马克思得出了一个十分明确的结论：“关于人的科学本身是人在实践上的自我实现的产物。”③上述论述及其结论实际上已经清楚地确定了人的科学，也即我们所谓人学的本质内容。

正是通过彻底地批判传统哲学的抽象的人学观，把感性活动的，同时也是社会的、历史的人确定为哲学的出发点，马克思哲学才开创了当代人学的全新景观。同时，由于马克思哲学对人的本质丰富性的全面而深刻的揭示与阐释，从而真正确立起了一门“关于现实的人及其历史发展的科学”④，这门“科学”其实就是人学。正是在这种意义上，马克思哲学与马克思主义哲学最有理由被称为人学，而马克思哲学与马克思主义哲学的实质也就是人学。

(三)马克思的人学具有开放性品格

马克思哲学是当代人学的奠基者：一方面，通过对传统哲学的反叛和超越，马克思哲学与人学开启并引导着整个当代西方哲学的方向；另一方面，马克思的人学理论直接影响着当代西方哲学的理论建构与思想趋向。当代西方哲学对人与主体性问题(包括主体间性)的高度关注，对晚期资本主义人的异化现实的思索，对工业化、技术化社会工具理性状

---

① 《马克思恩格斯文集》第 1 卷，242 页，北京，人民出版社，2009。

② 同上书，193 页。

③ 同上书，242 页。

④ 《马克思恩格斯选集》第 4 卷，247 页，北京，人民出版社，2012。

况的揭露，对生活世界或生活形式的不约而同的兴趣，对现代性问题的深入思考，以及后现代主义哲学的崛起，文化哲学的兴起，人类学范式的转换，现象学向解释学的转向及解释学运动本身的历史转向与实践转向等，都与马克思的人学理论有直接的承继关系，也是马克思人学理论的进一步深化。马克思人学理论不仅对当代西方哲学发生了巨大影响，而且对整个人类历史发生了巨大影响。

马克思的人学又具有原创性品格，它给人类社会发展提供了十分宝贵的思想启示和实践引导，它是迄今为止最现实、也最高明的人文理想，就这一意义而言，马克思的人学理论对当代西方哲学仍然没有充分发挥它本该发挥的影响，当代西方哲学也远远没有达到马克思的思想高度与深度。

现象学几乎是当代西方哲学家特别是欧陆哲学家一致推崇的哲学，对当代西方哲学及世界范围内的哲学产生着巨大影响。但现在看来，现象学未必就是引导当代西方哲学以及世界哲学走向可观前景的唯一路向，最关键的挑战并不来自于分析哲学与后现代哲学，因为分析哲学与现象学的差别事实上只是属于同一种认识论哲学范式的内部差别(前面已作过分析)，这种差别绝不构成原则性的冲突。至于后现代哲学，特别是法国式的后现代哲学，实际上更多地接受和运用了现象学方法(德法之争正像人们后来发现的那样，只不过是一种思想的不同表述)。因而根本的问题在于包括分析哲学、后现代哲学以及现象学方法在内的整个当代西方哲学本身所陷入的困境：一方面，仍然没有走出也不可能走出传统西方哲学范式；另一方面，对传统西方文化精神的摧毁又使整个哲学思想状况陷入了相对主义与虚无主义的巨大漩涡之中。要走出这种困境，就必须从在表面上受到了当代西方思想文化的重视，但事实上并没有得到深刻理解和消化的马克思人学中寻求思想资源和启迪。

尽管现在有理由证明马克思的人学与现象学有颇多相近之处，像一些学者经不懈努力已经呈现出来的那样，用现象学的方法可以揭示出马克思人学理论中按照以前的视角难以发现的思想(这一种研究思路对于改变国内马克思主义哲学研究的僵化模式无疑具有巨大意义）。但是马克思的人学方法与现象学方法还是有很大的区别的，其中最重要的也是最原则性的区别表现在：马克思人学所包含的唯物史观方法对整个传统西方哲学观念的变革价值、对当代西方社会发展以及整个当代人类社会发展的引导价值，是现象学方法无法比拟的。对此，连海德格尔这位现象学方法的最成功的运用者都承认："胡塞尔没有、据我看来萨特也没有在存在中认识到历史事物的本质性，所以现象学没有、存在主义也没有达到这样的维度，在此维度中才有可能有资格和马克思主义对话。"①然而，尽管包括海德格尔在内的胡塞尔的后继者们，对胡塞尔超验现象学方法的纠正实际上正是走上了一条接近马克思的道路，但是，在他们那里，对人、实践及历史的重视与理解，远远没有达到马克思的高度与深度。由于自身论阈的限制，更多的当代西方哲学流派，无法引入唯物史观的思想。可见，马克思建立在唯物史观基础上的人学，尽管从其理论形式上看，只不过是指出了人类生活的基本事实，但是从传统西方哲学以及整个当代西方哲学仍然匮乏的历史哲学视野看，这一貌似简单的思想，实际上是极其深刻和高明的。

唯物史观不仅是传统西方哲学所无法显示出来的，也是当代西方哲学所缺乏的，这并不是一种偶然的缺乏，它恰恰反映了整个西方文化范式尚没有走出西方中心主义，没有形成人类性的思维方式。而要走出现象学方法以及整个当代西方哲学的内在困境，是否能够自觉意识到并真正贯彻马克思的唯物史观就显得至关重要了。

海德格尔曾把马克思主义哲学的变革称为"形而上学的颠倒"。对所谓形而上学的颠倒，海德格尔并未作详细分析，但从其前后文的意思看，即指马克思将黑格尔的辩证唯心主义颠倒为辩证唯物主义。但这仍然只被看成是一种形式的颠倒，这里的辩证唯物主义其理论实质更接近于所谓"自然辩证法"。在这种理解中，本来存在于人及其历史活动中的

---

① 熊伟主编：《存在主义哲学资料选辑》上卷，380页，北京，商务印书馆，1997。

辩证法精神却不见了。在我们看来，马克思人学确实实现了一种形而上学的颠倒，但这一颠倒活动的意义绝不限于一种思维形式，而是在于丰富的人学变革价值，这就是把抽象的人转变为站立于一定社会历史实践活动中的人，把受动的、自在意义上的人转变为创造性的、自为意义上的人，把仅仅作为一种思维形式存在的辩证法方法，看成是赋予对话意识以及哲学本性的关于人类历史以及人类生活的辩证法态度，把抽象的形而上学还原为生活世界的形而上学。上述内涵本来是作为存在主义哲学家的海德格尔应该理解到的，但他却并没有做到。海德格尔接近我们所谓教科书模式的马克思，而不是马克思本人的人学理论，这实际上仍然是将马克思主义哲学等同于马克思人学所要超越的旧唯物主义了。事实上许多当代西方哲学家，包括一些西方马克思主义哲学家都是这样看待马克思主义哲学的，这种情形，实际上反映了西方思想界作为资本主义思想家对马克思主义哲学所怀有的深刻的意识形态偏见。

马克思人学绝不是空洞抽象的理论建构，而是要求具体化为为个体、群体、无产阶级、民族与国家以及整个人类争取解放、争取独立、争取自由的思想武器。问题不在于解释世界，而在于改变世界，也就是要通过具体的共产主义运动真正实现世界的属人化，实现“每个人的自由发展是一切人的自由发展的条件”①的人类发展最高目标。人类关怀是马克思人学的根本关怀，马克思也常常强调真正的哲学就应该是“世界哲学”(他本人也经常称自己是“世界公民”)。但是，当具体地面对人的问题时，这一人类关怀又直接生成对弱势主体强烈而现实的关怀，这里的弱势主体，绝不是指身体上、生理上相对不足的弱势群体，而是指政治、经济关系中的受压迫者、受剥削者。人学成为马克思主义哲学的鲜明的旗帜绝非偶然，也正是由于马克思人学的这一强烈的现实关怀，使得马克思的思想成为世界范围内弱势主体争取和确立自身利益与身份的思想武器。在整个近现代世界史上，还没有任何一种思想具有和发挥

① 《马克思恩格斯选集》第1卷，422页，北京，人民出版社，2012。

了如此广泛的历史影响，在千禧年之时，一些传媒推出的对过去1000年人类社会发展影响最大的全球十大思想家评选中，马克思总是位居第一或第二，而20世纪众多西方哲学家中尚无人享此殊荣，这实际地显示了马克思主义对人类社会的巨大影响力。

事实上，马克思人学的影响早已超出了“哲学学术”的范围，超出了对当代西方哲学的影响，它对当代西方哲学的影响首先是通过对当代西方社会与思想的影响而实现的，而当代西方哲学难以内在地接受和理解马克思主义，也在一定意义上反映出当代西方哲学观念的变革仍然还是局限于“哲学”范围之内，并且严重地滞后于整个时代发展。事实上，西方哲学至今尚未走出西方中心主义的困境，当下，西方思想界风行的当代后殖民主义理论仍然无法摆脱的“东方主义”(本质上是西方中心主义)语境。而在马克思那里，西方中心主义观念通过对“德国人”的批判、对人类命运，尤其是对非西方国家及民族的现代化道路的强烈关注，对世界历史时代理论的历史性构架，已经得到了根本的克服。实际上，通过对马克思主义的创造性发掘，马克思主义哲学同时也将真正成为21世纪新的人类哲学、世界哲学或全球哲学。因此，我们有理由相信，马克思的人学思想一定会在21世纪对人类社会发挥更大的影响。

六　人学对当代中国哲学的主导意义

人学是当代西方哲学的主题形态，但人学更应属于整个当代哲学的主题形态，也是当代中国哲学的主题形态。

当代哲学的发展确实是以西方哲学的演进与扩散为主流的，但这一过程同时也是非西方文化与哲学传统的自我批判、创造性转换及现代化的过程。人类一体化已是大势所趋，但人类一体化是以众多富有个性，并因此能够实现相互对话与交融的民族文化样式与社会发展模式为前提的，因而建立起赋予时代精神与民族个体的当代中国哲学，也就成为当代中国哲学界责无旁贷的使命。各民族自身的现代化状况无疑是确立各自哲学的当代形态的最直接也是最深刻的背景。人的问题自有其深刻的中国现实背景，它是随着当代中国改革开放的进程内生出来的，不是什么外来的东西。也正是人学与中国特色社会主义道路及其命运的内在关联，决定了人学在当代中国哲学中的主导意义。

当代中国哲学必须融入整个世界哲学与文化的总体背景及其走势中。我们必须以开放的胸怀与远大的抱负思考和审视世界正在发生的巨大变化，理解和消化当代哲学，特别是当代西方哲学的思想成果，剖析其得失，并把这些思想成果及其得失融入当代中国哲学的具体建构工作中，“拿来”的目的是为我所用。这里，“我用”其实是是否值得“拿来”的标尺，当代中国的民族振兴及现代化道路以及中国文化在整个世界文化体系中所占有的极其重要的地位决定着这一“我用”性。

对于当代中国的现代化来说，马克思主义无疑具有优先的解释作用与引导价值，马克思主义之所以能够被当代中国“拿来”并为我所用，就在于它能够帮助中国走上一条民族独立与社会主义现代化的道路，在于它深刻而现实的人学关怀符合中国文化传统的现代转换的内在要求。当然，从当下中国的思想文化状况看，马克思主义已经不再是外来的东西。马克思主义引导着当代中国的现代化道路，也引导着中国文化传统的现代转换，马克思主义与中国现代化道路的具体融合，使得马克思主义本身已经成为当代中国文化传统的内在组成部分，当然也是具有主导意义的组成部分，这种中国化的马克思主义传统同时也已经成为当代思想中的重要组成部分，并引导着中国文化的走向。在这个意义上，对当代西方哲学成果的消化、理解与批判，应当自觉地与马克思主义中国化相结合，这样才能真正建构起当代中国哲学。如果脱离当代中国的现实，亦步亦趋地跟着西方的哲学与文化，本身也是没有前途的。

当代西方哲学以人学为主题形态，但确实又存在着种种否定人学以及所谓后人学的思潮，但须知，为何这些思潮所拆解或否定的人本身在我们这里却没有确立起来，至于为了否定人学或后人学而追求的更真实的“个人”，在我们的社会生活中恐怕还没有呈现。这倒不是一定要用一种历时态的观念看待现代与后现代，并否定当代中国在某种程度上已经存在的后现代性，更不是坚持文化保守主义。无疑，当今中国社会所表现出来的各种生存样态，诸如前现代的、现代的、后现代的，都应当从总体上服膺于当代中国特色社会主义现代化目标。

在当代西方，有一种流行观点直接把后现代看成前现代并因此对东方文化神往不已。然而，基于当代西方的现代性状况，这种观点实际上不过是对于发达优裕的当下物质生活的某种逆反，是一种精神性的返古现象，至于因此而采取的种种具体“返古行为”，恐怕在绝大多数情况下只能被看作某种调适，调适的结果是为了更好地接受和享受现代生活，而不是拒绝现代生活。而且，作为某种时尚，这本身就是现代化商业文化的一部分。事实上，对于西方人来说，也不可能拒绝现代生活，对东方文化的神往并不表明他们真正理解或准备理解东方文化，而是包含了一种东方主义式的误解与偏见，它认定东方文化是纯粹前现代的，并且是不可能走向现代化的，这实际上是把基于西方文化传统之上的近代化看成是全球现代化的唯一模式。

可见，如果撇开西方的现代化状况以及西方思想文化界根深蒂固的西方中心主义偏见，硬把上述后现代观念及其时尚作为一种先进的东西引入中国，恐怕实属愚顽与自欺欺人。当然，我们需要改善生存能力偏低的状况，需要改造相对落后的社会结构，包括经济结构、政治结构与日常生活结构，而最终需要进行创造性转化和创新性发展的还是文化传统，实现文化传统的现代转换。无疑，中国近现代史上一直都在进行着这种转换，但因种种原因，迄今仍然没有完成。

当然，现代化目标必须具体化为健康的现代化道路。因此，如果后现代性被合理地理解为重建现代性，那么，这样一种后现代性理解对我们仍然是有启迪意义的。它提醒我们避免重蹈西方国家现代化过程中所出现的重效率轻公平、重经济轻环境、重物化轻人文的覆辙，也提醒我们冷静地思考传统文化的价值，寻找一条既能汲取中华传统文化的积极因素又能克服传统文化的历史局限，还能实现文化传统当代转换的道路。

文化传统的现代转换问题是一项中国现代化必须解决的问题，但同时也是一个十分复杂的问题。尽管我们可以提出“弃其糟粕、取其精华”的原则，但在具体面对文化传统时却常常是另外一回事，糟粕与精华的界限也许并不难划分，但问题在于“弃”与“取”的实际操作是十分困难的，它绝对不是一个简单的、机械的甚至也不是人为的“挑选”过程。关键在于任何一种文化传统本身就是一个整体，传统文化作为文化传统的一部分也是一样，我们称之为“糟粕”的东西本身就是整体的传统文化的“有机”组成部分，去掉这一“部分”，也可能就破坏了传统文化的整体性进而损及了传统文化的生命机体。因此，对于一种文化传统而言，我们不能说某一部分是糟粕，而另一部分是精华，所谓精华成分与糟粕成分并不是指其结构上的划分，而只是面对具体时代景况的相对的区分。一种东西为什么是传统文化的有机组成部分而在当代却成了糟粕？这是值得思考的。这里丝毫没有为传统文化的糟粕辩护的意思，恰恰相反，要真正去掉传统文化的“糟粕”，就必须对传统文化进行总体性的反思与批判。

要实现传统文化的总体性的反思与批判，就必须首先切入传统文化的总体性。文化即人化，既是人的活动的对象化，也是指人在这一对象化活动中所实现的自我理解。因此，任何一种文化总的来说就是对人(包括人性假设、人与自然的关系、人与超验存在物的关系以及人的社会化形式，等等)的某种理解，不同文化间的根本差别也在于对人的不同理解。因而，一种文化传统要实现自我超越，首先就必须变革和重建传统文化对人的既定理解。

中国传统文化所确立的是以伦理人为假设的人学理解模式。这种模式的巨大优势在于充分彰显整体的力量、集体的力量。我们对此应给予充分肯定，并树立高度的认识自觉、理论自觉与实践自觉。但在中国传统文化中，“人”却是直接被封建纲常伦理制度遮蔽的，中国文化传统在古代及近代的流变中始终没有内生出影响遍及社会各个阶层，尤其在知识分子群体中得到高度自觉的人性解放运动，人，尤其是作为最真实存在的个人的主体性始终没有凸显出来。个人的生存往往只能在一种山野性情中才能得到展现，而在入世的生活中，个人必须让位于代表着政治权力的整体，这种整体并不是具有自我意识的国家，而是整个封建社会的最高统治者，所谓“朕即国家”“普天之下，莫非王土”，即使是强调山野性情，个人的情欲需要也是受到“大道”的严格规定的，甚至宋儒干脆提出“存天理、灭人欲”。至于在一定程度上强调个人自主性的杨朱哲学，干脆连直接的文字都没有留下来，整个主流文化传统始终都在抑制着个性意识的苏醒。

中国文化传统的人格模式是君子人格，这是一种通过不断的道德反省与伦理自觉从而达到的内敛型人格，所谓恭、宽、信、敏、惠，无论哪一方面，都是作为修行的规范，其目的不外乎是“克己复礼为仁”。可见，作为主流的中国传统文化，多是强调人作为道德主体的意义，在知性活动意义上，也即在主客二分的意义上的主体性始终没有形成，而知性意义上的主体性的确立是整个西方文化传统流变的内在理路，也是实现近代文化转型的关键。通过这样一种主体性，近代西方文化确立了人对自然的主体地位，确证了科学技术的文化合法性，确保了上帝意识的超验本质，确立了以经济人假设为前提、以法制社会为依归的社会交往范式，并在这样一种他律基础上重构了基本的道德伦理规范(当然，这种范式最大的弱点，就是漠视整体和集体)。相形之下，中国文化传统在从理学向心学的转换之后，虽然开始触及主体性问题，到王船山已经明确提出“官天府地，裁成万物”“以人道率天道”(《思问录》)，强调“知物”的重要性。但是从总体上看，一直到整个近代哲学，都没有明确地解决主体性问题，主体性独立的文化机制没有建立起来。因而，科学技术、法制化社会体制总是迟迟建立不起来，不仅没有形成关于人的知识论理解与传统，没有确立起与现代化生活相适应的社会交往规范，基于伦理人为假设的传统交往范式，则在身不由己的世界化过程中显得太不够用了。

中国的现代化，一方面是借助经济发展以带动整个文化结构的渐进式的变革，另一方面也是现代化问题的不断积累过程，这些积累下来的问题实际上主要与文化传统的当代转换有关。如果说在整个近代，我们先是被拖进现代化之路，随后则一直在致力于解决，最终也确实解决和确立了作为民族国家的独立政治身份问题(这一时期的文化问题，本身也直接属于政治问题，即李泽厚先生所说的“救亡大于启蒙”)，那么在这以后，整个文化结构的自主性变革，尤其是人的观念的变革就成为全面实现民族现代化的关键问题了。由此，整个中国文化结构及人的观念的健康而又深刻的变革和转折的真正起点应确定在 1978 年。正是自 1978 年党的十一届三中全会确立了改革开放的新的路线之后，思想界以及哲学界才能够认真思考和关注人的问题，并逐渐带动整个社会对人的问题的正视和重视。人们逐渐意识到，中国现代化的关键无疑是人的现代化，也只有真正实现了人的现代化，才谈得上文化传统的当代转换，整个民族的现代化才是真正有保障的。当然，与中国现代化背景的这种内在关联，决定了当代中国人学所要解决的根本问题就是要从哲学意义上建立起对人的现代理解。

其实，即使在哲学界内部，从对人的问题的关注到开始尝试建立人学，本身也经历了长时间的酝酿与探索过程。20 世纪 80 年代初，思想界、哲学界对人的问题，实际上是存在种种忌讳心理的。人们谈论人的本性问题，诸如需要、价值、利益等，大都是羞羞答答、欲言又止，至于谈到诸如爱与性等情感问题，更是讳莫如深。在一般场合，都是谈“人”色变。这一点，经历过 20 世纪 80 年代初期关于人性、个人价值以及人道主义讨论的人们是有深切感受的。在当时，人的问题在很大程度上仍然被看成是一个思想禁区，因而也最容易沾上自由化嫌疑。事实上，学者们对这类问题的关注和强调也多少带有反思意识形态的意思。而且，应当承认，当时的意识形态也缺乏一定的弹性，对人的问题也确实抱着明显的顾虑与防范心理。人的问题研究的更大阻力，恐怕还是来自于传统文化在整个社会心理上的深刻影响，人的主体性、价值以及需要问题似乎首先就是属于“非我族类”的问题，人们对这类问题存在着某种本能式的反感。在这样一种背景下，关于人的研究本身就意味着是对整个社会心理的逆反，因而也就被自然而然地视为“异端”。

20 世纪 80 年代中期以后，当代西方哲学与文化思潮的大量涌入，大大地开阔了人们的眼界，通过对马克思主义的总体反思，尤其是通过对马克思早期思想的深入研读与思考，人们也感到马克思主义的核心内容就是人的理论。当然，更为内在和直接的动因，则在于随着改革开放的深入以及人们现实生活所发生的巨大变化，迫使人们直接思考人的问题。与此同时，随着社会结构所发生的重大变化，传统的社会心理结构也开始发生巨大转换，所谓人、实践、主体性、价值、意义等问题首先已经不再是书本性的问题，而是人们生活活动中必须面临的实际问题。由于这类实际问题本身又是属于依靠常识难以解决的问题，因而才变成了学者们严肃讨论的理论课题。当然，更多的人的现实问题，诸如利益机制、公平与效率的冲突、人际交往，也不断转换为学术性课题，成为学者们自觉关注与研究的对象。正是在诸多人的问题逐渐浮出水面并得到初步清理之后，在 20 世纪 90 年代前后，一些哲学工作者开始了自觉的人学理论建构工作。可见，当代中国人学的建构本身，就是哲学在人的问题上已经取得的大量思考与研究成果的基础上才得以展开的，人学的具体的理论建构也就是对当代中国哲学，特别是几十年来哲学界关于人的问题研究的总结和提升。这就是说，人学本身就是改革开放以来中国哲学发展的成果形式，并主导着当代中国哲学的内在逻辑的演进与思想进程。

人学主题所指认的当代，本身就指向未来。人学并不是一个完成了的形态，而且从其本性看，本身就是一个不可能完成的哲学形态。由此，我得出以下七点结论：

第一，哲学形态并不是大全式的、自身封闭的体系，哲学活动的反思与批判本性使得哲学形态在本质上呈现流动性的和开放的特质。一切哲学形态都必须蕴含着人及其历史的自我理解，哲学形态的理论建构及体系化努力也正是基于哲学活动的本性需要。从本体论到认识论再到人学（人论）的形态跃迁，或整个哲学形态从古代到当代的历史演进，也是人自身历史实践活动和人的自我认识的展开和提升过程。人学或人论形态更符合哲学形态的论阈与特质，把哲学看成是人学，本身就是对哲学的正本清源的理解。

第二，传统哲学的本体论和认识论的抽象的和客体性的理论形态存在着严重地漠视和遮蔽人的倾向，这使得传统哲学所蕴含的深刻的人学内涵，在理论形式上却是与人的现实活动相异在，甚至是相敌对的抽象的形上学理论。传统哲学还只能叫作抽象的人学，但正因如此还不能称为人学。本体论哲学及其思维方式本身就是对现实的、感性存在着的人的无视及否定，而认识论哲学作为本体论哲学的完成则进一步把人客体化、片面化和简单化，乃至于把人还原为一般动物。

第三，当代哲学对传统哲学的反叛必然将人的问题推向哲学前台。当然，人类生存境况从绝对匮乏向相对匮乏的转换也使人的问题成为时代主题。人的问题本身就贯穿于当代哲学的演进过程。当代人本主义承接了人文主义传统，特别是浪漫主义传统，无疑更切合当代人的精神状况，对感性的、非理性的此在个体的强调是包括当代宗教哲学在内的人本主义思潮的主要特点。现象学及分析哲学运动更多地秉承了理性主义传统，人的问题更为内在地支配着这两大主流运动的演进及其合流态势。

第四，基于当代科学知识的细分化特点，当代哲学可以划分为无数亚形态。但人学则整合了这些亚哲学形态的总体性形态，所有当代哲学的亚形态都是人学形态的具体表现形式。人学不仅是对具体的亚哲学形态的整合，也是对密集与细分程度越来越高的当代人文知识学科的整合，更是对整个多元化的时代文化状况以及复杂的社会生活的整合。人学的这种高度整合性使得它成为当代哲学的主题形态。

第五，马克思哲学与马克思主义哲学就是当代哲学意义上的人学。

正是基于此，马克思哲学开创、主导并具体参与了整个当代哲学。只有马克思才在哲学史上真正实现了对人的完整理解，把感性的、在社会历史实践中活动着的人当作哲学的出发点，把属人世界、文化世界和实践世界直接看成是哲学的本体世界，从而为当代人学确立起了一个坚实的、具有本体论意义的理论基础，进而也真正确立起了“人的科学”。马克思哲学与马克思主义哲学所蕴含的人学视野与关怀超越了迄今为止的任何一种当代西方哲学，它将成为21世纪的人类哲学、世界哲学及全球哲学。

第六，人的问题在中国自有其深刻的现实背景。现代化的关键就是人的现代化，而文化传统的现代转换的实质是实现对人的现代理解，即从单一的伦理人模式转换为包含着经济人、政治人、理性人、文化人以及伦理人等在内的人的整体理解，其目标都是促进个性主体性的培植与健全发展。我们接受一切外来的思想都必须清楚地服膺于这一根本目标，而马克思的人学理论，也正是因为其所包含的对非西方民族国家现代化道路的深切关注以及在此基础上真正体现出的人类性视野，才逐渐成为中国当代文化的重要部分。国内哲学界从20世纪80年代以来，从关注人的问题到人学的自觉建构本身，也直接主导着整个当代中国哲学的进程。人学这一方兴未艾的研究课题在中国大有可为。

第七，人的问题成为当代哲学尤其是马克思主义哲学的主题，并不是说当代哲学已经解决了人的问题。把人学看成是当代哲学尤其是马克思主义哲学的主题形态，也并不意味着当代哲学，尤其是马克思主义哲学已经建立起了人学。无论是从人自身的历史发展状况还是从人学本身的理论建构看，还是从当代西方哲学的状况和当代中国哲学的现状看，人学都还处于初创阶段。编年性的历史虽然已经进入新纪元，但我们无疑仍然生活在当代，生活在当今时代错综复杂的生存状态下，当代哲学仍然在新的世纪继续延伸。因此，人学主题所指认的当代，本身就指向未来。人学并不是一个完成了的形态，就其本性看也是一个不可能完成的哲学形态。人学不仅是当代哲学与当代马克思主义哲学的主题形态，它肯定也是未来哲学的主题形态。

第十章　近现代西方人的问题研究的清理与总结

从哲学到人学，在西方是有其历史逻辑的。

要建构马克思主义人学理论，一个前提性的重要学术研究任务就是从历史的角度清理与总结近现代西方对人的问题的研究。

在西方，人类对自身的认识是随着社会历史的发展和人类主体性的不断增强而逐渐深化的。文艺复兴中“人的发现”是人类自我认识的一次重大飞跃。文艺复兴之后理性主义的僭妄促使人类再度反思自我。在资本主义发展过程中，与技术理性主义和发达工业文明相伴随的是人的严重异化、人文精神的总体性危机。对人道理想的重建，对人类意义和价值的重估，对精神家园的憧憬，以及哲学对总体性人学的自觉，构成了人类自我认识发展的新阶段，这是现代人对“人文精神的总体性反思”。从近代文艺复兴中“人的发现”到现代“人文精神的总体性反思”，体现了人类自我认识的艰难历程。对这一历程的理性漫游，将为我国以及世界文化精神的发展提供深层启示。

一　人类自我意识的发展与近代“人的发现”

在漫长的人类历史发展进程中，人类在探索外部自然世界和社会历史的奥秘和规律的同时，也不断认识着自身。

(一)人类自我意识的发展

卡西尔在其名著《人论》中讲道：“从人类意识最初萌芽之时起，我们就发现一种对生活的内向观察伴随着并补充着那种外向观察。人类的文化越往后发展，这种内向观察就变得越加显著。”①这里所讲的外向观察，主要指人类对自身外部世界的认识，而向内观察则主要指人类的自我认识。

人和外部世界是一种主客体的对象性关系，亦是互相映照、互相理解的关系。随着人类认识和改造世界的能力的增强，随着人类主体性的发展，随着人在社会历史发展进程的主体作用的日益增大，人类对自我的认识便会越来越自觉、全面和深刻。将自身作为对象来认识，这是人类主体性的重要特征。然而人类意识之初对自身的内向观察，并不意味着人类自诞生之日起便具有了理性地审视自身的能力。从人类关于自身的极为微弱的意识到对自身加以总体的理性反思，其间经历了相当长的历史时期。要达到对自身的总体的理性把握，须具备一个基本的前提条件，即人类必须能够自觉地将自身与外部世界区分开来，把自身从外部世界中提升为主体并作为专门的认识对象。

在人类主体意识相当贫弱的条件下，人类的主体意识与客体意识、对象意识与自我意识是紧紧缠绕在一起的，这就是所谓的主客浑然一体的状态。在这种状态下，人类对自我的认识与对外部世界的认识总是联

---

① ［德］恩斯特·卡西尔：《人论》，甘阳译，5页，上海，上海译文出版社，1985。

系在一起的，对自我的认识也是含混不清的。随着人类主体性的发展，人们逐渐将自身从外部世界区分出来，并对自身给予自觉的审视。

人类自我认识的自觉与哲学的发展有着密切联系。卡西尔认为，认识自我是哲学研究的最高目标，是已被证明的阿基米德点。在古希腊时期，随着哲学的发展和繁荣，人们提出许多关于人类认识自身的观点，如“人是万物的尺度”“在人看来，人是最美的”等。然而这些论断还不是对人自身的总体的理性认识，而只能算是一种感性直观和机智的概括。苏格拉底将“认识人自己”作为哲学探究的根本任务，为人类对自身进行总体的理性审思作出了不朽的贡献。在苏格拉底那里，人被视为应当而且能够不断认识他自己的存在物，认为人类生活的真正价值在于这种自我认识。苏格拉底之后，几乎所有的哲学家都把对人自身的认识纳入自己的哲学体系。在柏拉图和亚里士多德的哲学中，人的理性、情感、欲望、伦理道德、人生意义等问题已成为重要内容。但在这一时期，人类还未从根本上确立人本哲学视界，核心的哲学理念主要是高于人的宇宙理性、逻各斯。因此，这一时期的哲学主要是一种实体哲学、宇宙本体哲学，探究世界的本原和终极实体成为哲学研究的最高目标。①

代替古希腊传统理性主义哲学的是中世纪的宗教神学。宗教神学产生的社会根源，是为了适应一些起义失败的奴隶在幻想中解脱奴役、寻求安慰和表达反抗的需要，并发展为封建统治者维护现存秩序、维护自己统治的工具。在长达千年之久的中世纪，人类将本属于自身本质力量象征的理性抽象化、绝对化并转入云霄，设定为远离尘世、高于并支配人类生活世界的人格神——上帝，人类成为上帝在人间的工具、奴隶，人类的日常生活世界成为低俗的象征，人类非理性的欲求被视为“原罪”而遭到贬斥。在这里，我们发现人类被自身的理性力量异化了。正如费尔巴哈所揭示的，“无限的或属神的本质，就是人的精神本质；但是，这个精神本质被从人里面分离出来，被表象成为一个独立的存在者”“上

① 周辅成编：《从文艺复兴到十九世纪资产阶级哲学家政治思想家有关人道主义人性论言论选辑》，66页，北京，商务印书馆，1966。

帝的人格性，本身不外乎就是人之被异化了的、被对象化了的人格性”。① 在这种异化的世界里，宗教神学将上帝与现实的人相对立，上帝是完善的、全能的、永恒的，而人则是有罪的、无能的、暂时的。人类给予上帝的越多，他自己剩下的就越少，在无限完美的上帝面前，人类显得无比丑陋和赤贫。在神学统治的时代，盲目信仰、禁欲主义成为至上的美德和追求，人类失去了真实的自我和真实的生活。

然而人类不会永远服从“非人”的统治，黑暗不会永远遮住光明。随着美洲及太平洋、大西洋的地理大发现，随着哥白尼的宇宙新发现，尤其是适应新兴资产阶级确立和发展商品经济的生产方式的需要，人类理智中蕴含的另一种力量——对抗宗教神学、重新审视人类自身的力量终于火山爆发般地出现了。这就开始了人类认识自身的大转折时期，即文艺复兴时期，西方著名文化史学家雅各布、布克哈特称之为“人的发现”的伟大时代。

（二）“人的发现”

文艺复兴时期之所以有“人的发现”，是因为在这一时期，新兴资产阶级为了发展社会生产，实现人类的现实幸福，需要激发人的世俗欲望，肯定人的价值，这便使人们将目光从天国降到人间，将人类从理智的迷梦中唤醒，将人类自身的本来面目还给了自身，将人的现实性、独立的主体地位和作用及其价值以及丰富的个性发掘出来。因而这是人类对自身进行总体性理性反思的时代。文艺复兴时期的思想家们站在时代的高度，将古希腊时期关于人类自身的理性认识纳入新的关于现实人的思想体系中，在更广泛和更高的层次上肯定了人的尊严和伟大。文艺复兴时期作为“人的发现”的伟大时代，非常深刻地揭示了这一历史时期的文化精神。那么，文艺复兴时期“人的发现”究竟发现了哪些方面的内容呢？

---

① ［德］路德维希·费尔巴哈：《费尔巴哈哲学著作选集》下卷，327、267页，荣震华、王太庆、刘磊译，北京，商务印书馆，1984。

1. 发现了人类在宇宙中的主体地位和作用及其价值，亦即人类主体性

这着眼的是人类与神、人类与动物的关系。高度赞扬人的崇高和伟大，充分肯定人的价值，竭力维护人的尊严，是文艺复兴时期人文精神的出发点和归宿。针对中世纪宗教神学极力主张的“人应该蔑视自己”的观念，文艺复兴时期的思想家们以饱满的热情讴歌人的伟大和尊严。维韦斯将人抬高到神的地位，认为人具有神的不朽性和尊严。但丁也认为：“人的高贵，就其许许多多的成果而言，超过了天使的高贵。”①莎士比亚满怀激情地赞叹了人类在宇宙中的主体地位和中心地位。他说：“人是多么了不起的一件作品！理性是多么高贵！论行动，多么像天使！宇宙的精华！万物的灵长！”②为了说明人的主体地位和伟大作用，这一时期的思想家们一方面把人与神相比，甚至将人置于神之上。另一方面又把人与动物相比，认为唯有人才具有理性和精神，任何动物都不能与人性的伟大相提并论。人，只有人，才是这个世界的中心和主人，才是改造或创造这个世界各种伟大成就的主体。

2. 发现了拥有能力和自由的个体及其丰富的主体个性

这着眼的是自我与社会、个人与他人的关系。从神学的禁锢中解放出来，把个人看作自己命运的主人，可以凭后天的努力和力量发展其丰富的个性，实现自身的价值和创造自己的幸福生活，实现个性独立、自由和解放，发扬个人的首创精神和自我意识，主张个人的思想独立和精神自由，这些都是文艺复兴时期思想家对神学教条和宗教仪式扼杀人的自由的强烈抗议，是对商品经济的人文精神的反映。拉伯雷将自由视为人的本性，指出人必须从奴役性的束缚和桎梏中解放出来，从而自由地生活，可以“想做什么，便做什么”。皮科认为，人的命运完全是由人自身的意志决定的，人最大的特点在于其非确定性，个人的命运和价值全

① 周辅成编：《从文艺复兴到十九世纪资产阶级哲学家政治思想家有关人道主义人性论言论选辑》，66页，北京，商务印书馆，1966。

② ［英］莎士比亚：《哈姆雷特》，卞之琳译，63页，北京，人民文学出版社，1956。

靠自己后天的创造，这是由于人一经出生就具有所有可能性的生活方式的幼芽，人凭自由意志可决定自己的生命自由，凭个人英雄热情可达到至上境界。

3. 发现了人的自然欲求的现实合理性，看到凡人才是最真实的人，而凡人的世俗感性欲望是合理的

这着眼的是人的非理性和现实生活世界的关系。针对中世纪宗教神学对人性及人的世俗生活世界和感性欲求的排斥、贬低和压抑，文艺复兴时期的人文主义者充分肯定人性及人的感性欲求的合理性，反对超自然的禁欲主义，坚持灵肉一致。他们认为，人的幸福不在天国而在尘世，不在来世而在现实生活世界。在现实生活世界，凡是人所具有的，我作为人也应该具有。文艺复兴时期的宗教改革家路德娶了一位修女为妻，并提倡正常的婚姻家庭生活。这种肯定人的世俗生活的态度和行动深深地触动了每个人的灵魂。“我是凡人，我只要求凡人的幸福”成为文艺复兴时期的一句名言。

4. 发现了人的理性的至上性，看到人的伟大是与人的理性和科学知识联系在一起的，理性不应该成为人的统治力量，而是发展科学，弘扬人类主体创造性的精神动力

这着眼的是人的理性和外部世界的关系。文艺复兴时期的自然科学已经有了相当程度的发展，而理性精神正是文艺复兴时期人们继承古希腊文化遗产的重要内容，理性精神与自然科学的结合使人们看到人类开创世界未来的潜力和希望。因此，人们一方面用理性和科学作为思想武器反对盲目信仰、蒙昧主义，另一方面鼓励科学研究，重视科学文化教育。达·芬奇主张科学与经验相结合，高度推崇数学等自然科学知识，提出了“科学是将帅，实践是主兵”的口号，这对人们深入实践，探索科学的奥秘，用理性和科学武装人们的头脑，提高人类的主体创造能力，起到很大作用。文艺复兴时期的思想家们都对人类伟大的理性精神充满信心，相信人类在理性和科学的指导下能够把地球治理得更加美好。

5. 发现了多才多艺、学识渊博和具有冒险精神的人

这着眼的是人的全面发展和片面发展的关系，反对的是中世纪的知识贫乏和循规蹈矩的人。

文艺复兴时期“人的发现”具有以下五个鲜明特点：第一，文艺复兴时期“人的发现”从总体上确立了“人本”哲学视界，这是对古希腊哲学宇宙实体世界的超越。第二，文艺复兴时期“人的发现”是从人的完整性上全方位对人加以揭示和发掘的，是建立在完整人的基础上的，在这里，人类与个体、人的理性与非理性欲求、灵与肉、神圣性与平凡性、精神与世俗、科学与人性是统一的，德智体美全面发展是人的理想模式。第三，文艺复兴时期，人们虽然尚未摆脱上帝观念，但对上帝的理解已发生重大转变，上帝不再与人对立，而是成了说明人性伟大的参照和比喻，成为一种假设。第四，文艺复兴时期“人的发现”带有极度乐观向上的色彩，既反映了新兴资产阶级发展商品生产的需要，也反映出人类向自身回归的莫大喜悦，并相信人定胜天，人具有不可怀疑的神性。第五，文艺复兴时期“人的发现”更多地带有思想解放的性质，是一种人文精神受到长期压抑后的“爆发”。人文主义思想家注重以人类主体性的名义反对神的主体性，以思想独立和精神自由的名义反对教会独断，以人性的名义反对盲目信仰和蒙昧主义，以人性和人的自然的名义反对禁欲主义，以多才多艺、学识渊博和具有冒险精神的人反对中世纪知识贫乏、循规蹈矩的人。这就使他们对人的认识带有很大的理想成分和超前性，缺少现实层面的针对性、具体性和可操作性。

总之，文艺复兴时期“人的发现”的确是人类自我认识的一次重大飞跃，它开启了西方工业文明时代人本精神和科学理性精神的大门。然而文艺复兴时期“人的发现”并不是人类自我认识的终结，从某种意义上讲，只是人类自我认识的新的开始。随着人类实践活动的进一步展开，人类在摆脱旧世界的束缚和开创新世界的过程中，不断发展着自身的主体性，同时也给人类自身提出新的问题。人类在接受新挑战的同时，必将把对自身的认识发展到更新更高的水平。

二　理性主义的僭妄与人文精神的总体性危机

文艺复兴时期“人的发现”为西方工业文明发展所需要的文化精神提供了基本的思维和观念框架。文艺复兴之后，工业文明的发展逐渐成为西方各国的现实，人们对自身的理性认识逐渐与现实的资本主义政治经济发展紧密联系起来。

如果说文艺复兴时期“人的发现”初步解放了人们的思想，打破了传统的价值体系，为西方工业文明发展确定了总的文化发展方向，那么，文艺复兴之后，人们便不再满足于在纯粹文化范围内确立和寻求理想的人性模式，而更注重将文艺复兴时期的文化成果与各国政治、经济、文化传统结合，使文艺复兴时期关于人的思想进一步具体化，使之能与现实实践层面相结合。这样一来，一方面，文艺复兴时期的人文精神得到了继承和发展，并从理想层面逐步走向实践层面。另一方面，由于具体实践的特殊性，文艺复兴时期的人文精神在得到继承和发展时，必然受实践层面的具体要求所限制，从而使贴近实践要求方面的理性和人类主体性成为主导价值目标，充满世俗感性、自然欲求的活生生的个体和具有丰富个性的个人方面的内容便暂被搁置不论，最多只能充当一种文化副本。这就使文艺复兴时期人类自我认识的丰富成果被片面地发展了。其中，最突出的表现就是科学理性精神与人本精神、人类与个体的分化和对立。可以说，这种分化和对立构成了西方工业文明时代极为突出的文化矛盾。为了从总体上认清这种文化矛盾的发展及其严重后果，我们先从被突出的“科学理性主义”和“人类中心主义”的发展谈起。

(一)“科学理性主义”和“人类中心主义”的发展

文艺复兴时期“人的发现”之后，科学和理性得到高度重视。这是因为科学和理性是各国反封建主义和宗教迷信的重要思想武器，更重要的还是资本主义工业文明发展的开路先锋。工业化进程首先是创造积累物质财富的进程，为此，必须去研究人之外的自然界的本质和规律，而要认识自然界的本质和规律，就必须诉诸人的理性认知能力。于是，文艺复兴时期的人文主义者将主体性和人本精神逐步转化为对人的主体理性认识能力的考察。考察人的理性认识能力是与尊重科学紧密相连的。因为科学知识就是改造自然获取财富的力量，而人的主体认知方式和能力是获得科学真知的前提。人类认知的方式也关系到人类认识的准确性，决定着人类认识自然、开发自然、获取真理的程度。唯理论和经验论虽从不同角度考察人的主体认知活动方式和能力，但从反对盲从和迷信，廓清人类理智迷雾，尊重科学和真理的角度来看，都是一种理性主义。这种理性主义是反对封建愚昧、发展工业文明的重大力量，也是人类自我认识的深化。由此，科学理性主义大旗便被高高举起。

被近代西方思想家举起的第二杆大旗，是人类中心主义。依靠人的理性认知能力去认识自然的本质和规律便形成了科学知识，而这正是为了增强人类改造自然的力量，以确立人类对自然界进行认识和改造的主体地位或中心地位。并且，上帝或神的中心地位被推翻之后，目的就是确立人类的中心地位。

理性主义在法国启蒙学派那里得到更加突出的表现。启蒙学派的思想家们公开宣称文艺复兴时期的人文主义者是他们的思想先驱。但在启蒙学派那里，文艺复兴时期的人文思想已具体化为人的“自由、平等、博爱”等内容，而资产阶级政治经济上的人权要求迫切地需要理性加以论证，需要获得法律上的保护。故而，在这一时期，适应新兴工业文明的政治思想、法律思想都力求从理性出发获得其合理地位，理性成为人们评判一切的标准，一切都要拿到理性的审判台前接受审判。而理性与科学又相互联系，自然科学的发展使人们的科学理性精神更加根深蒂固，甚至哲学研究、社会研究、政治学研究、心理学研究等都深深地打上了科学的烙印。国家是机器、动物是机器、人是机器，一度成为人们的“科学认识”。概而言之，法国启蒙学派实质上是一种资产阶级的理性启蒙和理性信仰。

科学和理性的发展也促成德国古典哲学的兴起。德国古典哲学被马克思称为“法国革命的德国理论”。如果说法国启蒙学派是一种理性启蒙和理性信仰，那么德国古典哲学则是一种理性论证。康德通过理性的沉思和批判继续解决唯理论和经验论在人类全体认知能力方面的矛盾。从表面看，康德是以批判理性主义的面目出现的，但实质上，他是站在新的高度对理性主义的一种改造和发展。尽管在康德的批判哲学中，我们似乎看到理性与道德实践、意志自由的矛盾，但康德在进行哲学批判时所坚持的理性精神、科学方法可以使我们发现，这是一种更加精致的理性主义，是一种从哲学上加以论证的理性主义。德国古典哲学在康德之后，经费希特、谢林，最终在黑格尔的绝对理性哲学中达到顶峰。在黑格尔那里，理性成为支配一切的上帝，人成为绝对理念实现自己的工具。至此，文艺复兴时期被解放出来的整体的人被理性主义吞没了。

理性与科学技术的结合所形成的科学技术理性主义，成为西方工业文明时代日益深入人心的文化精神。人们借助科学技术的伟大力量创造了比以往任何时代加起来的总和还要大的社会生产力，工业文明获得突飞猛进的发展。在科学技术理性主义的支配下，人们不断念诵着科学技术的优点，认为只要掌握了科学技术，人们就能创造一切，解决一切问题：不论是自然界的问题、社会的问题，还是人类自身的意义、价值、自由、情感、意志等问题。人们认为借助科学和理性的力量推翻了上帝的统治，就可以真正地成为地球的主人，可以兑现文艺复兴时期人文主义者对人的神性的估价，而希伯来文化中固有的关于人控制自然的思想也有了现实的根据。于是，文艺复兴时期被发现的完整的人也被人类中心主义肢解了。正如莱斯所说：“被设想为胜利地控制了自然的科学似乎只是自然地完成圣经关于人应当是地球主人的允诺。”①这样，科学技术就成为引导人类步入人间天堂的神，技术理性主义和人类中心主义的膨胀使我们看到人类理性的僭妄。

---

① [加拿大]威廉·莱斯：《自然的控制》，岳长龄、李建华译，27页，重庆，重庆出版社，1993。

(二)技术理性主义的僭妄导致了人类生存环境和个人生活世界的严重危机

理性和科学的发展果真能使人类进入美好幸福的自由王国吗？人类通过科学技术创造出高度发达的生产力来充分体现人类的主体性和创造性的同时，也为自身设下了深深的陷阱。技术理性主义的僭妄导致了人类生存环境和个人生活世界的严重危机，这种危机不是单方面的危机，而是政治、经济、信仰、道德、生态环境等各方面的总体性危机。这场危机实质是有史以来最严重的人文精神的危机和文化危机，其突出表现就是人的普遍异化。而这种异化，在资本主义发展的不同时期又表现为劳动异化和技术异化两种基本形态。

1. 劳动异化

针对资本主义条件下工人阶级受到残酷剥削和压榨的现实，马克思提出了著名的异化劳动理论。在《1844年经济学哲学手稿》中，马克思将自由自觉的劳动视为人的类本质，但在资本主义条件下，人的劳动本质发生了严重异化。因为在资本主义条件下，人们在体现自己本质的劳动中不是感觉到自由和快乐，而是感到痛苦和压迫，人像惧怕“瘟疫”一般躲避劳动异化。“通过异化的、外化的劳动，工人生产出一个同劳动疏远的、站在劳动之外的人对这个劳动的关系。”①马克思还深入探讨了资本主义异化劳动的根源，认为私有财产是产生异化劳动的重要原因，而异化劳动产生之后，私有制便与异化劳动相互作用。马克思提出异化劳动理论及揭示异化劳动的根源的真正目的在于扬弃异化劳动，使无产阶级从异化状态中解放出来。

马克思之所以提出异化劳动理论，一是由于当时的科学技术还没有达到十分发达的程度，资本家对工人的剥削主要是靠延长劳动时间、加大劳动强度来实现的，工人的非人状况也主要体现在超负荷的体力付出上；二是当时的社会现实的深刻矛盾，主要是私有财产严重地束缚和影

① 《马克思恩格斯选集》第1卷，60页，北京，人民出版社，2012。

响劳动者能力的充分发挥，进而使社会的发展以牺牲劳动者个人的全面而充分的发展为代价；三是由于马克思当时的思想正处于向唯物史观的过渡时期，还不能用系统的唯物史观理论来揭示、分析和说明资本主义中劳动者的严重异化状况。

马克思在《1844年经济学哲学手稿》中对异化的分析还有一些不科学的因素，主要是把人的本质抽象为理想状态的自由自觉劳动，并以此来衡量现实社会，因而还留有抽象人道主义的痕迹。随着唯物史观的逐步成熟，马克思发现单纯用理想状态的人性或人的本质来说明资本主义条件下人的异化状况是没有说服力的，要深刻地、科学地揭示资本主义条件下人的异化状况，就必须从资本主义经济入手，深入资本主义社会的矛盾中，通过对资本主义剥削的秘密的探讨，从根本上找到无产阶级解放的现实途径。于是，马克思便用唯物史观取代异化史观，把异化作为一种价值观保留下来。

在唯物史观创立之后，马克思进一步分析了资本主义异化劳动的根源。马克思在《资本论》中，对资本主义生产关系进行了全面系统的剖析。马克思揭示了资本主义剥削的秘密，就是为了使工人阶级认识到究竟是什么因素导致了劳动者的严重异化，通过揭示，马克思得出了改变资本主义生产关系、建立新的社会主义生产关系，进而实现人的自由自觉的劳动本质的结论。在这里，马克思的异化劳动理论偏重的是对资本主义社会的政治—经济批判，而并不主要是意识形态—文化批判。

2. 技术异化

马克思的异化劳动理论深刻地揭示了资本主义条件下工人阶级的悲惨状况，也预示了随着资本主义科学技术的高度发展，劳动异化必将演化为技术异化。因为技术系统正是人类实践活动系统的投射，科学技术的高度发展逐步取代了人类劳动实践系统的相应功能。对此，法兰克福学派著名代表人物哈贝马斯有过一段精彩论述。他认为，“人类掌握了主要根植于人类有机体之中的有目的—合理的活动的行为系统之基本成分，并把它们一个接一个地投射到技术手段的平面上，从而使自身摆脱了相应的功能。首先是人进行活动的器官(手和脚)的功能得到扩充和被取代，然后是(人体的)能量制造，再后是人的感觉器官(眼睛、耳朵和皮肤)的功能，最后是人的指挥中心(大脑)得到扩充和被取代”①。的确，高新科学技术的发展使人类日益从繁重的体力劳动以及脑力劳动中解放出来，然而在资本主义条件下，人又被技术所异化。

在资本主义条件下，劳动异化转换为技术异化是科学技术迅猛发展的必然结果，而这种技术异化较之劳动异化又具有新的特点，涉及的方面更广泛。比较系统和深入地揭示技术异化的，首推法兰克福学派。其“技术异化”论的实质，是揭露现代资本主义技术社会中的人所付出的代价，反对理性至上和对科学技术的滥用，消解现代性意义上的人的主体性，力求从人性的重新理解和确立以及对文化价值观的变革中，寻求当代资本主义自我完善的出路。这一学派认为技术异化主要表现在以下方面。

其一，总的来讲，科学技术在机器大工业中的应用使人成了机器的零件和物的奴隶。由于科学技术在机器大工业中的应用代替了相应的劳动功能，人在技术系统面前必须服从技术本身的要求才能发挥科学技术的正常功能。于是，人失去了主体创造性，成了机器的零件和组成部分，劳动实践演变成人—机系统。卓别林在电影《摩登时代》中淋漓尽致地表现了这种异化状况。在发达的工业文明条件下，人并未摆脱奴隶的地位，因为人是否是奴隶，是由人作为一种单纯的工具、人沦为物的状况来决定的。

其二，科学技术对人的奴役广泛地侵入人的日常生活世界，造成人的焦虑、不安、孤独、软弱和各种精神病症。萨特曾描绘道：“在采用半自动化机器不久，研究表明：女技工在劳动时禁不住陷入有关性生活的梦境。她回忆起卧室、床第、黑夜以及有关跟她独处的那个人的一

① 陈学明：《哈贝马斯的“晚期资本主义”论述评》，289页，重庆，重庆出版社，1993。

切。但是，她梦中拥抱的却是她手中的机器。”①

其三，资本主义社会中科学技术的意识形态化加剧了对人的统治。在科学技术理性主义支配下，人们把一切问题的解决都寄托在科学技术的发展上。国家则利用科学技术在人们心中的统治地位，获得了政治上的稳定性。因为国家可以利用科学技术的发现和创新，将政治问题变为大众所接受的技术问题，通过科学技术的开发利用，不断制造和推出新的科技产品，来满足人们的文化心理，消解人们对社会的不满和批判意识。科学技术充当意识形态的角色，比以往靠暴力、权力、金钱实现政治统治更具有欺骗性。哈贝马斯深有感触地说：“科学技术也可以成为一种渗入非政治化的人民大众的意识之中的隐蔽的意识形态，正是在这一天地里，它担负了能促使合法化的力量源泉。”②科学技术与政治的联合使人类的命运受到严重威胁。两次世界大战、军备竞赛、高科技战已使人类无法摆脱死亡恶魔的阴影。正如罗素所说：“让公众事务的领导权落入某个未来的阿基米德手里，他的战争机器是原子而不是枪炮，我们自己也就很快会粉身碎骨的。”③

其四，科学技术在工业化过程中的无限制开发和利用造成全球性的生态环境恶化，使人类的生存环境遭到严重的破坏。这里，法兰克福学派侧重对资本主义社会的意识形态—文化批判。

总之，文艺复兴时期“人的发现”之后，随着中世纪封建社会政治经济结构的解体和资本主义生产关系的稳固与发展，在科学技术和技术理性的冲击下，作为维系封建社会统治秩序的中世纪宗教遭到毁灭性打击。到了19世纪，整个资本主义政治经济体系已经全面建立起来，科学技术理性已经成为一种主导文化精神，传统意义上的上帝被消解了。

---

① ［法］让-保罗·萨特《辩证理性批判》，转引自［美］赫伯特·马尔库塞：《单向度的人》，刘继译，204—205页，上海，上海译文出版社，1989。

② 陈学明：《哈贝马斯的“晚期资本主义”论述评》，44页，重庆，重庆出版社，1993。

③ 同上书，44页。

近代西方思想论中的“上帝之死”，从某种意义上讲，是资本主义生产关系对封建制度生产关系的一次重大胜利。然而资本主义制度和科学技术的发展并没有把人们带入理想境地。人们在换去原来作为精神支柱的上帝之后，并没有在资本主义世界找到一个安身立命之所，科学技术和生产力的发展并没有解决人的精神危机。相反，资本主义制度不可克服的弊端日益显露出来，人的普遍异化和精神折磨正是其主要表现。资本主义社会的人的严重异化充分说明，资产阶级人道主义曾经大肆宣扬的人的解放与自由、人的尊严和权利非但没有兑现，反而走向了反面。资产阶级所宣扬的以人为中心的世界观已产生了消极后果。弗洛姆不无感慨地讲道：“19 世纪的问题是上帝死了，20 世纪的问题是人类死了。在 19 世纪，不人道意味着残忍；在 20 世纪，不人道系指分裂的自我异化。”①福柯因大胆宣言“人之死”而受人们的关注。这里的“人之死”的主要含义：一是与西方传统文化价值观决裂，消除人们对普遍的道德规范和价值观念的信仰；二是对理性至上的彻底反叛；三是对西方人悲观绝望心态的形象表达，即对个人的命运和前途感到担忧，见不到人生的目的和方向。尼采所说的“上帝之死”与近代西方思想文化中的上帝之死有所不同，却与这里的“人之死”有相近含义。从“上帝之死”到“人之死”，既反映了资本主义生产关系和社会矛盾的演化过程，也使我们看到了资本主义条件下科学技术发展的限度。

三 “人”的再度发现与现代“人文精神的总体性反思”

“科学理性主义”的僭妄导致人类两度失去了自己的精神家园，“人类中心论”的极度发展使人类生存境况发生了总体性危机。

---

① ［美］E. 弗洛姆：《健全的社会》，孙恺祥译，355 页，贵阳，贵州人民出版社，1994。

其实，“科学理性主义”与“人类中心论”是一脉相承的，二者具有内在的一致性，它们都是文艺复兴时期“人的发现”之后资本主义工业文明发展所需要的主导文化精神。从笛卡尔的“我思，故我在”这一论断的提出，到康德“人为自然立法”的哲学革命，整个近代哲学的发展都充分体现了人的主体性原则，而这一主体性原则是与人类理智的进步、科学技术的飞速发展离不开的，因为科学和技术的发展以感性的方式将人对自然的改造和控制摆在全人类面前。这就使人们更加确信了“人是真正的主宰和中心”的观念。人是万物的中心，凭借科学技术的神威，人可以达到自由、幸福、美满的境地，这就是“科学理性主义”和“人类中心论”的共同旨趣。

面对文艺复兴以后人类再次出现的人文精神的危机，从19世纪中后期开始，许多伟大的思想家都进行了深刻的文化反思。这场新的人文精神的反思将主要矛头对准传统理性主义、科学技术理性主义及“人类中心论”的文化价值观，试图在批判传统价值理念的同时，为人类寻求一个新的精神家园，再度发现作为“整体的(或称总体性的)人”。

在这场新的人文精神的反思中，涌现出众多不同的甚至相互冲突的理论和流派，但从力图拯救人类的生存和发展危机，为处于文化困境中的现代人寻找新的精神家园这个角度来看，这些理论和流派都突出了同一个时代主题。在此，我们不可能详细地列举所有的理论和流派，只想围绕“价值体系的重估、人道理想的重建和总体性人学的自觉”这几个基本方面，来梳理其中的主要流派对现代人文精神反思的概况。

(一)价值体系的重估

人是理性和非理性的统一，离开任何一方都不是完整意义上的人。在传统理性主义那里，理性这一概念获得了普遍性、必然性、规律性、至上性、稳定性、逻辑性、真理性和绝对性等多重内涵，其基本功能在于指导人类走出愚昧和迷误，克服个性和主观性，认知世界与开拓自然。这种理性具有明显的“外倾性”特征，具有人类征服外在世界的“工具性”。因此，这种理性极易与科学技术连为一体。

将技术理性称为工具理性的确很恰当。然而，理性及科学技术的最大局限在于无力解决人的个体性、主观性、自由意志、道德情感、本能欲求、直觉灵感、潜意识等非理性问题，因为这种非理性世界是内在于个体的。非理性与人的内在世界、人的价值世界、意义世界和个性自由具有极为密切的关系，从某种程度上讲，非理性世界的丰富性构成了人的生命活动的真正价值。当理性主义者试图用理性来评价一切、解决一切问题时，理性便超出了自身的限度，这正是理性主义的僭妄。理性主义的极度发展，必然造成非理性世界的严重危机。正如罗素所说，人的智能(即人的理性)有可能扼杀他的本能，从而也剥夺了他的自由。因为智能把它自己的概念框框强加于世界，因此歪曲了世界的形象。① 现代人文精神的总体性危机与理性主义价值观对人的非理性世界的忽视有着直接关系。因此，反对理性主义的僭妄，恢复人的非理性世界的地位，重估人类的价值体系，必然成为人文精神反思的重要内容。

早在黑格尔的理性主义如日中天的时候，叔本华就以意志主义同理性至上相抗衡。尼采继承了叔本华的意志主义，但将叔本华的意志转换成以突出个体自我的超越性、创造性为核心的强力意志，坚决反对扼杀个性自由的普遍理性，重新把文艺复兴时期发现的“个体及其丰富的主体个性”这一文化价值观提到首位。尼采站在强力意志的立场上，提出“重估一切价值”这一震撼人心的口号，为 20 世纪非理性思潮确立了基本的价值观念。柏格森将人从理性至上的迷误中引到快乐、痛苦、同情、直觉、美感等非理性世界，重新把文艺复兴时期发现的“人的自然欲求和世俗感性欲望的合理性”这一文化价值摆到首位，提出创造进化论，为人的个性自由和行动自由辩护，成为生命哲学的先驱。胡塞尔的现象学坚决反对传统理性主义对人本身的“遗忘”，强调哲学的对象应该是内在于人的个体意识之中的纯粹意识现象，而绝非外在于人的某种带有普遍性的抽象实体；要认识意识现象的本质，只能由主体直接体验，

① 参见[英]伯特兰·罗素：《西方的智慧：西方哲学在它的社会和政治背景中的历史考察》，马家驹、贺霖译，384、392 页，北京，世界知识出版社，1992。

就如同在直觉中进行直观一样。现象学注重对哲学方法的分析，突出了对传统价值观念的批判和超越，并且注重对个体体验和直觉等非理性方面的认识。现象学将哲学引向以个体的人为中心，它同意志主义、生命哲学等流派融合在一起之后，成为存在主义哲学的思想来源。

存在主义针对文艺复兴之后理性主义的片面性发展，特别强调对人的主观体验、自由意志和个体的内在差异性等非理性方面的研究。存在主义发端于克尔凯郭尔，他使意志自由和人的激情重新受到重视，提倡个人的特定感受，反对理性主义对人类伦理道德的干涉，强调个体生活的独立性。雅斯贝尔斯继承了克尔凯郭尔对个性自由的重视，认为理性根本不能对自由作出规范。海德格尔更是强调个体的直接体验，用“烦”“畏”“死”等心理体验来说明人的存在。萨特为了强调个体选择的自主性，提出著名的“绝对自由”理论，极力反对理性主义关于必然性的概念。

对人之存在与本质的价值重估，深深影响了整个20世纪西方文化的发展。弗洛伊德开创的精神分析学派被视为人本主义的重要一支，他对人的本能、潜意识等非理性因素的研究开辟了人类自我认识的新视野。而充斥于哲学和心理学中的非理性因素，几乎贯穿于20世纪西方现代派文学、艺术、戏剧、音乐、诗歌、绘画、雕塑乃至自然科学研究等所有文化领域。对近代理性主义的价值重估和对非理性因素的重视，是现代“人的再度发现”的重要体现。其中合理的精神不是完全否定理性而是健全理性，关注非理性世界。

对工具理性的深刻批判深深地触动了近代西方“人类中心论”的根基，因为“人类中心论”赖以存在的根基正是人类借以改造世界、控制自然的工具理性。对“人类中心论”给予毁灭性打击的莫过于后现代主义思潮。后现代主义思潮是20世纪后期的一种文化思潮，从反对理性主义的绝对权威、批判工具理性这个角度来看，它与其他现代文化思潮对人文精神的反思没有实质差别。但后现代主义思潮与其他文化思潮相比，更强调“破碎化”“多元化”“相对化”“边缘化”和“世俗化”，反对传统理性的“中心化”“权威化”“绝对化”和“一元化”，宣扬一种解构意识，要人们追求“平常化”，关注人与人之间在地球上的共同命运和价值。后现代主义思潮还将矛头对准工具理性的根子——柏拉图的理念论哲学，认为柏拉图无限夸大理性的价值，无限抬高理性的地位，使本属于人本身的理性脱离了人，上升为宇宙本体，造成对人类感性生活世界的“遗忘”。而这种理性至上的价值观与启蒙理性、技术理性、“人类中心论”的价值观有着内在的一致性。

对传统工具理性和“人类中心论”的批判和价值重估，对重新认识人的本来面目，为现代人形成新的、更加合理的价值观奠定了基础。

(二)人道理想的重建

工业文明带来的人的异化状况的加剧，使人们看到人类在新的条件下所陷入的非人道状况。这是对文艺复兴后人类形成的“科学理性主义”和“人类中心论”的极大讽刺。对发达工业文明条件下人的异化状况的揭示和批判，反映了人类对人道世界的向往和渴求。为重建人道理想，现代西方许多思想家都做出了积极努力，其中以马克思和法兰克福学派的思想家们最为典型。

马克思的异化劳动理论和法兰克福学派的技术异化批判理论都没有停留在列举人的各种异化形式上，而是在揭示和批判各种异化现象的基础上，揭示异化的非人道的性质及其根源，并试图通过各自的方式，重建人道理想，使之得到实现。马克思所面对的主要是劳动产品对工人的异化所引发的经济、政治困境，因而他着重从社会历史发展和政治经济人角度批判劳动异化和资本统治。通过揭示人类社会发展的一般规律，发现了资本主义生产方式的基本矛盾，指出资本主义私有制是产生劳动异化的主要根源。由此，他阐明了消灭资本主义私有制及实现共产主义远大理想的具体途径。

马克思认为，只有在共产主义社会中，人类才能扬弃异化现象，实现从异化受动的活动方式向自由自觉的活动方式的转变，实现对自身劳动本质的真正占有，也就是实现“人向自身、向社会的即合乎人性的人的复归”①。马克思还创造性地指出，人类只有充分发挥自己的能力和个性，并在自身的潜力得到充分发挥的条件下，才能摆脱人对人的依赖状态，同时，又能摆脱人对物的依赖状态，从而进入人对自己内在本质力量即能力的依赖状态，实现每个人能力的自由发展的理想。这是人类彻底摆脱异化状态、获得独立人格和全面发展的时代。马克思对人道理想的追求和设计超过了以往任何人道主义者，反映了人类对自身价值的完美追求，是彻底的、革命的人道理想。马克思的异化批判理论及其对人道理想的重建影响了20世纪许多伟大的思想家，直至今天，仍然焕发着青春的活力。

法兰克福学派的思想家们吸取了马克思的异化理论对资本主义社会的批判精神，但又结合技术、意识形态等普遍的文化力量对人的异化统治所产生的文化困境这一时代特点，将异化批判的矛头指向发达工业社会已经意识形态化的技术理性统治的技术异化，着重揭示了启蒙理性非但没有达到人类的美好初衷，反而坠落到一种新的野蛮状态的文化价值观根源。理性主义非但没有给人带来主体性的增长和自由，反而使人类受到了新的奴役。

科学技术在使人摆脱某种超验的实体力量的同时也变成一种新的统治力量。在技术异化批判的基础上，法兰克福学派的思想家们也提出了各自的人道理想。马尔库塞针对技术异化所导致的人类本能的动物化的现实，提出建立以“爱欲”为理想价值目标的社会机制。弗洛姆则针对技术异化造成的人的主体性、创造性的丧失，提出了一种能促成创造性、生产性人格的形成的健全社会。哈贝马斯则针对技术异化世界人与人之间交往方式的工具化、物化的状况，提出建立人与人之间既能保持个性自由又能和睦相处的合理交往方式。

这里，法兰克福学派针对资本主义条件下“科学技术万能论”的弱点，从意识形态和文化批判的角度对资本主义条件下弄虚作假之存在状

---

① 马克思：《1844年经济学哲学手稿》，81页，北京，人民出版社，2000。

况进行了深刻反思，反映了资本主义社会的基本矛盾的当代表现，即人们日益发展的科学技术和文化与人性本能压抑的矛盾，为解决现代资本主义的矛盾提供了新的思路。但法兰克福学派的技术异化批判理论并没有充分吸收马克思异化批判理论的精华。因为技术异化批判理论所强调的意识形态和文化问题归根结底是受社会物质生产条件制约的，是受资本主义经济政治关系制约的。意识形态的文化批判只有归结为社会经济关系的批判，归结为对资本主义社会生产力和生产关系的矛盾的批判，才能真正抓住异化批判的要害。正因为法兰克福学派的技术异化批判论抛开了马克思所强调的经济关系和社会基本矛盾，所以在提出各种人道理想的时候失去了唯物史观的根基。这也是我们在分析法兰克福学派与马克思在人道理想重建问题上，要特别注意严格区别的问题。

对工业文明条件下人的异化状况的批判和对人道理想的重建，既反映了人类对传统价值观的超越，也反映了人类对新的生活方式的美好憧憬。这是现代人文精神反思的重要内容。

(三)哲学对总体性人学的自觉

哲学对总体性人学的自觉是现代人文精神反思和重建的最重要成果，是文艺复兴以后人的再度发现带来的哲学领域的重大变革。哲学对总体性人学的自觉，集中表现在20世纪中后期以来，随着科学主义和人本主义的对话和融合，文化哲学和哲学人类学兴盛起来。

人类文化发展的历史表明，人类对自身的认识既无法离开自身，又必须离开自身(通过人类对象化的各个方面来认识自身)。人是具有多重属性和多义性的存在，随着人类实践活动的不断深入，这些多重属性和多义性才能更加鲜明地表现出来。因此，人类对自身的总体性认识是随着实践的不断展开、人类对象化范围的拓展而不断加深的。由于人类受某种文化精神的束缚和实践水平的局限，哲学对总体性人学的自觉需要相当长的历史时期。但哲学对人自身的关注却是哲学的真正旨趣。正因如此，每当人类自我认识陷入人自身设置的陷阱而不能自拔的时候，哲学史上总是出现一种人类“反思自身”的强烈要求。文艺复兴时期“人的发现”是如此，现代西方文化思潮所映现的“人的再度发现”亦是如此。人类对自身的每一次“新发现”都不是以往“人的发现”的重复，而在许多方面都达到了一个新的境界。现代人文精神的反思和“人的再度发现”不仅是对人的某种属性或某一方面的再认识，而且更是对总体性人学的自觉。

现代西方文化思潮对“科学理性主义”和“人类中心论”的价值重估，使人们认识到人并非单纯的理性存在物，人也具有丰富的非理性因素。离开理性，意味着原始和野蛮；没有非理性，人便成了机械之物。罗素认为，过分抬高理性与过分抬高非理性都是危险的。加缪也认为，单纯地强调人的任何一方面都是荒谬的。人是总体性的人，是多重属性和多方面的统一。对总体性人学的自觉和深入研究，才是哲学的根本任务，这正是文化哲学和哲学人类学的根本精神。

文化哲学发端于新康德主义。新康德主义的代表人物狄尔泰认为，哲学不能只满足于康德在认知意义上所展开的“理性批判”，而要以“总体性的人”作为研究中心，强调作为文化创造者的人所具有的知、情、意多重生活意蕴。狄尔泰进而认为，哲学必须直面活生生的人，并且通过对人的全部文化历史的分析和把握来认识人的总体性特征。继狄尔泰之后，胡塞尔、海德格尔、伽达默尔及利科尔等人，都从各自独特的视角推进了文化哲学的发展，强调哲学的视野要转向人类文化生活世界，通过对人的生活世界和“活动历史”的认识和理解，揭示人的总体性，走出现代人意义失落和价值危机的困境。

对文化哲学给予系统而明确阐发的，是德国当代著名哲学家卡西尔。卡西尔认为，人是“符号的动物”，人通过“劳作”所产生的文化成果集中地表现为各种符号形式，符号思维和符号活动是人类生活中最富有代表性的特征，正是通过对这些符号的研究和认识，总体性的人才能被揭示出来。语言、神话、宗教、艺术、科学、历史都是人类自身活动的组成部分，这些组成部分构成了完整人的各个扇面。正因如此，卡西尔认为，哲学的根本任务在于研究总体性的人，而具体途径则是对人类各种“符号形式”的研究，最终达到对人自身的完整理解，建设一个人自己的完整世界。

当代文化哲学的发展呈现多元化发展态势，各种形式的文化哲学都对人的各个侧面进行了深入研究，这充分反映了哲学对总体性人学的自觉。

哲学的人学转向，是20世纪西方哲学领域的又一重大变革，也是哲学对总体性人学自觉的典型范例。德国著名哲学家、现象学者，价值伦理学的奠基人舍勒是哲学人类学的创始人。他认为，哲学要走向总体性人学即人类学，要以人为中心，从人的各层面和层次展开对完整人的研究。舍勒还认为，哲学人类学是一种元哲学，它将为一切与人发生关系的具体科学提供一种人类学本体论基础。这是哲学走向人学的伟大宣言。

哲学人类学并不是外在于文化哲学的一种特殊哲学，从其总的精神来看，哲学人类学与文化哲学有着内在一致性。两者都把人学作为哲学的发展方向，将人的总体性作为哲学研究的根本内容，而且二者在许多方面相互影响，相互渗透，共同承担着认识人之谜的艰巨任务。

当然，对传统理性主义价值观的批判和超越、对现代人文精神的反思不只限于以上几个方面。比如，哲学的语言学转向、哲学与其他人文学科的融合以及哲学与大众文化的结合等，都从不同程度上反映了现代西方文化发展所蕴含的新的人文精神。尽管目前西方对“科学理性主义”和“人类中心论”的价值观仍在进行着不断的反思，现代人文精神的建设和人类自我认识也仍在不断进行，而后现代主义思潮的批判、怀疑、否定、解构也并未从根本上使人类走出从“上帝之死”到“人之死”的历史困境，但传统价值观已彻底失去往日的权威。在日益发达的科学技术世界，保持对理性主义的警惕和对科学技术负面效应的批判态度，将人的价值和意义纳入健全的理智中，这是人的再度发现和现代人文精神的反思给予我们的重要启示。西方现代人文精神的反思给我们的另一个重要启示在于，不论是价值重建、人道理想重建，还是人学的自觉，如果离开马克思唯物史观的指导，撇开对资本主义经济关系和社会矛盾的分析，都是没有出路的，也解决不了根本问题。人文精神的重建，离开社会物质基础和社会经济关系的改变只能是一种“空想”。从根本上改变资本主义生产关系，建立适合现代科学技术和生产力发展的社会主义制度，这是历史发展的必然，也是从根本上解决现代西方人文精神危机的必经之路。

从文艺复兴时期“人的发现”到现代西方“人的再度发现”和人文精神的反思，对这一人类自我认识的理性漫游，我们深刻认识到人类本质力量获得与丧失的历史过程。由此，笔者得出以下认识。

从摆脱旧的价值体系的束缚及重新认识人自身这一角度来看，文艺复兴时期“人的发现”和现代“人文精神的反思”，都是人类自我认识的重大转折。但文艺复兴时期“人的发现”是在科学技术尚未得到高度发展的条件下对古希腊传统理性的复兴，而现代人文精神的反思则是在传统理性主义得到充分发展、技术理性充分暴露出其固有的局限的条件下对人类自身的重新认识。文艺复兴时期“人的发现”带来了人类对理性力量的充分依赖，而现代“人文精神的反思”则带来了人类对自身理性力量的警觉，它使人们意识到，在人类理性的光辉中隐藏着不易为人发现的危险。因此，人类最伟大的方面不在于为自身设定一种终极完美的理想目标，而在于对人类自身的活动和理智进行不断的反思，形成一种自觉的批判意识和超越意识，使人类对自身的认识更加自觉和全面。这也许对21世纪的人类发展有重要启示意义。

哲学的人学自觉是人类自我认识的重大进步，而只要人类存在，这种自我认识就永远不会完结。因此，“人的发现”和“人文精神的反思”是人类永恒的课题。现代人文精神的重建和人学研究的深化应该成为“现实的革命的运动”，应使人的意义和价值体现在社会发展的机制中，落实到人们的生活世界里，使人类向着更加有利于每个个体的全面发展的健全社会迈进。

目前，我国正处于社会转型时期，商品经济、市场机制、科学技术的发展已深深触动了国人的生活方式。西方工业文明时代出现的“人对物的依赖”状况在我国已不是局部的“不正常”现象，而中国传统农业文明时代的价值观念还在许多领域起着作用。多元文化价值的并存与冲突，构成中国社会转型时期文化精神领域的基本特征。确立怎样的核心价值理念，以促进现代化的社会与完整人的协调发展，已成为我国人文精神建设的艰巨任务，这一艰巨任务，也确定了中国未来哲学发展的基本方向。转型时期的中国哲学必须扎根于社会主义现代化建设这一伟大实践中，应高度弘扬人的主动性、创造性，提倡“能力本位”和健全理性，在总结西方“人的发现”与现代“人文精神反思”的经验教训的基础上，在多元文化精神的对话、交流和整合中，形成总体性人学，并在唯物史观的指导下，使这种总体性人学在现实生活中实现其人文价值。

第十一章　从人道主义到马克思人学

建构马克思主义人学理论，还需要从历史的角度进一步分析研究马克思人学思想的形成和发展。

马克思的人学思想是在批判继承前人关于人的学说的基础上形成和发展起来的。马克思以前关于人的学说的主要理论形态之一，是人道主义，人道主义是马克思人学思想的主要来源之一。

马克思恩格斯在《神圣家族》中指出：唯物主义应该研究人的问题，而18世纪法国唯物主义正是由于研究了人的问题，才成为19世纪法国空想社会主义的哲学基础。这就是说，18世纪法国唯物主义和19世纪空想社会主义，都是人道主义的一种形式。① 对这种人道主义，马克思批判性地加以发展。恩格斯在《社会主义从空想到科学的发展》中指出：他和马克思的共产主义学说，表现为19世纪空想社会主义和“18世纪法国伟大的启蒙学者们所提出的各种原则的进一步的、据称是更彻底的发展”②。这里的“各种原则”，包括人道主义的一般原则。费尔巴哈的人

① 参见《马克思恩格斯文集》第1卷，327页，北京，人民出版社，2009。

② 《马克思恩格斯文集》第3卷，523页，北京，人民出版社，2009。

本学唯物主义也是马克思人学思想的一个来源，而这种唯物主义“在理论领域体现了和人道主义相吻合”①的性质。实际上，马克思早期的理论探索正是从对人道主义的批判继承开始的。日本学者城塚登指出：18世纪法国的启蒙思想，具体地说人道主义，是马克思思想的最初一个出发点。② 既然如此，要深入理解马克思的人学思想，就必须首先对他以前的西方人道主义作一番认真细致的历史考察。

一　人道主义演进的历史逻辑

自文艺复兴以来，人道主义在其发展过程中，呈现为各种不同形态。概括地说，马克思以前的人道主义表现为四种基本形态：文艺复兴时期的自然主义的人道主义，18世纪法国启蒙运动时期的理性主义的人道主义，19世纪法国空想社会主义的人道主义，19世纪德国人本主义的人道主义。

(一)文艺复兴时期的自然主义的人道主义

文艺复兴时期的人道主义，主要是在反对中世纪的唯一的意识形态——宗教神学的斗争中发展起来的。当时，新兴资产阶级反对神学的斗争主要采取两种方式：一是宗教改革运动，在教会内部进行某种改革，以削弱教会的统治；二是人文主义的文艺复兴运动，主张以世俗的人的权威代替神的权威，其目的是把人从天上降到地上，用地上实在的人反对天上虚幻的上帝，确立人在世俗中的主体地位。

文艺复兴时期的人道主义用以反对宗教神学的理论武器，主要是自然主义。这种自然主义把人理解为“自然人”。它从自然人出发，一方面注重

① 《马克思恩格斯文集》第1卷，327页，北京，人民出版社，2009。
② ［日］城塚登：《青年马克思的思想：社会主义思想的创立》，尚晶晶、李成鼎等译校，34—35页，北京，求实出版社，1988。

人的自然性，反对神性，用“自然性”同“神性”相对抗。另一方面强调人的自然欲望的满足和世俗的幸福。这种以自然主义来反对宗教神学和弘扬人的世俗意义的努力，始终是文艺复兴时期人道主义的主题，因而，就其本质来讲，可将这种人道主义称为“自然主义的人道主义”。虽然这一时期的某些人文主义者也强调理性，以理性反对对上帝的信仰和盲从，但他们大多把理性看作人的自然性的一个内容，并且本质上同人的自然性是一致的。

文艺复兴时期自然主义的人道主义的主要代表人物，是但丁、彼特拉克、莎士比亚和皮科等。虽然不同的代表人物对人道主义的阐释侧重点有所不同，但在他们的著述中，其主要内容基本上是相同的，这就是都十分强调物质欲求的合理性和人对现实世俗生活的享受。针对中世纪宗教神学贬低人性及对世俗生活的感性欲求，拉伯雷充分肯定物质欲求的合理性。他在书中给世界艺术大师取名为“卡斯台尔”(即“肚子”的意思)，意在说明一切精神需求的前提就是要满足“肚子”的需要，以此推动生产和科学技术的发展。在拉伯雷那里，物质欲求的满足是人类的第一需要，也是一切行为的动因。这个时期的艺术家和思想家及其文学作品都充满了大胆追求爱情的情节和场面，都把关注的重点由天国的神转到人间的世俗生活。这时人们最喜欢的格言是：“我是凡人，我只要求凡人的幸福。”

围绕强调人在世俗生活中的意义这一主要内容，这一时期的人道主义者提出了许多重要观点。其中主要有：人最重要的是他的自然欲望和肉体享受，因而人应大胆地满足自己的需要和世俗享受的欲望。人要按照自然本性来生活，顺应自然，改造自然。人性是至高至善的。人在世俗生活中，应当有自己的意志和个性发展的自由。这些观点的实质在于：它以满足人的自然欲望的名义反对禁欲主义，以意志自由的名义反对教会独断，以个性自由的名义反对封建奴役，以多才多艺的人反对循规蹈矩的人，以人要成为自然界的主人和占有者的名义反对超自然势力。①

① 参见[法]加罗蒂：《人的远景》，徐懋庸、陆达成译，第3编第3章，北京，生活·读书·新知三联书店，1965。

1. 文艺复兴时期自然主义的人道主义具有的基本特征

第一，立足点是人性至善至上。这一时期人道主义的主要历史任务，是以人的自然性否定神性，确立人性的地位，使跪在上帝面前的人站立起来，所以，它对人性加以高度赞扬和肯定，把人性至善至上作为它得以立足的根本原则。

第二，人道主义原则具有强烈的阶级指向性。新兴资产阶级为了维护本阶级的世俗利益，把人道主义作为文化思想武器。它首先以人道主义原则来反对神学原则。这时的人文主义者适应资产阶级反宗教神学的需要，提出了许多人道主义的一般原则。这里，人道主义是作为一种原则出现的，它具有一般的和普遍的价值，不具有具体的指向性、实用性和阶级性。然而资产阶级最终是运用人道主义原则来为本阶级的世俗利益服务的。这一倾向反映在资产阶级人道主义中，就是名义上打着解放全人类的人道主义旗帜，实质上是为了解放资产阶级。因此，这一时期的人道主义，就其举起的旗帜和出发点来讲，主张的是人类的解放，但就其指向性、实用目的和实质来讲，则是一种维护资产阶级世俗利益的阶级人道主义。

第三，具有意识形态色彩。文艺复兴是一种文化运动，主要在意识形态领域进行。无论是以人道否定神道，还是以复兴古代文化来确立世俗文化，文艺复兴对“人”的发现，始终是从文化领域和意识形态领域着手的，文艺复兴时期的人道主义当然也不例外。从这一时期的人道主义所表现出的言论看，显然具有意识形态色彩：一方面，它试图在意识形态领域削弱教会和宗教神学的统治；另一方面，它力图从意识形态领域确立人的权威、世俗的权威和资产阶级的权威。

第四，范围狭隘。这一时期的人道主义思想主要限于少数人文主义者范围内，并没有成为平民大众精神的组成部分。

第五，具有两个互相结合着的倾向。我们说文艺复兴时期人道主义是“自然主义的人道主义”，是就其根本特征而言的。全面来看，这一时期的人道主义在强调人的自然性的同时，也表现出两个互相结合着的倾向：一是具有唯物主义倾向的人道主义。它是在唯物主义学说的轨道上形成的。其特点是使人道主义思想摆脱宗教形式，具有世俗的内容，越来越广泛地利用自然科学方法来说明人的本质和人性，宣扬具有个人愿望和要求的单个人。二是具有空想共产主义倾向的人道主义。这一倾向反映在康帕内拉、拉伯雷和莫尔的著述中，是在对理想人性的渴望和追求的心态下形成的。其特点是使人道主义着重描绘未来理想社会的美好方案——公社的生活方式，不宣扬具有个人愿望和要求的单个人，主张知识、荣誉和享受为大家所共有，人人公平。[①] 这两种倾向并不是截然分离的，而是在共同强调"人的自然性"这一点上结合在一起的。比如，具有空想共产主义倾向的人道主义者几乎都注重人对世俗生活的享有，这一点同具有唯物主义倾向的人道主义是一致的。所不同的是，前者是对后者的一种升华。文艺复兴时期的人道主义的这两种倾向，内在地包含着逐步分化的因素，从而对以后不同形式的人道主义产生了一定影响。

2. 文艺复兴时期的自然主义的人道主义，在西方人道主义发展史中占有重要的地位，起着重要的积极作用

首先，它发现了"人"，开辟了人道主义的先河，它提出的一些原则，包含着以后各种不同形式的人道主义形成和发展的源泉。

其次，它第一次从文化上关注人的问题，从而深深地影响了从当时到现代的整个人类思想文化史和政治经济史，影响了整个时代，因此，在其之后，人的问题便一直是西方文化研究的一个主题。

再次，它在实践上，对推动资本主义商品经济的发展，对确立资产阶级的统治，起到一定的积极作用。文艺复兴时期之所以发现了"人"，主要是新兴的资本主义商品经济的内在本质要求，是资产阶级利益的内在要求。要确立和发展资本主义商品经济，要在世俗的社会生活中推翻神的统治，确立资产阶级的统治，人及人格的独立是前提和基础。这一

---

① 参见沈恒炎、燕宏远主编：《国外学者论人和人道主义》(第二辑)，286—287页，北京，社会科学文献出版社，1991。

时期的资产阶级人文主义反映了这一要求，竭力弘扬“人”的意义，以此来推动资本主义商品经济的发展。历史证明，文艺复兴时期的人道主义为后来的资产阶级准备了充分有效的精神文化武器，为资产阶级的诞生起了铸造灵魂和催生的作用。

最后，它培养了人的主体意识，表现出对人和现实生活的终生关怀。文艺复兴时期的人道主义产生于社会动荡之中，它的现实针对性，是表达人对现实生活中的苦难的抗议，是对封建主义的支柱即宗教神学的批判。其目的是确立人在世俗生活中的主体地位。由此，它关切的是世俗生活中人的状况，是人作为主体的价值，这昭示着以后人道主义发展的现实指向性和人的指向性。

3. 文艺复兴时期的自然主义的人道主义具有一定的历史局限

一是对世俗生活中的人的关切，过于注重价值和情感方面的考虑，缺乏实实在在的论证和理性分析，缺乏从社会关系方面理解人、说明人，因而，抽象议论多于具体分析，价值评判多于理性分析，人道主义被错用于对人的社会历史和人的现实生活进行说明和分析。

二是对人的尊重和弘扬，过于从意识形态和世俗生活方面考虑，缺乏对人的政治分析、经济分析和哲学分析，缺乏对人的自然性和世俗生活的升华，以片面议论代替对人的全面思考。

三是对人的理解过于朦胧模糊。面对封建专制的压榨和摧残，人文主义者敢于挺起胸膛说我是人，我是自由的。但这一点的具体体现和确证是什么？他们只能用逻辑演绎加想象说，我的意志是自由的，在文化艺术的天地里，我可以尽情地表现。可面对现实的社会生活，面对未来，作为具有自由意志的人又该当如何，文艺复兴时期的人文主义者并没有交代清楚。

(二)18 世纪法国启蒙运动时期的理性主义的人道主义

这一历史阶段上的理性主义的人道主义，是在批判继承文艺复兴的自然主义的人道主义的基础上，在反对封建势力、蒙昧主义的斗争中产生和发展起来的。这是从对人性、人的本质的重新理解开始的。

18世纪法国启蒙运动时期的一些思想家，如卢梭、伏尔泰等，继承了文艺复兴时期的人道主义者的方法，从人和动物相区别的意义上理解人，再从所理解的人出发谈论人的问题。然而他们反对把人性理解为自然性，认为只有理性才是人和动物的根本区别，才是人的根本特性。不仅如此，他们还把理性独立出来，把理性看作衡量和主宰宇宙万物的尺度。他们用理性反对封建专制，认为封建主义压抑人的理性；用理性反对宗教蒙昧主义，指出宗教神学不去开发人的理智，反而倡导人的愚昧；用理性论证人的自由、平等和博爱，认为人的理性就是自由，就是平等，就是正义，就是爱；还用理性为资产阶级利益和现实辩护，强调资产阶级的行为是合乎理性的。质言之，用理性来裁判一切，是这一时期人道主义的主题。由此，就其本质来说，可将这种人道主义称为“理性主义的人道主义”。

理性主义的人道主义的主要内容，是强调人的理性的至高无上性。正如恩格斯所说的，在18世纪，这个世界是用“头”立地的，理性成了衡量一切的尺度，一切都被押上理性的审判台来接受理性的裁决，没有什么不能被怀疑，没有什么不能被批判，人们只有相信理性，相信自己的独立判断能力。① 围绕对人的理性的至高无上性这一主题，这一时期的人道主义思想家提出了以下重要的观点：理性是最根本的人性，是人和动物的根本区别。人应当通过发挥其理性的力量，来认识世界，来发明科学技术，发现真理，以树立起人对自然的自信。理性的力量是巨大的，它是确立人在宇宙万物中的主体地位的基础。应以理性的尺度去审判一切，理性也就是自然法，它教导全人类自觉遵从理性，使人人受理性之光照耀。为实现人类的自由、平等、正义和爱，必须建立一个永恒的理想国家和理性社会。

理性主义的人道主义具有两个明显特征：

一是具有鲜明的政治色彩。因为这一时期，资产阶级的政治利益问题十分突出。由此，人道主义思想家把矛头直接针对封建的政治统治，

① 参见《马克思恩格斯文集》第3卷，526页，北京，人民出版社，2009。

试图为资产阶级的政治利益辩护。这一时期的人道主义思想家所提出的“天赋人权”“自然法”和“自由、平等、博爱”等，都是直接指向封建制度的政治统治的。

二是人道主义精神走向了平民大众。这一时期，人道主义思想已从少数思想家的书斋中走出来，成为整个时代占支配地位的思想，也成为许多平民大众的一种精神。

理性主义的人道主义的本质内容和特征，使它在人道主义发展史中占有重要的地位，起着重要的积极作用。从理论上，它关注理性这一人的精神世界，开辟了一个新的精神领域，是对自然主义的人道主义所关注的世俗生活的一种升华，因而也影响后来的思想家进一步去关注人的理性。从实践上，它既有助于开发个人的理性认识能力，去深入认识客观外部世界，发明科学技术，推动科学技术的发展，从而增强人对外部世界的改造能力，树立人的主体地位，也利于个人充分发挥其主动性和创造性，从而推动资本主义社会生产力的发展，还为确立资产阶级在政治上的统治立下了功劳。英国革命，尤其是美国革命和法国革命，就直接是以启蒙思想为旗帜的，如《独立宣言》《人权宣言》就是这一时期人道主义思想的结晶。这里，它的实践意义大于它的理论意义。

理性主义的人道主义也不可避免地具有历史的局限性：当它把人视为世界万物的主宰时，却忽视了外部世界和物质条件及其对人的规定和制约。当它使人把注意力集中指向对外部世界的认识时，却忽视了对个人内在世界的认识。当它高扬理性的旗帜时，却忽视了对这种理性加以充分的科学说明和论证，没有看到理性的缺陷。当它从理性出发去批判社会现实时，却进一步用人道主义来解释、说明和分析社会现实，忽视了社会现实自身的特殊性以及内在规定性。当它注重人道主义的道德劝善性质时，却未自觉注重它的革命性质和实践意义。当它关心资产阶级的政治利益时，却把劳苦大众的利益置之度外。造成这些局限的原因是多方面的。其中，对人和人道主义缺乏科学的理解是主观原因，资产阶级只专注自身利益是客观原因。

(三)19 世纪法国空想社会主义的人道主义

19 世纪法国空想社会主义的人道主义，继承了理性主义的人道主义对人和人性的理解，也把人的理性看作人的根本特性，从理性出发理解人，把人看作“理性人”。不仅如此，它还从理性出发衡量社会，设计未来社会的理想方案。在这个意义上，它同理性主义的人道主义有一定的脉络联系，它是从后者进一步发展而来的。

然而从发展的眼光看，空想社会主义的人道主义比理性主义的人道主义有所前进。主要表现在：

(1)理性主义的人道主义关心的是资产阶级的利益，空想社会主义的人道主义则站在无产阶级立场上批判资本主义社会的私有制和剥削现象，关心无产阶级利益和人类的利益。

(2)理性主义的人道主义弘扬个人的价值和意义，空想社会主义人道主义在设计未来理想社会的方案时，一个最基本的特征，就是注重互助、合作、联合、集体的意义。

(3)理性主义的人道主义多注重社会现实，对社会现实中的种种问题予以较多思考，空想社会主义的人道主义则注重社会的未来，对未来社会的方案予以设计、描绘和展望。

(4)理性主义的人道主义较多注重人的理性独立，崇拜和信仰理性，空想社会主义的人道主义则“努力寻找使人自由地表现自己和以更丰富的形式实现自身的有利社会条件”和途径，强调对现存社会的改良，以便“使每个人在肉体、精神上都能得到全面发展”。①

这些被推进的方面，集中表现在对“社会主义”的认识和强调上，表现在对“理性”的不同理解上。理性主义的人道主义多把理性指向对资产阶级利益、资本主义现实以及个人的论证上，其理性是个人理性，空想社会主义的人道主义则把理性指向对无产阶级利益、人类利益、未来社

---

① [波]亚罗舍夫斯基：《马克思主义人论》，杨晓伟译，11—12 页，沈阳，辽宁教育出版社，1988。

会主义以及集体论证上，其理性是集体理性。这样的人道主义之所以被称为“空想社会主义的人道主义”，理由就在于此。

空想社会主义的人道主义的主要代表人物是圣西门、欧文和傅立叶。他们各自的见解有所不同，但在主要内容上则是一致的。在他们各自的著述中，都共同表述了这样一个主要观点：人应努力追求自由、平等和全面的发展，为此，就必须消灭资本主义私有制，批判和改造资本主义社会，使人的生活条件人道化，进而建立一个以每个人的全面发展为原则的理想社会，其中，教育、道德教化、立法和实验示范是很重要的。这些观点集中论述了这样三个主题：一是批判资本主义私有制给社会带来的罪恶，二是设计和描绘未来社会主义的理想方案，三是寻找实施这一理想方案的途径和手段。

空想社会主义的人道主义有其独有的特征。首先，它的人道主义是人类性的人道主义，它强调的不是某一个阶级的解放，而是整个人类或每个人的解放。其次，它的人道主义是集体性的人道主义，它强调人与人之间的平等互助和集体合作，反对孤立的、利己的个人。最后，它的人道主义是空想性的人道主义，具有空想色彩。

空想社会主义的人道主义的独有特征，使它在人道主义发展史上占有一席之地，对人道主义和社会主义的发展，也具有积极推动作用。在人道主义发展史上，空想社会主义的人道主义第一次转向对每个人的全面发展、对集体的深切关注，第一次展开对资本主义及其私有制的强烈批判，第一次设计和描绘未来社会的社会主义理想蓝图，第一次努力探寻实现这一蓝图的社会条件、途径和手段。这既促进了人道主义原则向社会主义方向发展，使后人关注人道主义和社会主义的内在联系，又促使后人对资本主义的批判，并深切关注实现人道主义理想的社会条件、途径、方式和手段。历史证明，空想社会主义的人道主义对马克思的科学人道主义具有直接的影响。

当然，空想社会主义的人道主义也有其历史局限性。其中最根本的，就是它往往从抽象的人性(理性)出发批判资本主义社会，描绘未来社会，通过理性的力量(教育、道德教化和立法等)实现理想社会，而没有把人道主义建立在对现实的科学分析的基础之上，从而没有找到实现理想社会主义的有效途径、手段和方式，因而具有“空想”的特质。

(四)19 世纪德国人本主义的人道主义

这一时期，德国人本主义的人道主义的主要代表人物是费尔巴哈。费尔巴哈的人本主义的人道主义，是在对理性主义的人道主义的批判继承中形成和发展起来的。这种脉络关系是：费尔巴哈的人本主义的人道主义继承了理性主义的人道主义考察人的问题的方法论，即从人和动物相区别的意义上理解人，并从所理解的人出发，考察社会现实及其中的人的状况，提出人的理想。然而，费尔巴哈不同意理性主义的人道主义对人的片面理解——把人的某一属性(理性)夸大和放大，当作人的全部属性，进而当作人来理解(理性人＝人)，或把人只理解为人的某一属性，主张从完整的“人本身”理解人，把人看作一个整体，认为人就是整个“人本身”。在他看来，只有整个“人本身”，才能置于上帝原来所处的中心地位。不仅如此，他还反对理性主义的人道主义对人的抽象化、理想化理解，主张从抽象的理性回到实实在在的人，从理想(幻想)的天国回到现实人间。这种被费尔巴哈发展了的人道主义，就其本质特征上讲，是“人本主义的人道主义”。

费尔巴哈人本主义的人道主义之主题，是从哲学上论证“人是人的最高本质”或“人的本质在人本身”，用以自然为基础的现实的人代替理性主义的人道主义以及黑格尔哲学的抽象的人。他在《基督教的本质》《未来哲学原理》等著作中，对这一主题进行了充分阐述。他指出：他的哲学主题，一是自然，二是人。围绕上述主题，费尔巴哈提出并阐发了一些基本观点。归结起来，这些观点具有三方面的主要内容：一是人的本质论，认为宗教的本质在于人的本质，人的本质在于人本身，而“人本身”是自然联系起来的类的共同性，是单个人所固有的类的普遍属性；二是人的存在异化论，指出宗教的异化无非就是人的异化，是人的自我感觉的丧失；三是人的复归论，强调要通过建立“爱的宗教”，来重新建立人和人之间的关系，来确立人在世界中的主体地位。由此可以看出，费尔巴哈人本主义的人道主义的实质目的，是把人看作人的最高本质，用人的“爱的宗教”代替“神的宗教”。

费尔巴哈人本主义的人道主义的基本特征，在于他的人道主义的人本主义哲学基础，在于对人的“人本”理解。在他看来，哲学研究的主题、中心是人，人在本质上就是一个完整的自然实体，是具有自然联系起来的普遍共同性的生命体，人的社会性存在无非是人的自然存在的外在表现，人的自然联系起来的普遍共同性是人的最根本的东西，因此，哲学应把这种共同性看作自己的本体，并从此出发来理解人的一切问题。基于这种理解，他的人道主义具有以下特点：

一是具有哲学色彩，人道主义从哲学上得到了论证。这一点使他的人道主义同自然主义的人道主义区别开来。因为后者并没有从哲学上得到论证，多是些文化、价值、情感方面的抽象议论。

二是立足于“人本身”，把“人本身”看得至高无上，用“人本身”立地。费尔巴哈把人从外部世界中独立出来，把“人本身”当作一个独立自存的实体加以研究，认为人本身是不能被融合在其他方面来理解的。尽管费尔巴哈的“人本身”令人费解，但在人道主义发展史上，费尔巴哈的“人本身”还是有其特点的。

三是返回对人的内在世界的探讨，研究了人的需要、欲求、情感、感觉、意志和理智等。这在人道主义发展史上，也颇具特色。

这些特点，决定了费尔巴哈人本主义的人道主义在人道主义发展史上，具有特殊的历史地位以及重要的历史影响。在理论上，他第一次对人道主义的本质、思维方式、内容结构作了哲学论证，使人道主义具备了完备的理论形态。综观费尔巴哈的著述可以看到，他把人道主义在本质上看作是研究由现实世界的非人性状况向符合人性状况的发展过程的一种理论体系，其思维方式是：人追求完美的人性——人性在现实存在中有所丧失—扬弃人性的异化。由此，其内容结构也由三个层次组成：

一是人的本质论。费尔巴哈主张对人进行完整理解，力求达到完整性，这种完整性就是完整的人本身，是由自然联系起来的共同性。

二是人的存在论。在这方面，费尔巴哈从哲学上论证了人在宇宙中的地位、作用和价值。

三是人的复归论。在这一方面，费尔巴哈提出建立“爱的宗教”。在实践上，费尔巴哈用“爱的宗教”批判“神的宗教”，对在现实实践中确立人的地位，削弱上帝的地位，起到了重要作用。

费尔巴哈人本主义的人道主义具有重大的历史局限性，这集中表现在他的“人本主义观”上。首先是对人的理解的非社会性。他只把人的本质解释成生物学上的类，解释成把许多个人纯粹自然地联系起来的“一种内在的、无声的、把许多个人自然地联系起来的普遍性”①，看不到人与人之间的社会差别。其次是对人的理解的非历史性。认为人是由单个人所固有的一些脱离历史过程的“属性”“不变本性”等构成的，于是，他撇开历史的进程，看不到社会历史条件对人的制约，以及人的历史变化，“并假定有一种抽象的——孤立的——人的个体”②。最后是对人的理解的非实践性。他还从来没有看到现实存在着的、活动的人，而是停留于抽象的“人”，并且仅仅限于在感情范围内承认“现实的、单个的、肉体的人”，也就是说，除了爱与友情，而且是理想化了的爱与友情以外，他不知道“人与人之间”还有什么其他的“人的关系”。③

二　马克思对人道主义的合理传承

西方有着深厚的人道主义传统，也具有丰富的、值得挖掘和继承的思想遗产。马克思明确地批判继承了这一人道主义传统。马克思的人学思想是在批判继承以前的人道主义传统的基础上形成和发

① 《马克思恩格斯选集》第1卷，135页，北京，人民出版社，2012。
② 同上书，135页。
③ 同上书，157页。

展起来的，这种批判继承，从思考方式上，主要是从对人的重新理解开始的。

马克思分析研究历史活动的逻辑起点，是对人的理解。当时，他受西方人道主义传统的影响，也从人和动物相区别的意义上理解人。在这种理解中，他较为注重继承人道主义的一般原则、本质、思维方式、功能和分析框架。因为在马克思那里，从人和动物区别的意义上理解人，有两方面的意义：一是从事实方面揭示出人和动物的区别，有哪些本质特征(在这方面，不同的人道主义者会有不同的看法)；二是从价值方面表明，人按其必然性来说，必须实现这种人优越于动物的类本质，凡是有利于人的类本质实现的，都是应当肯定的，反之，都是应当否定的。这是对人的价值的肯定和对非人性现实的评判。其中就内在地包含着人道主义的一般原则、本质、思维方式、功能和分析框架。

(一)马克思传承了人道主义的一般原则

人道主义提出的原则，往往基于人和动物区别的意义，因而具有一般的、普遍的和永恒的感召价值，不具有具体的指向性、实用性和阶级性，对这些原则，是可以继承的。一般来说，各种不同形式的人道主义，都会提出一些人道主义的一般原则，马克思常常把这些原则继承下来。归纳起来，人道主义具有三大核心原则：人人平等、尊重个人、把人当人看。①

(二)马克思传承了人道主义的一般本质

关于人道主义的本质，国内外学术界存在着歧解。就国内而言，焦点主要集中在以下三个问题上：人道主义研究的对象究竟是什么；人道主义与关于人的思想观点有何关系；人道主义有没有广义和狭义之分。要阐明马克思对人道主义的一般本质的继承问题，就必须首先弄清人道

① [日]城塚登：《青年马克思的思想：社会主义思想的创立》，尚晶晶、李成鼎等译校，19—26页，北京，求实出版社，1988。

主义的本质，必须既从理论逻辑上又从人道主义的发展史上，就以上三个问题加以分析。

1. 先来分析人道主义研究的对象

一般来说，人道主义首先是一种反映人和外部世界关系的关系范畴。因为人道主义谈论人道不人道，是就人在外部世界中的存在和发展状况而言的。但不能笼统地说，人和外部世界的关系就是人道主义研究的对象。不言而喻，唯物论、认识论和历史唯物主义等，也研究人和外部世界的关系。实际上，人道主义研究的是人与外部世界的一种特殊关系，即外部世界对人的意义关系(价值关系、属人关系)，以及人对外部世界的评判关系。它主要解决人化世界如何达到人道世界的问题，或者说主要解决人的现有世界如何达到人的应有世界的问题，因而它是当人们要不要争取完美的人性时而提出的一个概念。这里的人道世界，是指把人作为最高价值并真正符合完美人性的世界。

从逻辑上讲，人和外部世界一般有四种基本关系：认识关系、价值关系、审美关系、实践关系。人道主义不大注重研究人和外部世界的认识关系和审美关系，而着重关注人和外部世界的价值关系和实践关系。人道主义在研究人和外部世界的价值关系时，注重从人的应然性出发来评判人在现实世界中的实然状况，即揭示出外部现实世界对人性发展的肯定或否定关系，然后根据人的应然要求来对人所处的现实世界进行革命的、批判的改造，使其向符合人性的世界发展。因此，人道主义总是在外部现实对人性发展的肯定或否定的价值关系中产生的。

从思想史来看，历史上所有形式的人道主义，几乎都关注人和外部世界的价值关系和评判关系，关注人性发展，关注世界的人道化问题。文艺复兴时期的人道主义注重的是人性在世俗世界的自由而全面的发展问题，这是其肯定的一面，同时还具有对宗教教义、封建专制对人性发展之压抑的批判性，这是其否定的一面。18 世纪法国启蒙时期的人道主义指出，人在自然状态中是自由平等的，是和谐相处的，但在现实社会中，人类失去了自由和平等，人对人像狼，最后，人类历史将进入自由平等阶段。其精神实质也是谈论人性由异化到扬弃的发展，是对现实社会中人性状况的价值评判。费尔巴哈的人道主义认为，理性是人性，但在现实中，理性的迷误使人性产生异化并产生了宗教，这是违背人的理性要求的，因此必须重新恢复人的理性，建立人的爱的宗教。显然，费尔巴哈人道主义的思想实质，仍是关注人性由异化向复归的发展。

由上简要分析可以得出这样一个结论，就其一般本质来讲，人道主义研究的是人和外部世界关系中的一种特殊的价值关系和评判关系，因而是一种研究由现实世界中的非人性状况向符合人性状况的发展过程的价值观，也是人性由现实状态向理想状态行进的一种努力。这一研究对象及其本质，包含两方面的基本内容：从否定方面看，它批判现实世界对人性发展的异化，反对非人性的现实；从肯定方面看，它努力追求人性解放，扬弃异化，并在人性中发现人的尊严。虽然法国结构主义哲学家阿尔都塞在人道主义问题上有偏颇之处，但他对人道主义的下述断言是一语中的的。他说：理想的人性与现实世界的非人性的矛盾，是一切人道主义的隐蔽的本源，人性的光明面是非人性的黑暗面的外表，而人性的黑暗面必然遭到人们的反抗，人性的光明面必然成为人们努力追求的目标，人道主义的真谛和秘密，也就在这里。①

2. 再来分析人道主义与关于人的思想观点的关系

由上分析可以看出，人道主义有其特定的界定，有其独特的研究对象，因而不能把一切关于人的思想观点都纳入人道主义范畴。然而，在关于人道主义的讨论中，一些学者把关于人的思想观点都纳入人道主义范畴。如一种观点认为，人道主义是由自然人及其超越性构成的思想体系，它研究人的潜能的发挥及发挥的环境。还有一种观点认为，人道主义泛指一切以人、人的价值、人的尊严、人的利益或幸福、人的发展或自由为主旨的观念或哲学思想。实际上，人道主义与关于人的思想观点是既有联系又有区别的。二者的联系在于：关于人的思想观点包括人道

① 参见沈恒炎、燕宏远主编：《国外学者论人和人道主义》(第二辑)，550页，北京，社会科学文献出版社，1991。

主义的思想观点，前者外延比后者宽泛，而且对人的看法不同，决定着对人道主义的看法也不同。因此，关于人的思想观点是不能全部纳入人道主义范畴之中的。从二者的区别看，更是如此。这种区别具体表现在如下三个基本方面：

第一，人与人道的区别。把一切关于人的思想观点都看作人道主义的人，首先把“人”和“人道”混淆起来。其实二者是有区别的。关于人的思想观点与人有关，即凡是与人有关的思想观点，都是关于人的思想观点，其中包括对人的科学认识的思想，而人道主义只与人的特定方面——人性的发展和现实状况有关，它只在人性的发展状况中寻求人的尊严，因而它多涉及对人的价值评价。

第二，人的本性、人的本质、人的属性与人性的区别。人的本质相对于本质的表现而言，是人之所以成其为人，并区别于其他动物的根据或最根本的属性。人的本性，主要是指受自然人的肉体组织制约的、人与生俱来的和人本身不可或缺的规定性，是自然而然地制约人的一切行为的原初类特性。人的属性，是指人在与他人、他物发生关系时表现出来的人的全部属性。而人性则是指由人的本质在现实社会中表现出来的、人区别于动物的全部特性，它有理想和现实之分。

一般来说，凡是关于人的学说都可以把人的本质、人的本性、人性和人的属性作为自己思考的对象，但人道主义则主要着眼于对理想人性和现实人性的矛盾的研究。因为这一矛盾是人的本性、人的本质在现实世界的具体表现过程中产生的。在人性发展状况中，必须既看到人对自身尊严、价值的渴望，又看到人对自身在现实世界的状况的批判，这正是人道主义所关心的。人道主义在解决问题时，虽涉及对人的本质、人的本性、人的属性的理解，但它们并不直接构成人道主义研究的对象。对人的本质、人的本性、人的属性与人性不加区分，必然会把一切关于人的思想观点都纳入人道主义范围之内。

第三，人文主义、人道主义与人本主义的区别。把一切关于人的思想观点都纳入人道主义范畴的另一个原因，是对人本主义、人文主义和人道主义三个概念的内涵未加区分。在多种外文中，人文主义、人道主义和人本主义都可用同一个单词来表达：英文是 Humanism，德文是 Humanismus，法文是 Humanisme。这种现象的存在，一方面是由于人道主义和人本主义作为一种完整的理论形态，都是继人文主义之后发展起来的，并同人文主义存在着渊源关系。另一方面因为人文主义、人道主义和人本主义三者共同具有的一个特征，就是都与“人”直接相关，都以“人”作为自己存在的前提、根据、基础和目的。这就使得一些学者往往将它们混淆起来使用。实际上，这三个概念在内涵上是有一定区别的。

人文主义是通过复兴古代文化和宗教改革的形式，来确立人的精神的一场思想文化革新运动，其形式是在意识形态和思想文化领域批判宗教神学，复兴古典人文精神，其内容实质是确立人类的地位、价值和尊严，消除神学对世间的统治，因而它实际上就是人道主义。人文主义的内容虽是人道主义，但它更注重对古典文化的复兴、教育、宣传和研究，注重意识形态或思想文化领域里的变革，注重塑造一种近代资产阶级精神。也就是说，它更注重自身的形式和手段方面，注重“人”在文化形象和意识形态领域中的复兴。与人文主义不同，人道主义是对人文主义的内容实质和成果方面的延伸和发挥，它已不限于人文主义对人在感性形象和意识形态领域中的复兴，而进一步要求“人”在现实社会中幸福地生存，不限于人文主义在思想文化领域的反宗教，而进一步要求在现实社会中反对封建统治和其他现实奴役，不限于人文主义那种抽象一般的人的原则和人的要求，而提出人在政治和现实社会中实现人的自由、平等和博爱等现实具体的要求。

人本主义不同于人文主义和人道主义的地方主要在于：其一，它从哲学的理论形态上系统论证和阐发了人文主义、人道主义深层的核心内容和思维框架。具体来说，它不仅从哲学本体论的形式上主张以人为本位，反对一切超越现实的个人的本位存在，而且从哲学思维方式上揭示了人道主义的思维框架，即人的类本质与个人现实存在的矛盾。如果说人文主义注重思想文化和意识形态领域中的人的精神，人道主义注重世俗领域的人性发展，那么人本主义则是从哲学上对人文主义、人道主义的概括、总结和论证。其二，人文主义主要是一种思想文化运动，人道主义主要是一种世俗思潮，而人本主义则主要是一种哲学上的逻辑确证。其三，在人的历史发展问题上，人文主义的成果是人的精神的复兴和“人”的发现，人道主义的成果是人的精神的发展和为人性发展而进行的种种努力，而人本主义的成果，则是真正确立人在外部世界中的主体地位。由以上论述看，人道主义与人文主义、人本主义是有区别的。因此，与人文主义、人本主义有关的一切关于人的思想观点，是不能完全纳入人道主义体系之中的。

3. 再看看人道主义的一般规定和特殊规定

在理解人道主义的含义时，分歧较大的是人道主义有没有广义和狭义之分。

一种传统观点认为，根本不存在什么广义的人道主义。因为人道主义有其特定的历史内涵和明确的阶级属性，所谓人道主义，就是指欧洲文艺复兴时期形成的一种资产阶级意识形态，它是资产阶级的专利品，只是在资本主义等价交换的关系形成之后才产生的，如果认为有广义人道主义的存在，那实际上是承认人道主义具有超乎一切时代、一切阶级的全人类性和永恒性。

另一种传统观点则认为，对人道主义，历来有广义和狭义两种理解。广义的人道主义，就是泛指一般主张维护人的尊严、权利和自由，重视人的价值，要求人能得到全面而自由的发展的思想和观点。广义的人道主义不是主观想象出来的，而是客观存在的，这一思潮的广义性，是由整个阶级社会中存在着压抑人类自由的本性这一客观事实的广泛性决定的，因而它贯穿于整个阶级社会的始终，是世代相继的一种进步的社会思潮，是人类共有的精神财产。狭义的人道主义，则是指欧洲文艺复兴时期新兴资产阶级反封建、反宗教神学的思想文化运动。

这两种观点分歧的实质在于，人道主义是否仅为资产阶级的意识形态，只为资产阶级利益服务？人道主义是不是人类几千年来进步社会思潮的优秀成果，或者只具有资产阶级的阶级属性？解决分歧的关键，在于弄清人道主义产生的根据和本源，尤其是资产阶级人道主义产生的根据和本源。

资产阶级人道主义之所以产生，主要是因为人对自己在现实社会中受压抑、受奴役的地位或状况的自我反思，以及对美好人性追求的结果。具体来说，人有追求完美人性的本性，这种追求在文艺复兴时期显得更加强烈，但在中世纪的欧洲，人受宗教神学、封建专制的压抑和奴役，人性发展受到严重阻碍，新兴资产阶级为了发展自己，首先必须获得人性上的解放，所有这一切，都只有砸碎束缚“人”的锁链才有可能。这种矛盾和愿望反映到当时一些进步思想家的头脑中，就孕育了一场以塑造人的精神为中心的大规模的人道主义思想文化运动。它的兴起，就是为了解决人性在社会发展中所出现的社会问题。由资产阶级人道主义产生的根源可以看出，人道主义植根于人对美好人性的追求和人性在现实世界中的存在状况的矛盾之中，在这一矛盾中，既包含着人道主义的一般规定，又包含着人道主义的特殊规定。人道主义就其一般意义讲，是关于人对美好人性的追求和人性的现实状况的矛盾的一种反映，质言之，只要存在人对完美人性的追求和人性在现实世界中的存在状况的矛盾，就必然产生人道主义。这里就包含广义的人道主义，其内涵是指使人走出现实世界的“困境”，而不断地追求合乎人性的生存方式和发展方式的一种努力，它既批判现实世界中的非人性状况，又积极努力追求完美人性的实现。

把人道主义的这种“一般规定”放在一定的具体关系中加以具体化，便成为人道主义的“关系规定”，即各种不同形式的人道主义的特殊规定。具体来说，在不同的社会历史条件下，不同的社会阶级、阶层和集团对自己人性发展的追求，同一定的社会生活条件相矛盾，便会形成该阶级的人道主义。如资产阶级对本阶级的人性发展的追求同封建社会对人性发展压抑的矛盾，便形成资产阶级的人道主义，而无产阶级对本阶级的人性发展的追求同资本主义商品社会对工人的人性发展的压抑的矛盾，便形成无产阶级的人道主义。这里面就包含着人道主义的关系规定，即它是人摆脱束缚人性发展的社会条件，并追求合乎人性的生存方式和发展方式的一种特殊努力，它既批判现实世界中的非人性状况，又积极追求一定人性的实现。人道主义的这种关系规定，具体体现在各种不同形式的人道主义中。这种规定把人性具体化，又把现实世界及其对人性发展的压抑具体化，还把对人性实现的追求具体化。而在这些具体化中，便可以抽象出人道主义的一般规定。

由此可以说，只要存在人对完美人性的追求和人性在现实世界中的存在状况的客观矛盾，就必然会有人道主义的存在，因而也必然会有广义人道主义的存在。人道主义不只是资产阶级的意识形态，不只是为资产阶级服务的，无产阶级完全可以对此加以批判、继承和发展，用它来为自己服务。

从对人道主义研究的对象、人道主义和人的思想观点的关系、广义人道主义和狭义人道主义的关系的上述分析考察中，可以看出，就其一般实质来讲，人道主义是对人的类本质和理想人性的一种追求和努力，是对现实世界的非人性状况的批判和反抗，是对美好人性的追求与人性的现实状况之矛盾的一种反映。对人道主义的这种一般本质，马克思予以积极的关注和继承。马克思在其著述中，非常推崇普罗米修斯、莎士比亚、埃斯库勒斯和歌德，赞美斯巴达克斯和开普勒，推崇 19 世纪空想社会主义者圣西门等，认为他们是人道主义的化身。受这些人的影响，马克思对美好的人性及其实现的社会经济条件予以强烈关注。不仅如此，具有浪漫主义传统的人道主义思想家，如卢梭等，对马克思也产生着深刻影响。如果说普罗米修斯式的人道主义着重从正面对人性加以肯定，那么，浪漫主义的人道主义则着重从反面对工业社会中的非人性现象加以否定。马克思在对资本主义社会的批判中继承了这一传统，接受了浪漫主义者关于当代社会中“自我毁灭”的那一部分观点，研究了人的异化、人的解放等问题。

(三)马克思传承了人道主义的思维方式及其评判职能

从对人道主义历史发展的考察中，从对人道主义研究的对象、本质规定和产生的根据的分析中，可以看出，人道主义不是一种难以把握的杂乱无章的学说，而是一种有其内在的逻辑思维方式，因而也是一种便于人们把握的思想体系。这种严密的逻辑思维方式就是：人追求着完美的人性——人性在现实社会中有所丧失——扬弃人性的“异化”。

历史上的各种人道主义者虽对人性的具体内容看法各异，但如果不拘泥于术语，而主要考虑其深层的思想实质和内在逻辑，可以说，几乎所有的人道主义者都是按如此的思维方式来议论的。如文艺复兴时期的人道主义，便有理想人性、人性丧失和复兴的思想。

文艺复兴之所以被称为“复兴”，就在于它是复兴古代拥有而在中世纪丧失了的一种精神，是复兴古人拥有并运用而在中世纪丧失了的能力和力量。在文艺复兴时期的人道主义者看来，从古代到近代的历史，就是人的精神的丧失和复兴的历史。18 世纪法国启蒙时期的人道主义思维模式认为，人在自然状态下是自由、平等和互爱的，但在现实社会状态中，人却戴着锁链，失去自由、平等和互爱，人与人之间的关系像“狼”，所以必须依靠教育和立法等手段恢复人的自由、平等和互爱的人性，其思想实质，也是人性的异化及其扬弃。这一点在卢梭那里表现得颇为明显。卢梭认为，自由、平等、博爱是完美的人性，这些人性后来在社会状态中丧失了，人类历史要进入自由、平等、博爱阶段，这就是人性的恢复。费尔巴哈从哲学本体论上更明确地揭示了人道主义的内在逻辑结构，即人的理想类本质与人的个体现实存在的矛盾，并明确用人性的异化及其扬弃来解释宗教的产生和演变，把人类社会的历史归结为宗教史。他认为，理性是人性，理性的迷误产生了宗教，而人的理性的复归则是爱的宗教的建立。其中的思维模式，同 18 世纪的人道主义是一致的：人性是美好的，后来发生了异化，所以要复归。

青年马克思十分重视人道主义的这种思维方式，因为它包含着对美好人性的向往和对非人性现实的价值批判。但晚年马克思为了克服他以前的人道主义的局限，就严格将其限定在价值观范围之内。在马克思的早期著作中，他把自由自觉的活动看作一种理想化的完美的劳动，认为在资本主义私有制条件下，作为人的本质的这种劳动异化了，变成了异化劳动，人的本质丧失了，而到共产主义社会，必将扬弃这种异化劳动，实现真正的人道主义。因此，共产主义是异化劳动的积极扬弃，是人性的全面占有和复归，因此是彻底的人道主义。① 这时，马克思曾用“自由自觉的活动—异化劳动—人性复归”这种人道主义思维方式来评判和说明社会历史。

其实，从马克思的整个著述中，我们可以发现人道主义这一内容结构以不同形式存在着：(1)关于人应当是怎样的论述，如人的类特性是自由自觉的活动等；(2)关于人实际上是怎样的论述，如对现实的人的“过去”和“现在”的社会客观条件的分析等；(3)关于人如何扬弃“实存”以达到“应该”的展望，如对通过无产阶级革命和社会主义改造以实现每个人的自由而全面的发展等。②

三　马克思对人道主义的扬弃发展

马克思在继承西方人道主义传统的同时，也看到了它的历史局限和缺陷。所以，他不只是简单地继承这一传统，而是力图克服和超越这一传统的局限和缺陷，以实现人道主义发展史上的变革。这首先是从对人的全新的、科学的理解开始的。

(一)马克思扬弃以前人道主义的非社会性

一部近代西方人道主义的历史，首先是对人的本性、人性和人的本

---

① 参见北京大学哲学系编：《人道主义和异化问题研究》，23 页，北京，北京大学出版社，1985。

② 参见沈恒炎、燕宏远主编：《国外学者论人和人道主义》(第二辑)，65—135 页，北京，社会科学文献出版社，1991。

质的认识的历史，对它们的认识不同，对人的其他方面的理解也就不同。因此，人是什么，一直是近代人道主义发展史上的一个永恒主题。文艺复兴时的人道主义者多把人理解为“自然人”，人是自然存在物。这首先是从把人放在与神相对立的意义上来理解的，同时也反映出人道主义者把思考的对象指向人和自然的关系，以及复兴古代对人的自然性的认识之倾向。18世纪法国启蒙运动时期的人道主义者多把人理解为“理性人”，认为人是理性存在物。他们把理性独立出来，并把理性看作万物的尺度。费尔巴哈认为这样来强调理性过于抽象化和理想化了，这一观点忽视人的实存的自由和幸福，因此他极力主张从抽象的理性回到实在的自然，从幻想的理性王国回到实在的感性人间。在他看来，这种回归是把抽象的人变成现实的人，把人的自然性还给人本身，即把人看作一个由肉体、血液、人格、性格、情感、欲望和意志构成的不可分割的整体，或看作一个活生生的自然实体。

马克思不赞成以前的人道主义思想家对人的上述理解，认为他们的局限在于只从人和动物区别的意义上理解人的抽象的类本质，而没有从人和人区别的意义上来理解人的现实的、社会的本质。为克服这一局限，马克思从社会关系出发理解人，把人理解为“社会人”，理解为社会存在物，理解为具有社会差别性的存在物。正如他所指出的：“人的本质不是单个人所固有的抽象物，在其现实性上，它是一切社会关系的总和。”①对人的这种理解，具有根本的方法论意义，它是马克思在人学和人道主义问题上实现根本变革之所在，是马克思超越以往人道主义局限之所在，也是马克思对人道主义的发展之所在。

(二)马克思扬弃以前人道主义的非历史性

离开人的社会性理解人，必然看不到人的历史性，即人的历史变化了的具体本质，而只能把人看作由单个人所固有的一些脱离历史过程的“属性”“不变本性”构成的。马克思以前的人道主义大都撇开现实条件和

① 《马克思恩格斯选集》第1卷，135页，北京，人民出版社，2012。

历史进程考察人，往往把整个历史过程看作是“人”的自我异化和“人”的发展过程，因而都无法理解人的本质的历史表现是受社会历史条件制约的，并对造成人的一定存在方式的历史状况持一种非科学的态度。

针对这一局限，马克思指出，在考察那些历史地形成的、使人的存在以各种形式表现出来的社会形式时，必须批判地说明人的存在的各种历史表现，必须考察人的本质实现的历史形式和历史特征。① 根据这一方法论，马克思对人的理解采取了一种历史的态度，把人放在社会历史发展过程中，考察了人的发展的“过去”“现在”和“未来”及其各自的历史特征，对人的认识实现了具体化，把对人的认识向前推进了一步。

(三)马克思扬弃以前人道主义的非实践性

马克思以前的各种人道主义在思考人的问题时，多把重心放在对什么是人性、什么是人的不变本性和什么是完美的人性这种一般问题的抽象阐述上。它以抽象人性为出发点，以人的类本质为理论基础，来谈论人的问题和社会问题。它在谈论人性在现实社会中的发展状况和人性复归时，往往求诸教育、道德劝善、立法和实验，而不是诉诸革命实践。

马克思也谈论人性和人道主义问题。但在他看来，人是从事实践活动的人，因而人道主义并不单纯是一些政治道德口号，不是像抽象的博爱那样的虔诚愿望的总和，也不是仅仅停留在对非人性存在状况的道德抗议上，而首先是通过解放无产阶级的革命实践使现存世界革命化，改变事物的现状。② 因此，他的人学及人道主义把重心从对什么是人、什么是人的不变本性的抽象议论，转到寻找劳动者解放的途径、为建立社会主义和共产主义而奋斗的实践斗争上来，从而使其人学及人道主义具有实践唯物主义的特征，同时也超越了以前人道主义的局限，使人道主义在实践层面得到了发展。

(四)马克思扬弃以前人道主义的非科学性

从理论上讲，人道主义在对人的认识上，多注重人和动物、人和

① 参见《马克思恩格斯文集》第1卷，519页，北京，人民出版社，2009。
② 参见《马克思恩格斯文集》第1卷，262页，北京，人民出版社，2009。

神、人和物的区别，不大注重人和人的区别，即它在本性上着眼的是人的类本质。这表明，人按其必然性来说，必须实现其优越于动物的类本质。这一必然性使人道主义具有两方面的意义：

一方面，它能为一种理论及现实的人提供价值目标。任何一种理论，都是以人为最终价值目标的。人道主义把人作为一种价值对象来考察，着眼的是人的未来前景和理想，因而它可以在某种程度上为一种理论提供价值目标，从而激励人们的追求。至于这种目标是否正确，如何实现，则是另一个问题。

另一方面，人道主义对人的认识，必然着重于考察外部现实世界对人性(人的本质)实现的状况，并根据这种状况对外部现实世界作出价值评判，从而使人们看到现实的不足。

这两种意义表明，人道主义有它存在的历史必然性和合理性，也有它发展的现实必然性和必要性。任何时候人们都需要对自己所处的世界进行价值评判，需要看到现实的不足，也需要有一个明确的努力目标，这实质上就是人道主义的职能：价值评判。但是人道主义只具有价值评判的职能，不具有科学认识、客观分析和解释的职能，即不能用它来揭示社会(客观事物)的本质和客观规律。“职能误用”或“领域错用”，必然暴露出人道主义的局限。质言之，如果把人道主义作为一种历史观来说明社会历史，必然走向历史唯心主义。马克思主义以前的人道主义就是如此。

文艺复兴时期的人道主义者和启蒙时期的人道主义者认为，历史是人性的异化和复归的历史，历史发展和社会进步的动力在于人类的善良天性和人类的理性。启蒙思想家主张以理性作为审判台，一切都拿到理性面前接受审判，认为只要诉诸理性或通过教育，人类的一切“迷误”都能克服。实际上，这些人道主义者提出的一些原则和口号，并不能科学地说明历史，那些属于价值和道德范畴的字眼，对历史本身的问题什么也说明不了。

19 世纪的空想社会主义者和资产阶级的人道主义者一样，用抽象的人性、人的本身来解释历史，来设计他们的改革方案，来构想他们的合理社会。空想社会主义者认为，资本主义的黑暗和罪恶不过是人性或者说人类理性的迷误，消除这些黑暗和罪恶是思维者的理性的任务，社会主义正是理性、真理和正义的表现，只要把它发现出来，它就能用自身的力量创造出新的世界。由于离开具体的历史条件，离开特定的社会关系谈论人性、人的本质，并把它们当作人类社会历史发展的决定力量，所以人道主义在历史观上必然停留于唯心主义。当然，我们也不能因为人道主义作为历史观必然陷入历史唯心主义，就否定它存在的价值和意义。人道主义作为历史观，是应加以摒弃的，但作为一种价值观，则是可以批判性继承和发展的。

马克思正是如此。在其思想成熟时期的著述中，马克思创立了历史唯物主义，以此来解释和说明社会历史，以克服以前人道主义者用人道主义说明社会历史的局限性，同时把人道主义建立在历史唯物主义基础之上，只用人道主义来对非人性的现实作价值评判。这是马克思对人道主义的又一种发展。马克思对以前人道主义的批判，表明人道主义对马克思人学思想之形成和发展的重要性，表明马克思人学思想具有不同于以往人道主义传统的特殊性，那种看不到马克思人学思想在人道主义思想发展中所实现的根本变革的倾向，是必须加以克服的。①

此外，资产阶级的人道主义还有虚伪性一面，即表面上它讲自由、平等、博爱，而在实质上，它们是用自由、平等、博爱的外衣掩盖其特殊利益以及其统治的实质。

通过以上分析可以得出一个结论：人道主义是马克思的人学思想之源，马克思的人学思想既来源于以前的人道主义，又超越和发展了这种人道主义。

---

① 参见[日]城塚登：《青年马克思的思想：社会主义思想的创立》，尚晶晶、李成鼎等译校，112—114页，北京，求实出版社，1988。

第十二章　对马克思思想体系的重新解读

从这里，我们便由“历史考察”进入“理论解读”，即从人学维度重新理解马克思的思想体系。

马克思开辟的哲学道路之核心，是对现实人的生存境遇和发展命运问题的关注。

今天，人的问题在学术研究和意识形态争论中的重要性不断增强，引起了人们对马克思的思想体系和马克思的人学思想的极大兴趣。许多学派关于人的问题的争论，不同程度上都是同马克思的思想体系和马克思的人学思想联系在一起的，甚至可以说，马克思的思想体系和马克思的人学思想已成为人们争论的一个焦点。

在学术研究和意识形态争论中，有两种代表性的观点。一种观点认为，马克思的整个思想体系是建立在他的人的学说的基础之上的，其核心和实质是人道主义(弗洛姆、马尔库塞等)。另一种传统的观点认为，马克思的思想体系包括唯物主义历史观、政治经济学和科学社会主义三个基本组成部分，不包括人学；甚至有的学者把这一观点推向极端，认为马克思虽然研究人的问题，但拒斥人的学说，他的唯物主义历史观已包含着对人的科学理解，没有必要从其思想体系中划分出相对独立的人学，人及人学是西方人道(人本)主义关注的中心，马克思在成熟著述中反复批判过人道主义和人本主义，如果承认马克思人学理论的独立存在，就会把马克思主义同人道主义和人本主义混淆起来。

这就向人们提出一些十分尖锐的问题：在马克思的整个思想体系中，是否存在一个相对独立的人学？如果存在，那么其研究对象是什么，应怎样界定？它与哲学历史唯物主义、政治经济学、科学社会主义以及人道主义、人本主义是什么关系？其基本内容及逻辑框架是怎样的？挖掘、整理、研究马克思的人学理论具有什么重要意义？

一　人学是马克思整个思想体系中一个相对独立的组成部分

从表面来看，马克思虽没有明确提出要建立一种相对独立的、具有完整系统的人学理论，但从其全部著述中，可以揭示出其人学理论的基本框架和结构。人学，是马克思整个思想体系中一个不可或缺的相对独立的、具有完整系统的组成部分，在其中居前提地位。在马克思那里，所谓人学，指的是研究作为实践主体的完整的人及其本质、存在和历史发展规律的科学。

(一)马克思人学理论的总体框架

马克思把“人”看作一切活动和一切社会关系的主体承担者及基础，看作社会历史的前提及创造主体，这就包含着把人作为一种相对独立的研究对象，把关于对人的哲学理解的人学作为人文社会科学的前提，他把对人的科学认识看作是对社会历史认识的前提，指出“全部人类历史的第一个前提无疑是有生命的个人的存在”①。他也把人看作一切活动

① 《马克思恩格斯选集》第1卷，146页，北京，人民出版社，2012。

（经济活动、社会活动等）和一切关系（经济关系、社会关系等）的本质、基础和主体承担者。他在考察人的经济活动和社会活动的历史发展时，总是力图从中揭示出人的历史发展规律。实际上，在马克思那里，对人性和人的本质的科学认识，是对与人有关的其他问题认识的理论前提。而且对人的认识始终贯穿于他的前后著述中，人的本质、存在和历史发展始终是他关注的一个主题。这样，作为创造社会历史的实践主体的人及其本质、存在和历史发展规律，就可以作为一种独立的研究对象。所以笔者认为，在马克思的整个思想体系中，有专门研究人类历史发展规律的历史唯物主义，有研究资本主义社会人的经济关系的政治经济学，有研究人的解放之实现条件的科学社会主义，也有专门研究作为实践主体的完整的人及其本质、存在和历史发展规律的人学。马克思实际上已表达了这一思想："关于人的科学本身是人在实践上的自我实现的产物。"①从马克思关于人的诸种观点和著述中，可以揭示出其人学理论的基本内容及其内在逻辑结构，这就是人和自然的关系—人和劳动的关系—人和社会的关系—人和历史的关系—人和人的关系—人和自身的关系。马克思始终是在"关系"中研究人的。

从逻辑上，他对人的思考首先是从人和自然的关系入手的。在这种关系中，他认为关于自然的"自然科学"和关于人的"人的科学"是一门科学。因为人属于自然界，自然界也属于人，所以在研究自然界时，也就是在研究人，而在怎样理解人时，也就在怎样理解自然。由于人是通过劳动同自然界发生关系的，所以他接着论述了人和劳动的关系，认为自由自觉的劳动是人的类特性，劳动表现、实现和确证着人的内在本质力量，并使人的内在本质力量外化，使自然界人化。这方面的内容构成马克思人学的本体论。

由于人的劳动是在社会关系中进行的，由此，他进一步分析了人和社会的关系，认为人的本质在其现实性上是一切社会关系的总和，社会

---

① 《马克思恩格斯文集》第1卷，242页，北京，人民出版社，2009。

本身即处于社会关系中的人本身，是人的存在、发展的形式，所以他研究了人的社会性及个人和社会的关系。这方面的内容构成马克思人学的社会观。他又从人和社会的关系中揭示出人和历史的关系(纵向)、人和人的关系(横向)。在人和历史的关系中，他深入具体地考察了人的发展的历史过程及其表现形式、人的历史发展的本质内容与规律、人的历史发展的条件与方式、人的历史发展的根据与基础、人的历史发展的地位与作用等。这方面的内容构成马克思人学的历史观。在人和人的关系中，他着重分析了个人和人类、个人和群体、个人和阶级以及个人同自身的关系，并从中论述了个人异化和解放、个性实现和自由等问题。这方面的内容构成马克思人学的价值观。马克思人学的本体论、社会观、历史观、价值观的上述内在逻辑联系，构成了马克思人学理论的完整框架。

(二)人学在马克思整个思想体系中的地位

马克思始终注重并强调从人的视角来考察、分析、理解与人有关的问题。马克思对“人”有自成一体的看法。正因为如此，他在考察与人有关的问题时，总是注重从人的角度入手：自然界是人的无机的身体，是人表现其内在本质力量的对象，人同自然的关系即是人和人的关系，所以自然界是关于人的科学的直接对象。劳动尤其是工业劳动，“是一本打开了的关于人的本质力量的书”，是“人的本质力量的公开的展示”，因此，“通过工业……形成的自然界，是真正的、人类学的自然界”，而“自然科学却通过工业日益在实践上进入人的生活，改造人的生活，并为人的解放作准备”①；社会历史无非是人的活动创造和人的本性不断改变而已，是个人本质力量的发展史，是“自然界成为人这一过程的一个现实部分”，是“人的真正的自然史”，因而“人也有自己的形成过程即历史”。② 共产主义是人的解放的必然环节和社会形式，其基本原则是每个人自由而全面的发展。更为重要的是，马克思总是从“物”的深层和

① 马克思：《1844年经济学哲学手稿》，89页，北京，人民出版社，2000。

② 《马克思恩格斯文集》第1卷，211页，北京，人民出版社，2009。

背后，力图揭示出“人”的内容，从物和物的经济关系中揭示出人和人的社会关系和价值关系，从财富的“物”的形式中揭示出“人”的形式——人的能力，等等。这些事实表明，人学在马克思整个思想体系中占有一席之地。

在学科划分意义上，马克思的人学既与他的哲学历史唯物主义、政治经济学、科学社会主义、科学人道主义相关联，同时又有区别，不宜相互取代，且在其整个思想体系中具有前提地位。

在马克思那里，人学研究的是完整的人及其本质、存在和历史发展的一般规律，着重研究人的完整性或完整的人，是一般性的总体科学，历史唯物主义则着重研究完整的人的第一个层面——人类的社会实践发展过程及其运动规律，它是对人的一种形态即人类的社会实践发展过程及其内在本质联系进行研究的结果，就此而言，人学(广义上的)是历史唯物主义的理论前提，而历史唯物主义是人学在人类实践发展过程中的具体的集中体现。

实际上，马克思的一切研究大都是从对人的理解开始的，对人的理解是其一切研究的前提。如《1844年经济学哲学手稿》，1845年《关于费尔巴哈的提纲》第六条，1846年《德意志意识形态》关于“现实的个人”是新历史观前提的思想等。正是基于对人的科学理解，马克思才实现了世界观的转变，并创立新的世界观。如马克思把现实的人看作人类实践发展过程的首要前提，他正是从对人的本质不断取得科学认识的过程中，在发现了人的现实本质是一切社会关系总和之后，在对人的劳动(社会实践)的社会历史性和社会关系的研究中，才发现了人类历史发展的规律，进而创立唯物史观的。正如马克思自己所说的，他所创立的历史观，是从现实的人，即从事活动的、进行生产的，因而在一定前提条件下能动表现自己的人出发的，只要描绘出人的实践活动的能动发展过程，人类历史就是一个有规律的发展过程。① 也正是在这个意义上，恩

① 参见《马克思恩格斯选集》第1卷，152—153页，北京，人民出版社，2012。

格斯指出，正是在人的劳动的发展史中，才找到了理解人类历史发展的锁钥，所以历史唯物主义是关于现实的人及其历史发展的科学。①

在马克思那里，其政治经济学是研究完整的人的第二个层面——特定群体的人(如工人和资本家)之间的经济关系，它是对人的另一种形态即特定群体及其之间的经济关系进行研究的结果，就此而言，对特殊的经济人加以理解的人学，是其政治经济学的理论前提，而政治经济学正是人学在特定群体的人之间的经济关系中的具体表现。实际上，马克思的政治经济学内含着一种对人的理解——在特定社会关系中从事经济活动并追求利益、独立和能力的经济人。

在马克思看来，其科学社会主义是研究完整的人的第三个层面——每个人的解放和自由而全面发展的实现形式和实现条件的学说，它是对人的另一种形态即每个个人的解放和发展的实现形式、实现条件进行研究的结果，因此，人学也是科学社会主义的理论前提，是人学在人的解放和发展的现实问题中的具体表现和必然结果。实际上，马克思人学理论的最终目的，是服务于人的解放和发展的，而科学社会主义则是其人学理论的一种实践形态和运动形态。马克思指出，共产主义所建立的制度……排除一切不依赖于个人存在的东西，在这一制度中，“每个人的自由发展是一切人的自由发展的条件”②。

在马克思那里，科学的人道主义着重研究的是人的第四个层面——人的现实存在和人的本质实现的矛盾，它是对人和外部世界之间的非人性关系，以及消除这一关系的人性要求进行科学研究的结果。因此，马克思的人学理论不能归结为而是包含着科学的人道主义，科学的人道主义是他的人学理论中的一个内容，是其人学在人的本质和人的存在矛盾问题上应用的结果。

说马克思的人学对其历史唯物主义、政治经济学、科学社会主义、科学人道主义具有前提地位，实质上说的是，他的人学是关于完整的人

---

① 参见《马克思恩格斯选集》第 4 卷，247 页，北京，人民出版社，2012。

② 《马克思恩格斯选集》第 1 卷，422 页，北京，人民出版社，2012。

及其本质、存在和历史发展规律的学说，而他的整个思想体系都是从不同层面(角度)具体体现这一学说的。也就是说，人学研究完整的人，而历史唯物主义、政治经济学、科学社会主义、科学人道主义分别是研究完整的人的某一层面的结果，因而对人的本质的不同的科学理解，是建立历史唯物主义、政治经济学、科学社会主义、科学人道主义的理论前提，但绝不是说要把马克思的整个思想作抽象人道(人本)主义解释。我们这么说，绝对不是用人学取代历史唯物主义、政治经济学、科学社会主义、科学人道主义，而是说人学在马克思的整个思想体系中，是一个相对独立的组成部分，这五者是彼此理解的。

如果说人学是马克思整个思想体系中的一个相对独立的组成部分，那么对马克思主义思想体系的重新解释就是：马克思的整个思想体系不只是历史唯物主义、政治经济学和科学社会主义三个组成部分，而是包括人学在内的四个基本组成部分，人学在其中居于前提地位。我们这么说，纯粹是一种可以进行讨论的学术探讨。

二 马克思人学理论内容的总体图景

马克思人学理论显然是一种以完整的人及其本质、存在和历史发展一般规律为对象的哲学性质的理论。

(一)人学理论的主题

总的来说，马克思的人学理论是围绕“揭露人的异化和实现人的解放，探寻人的解放和发展的实现方式”这一主题而展开的。

这一主题可分解为两个论题：一是批判资本主义社会中人的异化存在并追求人的解放和发展的价值主题。这一主题反映着资本主义工业化过程中人失去人性，而变成自己肉体生存工具的普遍现象。二是论证造成人的种种存在状况的根源，制定医治人和社会病态方案的科学主题。

这一主题就是探寻人的异化的根源和人的解放以及人的发展的实现方式。只要认真解读马克思有关人的问题的著述，就不难看到这一点。

(二)人学理论的中心线索

综观马克思著述中的人学理论，可以发现以下五条中心线索：一是人的需要、创造性劳动和社会关系的统一，这是因为他在本质上把人理解为具有肉体需要的、从事生产的、在一定社会关系条件下表现自己的人。二是个人、群体和人类的统一，这一线索着眼于人的存在形态。当马克思人学理论处在初期形成阶段时，他注重人的类本质。当他分析资本主义社会人的存在状况时，他着重分析作为特殊群体的人——工人和资本家。而当他描绘未来共产主义社会人的发展前景时，他更注重对个人的论述。但总的来看，他认为应把人类、群体和个人联系起来理解，否则就会陷入抽象。三是人的应有、人的现有和扬弃人的现有的统一，即人的理想本质和人的现实存在的矛盾及其扬弃。从马克思人学理论的形成和发展过程中可以看出这一点。四是个人发展的过去(前资本主义社会)、现在(他所处的资本主义社会)和未来(共产主义社会)的统一。可以说，马克思的人学理论是非常注重这种统一的。五是人的主体性和客观制约性的关系。历代人学思想家都要论及这一关系，马克思的人学理论同样关注这一中心问题，并给予科学的解决。

(三)人学理论的逻辑构架

对人的本质的科学理解，是马克思研究人的其他问题的逻辑前提和逻辑根据，由此可以揭示出其人学理论的内容结构。从马克思著述来看，他是从人的需要入手揭示人的本质的，然后由人的需要逻辑地引出人的创造性生产劳动，由人的生产劳动逻辑地引出人的社会关系，又由人的社会关系逻辑地引出人的个性。人的需要、人的生产劳动、人的社会关系、人的个性分别体现的是人的内在本质、类本质、现实的社会本质、个性本质。这一思维逻辑实质上就是马克思人学理论内在逻辑。马克思就是从这些本质因素的有机统一中，来理解和说明人的其他问题的。以对人的本质的总体分析为核心，马克思主要研究了人的存在形态、存在特征和存在的本质，这方面的内容实际上是关于人的本体论。以人的社会关系为核心，马克思研究了人的社会性、个人和社会的关系，这方面的内容构成马克思人学的社会观。以人的社会历史发展为核心，马克思研究了人的历史发展过程、表现形式、本质内容、规律、方式、根据、基础、地位和作用，这方面的内容构成马克思人学的历史观。以人的个性为核心，马克思研究了人的权利、人的异化、人的解放和人的自由，这方面的内容构成马克思人学的价值观。这样，马克思人学理论的逻辑构架就是：人的本体论—人的社会观—人的历史观—人的价值观。

(四)人学的基本内容

1. 关于人的本体论

这一层面的内容是马克思整个人学理论体系的前提、根据和基础，它主要是指马克思关于人的存在和本质的理论。以往的思想家之所以不能正确地解决人的问题，其首要原因在于没有正确地认识和理解人。所以，要正确地解决人的问题，首先必须正确地解决人的存在和本质问题。马克思正是从这一问题入手的，他试图通过解决这一问题，实现对以往人学的超越，并为自己的人学理论提供一个科学的前提和基础。

马克思关于人的本体论主要有四项基本内容：一是存在形态论。人有三种基本存在形态——人类作为种属的一般形态、群体作为不同社会类型的特殊形态、个人作为有个性的人的个别形态。马克思还考察了这三种存在形态的特点及其意义。二是存在特征论。人的存在特征是多样的，马克思将其归结为四种基本存在，即自然存在、类存在、社会存在和个性存在，并指出生命性、需要、能动性、对象性、感性和受动性是人的自然存在的基本内容，这些内容在人的概念中居前提和基础地位。关系的共通性、类意识和自由自觉的生产活动是人的类存在的基本内容，这些内容着眼于人和动物的区别。社会关系是人的社会存在的根本内容，这一内容着眼于人和人的社会区别，在人的概念中居决定性的地位。自我性和自主性是人的个性存在的主要内容，它着眼于人和人之间的个性区别。三是存在状况论。在马克思那里，人的存在状况主要指两种情况，即人的异化和人的自由而全面的发展。四是存在本质论。马克思认为，揭示人的存在之本质有三种方法，这就是：从人和动物、人和社会、人和他人的关系中探寻人的本质。从对人的生活或存在的分析中揭示人的本质。从对人的实践活动性质的分析入手揭示人的本质。其结果发现：人的需要是人的本质的内在规定。生产劳动是人的类本质规定。社会关系是人的现实社会本质规定。人的个性是人的个性本质规定。这些规定从主体到客体、从内到外、从类到个体、从能动到受动全面地展示了人的本质的完整图景。

2. 关于人的社会观

以往的人学思想往往离开人的社会关系来抽象考察人。马克思力图克服这一历史局限，注重从社会关系出发考察人的社会生活过程。

他在这方面的核心思想和理论贡献主要体现在三个方面：一是把人看成社会的人，注重探究人的社会性。在马克思那里，这种社会性在于人的合作性、群聚性、集体性、社交性、相互需要关系与社会规定性、社会制约性。二是论述个人在社会生活过程中的地位和作用。具体分析了个人与生产力、个人与生产关系、个人利益和社会利益、个人与国家、个人与社会意识、个人活动与社会生活条件等多种关系，指出社会生产、生产力、生产关系、社会利益、国家和社会意识等，都是从个人的一定实际生活过程中产生并得到说明的，它们产生之后，便成为个人活动借以实现的必然条件和社会形式。这样，个人在社会生活过程中既是前提又是结果，既是目的又是手段，既具有主体性又受社会制约和规定。三是把社会看成是人的社会，注重对自由个人的联合体的阐述。这里主要涉及个人的未来前景、发展趋向以及个人发展和社会发展的模式。在马克思那里，“自由个人的联合体”的思想要点是：以自由个性为本位。以消灭旧式分工、利己主义和剥削以及以发达的社会生产力为条件。以每个人自由而全面的发展为原则。以达到个人发展和人类社会发展和谐一致，每个人平等、自由、全面发展为目的。在马克思看来，作为个人自由而全面发展的有效社会形式的这种联合体，只有到共产主义高级阶段才能实现。关于人的社会观，是马克思在人学思想史上实现变革的根本方面。

3. 关于人的历史观

关于人的社会观侧重于从静态方面分析个人和社会的关系，而关于人的历史观则着重于从动态方面考察人的历史发展。马克思关于人的历史观的基本内容及思路是：从个人、劳动和人类社会生活条件三者的关系中，从对个人的历史发展过程及其表现形式的考察中，揭示人的历史发展的本质内容与规律、条件与方式、根据与基础、地位与作用。

具体内容有以下三点：

第一，在考察方法上，马克思是从人的历史发展过程入手考察人的发展的。遵循这一方法，他沿着两条思路来考察人的历史发展过程：一是将其置于历史发展的两大时期之中；二是将其置于历史发展的三大社会形态之中。第一种思路的基本思想是，在人类社会的史前时期，个人的发展在本质上主要表现为物质生产的手段得不到真正的发展，只有到人类真正进入共产主义社会，人的发展才表现为目的本身，自由个性才得以真正实现。第二种思路主要体现在马克思的《政治经济学批判大纲》(1857—1858年)中。马克思以扬弃黑格尔辩证法的形式，把否定之否定也看作是实际历史发展的内在逻辑。据此，他把人和社会关系的历史发展过程划分为三种社会形态：前资本主义社会、资本主义社会、共产主义社会，并力图从中揭示人的发展的种种历史表现形式或本质特征：在前资本主义社会，人的发展主要表现为“原始的丰富”“人的依赖关系”和“自我牺牲”。在资本主义社会，人的发展主要表现为“畸形发展”“个人独立”和“利己主义”。在共产主义社会，人的发展将体现为“全面发展”“自由个性”和“个人与社会的和谐一致”。这里的着眼点分别是人的能力发展与其活动的关系、人的社会关系和个性之发展的社会基础、人的发展的方式和性质。

第二，在对人的发展的历史过程及其表现形式考察的基础上，马克思从中抽象概括出人的发展的本质内容和规律。关于人的发展的本质内容，他指出，人的历史发展，本质上是个人本质力量通过其劳动而发展。关于人的历史发展的规律，从马克思的著述中可以揭示出来。概括起来，主要有以下三个基本规律：

关于个性发展、群体发展和族类发展在历史中的地位转换规律。这一规律着眼于人自身的发展和他的社会物质生活条件的发展的历史辩证过程。它提出的根据是，人既是社会物质生活条件的创造者，又是后者的产物。其主要内容是，个人要发展自己，首先必须发展其族类生活得以实现的社会物质条件。这种发展最有效的历史形式是分工，分工使族类发展、特定社会群体的发展以牺牲个人及其个性的全面发展为代价，然而，由于社会生产力和人的内在本质力量的进一步发展必然要求人全面占有社会生产力，其结果必然把个人及其个性的自由而全面发展在历史中凸显出来，从而实现同族类发展的和谐一致。

关于个性发展程度依赖个人对社会生产力总和之占有程度及占有方式的规律。这一规律着眼于个性发展程度同个人对社会物质生活条件的占有程度的相关性。它得以成立的根据是人既是社会生活条件的手段，又是它的目的，其实质是如何将获得的社会物质生活条件变成个性发展的现实基础。其主要内容是社会生产力和交往形式如何对个人来说成为人的，既取决于社会生产力和交往形式的性质，又取决于人的本质力量的性质和对社会物质生活条件占有的程度及性质。

关于任何一个对象对个人的意义都以对象的性质和个人的感知能力(程度)为限的规律。这一规律着眼的是历史发展过程中个人能力和对象的相关性。其具体内容是，个人对一个对象的感知能力发展到什么程度，对象对个人的意义就达到什么程度，一个对象如何成为对个人有意义的对象，既取决于对象的性质，又取决于与之相对应的感知能力及其性质。

第三，在人的历史发展问题上，马克思把许多精力用在对人的历史发展的条件、方式尤其是运用条件的方式的考察上。他分析了人的历史发展的主体条件(个人对全面、和谐和自由发展的意识和追求，个人同整个社会进行交往，个人在集体中实现联合)、生产实践条件(消灭旧式分工，增加自由时间，生产劳动同智育相结合)和外部客观条件(生产力和生产关系的高度发展以及联合起来的个人对它们的占有，周围人的发展，消灭私有制)。然而，他更注重分析运用这些条件的方式，其实质目的是力图把上述条件变成人的发展的有效条件和现实基础。他既分析了社会运用条件的方式(作为一种制度的社会如何运用这些条件，以及运用这些条件的方向、重点和性质是什么)，又分析了个人运用条件的方式(个人从主观上如何把外部客观条件变成自身发展的现实条件，如何调节、控制和利用外部客观条件来与自身的发展发生现实的、有益的联系)。

马克思还着重分析了人的历史发展的方式——全面发展、自由发展、和谐发展，尤其是人的全面发展。关于对人的全面发展，在方法上，马克思既以弄清人的本质为前提和出发点(是人的某种东西在个人那里的全面发展)，又把个人的全面发展放在社会历史发展过程这一大的背景下来考察(把个人全面发展既看作一个过程，又看作一个理想目标，还把个人的全面发展的规定同个人的应有发展、自由发展、和谐发展联系在一起，同时又力图区别开来，以进一步说明个人的全面发展)。在内容上，他认为个人的全面发展是指个人的类特性、社会特性和个性在个人那里的充分发展。在进一步说明个人的全面发展的各方面时，他分别使用了个人的应有发展、和谐发展和自由发展等概念。在谈到个人的类特性在个人那里的全面发展时，他指出这是人的类特性在个人那里的应有发展，具体来说，既是个人主体性及其内在本质力量的充分发展，又是个人活动充分达到丰富性、完整性和可变动性。在谈到个人的社会特性在个人那里的全面发展时，他指出是个人各种社会关系在个人那里的和谐发展。在谈到个性在个人那里的全面发展时，他指出这主要是个性的自由发展。马克思认为，人的全面发展的思想实质，既在于使人在世界中确立其价值和主体地位，以达到自我实现，又在于使人达到自由活动或自由生存，还在于求得个人发展和人类社会发展的和谐一致。

除上述内容外，马克思还分析了人的历史发展的根据与基础、地位与作用，尤其分析了个人能力发展的作用和意义。

4. 关于人的价值观

马克思在对人的问题作出科学分析的基础上，同时又对人的问题作了价值观考察，即从人本身及其主体性角度，考察人的个性、人的权利、人的异化、人的解放和人的自由等问题。其中形成的人的个性观、人权观、人的异化和人的解放观、人的自由观，构成马克思关于人的价值观的四个基本内容。这方面的内容反映出马克思对“人”的人道主义关切。

第一，人的个性观。对人的个性的分析，是关于人的价值观的出发点和根据，因为人的个性是人的价值的表征。综观马克思的著述，可以看出，他是从三个不同角度规定人的个性的：作为个人对外部世界独特的主体倾向性的个性，如个人心理倾向性、社会倾向性和个人对这种倾向性的追求，其内容要素主要有个人能力、独立自主性、自由自觉性和能动积极的创造性；作为特定社会群体成员的个人所具有某种社会特征的个性，主要包括个人特殊的社会心理(性格)特征、社会关系特征和道德精神面貌特征；作为个人在外部世界的个别存在形式的个性，如个人的唯一性、不可重复性、独特性、不可替代性和自我性。

第二，人权观。人的个性能否得到充分合理的表现和发挥，涉及人权问题。马克思在批判地继承资产阶级人权理论的基础上，完整而又科学地阐述了他对人权问题的基本看法。

一方面，马克思以对人的本质的科学认识方法论为前提，从人的类本性、社会性和个性的统一出发来分析人权，并着重分析了人权的社会经济根源和阶级性质。他从人的类本质出发看待人权，认为人权包含人作为人类所应拥有的一般权利。他从人的社会经济关系出发分析人权，认为人权具有社会性和阶级性。他从有个性的个人出发分析人权，认为人权包括每个人作为个人而应享有的个别权利，如独立自主权。

另一方面，马克思具体揭示了人权观的基本内容。一是人权问题提出的根据。他认为人权问题的提出有其人性根据(是人追求自由和平等而提出的一种要求)和社会经济根源(植根于资本主义商品经济发展的内在必然要求之中)，是资产阶级反对封建特权的要求和发展商品经济的基础。二是人权的社会性和阶级性，认为人权的具体内容是由社会关系规定的，人权具有现实的社会基础和社会根源，其实现受一定的社会条件的制约。因此，人权反映着一定阶级的利益，是为不同阶级服务的，不同阶级对人权会有不同的解释。据此，马克思对资本主义社会人权的实际状况和资产阶级人权观进行了分析和批判，认为资产阶级的人权观是抽象的(哲学基础是抽象人性论)、不彻底的(人权是少数资产阶级的特权)、虚伪的(赋予私人权利以人的一般权利的形式)、“天赋永恒”的和利己主义的(为资本主义辩护)。三是人权的发展性和历史性，认为人权是随着社会的发展而不断改变自己的形式和内容的。四是论述了共产主义的人权观。这种人权观的主要内容是：无产阶级实现人权的要求是消灭私有制和阶级剥削。人权的主体是每个个人。个人权利和他人权利是和谐一致的。人权的基本内涵是全面发展个人的能力和充分实现其自由个性。生产力的极大发展和个人能力的全面发展是人权得以实现的基础。人权将成为全面发展人的能力和实现自由个性的确证。五是考察人权的属人性质。指出人权无非是在人的种种关系中确证人的价值、人的尊严和人的主体性。

第三，人的异化和人的解放观。马克思从价值观角度对现实社会中的人的实际存在状况加以价值评价所取得的一个重要理论成果，是关于人的异化和人的解放的学说。在马克思那里，人的异化就其性质来讲，是着眼于价值伦理因素的人本主义和经济学的统一。就其方法来讲，是把人和他人的异化看作人的异化的核心，并力图从劳动和资本的关系中揭示出工人和资本家的关系，从劳动与物的关系中揭示出劳动与人的关系，并实现经济学和人本主义哲学的结合。就其根源来讲，它植根于分工和私有制的内在必然性之中。就其作用来讲，在私有制条件下，人的异化劳动对整个人类的发展具有有限的积极作用，但对个人发展的作用则主要是消极的，因为它使整个人类的发展以牺牲个人全面发展为代价。就其同人的解放和人道主义关系而言，马克思对人的解放的论述，主要是针对人的异化提出的，而人的异化和人的解放是人道主义思维模式(理想人性—人性异化—人性复归)中的后两个有内在联系的因素，因而是人道主义的基本内容。就人的异化理论在马克思主义思想形成和发展中的作用和地位来讲，它起初担当着说明分析和价值评判的职能，当马克思发现异化理论只具有价值评价职能时，他又力图发现和创立新的理论来说明社会现实，这就是唯物史观，于是他便用唯物史观来科学说明分析社会现实，把异化理论建立在唯物史观基础之上，用异化理论来对资本主义社会现实作价值评判。

第四，人的自由观。人的自由是马克思整个人学理论的落脚点和归宿。马克思主要从两个方面论述人的自由。一是人的自由的基础。他分析了人的自由的人类学基础(自由自觉的劳动)和经济学基础(商品交换关系)。二是人的自由的一般含义。马克思主要从三个方面阐述了人的自由的一般含义：自由是人的一种权利和追求，自由是支配外部客体的必然性的能力，自由是人支配自身并使外部必然性为人服务的能力。

以上四个层面的内容，在马克思整个人学理论中具有不同的地位和作用，同时又具有内在的联系，从而构成马克思人学理论内容的完整图景和逻辑框架。并且这种理论显然是一种以完整的人及其本质、存在和历史发展一般规律为对象的哲学性质的理论。

三　挖掘、整理和研究马克思人学理论的意义

坚持和发展马克思主义，深入掌握马克思的人学理论是至关重要的，它是判断理论是非得失的重要尺度，是对马克思主义作出正确理解的参照系。

第一，有助于深入挖掘和整理马克思遗留下来的宝贵遗产，重新恢复马克思思想体系的本来面目，填补我国在马克思人学理论研究上的空白。马克思著述中确实存在着一个相对独立的、完整的人学理论。这种理论是马克思遗留给我们的一块珍宝，有待深入挖掘和整理，以显示出不可低估的文化精神价值。这是我国理论界的一项重要任务。

第二，有助于建立马克思主义人学。有的学者指出，历史唯物主义把人放在社会关系中来研究，已内在包含着对人的问题的科学解决，没有必要建立相对独立的马克思主义人学。笔者认为：离开社会关系来研究人是一种抽象，而离开人来研究社会关系也是一种抽象。只要去认真审视和面对马克思的人学理论，就会看出，马克思的人学理论实质上已为我们建立马克思主义人学提供了坚实而科学的理论基础和理论准备，而沿着马克思人学理论的道路走下去，就必然要建立一种相对独立的、不能用历史唯物主义来取代的马克思主义人学。

第三，有益于澄清并克服在马克思主义理论理解上的混乱，重新认识马克思的思想体系，修正、补充和完善某些已有的结论，坚持和发展马克思主义。在对待马克思的思想体系问题上，有两种代表性的倾向：一是把它实证主义化，把马克思解释成社会经济决定论者，由此做出一些错误的结论，说马克思的思想体系是只见物不见人。这种倾向在解释自然界、劳动、社会、历史和经济关系时，往往忽视人，缺乏对“人”的理解，而且使“人”在马克思主义哲学教科书中失去应有的位置；二是把它人道(人本)主义化，把马克思仅看作是人道主义者，由此在人的问题上制造种种混乱。要了解这两种倾向在理论上的得失，澄清理论是非，坚持和发展马克思主义，深入掌握马克思的人学理论是至关重要的，它是判断理论是非得失的重要尺度，是对马克思的思想体系作出重新或正确理解的参照系。

第四，有利于我们深入研究全面建设社会主义现代化国家中的人的问题。马克思的许多人学理论，都是在对资本主义商品经济社会的批判分析中得出的。尤其是他关于经济社会发展和人的发展辩证关系的思想，对研究我国社会主义市场经济发展和人的发展的关系问题，对研究全面建设社会主义现代化国家中的人的全面发展问题，更具有重要的借鉴意义。

第十三章　马克思的人学理论

在对马克思以前的人学思想资源、马克思人学理论的形成发展过程和马克思开辟的人学道路进行考察之后，在承认马克思的整个思想体系中具有相对独立的人学理论之后，有必要进一步从逻辑上系统挖掘、整理、提炼、概括出完整的马克思的人学理论。在马克思的思想体系中，有一个丰富而完整的人学理论，而且其人学理论主要是在对资本主义商品经济进行认真批判研究的基础上提出的，这对正在全面建设社会主义现代化国家和强调人的全面发展的当代中国，具有十分重要的借鉴意义。

一　人的对象化

马克思的人学理论首先是从对人的科学理解开始的。有生命的人的自然存在，是他理解人的起点。在他那里，人作为自然存在物，是以有生命的存在和对象性存在为主要内容的。

人作为有生命的存在物，是指自然赋予他自身以自然力和生命力，这些力量作为禀赋和能力，作为激情，存在于人自身之中，是人自身中的自然。“激情、热情是人强烈追求自己的对象的本质力量”①，同时又是人满足自己需要的力量，是人改造对象的力量，并使他成为能动的存在物。由此，人必须凭借对象来表现其生命和内在本质力量，这就使人成为一种对象性存在物。人是一种对象性存在物，是马克思在批判继承黑格尔《现象学》中“对象性”思想的基础上提出的一个重要观点。虽然马克思是从不同角度来理解人的，但在人学思想史上，他第一次明确地把人从根本上理解和确定为对象性存在物。这种理解真正抓住了人的最本质、最核心的方面，是理解马克思人学理论的一把钥匙。

人作为对象性存在物，在马克思那里具有四个层面的内涵。

(一)对象和对象性对理解人的本质的意义

人和动物不同，动物只需要对象来维持其生命，而人必须借助现实的对象来表现、实现和确证其生命、需要、内在本质力量、关系和个性，离开对象，人就无从表现、实现和确证自己的价值，就生存和发展不下去，也就不成其为人，而只是非现实的存在物。人是通过外部现实的感性对象来满足其需要、实现其内在本质力量、建立各种关系、确证其个性和认识自己的。

人与动物的本质区别，就在于人具有未确定性，人有一个内在的世界，他需要对象性实践活动来表现、实现和确证自己作为人而存在的价值，来成为他自己；人和人的本质区别，就在于人具有现实社会性，他需要对象性关系来确证自己是具有怎样社会性的存在物。不同时代人的区别，就在于人具有开放性，他需要对象的变迁来确证自己是历史的存在物。未确定性、现实社会性和开放性，是人成为对象性存在物的根据。之所以如此，就在于人具有强烈地满足自己需要和发挥内在本质力量的追求，这只有借助于对象才能实现，他要在对象性的活动、关系、成果中确证、实现和成为他自己。

---

① 马克思：《1844年经济学哲学手稿》，107页，北京，人民出版社，2000。

(二)对象和对象性的含义

所谓对象和对象性，是说人的生命和内在本质力量的表现和实现需要外部对象，人的生命和需要形成一种内在力量使人能动地追求自己的对象，因而人具有能动性；同时人的生命的实现方式和需要的满足方式、满足状况，又使人感觉到外部对象对他有着客观制约、作用和影响，感觉到外部对象不以他的意志为转移，感觉到他必须遵循外部世界的规律，因而人又具有受动性。这种能动性和受动性表明，人是一种可以通过经验观察而被确证的现实的、感性的和历史的存在物，是从事对象性活动和发生对象性关系的存在物，表明外部对象为人而存在，人也为外部对象而存在，人和外部对象是互为对象、互相理解、互相规定、互相作用和互相影响的关系。

(三)对象对人的存在和发展的双重作用

人总是在特定的对象化实践和对象中，既实现和肯定自己，又丧失和否定自己，人正是在感性的对象性实践活动中，把自己的内在本质力量外化到外部对象上去，从而一方面使对象“人化”了，同时人也“对象化”了，使人受这一对象化的实践和对象的作用、制约和规定。所以人只能在某种特定形式的对象化实践中得到确证和实现。在这里，人的内在本质力量的对象化，既是人的发展的内在环节，同时在一定历史条件下又是对人的某种否定。对象对人具有何种意义，既取决于对象本身的性质，也取决于人的感知能力。人对一个对象的感知能力发展到什么程度，对象对人的意义就达到什么程度，反之，对象对人的意义达到什么程度，也表明了人对这一对象的感知能力达到什么程度。

(四)人作为对象性存在物，是人作为有生命、从事生产劳动、处在社会关系中和有个性的存在物的根据

人只有借助于现实的、感性的对象，才能表现他的生命，满足他的需要，表现和确证他的内在本质力量，才能从事生产劳动，发生现实的社会关系，实现和确证他的个性。所以马克思指出：“非对象性的存在

物，是一种非现实的、非感性的、只是思想上的即只是想象出来的存在物，是抽象的东西。”①

马克思所谈的“对象”，在资本主义商品经济社会主要指的是“物”。它包括商品、货币、资本、交换关系以及社会物质财富等。在资本主义商品经济社会，人主要以物为对象。因为资本主义社会主要处在创造人的生存和发展的社会物质生活条件时期，而且其商品经济的本质，就是人的东西通过物的东西来表现和实现，即人的需要主要表现为对物的需要，人的力量主要表现为物的力量，人和人的关系主要表现为物和物的关系，人的个性主要表现为物的个性，社会的统治主要表现为物对人的统治。在这样的社会中，人所面临的对象，自然首要的就是“物”。马克思所讲的商品拜物教、货币拜物教和资本拜物教，就充分反映了资本主义商品经济社会的“物”这一特定对象，在对人的存在和发展中所具有的决定性作用和意义。

人的对象化理论的实质，在于要把人放在对象性的活动、关系和成果中来理解人的生存和发展的命运及其意义，要通过改变对象的性质和充分发挥人的本质力量，使人和对象发生全面的关系，占有自己的全面的本质，并且使物按人的方式同人发生关系，使人也按人的方式同物发生关系，进而使人以全部的感觉在对象世界中肯定自己，使对象对人呈现出意义。

二　经济活动与经济关系的人文关怀

在人和对象的对象性关系中，马克思首要注重的是对象化的经济活动和经济关系。他在创立唯物史观和剩余价值学说的过程中，在对人的本质认识上的根本转变，就是把人看作社会关系的总和。

① 马克思：《1844 年经济学哲学手稿》，107 页，北京，人民出版社，2000。

这意味着，他要着重从社会关系中的最根本的关系即经济关系出发来研究人的问题。其中一以贯之的方法论，就是把人放在经济活动和经济关系中来考察，同时把经济活动和经济关系提到人的高度来思考。由此，他提出这样一个重要命题：人“是一定的阶级关系和利益的承担者”①。这一命题蕴含着深刻的人学思想。

(一)工业是一本打开人的本质力量的书，是人的本质力量的公开展示

马克思所处的是工业化时代。工业是创造社会物质财富的一种基本经济活动。与农业时代注重人的经验和体力不同，工业时代较注重人的专业技能和智力。然而对于工业，国民经济学往往多从“外表的效用方面来理解”，“至今还没有从它同人的本质的联系上”来理解，或没有从它同人的能力、智力等人的内在本质力量的联系上来理解。实际上，工业是人的内在本质力量的表现、实现和确证，因而应从人的本质力量的表现、实现和确证上来理解工业，不能只从经济效用上来理解。因为工业发展需要自然科学，而“自然科学却通过工业日益在实践上进入人的生活，改造人的生活，并为人的解放作准备”②。不仅如此，工业在实际上意味着市场竞争，而市场竞争首要的就是能力和实力的竞争，平等的市场竞争不相信弱者的眼泪，倒是给那些强者以优厚的回报。这里，人的能力和智力是工业的人格基础，是与工业发展的内在本质要求相适应的。

(二)人本身是他自己的物质生产的基础，同时个人是什么样的，又是与他们的物质生产一致的

物质生产是人创造物质财富和产品以及生产物质生活资料的一种经济活动，这种物质生产与人具有互促共生关系。在马克思看来，人的生

① 《马克思恩格斯文集》第5卷，10页，北京，人民出版社，2009。
② 马克思：《1844年经济学哲学手稿》，89页，北京，人民出版社，2000。

存和发展状况直接取决于物质生活资料生产的发展状况，因为人们怎样进行生产、生产什么，即物质生活资料的生产方式，从根本上表现着人的活动方式和生活方式，物质生产方式怎样，人也就怎样，“个人是什么样的，这取决于他们进行生产的物质条件”①。另外，人又是经济活动的承担者，人本身的发展状况必然制约和影响着经济活动的表现和实现状况，人本身的状况是什么样的，经济活动的表现和实现也就是什么样的，因此，人又是经济活动得以表现和实现的前提、基础。马克思指出：“人本身是他自己的物质生产的基础，也是他进行的其他各种生产的基础。因此，所有对人这个生产主体发生影响的情况……都会影响物质生产，并对物质生产发生或多或少是决定的作用。”②这里，在对物质生产的理解中，应注重其中的人的维度。

(三)所有制是制约和影响人的解放和发展的一种社会经济形式

马克思认为，他以前的经济学家总是从私有财产这个事实出发的，但从不去说明这个事实。有些哲学家、政治家和法学家把所有制与人联系起来加以思考，其最高成果在于认为所有制含有“物和人”两个方面，而人，则构成所有制的最重要、最有价值的部分，未来理想的所有制的唯一基础只能是人的才能。

马克思在批判继承前人成果的基础上，一方面认为所有制的主体本质是人对劳动的占有关系(这一方面被人们忽视了)。另一方面指出所有制的客体本质是人对生产资料的占有方式。沿着前一条思路，他考察了劳动的社会存在形式即分工，指出分工和所有制是同义语，分工发展的各个不同阶段，同时也就是所有制的各个不同形式。③ 沿着后一条思路，他考察了人对生产资料的占有关系。他进一步从这两方面入手分析了人的解放和发展问题。关于所有制的主体本质与人的解放和发展的关系，他主要是通过论述资本主义条件下分工、生产力和个人能力发展这

---

① 《马克思恩格斯选集》第1卷，147页，北京，人民出版社，2012。

② 《马克思恩格斯全集》第26卷(第一册)，300页，北京，人民出版社，1972。

③ 参见《马克思恩格斯选集》第1卷，148页，北京，人民出版社，2012。

三者的关系来说明的。

分工是人的对象化活动和本质力量的明显外化的表现，是人的劳动的社会存在形式，也是形成人们之间的一定的经济关系的必要条件，其本身就意味着是形成一定的经济关系的社会过程。马克思指出，在资本主义条件下，分工导致了两种后果：由分工所造成的各个个人的力量的分散性和彼此对立性，使它们的整合转化为一种社会力量，这种力量表现为一种完全不依赖于个人并与他们分离的物的力量，这样便使人的劳动失去自主性，变成异化劳动。于是，个人必须占有现有生产力的总和，以达到自主活动和保证个人的生存、发展。个人占有全部生产力的总和，也就是使生产力成为属于个人的力量，并且使人的才能得到充分发挥。另外，分工又使人的活动贫乏和退化，使个人能力发展片面化和畸形化。“社会分工”是马克思用来说明资本主义社会中个人畸形发展的一个关键性概念。在他看来，“某种智力上和身体上的畸形化，甚至同整个社会的分工也是分不开的”①。

因为分工把人限制在特定的活动范围之内，使人长期束缚于一定的局部操作和工具之上，专务一业，为了训练某种单一的活动，其他一切肉体的和精神的能力都成了牺牲品，久而久之，人的能力片面发展了。经济学家看到的往往是分工的经济学意义，而马克思的深刻之处就在于同时认识和揭示了分工的人文意蕴。

马克思主要是通过分析所有制的历史演变来说明所有制的客体本质与人的解放和发展的关系。在他看来，原始公社所有制形式的基本特征是生产资料共同所有，每个人都把自己看作生产条件的所有者，生产是为了每个人的生存，人的发展呈现为一种有限的圆满境界和原始的丰富。资本主义私有制对原始公社所有制而言是一种历史进步，同时又使人性沉沦，限制了个人的自由和全面发展，使人变得狭隘和片面，使一部分人的发展以牺牲另一部分人的发展为代价。因而应在批判继承资本

---

① 《资本论》第1卷，420页，北京，人民出版社，2004。

主义社会成果的基础上，重建一种崭新的劳动者个人所有制，其本质含义是，能力全面发展的每个个人以自由联合的方式，占有生产资料、自己的劳动及其劳动力、自己的劳动产品，其目的是使每个人的能力获得自由、平等和全面的发展。显然，马克思主张重建劳动者个人所有制，其实质是为每个人的能力得到自由、平等和全面的发展提供一种经济制度形式。这充分表现出马克思对所有制问题的人文主义关怀。

(四)分配的尺度和分配的人文目的，是每个人能力的充分发挥

分配体现的是一种经济关系。马克思不只是关注分配的经济学意义，而且也特别关注分配的人学意义，这体现在他把按劳分配、按需分配同“各尽所能”内在地联系起来，认为分配应以人的能力和贡献大小为尺度，分配的最终目的是充分发挥每个人的能力。此外，马克思还从“人”的角度考察了货币、资本、工资、竞争和交换等经济现象和经济问题的人学意蕴。

马克思从“人”的角度考察经济活动和经济关系，表现出了他对资本主义社会的经济关系的非人性后果的不满和革命人道主义的人文关怀。

三　社会生产力发展与人的能力发展的关系

人是通过对象性活动而同对象发生对象性关系的，人的对象性活动的实现过程，实际上就是人的内在本质力量发挥、实现和确证的过程，这一过程的社会性成果就是形成现实的生产力。马克思在考察人的对象性活动的时候，总是把社会生产力的发展同人的能力发展联系起来，认为生产力的发展过程本质上也就是人的能力的发展过程，而人的能力的发挥和发展过程也是社会生产力提高和发展的过程。这里，马克思注重从人的能力方面来分析和考察社会生产力的提高和发展问题，在生产力问题上注入了人学思考。

马克思的社会生产力发展与人的能力发展关系的理论，主要有三个层面的内容。

第一，发展生产力有两种思路。一是以社会的方式发展生产力。其途径和方式主要是变革和调整生产关系，发展科学技术，注重管理，完善劳动方式，建立生产力各要素之间的合理结构，开展协作，合理分工，开展世界交往，等等。二是以人的方式发展生产力，即把重心放在个人能力全面而充分的发展上。关于生产关系，马克思指出，当它适合生产力发展的客观要求时，就会促进生产力的发展。关于科学技术，他说："科学的力量也是不费资本家分文的另一种生产力。"①谈到管理，他认为，对于社会化大生产来说，管理的必要性"表现为生产的条件，表现为一种由于工人的协作而成为必要的、并以协作为条件的新的劳动"，这种劳动能提高劳动生产率。② 关于劳动方式，他强调，一定的共同活动的方式本身就是生产力。③ 说到分工，他这样说，分工发展了新的、社会的劳动生产力。关于协作，他指出："通过简单协作和分工来提高生产力，资本家是不费分文的。"④至于个人能力的全面而充分的发展，他强调指出："个人的充分发展又作为最大的生产力反作用于劳动生产力。"⑤

第二，真正的财富就是所有个人能力的充分发挥。重商主义从流通领域出发，把金银货币看作财富。重农学派从生产领域出发，把土地看作财富。英国古典政治经济学从劳动出发，认为劳动是财富的源泉。马克思继续前进一步，从劳动的主体——人及其能力出发，把人的能力的充分发挥看作是最大、最原始和最根本的财富，把物质财富看作人的能力的对象化的产物。这反映出马克思对人的能力的高度重视。

第三，对生产力总和的占有也就是个人才能的发挥。在马克思看

---

① 《马克思恩格斯全集》第47卷，553页，北京，人民出版社，1979。

② 参见《马克思恩格斯文集》第5卷，384页，北京，人民出版社，2009。

③ 参见《马克思恩格斯选集》第1卷，147页，北京，人民出版社，2012。

④ 《马克思恩格斯文集》第8卷，279页，北京，人民出版社，2009。

⑤ 同上书，203页。

来，由于分工、私有制的出现所造成的个人力量的分散和对立，使社会生产力表现为一种完全不依赖于个人并与他们相分离的东西，表现为过去任何一个时期都不曾存在的、统治我们的、与我们愿望背道而驰的即异己的力量。另外，也使社会关系作为物的关系与个人独立相对立。①这种异化使大多数个人不能占有社会生产力，反而为资本家所占有，社会生产力不能用于大多数个人及其个性的发展，反而作为异己力量阻遏他们的全面发展。这种异化只具有暂时的必然性，异化的产生和发展是同扬弃异化的前提条件、历史要求同时产生的，而异化的扬弃将实现个人的个性的充实，其实质是“个人必须占有现有的生产力总和”。这种占有的条件是每个人能力的全面发展，占有的方式是能力全面发展的个人实现联合，对社会生产力的总和实行全面占有，占有的目的是使个人达到自主活动，使个人才能得到充分发挥。这里，个人能力以及个人自由组成的联合体如何，决定着他们对社会生产力的占有程度如何，从而也决定着后者用于个人能力自由而全面发展的程度如何。到共产主义社会，人们能全部占有社会生产力的总和，那时，个人能力自由而全面的发展将最终实现。所以马克思指出：“对这些力量的占有”，“也就是个人本身的才能的一定总和的发挥”，“发展着的……生产力的历史，从而也是个人本身力量发展的历史。”②

马克思注重揭示生产力发展的人学内涵，其实质意图是强调人的能力全面发展在未来生产力发展中的重要作用。需要注意的是，人们往往比较关注生产力发展当中的“物”的内容，而相对忽视其中的“人”的内涵，结果在实践中出现这样或那样的片面性，付出不少代价。

---

① 参见《马克思恩格斯文集》第 8 卷，55 页，北京，人民出版社，2009。

② 《马克思恩格斯选集》第 1 卷，209、204 页，北京，人民出版社，2012。

四　商品经济对人的发展的影响

在工业化社会，人和对象之间的对象性经济关系集中体现在商品经济之中。

对商品经济体系以及支配它的市场机制，马克思给予充分的关注。他不仅分析了商品经济及其市场机制的基本内容，而且考察了它们对人的发展的影响及其根源，以及对待它们的方法。这三个方面，构成了马克思的商品经济对人的发展影响理论的基本内容。

马克思主要从两个侧面来分析商品经济及其市场机制的基本内容。一是从组织、技术方面，其本质是在分工高度发达的社会里，市场作为自行控制的机制，发挥其处理情报信息、提供交换、配置资源和控制利害矛盾的职能；二是从社会经济后果的方面，其本质是指商品经济及其市场机制对人和社会所带来的社会经济后果。关于前者，马克思没有作专门而明确的集中论述，只有一些暗示性的内容。其原因在于马克思把大部分精力倾注于揭示商品经济及其市场机制的社会后果方面。关于后者，马克思着重揭示了商品经济及其市场机制对人的发展的影响。

首先，马克思分析了商品经济及其市场机制对人的发展的影响。在马克思看来，商品经济及其市场机制对人的发展具有重要的积极影响。这就是：它必将促进社会物质财富的增长和社会生产力的发展，进而必将为个人能力发展提供物质基础；它将打破封建社会的种种人身依附关系，对人尤其是个人的人格独立起积极推动作用；它要求消除人们的等级、特权和依附意识，培养和确立起个人的自由、平等和人权的意识；它必然内在地要求把人类的理性和能力突出出来，并使其地位得以确立。其一，关于打破封建人身依附关系，马克思指出，在货币关系中，在发达的交换制度中，人的依赖纽带、血统差别事实上都被打破了。[①] 其二，关于自由，马克思指出，它实质上是商品交换之内容的一种神圣化了的要求；关于平等，马克思认为它是商品交换和商品流通之形式的内在要求。他指出："流通中发展起来的交换价值过程，不但尊重自由和平等，而且自由和平等是它的产物；它是自由和平等的现实基础。"[②]其三，关于人的能力，马克思从商品经济及其市场机制角度给予更多的关注。一方面，以资本为基础的生产内在要求生产出新的消费和扩大现有消费量，以造成新的需要。这种需要既促使人们去发现和创造新的使用价值，又使人们在创造新的使用价值的过程中发展人的能力，还促使人们去探索整个自然界和地球，去开拓世界市场，以便发现新的有用的物体和原有物体的新的有用属性。这必然要求培养社会人的一切属性，并且把他作为具有尽可能丰富的属性和联系的人，因而尽可能把具有广泛需要的人和能力充分发展的人生产出来；另一方面，机器大工业的发展，要求人们能进行活动变换，掌握和控制机器，而这是以个人能力的全面发展为条件的。所以马克思指出："毫无疑问，这种物的联系比单个人之间没有联系要好，或者比只是以自然血缘关系和统治从属关系为基础的地方性联系要好。"[③]

其次，马克思还进一步分析了商品经济及其市场机制对个人发展的负作用。在个人关系上，商品经济使人和人的关系表现为由商品交换而形成的"物的关系"，从而必将产生物对人的支配，使物的原则高于人的原则。在生产领域，商品生产者的直接劳动是个人劳动，只有在市场交换中转换为交换价值，才能表现为社会劳动，这势必造成个人在社会中的"原子化"，其劳动的社会性便被隐藏起来；在经济运行过程中，个人努力使自己适应那些超出自己控制的市场诸因素，而孤立个人的活动所汇成的自发经济过程使个人无法控制，这一过程反而作为一种异己的力量支配着个人。在流通领域，它使资本具有独立个性，而活动着的个人

---

① 参见《马克思恩格斯文集》第8卷，58页，北京，人民出版社，2009。

② 《马克思恩格斯全集》第46卷(下册)，477页，北京，人民出版社，1980。

③ 《马克思恩格斯文集》第8卷，56页，北京，人民出版社，2009。

则没有个性，因而它必然导致商品拜物教和货币拜物教，并把金钱作为衡量个人价值的尺度。在交换领域，它使许多人淹没在利己主义的冰水之中，彼此漠不关心。在分配领域，它造成富人和穷人的分化和对立。

再次，马克思深入分析了上述积极影响和负效应之间的辩证关系。在马克思看来，商品经济及其市场机制能给人类的发展带来积极的推动作用，但对个人发展却带来不少消极影响，这二者的辩证关系是：人类的发展以牺牲个人的全面发展为代价，这是商品经济形态中人的发展的一条基本规律。之所以如此，其根据就在于社会内部的生产分工，在于社会生产力的发展必然采取社会分工的形式。因为分工能使人精于一业，从而提高生产效率，节约劳动时间和生产费用，同时分工的整合作用也可以把每个人所创造的劳动生产率整合起来，从而形成社会生产力，但这种分工又必将把个人限制在特定的特殊活动范围，这必然造成个人能力的片面发展。①

最后，马克思又进一步揭示了商品经济及其市场机制对人的发展产生的积极影响和消极影响的内在根源。在他看来，这一根源主要是人对物的依赖。商品经济及其市场机制的首要目标，是创造人们生存和发展的社会物质条件，增加社会物质财富，发展社会生产力，而不是开始人本身的自由而全面的发展过程。这就必然把人类社会的发展作为商品经济及其市场机制的首要目标。在商品交换和商品流通中，进入交换和流通的产品是商品，但它成为商品，只是因为在这个物(产品)中结合着两个人之间、个人和社会之间的关系，而这种关系总是同物结合着的，是作为物的关系出现的。人的价值的实现依赖于物与物之间的交换价值的实现，正因为这样，劳动产品成了社会物，劳动产品的价值关系在人们面前采取物与物的关系的形式，而处在创造社会物质财富的人则必然对物的生产、物的产品和物的关系产生依赖。所以马克思指出，只要存在着商品生产和商品交换，劳动产品一旦表现为商品，就必然带有物化的

---

① 参见《马克思恩格斯文集》第5卷，407页，北京，人民出版社，2009。

性质，进而必然产生人对物的依赖关系。[1] 物的依赖关系的出现，在一定意义上必然使人过度地崇拜物，从而必然抑制和阻遏人本身的人格独立和自由而难以全面发展。这样，个人本身做出一定的牺牲则是必然的。

积极寻求扬弃商品经济及其市场机制的方式和途径。在马克思的共产主义学说中，他对商品经济及其市场机制基本上持否定态度。但马克思否定的只是商品经济及其市场机制的社会经济后果，而对其组织、技术方面的本质内容并没有完全否定。在他看来，市场机制的组织、技术方面的作用即自我控制机能，对未来分工高度发达的共产主义社会仍然是必要的。由于这一方面的内容具有暗示性，论述不太明确，所以有人认为马克思完全否定市场机制，这是一种误会。在马克思的著述中，我们经常看到他对“世界市场”之积极意义的肯定。既然他肯定世界市场，而他设想的共产主义又具有世界性，而且正是世界市场的力量使历史转变为世界性历史，所以，在他所设想的共产主义社会里，已包含着市场机制的存在。

马克思研究商品经济对人的发展的影响，旨在揭示商品经济社会中人的解放和发展的内在规律。过去，我们比较多地关注马克思关于商品经济对人的发展的负作用的分析，较少注重他关于商品经济对人的解放和发展的积极作用的阐述。由此，应加强对马克思关于商品经济对人的发展影响的理论的全面深入研究。

五　人的发展形态与人格转型

马克思比较注重从对人的对象性活动和关系的历史考察中揭示人的发展的历史形态，认为社会历史是人通过人的对象性活动而形

---

① 参见《马克思恩格斯文集》第 5 卷，90 页，北京，人民出版社，2009。

成、发展的历史，是个人本质力量通过其对象性活动而发展的历史，而一些社会现象，无非是现实的个人通过其劳动在诸对象性关系中的自我实现的社会形式。

由此出发，马克思认为，人的发展在历史发展过程中大致经历三种历史形态或三个基本阶段，这同时也就是人格发生的三次历史转型。

(一)前资本主义社会：原始的丰富—人的依赖关系—自我牺牲

这是前资本主义社会中人的发展的三种基本的历史表现形式。马克思从不同视角对这一形态中的人或个人的发展作了不同描述。

从人的发展同其活动的关系出发描述人的能力发展之特征，马克思将其概括为“原始的丰富”。“原始的丰富”中的“丰富”，是指由人的劳动活动浑然一体而来的人的能力的“全面性”，它涉及个人的社会关系、劳动活动和能力。人的发展在早期阶段之所以具有“丰富性”，是因为那时人的活动还没有分割，单个人在共同体中，同他人还共同从事多种或一种活动的各个方面。由于人的活动的多面性，便“要求主体生产出某些才能”。然而，马克思又着重指出了原始丰富中的“原始”主要是指能力的局限性或原始性，即人的能力的发展是不自由的、不充分的和缺乏深刻内容的，而且只限于一定范围之内(一个共同体内部)。之所以如此，马克思认为，这主要是因为还没有出现社会分工，没有形成丰富的社会关系，所具有的只是一种原始关系。在人的发展早期，人们主要限于在共同体内共同从事某些只为自己利益的相同活动，并只限于人同自然的一种物质变换活动，人们的关系也只限于个人对共同体的依赖关系，作为个人的单个人之间、共同体之间、不同共同体的人之间，则缺乏丰富的联系。这就是说，人们原始的活动和能力，是同原始的社会关系相适应的，或人们之间狭隘的关系制约着人的活动和能力的狭隘性。

从人的能力发展的社会基础入手，描述人的社会关系和个性发展的特征，马克思将之概括为“人的依赖关系”。在人的发展的早期，个人依附于特定的共同体，在其中，个人被局限于特殊的社会职能上，并与共同体发生特定的社会关系，普遍性只属于共同体。共同体表示的是一种关系，个人对共同体的从属因而是一种关系的从属(或依赖)，这就是人的依赖关系。就是说，在这一共同体中，个人与其他人是按照他们在共同体内的地位、作用和职能以及自然血缘而发生关系的，而不是依个人的需要发生关系的。这里，马克思指出了人的依赖关系的三种基本形式：人的统治服从关系，人的自然血缘关系，人对共同体及其长官意志的依附关系。这种依赖关系表明，在早期，人的联系是局部的、地域性的和单一的，因而是原始或贫乏的。

从人的发展之方式和性质入手描述人的发展特征，马克思将其概括为“自我牺牲”。人的能力、社会关系和个性在前资本主义社会的发展，具有自己的实现方式以及性质，这就是自我牺牲。这是那时绝大多数个人自我发展的主要方式。具体来说，在人的发展早期，个人是实现共同体要求的工具，而这就意味着某种程度上的自我牺牲：个人只能在共同体的从属关系中发展其才能，任何有利于个人或个人利益的思想一律排斥在外。个人必须无条件地服从集体。个人只能通过或完全依照共同的利益来活动，或个人只有把他的本质力量、人格、个性和理想等，都全部转让给集体(公社、君主国家、封建国王)，他才能从中发展起自己的某些技能、社会联系和“个性”。

(二)资本主义社会：畸形发展—个人独立—利己主义

这是资本主义社会中个人发展的三种基本的历史表现形式。

马克思从个人发展同社会分工的关系入手描述人的能力发展的特征，将其归结为“畸形发展”。在马克思看来，社会分工出现后慢慢地侵入了生产过程，随后出现了作为真正分工的人的物质劳动和精神劳动的分离，这种分工使个人承担不同的职业，从而使人畸形发展。

从个人发展的社会基础出发阐述人的社会关系和个性发展的特征，马克思将其描述为“物的依赖性为基础的人的独立性”。社会分工使每一个体的个人生活之间出现了差别，即出现了个人独立。[①] 因为社会功能的划分以及各种功能固着于不同类别的人们，意味着个体已经不只属于单一的共同体，而是同时属于若干不同的群体，这就给个人以独立。这种独立表现在：人有自己支配自己劳动力的权利，人身也不依附于他人。但这种独立主要以物的依赖关系为社会基础。与此相应，个人力量成为物的力量，人只有通过物或依赖于物(或物化)，才能得到表现和确证，这就是物的依赖关系，即“与外表上独立的个人相对立的独立的社会关系”。这就使个人独立成为表面。因为这种社会关系作为人的条件限制着个人，个人必须从属于它们，并受它们统治。这种社会关系由于个人间的分离从而成为他无法驾驭的社会力量。在马克思看来，资本主义社会出现的物的依赖关系主要有三种基本形式：交换者的相互关系对货币或交换的依赖，劳动对资本的依赖，劳动对机器体系的依赖。

马克思还从个人发展的方式和性质入手说明个人发展的特征，他将其称为“利己主义”。这是马克思当时所处的资本主义社会中大多数个人发展的一种主要形式。它作为一种明确原则，形成了那个开始大量地造成“孤立的个人”和“利己主义”的 18 世纪，其产生的根据是资本主义私有制、社会生产的基本规律、竞争关系和旧式分工。奉行这一原则的人，在自我发展过程中，把自我的需要、利益和个性看得高于一切，而把他人和社会视为自我发展的障碍和威胁。

(三)共产主义社会：全面发展—自由个性—个人和社会的和谐一致

这是对未来共产主义社会中个人发展之趋向的展望。马克思取古代人的发展形式之“崇高”(人表现为目的和形式上的全面)，摒弃其内容之原始，取资本主义社会个人发展的内容之深刻(形成了普遍的社会联系、多方面的需求和全面的能力体系)，摒弃其形式的鄙俗和狭隘(物的异化之形式)，并将古代和资本主义社会中人的发展之合理形式和内容有机地结合起来。

---

① 参见《马克思恩格斯文集》第 8 卷，52 页，北京，人民出版社，2009。

正是基于上述考虑，马克思从三个角度，对个人能力的未来发展趋向以及本质特征作了展望性的描述。

第一，从个人能力发展的总特征入手展望个人未来发展趋向，这就是个人之个性的自由发展、个人的社会关系的和谐发展与人的类特征的应有发展。这三者的有机统一便是人的全面发展。

第二，从个人能力发展的社会基础出发展望个人的社会关系和个性的未来发展，马克思将其描述为个人关系基础上的“自由个性”。

个性自由发展的最高成果是自由个性的形成。在马克思那里，自由个性包含以下几层含义：与他律相对应的自律性，能自己制约、支配自己。与强制性相对应的自由性。与盲目自发性相对应的自觉性，能意识自身和外部条件。与依附性相对应的独立自主性，能自己支配自己的生存条件和活动。与重复性相对应的独创性。这种自由个性之所以能够形成和实现，在于它以人的能力的全面发展为基础和条件，因为这种能力可以使人驾驭人的发展的外部物质条件。这里，自由个性以人的能力全面发展为基础，实质上是一种“能力依赖”。这表明，社会已开始了人本身能力发展的历史过程。

第三，从个人能力发展之方式和性质着眼展望个人未来发展之目标，他将其归结为“个人发展和社会发展的和谐一致”。

个人在发展中，一方面不像“自我牺牲”那样泯灭个性，而是社会以充分发挥人的天赋、潜能、本质力量和创造性为目标，并积极建立自己全面丰富的对象性和社会性的关系。另一方面也不像“利己主义”那样唯我独尊，不顾一切地发展自己，而是自觉地将其能力自由而全面发展固定在符合和促进整个人类社会发展这一指向上。这种方式作为普遍现实确定下来，自然只能开始于共产主义社会的“真实的集体”中。这一方式表明：个人在共产主义社会的“真实的集体”中，其发展的理想方式，既是自由自觉的发展，又是朝着符合社会发展要求的方向发展。

马克思揭示人的发展的历史形态，意在进一步揭示人的发展的历史规律以及未来社会人的发展的大致图景，进一步揭示人性发展与人格转型、制度创新的内在联系。对此，我们应予以充分关注。

六　世界历史与个人解放

人的对象性活动和对象性关系在未来空间上的展开必然是世界的，它必然使人的对象性活动成为世界性的活动，使人的对象性关系成为世界性的关系，进而必然使历史成为世界性的历史。对世界历史，马克思也注重从人的角度予以考察，力图揭示世界历史对人的解放和发展的意义。

马克思主要是在谈论世界市场以及世界联系对共产主义和人的发展的意义时，提出世界历史与个人解放、发展的关系的思想的。其基本内容主要是：

第一，世界历史是人的主体地位和作用日益增强的历史。世界市场的形成，使单个人的活动逐渐扩大成为世界历史性活动，从而使个人活动具有世界历史的意义，使个人活动同世界性活动相联系：个人的活动是世界历史的一部分，它在一定方面会影响世界历史。

第二，世界历史是人成为类存在和个性存在的历史。在世界历史发展过程中，一方面，人的自由个性日益生成，另一方面，人与人之间关系的共通性日益凸显，人本意识、类意识日益增强，人类的共同利益日益重要，人类共同来解决问题的方式日益明显，概言之，人的类存在和发展的意义日益重要。

第三，世界历史是人的交往成为世界交往和全球性交往的历史。随着世界市场和世界联系的形成以及社会生产力的发展，人们的普遍交往会日益建立起来，个人交往就会扩大为世界交往和全球性交往。

第四，世界历史是个人和世界互动共生的历史。这就是说，私有制的消灭，必将使世界市场对个人发展的异己力量消灭，从而使个人摆脱地域局限、民族局限和职业局限，而同整个世界的生产相联系，因而可以有力量汲取和利用世界的文明成果来丰富和发展自己；同时，个人的解放和发展也将会对整个世界有所贡献。

第五，世界历史是人的能力平等、自由和全面地发展的历史。在马克思的哲学视野里，人的自由发展、全面和谐发展、平等发展，是社会历史发展的最高原则和最高目标。在他看来，从社会历史内在发展的客观水平来讲，社会生产力是判定一定社会发展水平高低的历史尺度，因而生产力水平低的社会便是一个不发达的社会。但如果从人的发展是社会发展之最高原则和目标来看，人本身的发展则是判定一个社会发展是否健康和完善的价值尺度。

因而一个生产力发达但使人异化的社会并不是一个健全的社会，只有社会生产力高度发展而人的能力又能得到自由、平等和全面发展的社会，才是一个既发达又健全的社会。要达到这样一个社会，一方面，每个人要把自己能力的自由、平等和全面的发展当作其历史使命、责任和理想。另一方面，社会要为个人能力的发展提供更多的自由时间，因为自由时间就是个人能力得以充分发展的时间，也是个人能力发展的空间。①

马克思研究世界历史与个人解放、发展的关系，实质在于揭示个人在世界历史中的个性发展和类发展及其意义。在全球化日益突出的今天，这一理论应引起我们的高度注意。

七　马克思人学理论的方法论及其当代意义

研究马克思的人学理论，首先就是要揭示和把握他的人学理论所体现出的方法论及其对我国市场经济和现代化建设的当代意义。

① 参见《马克思恩格斯选集》第2卷，790页，北京，人民出版社，2012。

(一)用科学和价值相统一的方法研究我国市场经济建设中人的问题

马克思的人的对象化理论所蕴含的方法论，就是既要通过人所创造的对象世界理解人，以自身的对象化活动和对象化成果确证其价值，用对象化和外观的方法科学地研究人，也要通过人来理解对象对人的意义，用价值和人文的眼光看待对象。这就是“物中见人”。因为对象世界是人的作品、人的现实和人的确证，人是在对象世界中表现、实现自身的。这同时进一步意味着要以辩证的眼光理解人。对象是“人化”的对象，因而人在特定的对象世界中既实现和肯定自己，同时又在对象世界中“物化”自己，这在一定条件下会丧失和否定自己。因而不能把人的发展过程理解为直线进步和上升的过程，而应理解为人常常是在对象世界中以辩证否定的方式实现自己的过程。对这一方法论的意义，过去我们的理解是不够的。

第一，既要使物(商品、货币、资本、交换关系和社会物质财富等)以合乎人性的方式同人发生积极的肯定关系，使物成为人的存在和发展的基础，为人的生存和发展服务，不至于使人完全受物的统治，也要使人以合乎人性的方式同物发生全面的积极肯定关系，以合乎人性的方式看待物和对待物，而不仅仅是“拥有”“占有”和“消费”物，把物看作任意支配的对象。这就是说，要处理好人和物之间的和谐关系。

第二，要不断提高人的能力，丰富人的需要，深入发掘对象(物)对人的价值和意义。因为对象对人的意义既以人的感知能力为限，也取决于人的需要的内容和性质。

第三，人要积极寻求能充分发挥其本质力量和个性的相适合的对象。人的感知能力的独特功能与对象的意义具有对应关系，每一种力量的独特性，恰恰是这种本质力量的独特的本质，因而也是它的对象化的独特方式。如眼睛对对象的感受与耳朵不同，而眼睛的对象不同于耳朵的对象。眼睛只能看到一切对象对它的意义，耳朵只能听到一切对象对它的意义。因此，对人来说，任何一个对象“只是对那个与它相适应的感觉来说才有意义”①。

---

① 马克思：《1844年经济学哲学手稿》，87页，北京，人民出版社，2000。

（二）对经济问题要注入人文关怀，注重从人学层面上考察经济问题，注重研究经济问题中人的问题，既见经济又见人，不能把人变成纯粹经济动物

当前我国对经济问题研究的一个重要缺陷，就是更多地从经济的角度考察和研究经济问题，而没有自觉地把经济问题提到“人”的层次上来考虑。如对劳动、商品、所有制、资本、工资、货币、分配、商业、竞争、分工、交换和利润等，经济学家更多关心的是它们的经济学意义，很少去关注其人文价值与人文精神。实际上，我国所进行的经济体制改革和国有企业改革，绝不仅仅是一种经济行为，也绝不仅仅是打破旧体制的障碍机制，建立加速经济发展和社会进步的相应机制，它同时也是人的解放和发展的过程。

改革的最终目的，是要深刻革新社会生活的方方面面，使我国社会主义制度具有最现代化的社会体制、社会组织形式和社会运作方式，最充分地发挥每个人的积极性、主动性和创造性。显然，这离开日益增长的人的因素的作用是不可能实现的。归根结底，每个人能力的充分发挥和素质的全面提高，是实现改革也是建立社会主义市场经济的先决条件、基础和目的。马克思比他以前经济学家高明的地方，就在于他比较注重从人的角度考察经济问题，这是他的经济学思想的一个基本特征，也是马克思主义的一个传统。对此，我们应在改革开放和社会主义现代化建设的进程中进一步加以深入理解。

（三）坚持生产力发展中物的原则和人的原则的统一，把生产力发展和人的能力发展看作是互为基础和前提以及互相作用的相统一的发展过程

1. 注重个人能力的充分发挥对发展社会生产力的意义，财富增长要以人的能力为本

在当今我国的现实生活中，人们更多地注意从社会这一宏观方面来谈论生产力的发展，注重调整生产关系，发展科学技术，加强管理等，提出了改革是解放和发展生产力、科学技术是第一生产力的重要思想。

然而，仅仅停留在这上面是不够的。根据马克思的人学思想和当今我国实际，我们还应从个人微观方面看到个人能力的充分发展对生产力发展的重大现实意义。

关于这一点，人们并没有真正充分认识到。实际上，在马克思那里，人是生产力中最活跃的一个主导因素，与发展生产力的其他途径相比，人或个人能力的充分发展对生产力的发展有着不可忽视的独特作用：就整个生产力本身而言，个人能力的充分发展是生产力发展的基石。就个人能力的社会结合而言，它通过一定的劳动方式、协作和分工而构成社会生产力。就个人能力对象化为财富和产品而言，最大的、真正的财富就是所有个人发达的生产力。就个人能力发展和运用科学技术的关系而言，前者是后者现实地对生产力发展发挥作用的条件。就生产力本身中人的因素和物的因素的关系而言，人的因素是生产力中的主导因素。就个人对发展生产力的独特作用而言，个人能力的充分发展对生产力发展具有普遍性、直接性、主体性和战略性的意义。

目前，我国正在全面建设社会主义现代化国家。要同发达国家展开综合国力的激烈竞争，就迫切地需要大力发展社会生产力。马克思在他那个时代，就能以远见卓识的眼光，深刻地揭示了每个人能力全面而充分的发展对生产力发展和共产主义建设的深远意义。马克思留给后人的这一忠告和启示，不能不引起我们的注意。因此，我们要自觉地把个人能力的充分发挥作为生产力发展的有效途径，要从制度上注重发现、充分发挥和合理使用每个人的能力，注重以合理开发和配置人力资源的方式发展生产力，避免以过度开发和消耗自然资源的方式来发展生产力的片面性，并找出我国在发挥个人能力问题上存在的局限；要在发展生产力时注重充分发挥每个人的能力，在发展和运用科学技术时提高人的能力素质，在创造物质财富时注重人本身的财富。

2. 社会和个人要自觉把社会生产力发展的成果运用于个人能力的全面发展上

社会生产力的发展不会自然而然地带来个人能力的发展，这里有一个社会和个人如何运用社会生产力的成果问题。生产力的发展只是为个人能力的发展提供了可能性，只有借助于一定的运用社会生产力成果的社会方式，这种社会生产力才能现实地用于个人能力的发展。这样，在生产力既成的情况下，社会的运用生产力的方式就起决定作用了。

在马克思看来，资本主义社会大大提高了社会生产力，为人的能力发展提供了前提条件，但这些条件若不能用于个人能力的发展，它们对人的发展就会失去属人的意义和价值，甚至阻遏人的能力发展。如资本主义机器大工业使工人成为机器的附属物，只有消除资本主义使用机器的方式，大工业对个人能力的发展才能现实地发挥推动作用。不仅如此，在马克思那里，还有一个个人运用社会生产力的方式问题。个人能力的发展需要具备两类基本条件，一是外部客观条件，二是内部主观条件。后者的作用主要在于驾驭、调节、控制和利用外部客观条件来与个人能力发展发生内在联系，使外部客观条件对个人能力发展的作用由可能变成现实。这里，内部主观条件是决不可忽视的。因此，我们要自觉寻求、学会和掌握社会和个人驾驭社会生产力成果的方式，自觉把社会生产力的成果运用于个人能力的发展。那种认为社会生产力的发展自然而然会带来个人能力发展的想法，是天真的，不可取的。

(四)既要走入物的依赖以反封建，培育现代精神和价值理念，促进独立个人的形成，同时还要走出物的依赖以消除“物化”的非人性后果，认识到市场经济存在和发展的限度

当今我国社会主义市场经济体制建设一定程度上仍然受到封建主义文化的影响，现存的许多不良现象是由封建文化同市场经济体制的不健全方面相结合产生的。所谓封建文化遗毒，主要指的是权大于法，“情”大于“理”，“关系”大于能力，依附大于自立。因而，不消除这些影响，具有独立人格的人就确立不起来，社会主义市场经济体制也就难以真正建立起来。而消除封建文化影响的最有效的方法，就是实行社会主义市场经济体制，由人的依赖走入物的依赖。因为这必将培育出现代精神和价值理念，促进独立的人的形成。具体来说就是：注重利益的精神、崇尚能力的精神、推崇理性的精神、强调自立的精神。

在当代中国，社会主义市场经济正把“利益”“能力”“理性”和“自立”这四大核心要素历史地凸显出来，并使注重利益的精神、崇尚能力的精神、推崇理性的精神和强调自立的精神成为具有鲜明时代特征的主要时代精神。由此，我们可以从中提升出支撑和引导当代中国发展的四大核心价值，这就是：有效利用和规范人对物质利益的追求；充分正确发挥每个人的能力；自觉按照理性的法则行事；依靠自己后天的努力奋斗而自立。这四种现代精神和价值理念逐步确立和实现的过程，实际上就是独立个人逐渐形成的过程，而独立个人的形成对社会主义市场经济体制的建设是至关重要的。

社会主义市场经济体制对人的发展的积极作用在一定意义上取决于物的依赖关系，而它对人的发展的消极作用也与人对物的依赖有关，这表明市场经济有其存在和发展的限度。对此，我们必须有清醒的认识，必须进一步走出物的依赖进而走向能力依赖。计划经济体制有其存在和发展的限度，因而不是万能的，而我们却失之于将其看作万能并将其永恒化；市场经济体制也有其存在和发展的限度，那种试图认为市场经济体制可以解决一切问题的想法也是不可取的。

(五)要关注当代智能经济时代正在发生变化的人性，而且要在其发展形态的历史演进中自觉促进人性革命、人格转型和人的价值之实现方式的转变

人性的实现是一个过程，历史的发展总会把人性的某一方面突出出来。在原始社会，人的力量很小，而自然的力量强大，人和自然浑然一体，人被看作自然宇宙的“流出物”，人的存在是由自然的存在来解释的，所以那时的哲学强调自然决定论或宇宙本体论。

在农业社会，人的道德、经验、体力和权力是社会发展最关键的元素，是人追求的目标。在工业社会，人的本质力量通过资本、金钱成为社会发展最关键的经济元素，成为人们追求的目标。这两种社会的共同特征之一，就是人在其中丧失了自己，成为附属物。只有进入高科技的

智能经济社会，人的知识、智力和创新能力才真正成为全社会运作的主体和核心，成为社会的第一资本、第一资源和第一目的。

历史的发展表明，社会历史越往后发展，人及其创新能力在社会历史中的主体地位和作用就日益增大。正如马克思所说，社会历史是人的本质力量日益显示的历史。显然，在21世纪的智能经济社会，人及其知识和创新能力将支撑整个社会，并直接发挥主导作用。尽管“智能经济”对我们来说还没有真正到来，但自觉为向智能经济过渡做准备，则是义不容辞的历史使命。其中，一个重要方面是“人”的准备。在其他一切准备中，人的准备是最重要的，因为智能经济是以人的知识为基础、以人的智力为资源的经济。

“人”的准备实质上就是人如何适应智能经济的需要来发展自己的问题，就是人在21世纪智能经济时代应如何自觉实行人性革命和人格转型，确立怎样的社会主义核心价值观和人的价值的实现方式。智能经济时代的到来，意味着操纵和制约社会和人的发展的力量由血亲、权力、金钱转到创新能力上来。在智能经济时代，货币、资本这一核心要素将让位于知识这一要素，培根的“知识就是力量”将被赋予新的内容，即站在我们这个时代最前列的、受人崇拜的主要不是拥有百万家产的富翁，而是拥有高知识水平和创新能力的人才，推动社会发展的不再主要是货币、资本，而是知识和创新能力。智能经济时代是以人为本的，进一步来说，是以人的知识和创新能力为本的，因为无形的知识、智慧以及用知识、智慧武装起来的具有持久创新能力的人将成为智能经济的灵魂；对知识的生产以及学习和使用(消费)，把知识转化为技能，靠的是人的创新能力，这种能力使知识得以运用并发挥作用，同时知识又使能力得到进一步延伸；人力资源和人力资本对创造社会财富具有巨大的潜力，在经济增长的要素中，人力资本比物质资本更重要，人力资源的质量和人力资本是经济增长的首要因素，由此，在寻求新的经济增长方式的努力中，人们发现只有能力全面发展的、具有高知识含量的高素质的人，才是最重要的，他是智能经济时代的希望所在。

（六）在经济全球化时代，要用新眼光和新思维并从新的层次上考虑问题

注重人在世界历史中的主体选择作用及其后果与力量，努力提高主体的素质。人在世界历史中的主体选择作用的增强，既可能加速社会发展，也可能因选择失误而付出巨大代价。为减少代价，就必须着力提高主体素质，以增强主体选择的合理性。

要从类和人本的层次上考虑全球性的问题。世界历史的形成意味着人类的共性因素在增多，人在类和人本意义上的平等性在突出，人类共同面临的共同性问题在增多，人类共同利益也把不同国家联系起来了，需要各个国家共同来解决所面临的难题。虽然每个国家从民族利益出发来解决问题的方式在所难免，但从类和人本的层次上来解决问题则是必要的，也是大势所趋。这就要求强国要真正尊重弱国中人的权利、价值和尊严。那种在民族利益和人类共同利益之间只注重其中某一方面的行为，是一种不明智的选择。

既要引进来，积极学习和利用世界文明成果来发展自己，又要走出去，积极参与和扩大世界交往，为世界文明做出贡献，反对封闭保守，培养人的世界眼光，确立战略思维、类思维、实力思维、人本思维、创新思维和共生思维。在历史成为世界历史的进程中，一个最鲜明的历史事实，就是国与国之间的互动性在增强。在这种互动过程中，中国要善于学习、利用世界文明的成果，善于把这些成果转化成自己进一步创新的资源。在这里，如何形成一种学习机制、利用机制、转化机制和创新机制是非常重要的。在这种互动中，中国也要善于以本民族最优秀的文明成果去影响世界。在这里，如何形成一种开放机制和交往机制也是非常重要的。其中，最重要的是要具有世界眼光，培养和确立以“世界历史”为背景的思维方式。这就是跳出局部从全局看局部、跳出眼前从长远看眼前、跳出本国从世界看本国的战略思维；以共同利益与命运共同为纽带、从类的层次上分析和解决共同面临的问题的类思维；靠实力参与竞争、靠实力解决问题和靠实力立足的实力思维；尊重人（人作为人

应具有的权利、价值和尊严)、为了人和塑造人的人本思维；敢于冲破“暗礁险滩”的阻挠、敢于在“人迹罕至的荒野”开辟新的领域和道路、敢于在“熟知而非真知”的常态中获取新的突破性成果的创新思维；树立以矛盾双方互促互进、和谐一致和共同发展为内容的共生思维。

第十四章　发展中的当代中国人学思潮

现在我们从研究马克思的人学理论进一步走向当代中国的人学研究。

当代中国马克思主义哲学研究领域的一大景观，就是人学研究的兴起，并强调以马克思主义的立场观点方法研究人学。它的兴起，与基于马克思哲学关注现实人的生活世界的本性来研究当代中国现实人的生存境遇和发展命运有关。它一经兴起就引起学术界的广泛关注，并从理论和实践的结合上，推进着马克思主义哲学的创新。

一　背景—任务—实质

人学之所以在中国兴起，有其深刻的背景，人学研究的任务和实质就蕴含在这一背景之中。

（一）人学兴起的哲学史根据

在哲学发展的早期阶段，“人”面临两种命运：一是人主要被淹没在自然、社会及宗教中，显得不独立；二是人被各种不同的哲学流派加以肢解，变成支离破碎的人。

近代以来，情况发生了变化：一方面，先是由于文艺复兴时期“人”的发现，再到现代西方哲学回归人的生活世界，把人本身从对自然、社会等客体的从属中相对独立出来并提升为主体，进而把人学推到哲学的前台；另一方面，先是由马克思提出追求完整的人，到现代哲学人类学试图建立完整人的概念，把被哲学肢解的人整合成完整的人，人作为整体的人被哲学加以强调。

这种变化蕴含这样的道理：人在世界中具有相对独立的地位和本质，而且还是使外部世界化为人的世界的主体，因而，哲学不仅要从外部世界理解人，还要从人自身的内在固有方面去认识人，这种认识是在为一切存在提供最终根据。由此，人学便是哲学的本质学，这种本质只是在当代才真正显示出来。实际上，历史越往后发展，人在历史中的主体地位和作用就越突出。既然如此，当代哲学就应该把作为主体的完整的人作为自己专门或主要的研究对象，确立一种新的哲学观和哲学史观，推动哲学的发展。

(二)人学产生的科学史根据

近代以来，关于人的各种科学独立发展起来，积累了关于人的丰富的实证知识。但是，它们在开始时并不一定确保其内在联系，反而使人这一对象变得支离破碎。这不仅没有使我们接近对人的认识，反而使我们远离这一目标。对人的不同侧面加以认识而形成一系列的人的科学，是近代对事物进行分门别类研究这一科学发展的必然趋势决定的。

科学发展到现代，呈现新的趋势：一是整个科学及分支科学之间发生新的相互联系恰恰在人的身上；二是研究人的各门科学及其不同角度趋于结合、综合，人的科学提供的关于人的不同侧面的实证知识，把人作为统一的整体来把握。

对这种趋势的反映和反思，必须有一种关于人的统一的基础学说，来把关于人的各种科学之间的联系建立起来，既克服对人的片面研究的局限，又为一切有关人的科学的发展提供新的理论基础和方向。根据这一要求把已经积累起来的有关人的认识成果统一起来，那就必须回答这样一种本质性的问题：在这些成果的根底上，人究竟是什么。这就必须建立一门新的人学。

（三）人学泛起的文化学根据

以个人主义为核心的文化把人主要理解为具有独立价值的个人，以整体主义为核心的文化把人主要理解为只有在整体的关系中才能存在的人。这两种文化模式在一定历史时期，都由于自身的局限而带来许多社会问题，甚至出现某种社会危机，其危机实质上就是文化危机和人性危机。这就提出以文化综合创新来克服以往文化的历史局限性的任务。完成这一任务的最有效的方法，就是寻求和重建一种新的完整的人性，并通过这种重建来实现文化的综合创新。

（四）人学兴起的时代或实践根据

真正的人学是时代的产物。西方资本主义社会进入 20 世纪，有四个基本事实支配着社会意识形态的发展：一是现代西方科技和工业的发展给人带来的积极和消极影响；二是两次世界大战的爆发和法西斯主义的出现；三是 20 世纪欧洲工人运动的挫折并陷入低潮；四是西方共同精神的瓦解。

在当代中国，有三个基本事实支配着社会意识形态的发展：一是全面深化改革及社会主义市场经济体制的建立。社会主义市场经济是通过充分利用和规范人来运作的，市场经济的表层是“物”的问题，深层却是“人”的问题。二是文化强国建设。文化强国建设的实质是提高国民素质，它是以人为本并解决人的问题的。三是中国特色社会主义进入新时代所致力于的全面建设社会主义现代化国家。中国特色社会主义进入新时代，把实现人民的美好生活提到前台；全面建设社会主义现代化国家，实现人的现代化和促进人的全面发展是关键。

虽然中西方所提出的问题在层次上不同，但把这些问题提升到人的社会意识中来，核心都是人的本质、存在和历史发展问题，或者必须建立一种专门研究完整的人的本质、存在和历史发展规律的理论，来为分析和解决当代人类实践发展提出的与人有关的重大现实问题，提供一种理论工具和方法论，这就是人学。

我们今天生活在人的本质、存在和发展问题格外突出和尖锐的时代，也面临着各种抉择，在这种情况下，人的自我觉醒、自我反思和自我理解尤为迫切。人是一切活动和关系的主体，人创造他的历史和存在。人成为怎样的存在，取决于他如何做和做什么，人的未来也取决于自己的选择、决定和行动。而人如何做和做什么，如何选择和决定，又取决于人对自我的认识和理解。在对人是什么、人应是什么和人如何做这些问题的反思、追问及回应中，蕴含着人学产生的必然性。

由此可见，当代中国人学研究的任务和实质就是：作为哲学形态，走入哲学研究前沿；作为学术思潮，关怀人的生存发展；作为新兴学科，建构完整的人的图景；作为新哲学观，考察的视角发生转换。

二　进程—主题—观点

当代中国人学研究的发展进程大致可划分为萌发、生长和长果三个阶段。

(一)萌发阶段

“伤痕文学”的崛起、真理标准的讨论、改革开放、全党工作重心的转移和西方人道主义思潮的影响，共同促发了1979年以人性、异化和人道主义为主题的全国性大讨论。讨论主要集中在“人性、阶级性和共同人性”“社会主义和异化”“马克思主义和人道主义的关系”三大问题上。其实质，是从哲学人性论上反思我国社会主义建设的历史，总结历史经验教训，以确立人在社会主义建设和马克思主义体系中的地位。这场讨论的最大成果，是认识到要把人当人看，应对“人”及人性这一曾被人们忽视的问题加以研究；社会主义建设应尊重人的价值，关心人的命运。

(二)生长阶段

“把人当人看”，意味着要进一步揭示作为主体的人的价值，从理论上说清人的主体性。

1984 年，我国改革从农村转向城市，社会主义现代化建设全面铺开，它要求人们进一步思考人的现代化问题。

首先是 1985 年开始讨论人的现代化问题。人的现代化，在当时，首要就是人格从传统向现代的转型。对人的现代化问题的思考，必然与传统文化变革联系起来。围绕“文化变革与人的现代化”这一主题，当时许多学者集中讨论六大问题：价值观念变革；商品经济与道德建设；科学技术现代化与人的素质现代化的关系，以及人的全面发展；人的积极性、主动性和创造性；健康人格；人的思维方式变革。这种研究的根本特征，就是人们多从文化的角度反思现实以及人被失落的文化原因，注重文化对人格的塑造。其实质，是从现代化建设的高度反思文化与人格，从“文化与人”的关系上总结我国社会主义建设的经验教训，以确立“新人”在社会主义现代化建设中的主体地位。这种研究的最大成果，是意识到必须把人当主体看，社会主义现代化的关键在人的现代化，马克思主义哲学应把“人”相对独立出来，对人本身进行专门深入的理论思考；应在社会主义现代化发展战略中，包含对人的素质、人格以及人才和新人的设计。

其次是 1987 年左右开始讨论人的主体性问题。当时，哲学界集中讨论了四个方面的问题：一是从哲学上说清人的主体性与主体性原则；二是人的自觉活动和社会历史规律的关系；三是选择论和决定论的关系；四是个人及其个性。人的主体性问题讨论的重要特征，就是人们多从历史观进而从本体论再从哲学体系的本质特征角度提出人及其主体性问题，将人的问题引到了哲学本体论和哲学体系之中。其实质，是从哲学原则上反思人的主体实践活动的原则和方式，并从人的主体性发挥状况方面总结我国社会主义现代化建设的历史经验教训，以启示人们正确理解和发挥其主体性。其最大成果，就是人们充分认识到，人的主体性是最根本的人性，是人的问题的实质和核心，因而人的主体性问题本质上是“人”的问题，要从理论上说清人，就不能不抓住人的问题的实质和核心。这里，由对人的主体性问题的思考进而使人们走向对人本身的关注，对主体性问题的深入讨论，引发某些学者率先思考人学的问题。于是，从 1988 年起，国内少数学者率先提出“人学”的问题。

(三)长果阶段

对人学真正展开全面深入研究，始于 1990 年。那时，许多对人的问题研究多年的专家学者感到有必要把“人”作为一种相对独立的对象来研究，以建立一门新的人学或人学学说。这一阶段，讨论的焦点集中在三个根本问题上。

一是哲学和人学的关系。有三种代表性观点：第一种观点认为，哲学包括人学，但不等于人学，人学只是哲学的一个分支，二者是整体和部分的关系；第二种观点认为，哲学就是人学，哲学发展的方向是“类哲学”；第三种观点认为，哲学在一开始并不就是人学，人学也不是哲学的一个分支，哲学的当代主题形态主要是人学。

二是人学的对象。人学的目标是研究完整的人，对这一点学界已达成共识。但在如何理解完整的人上不同学者的观点出现了分野。第一种观点认为，人学研究的是人的完整图景及其本质和发展规律；第二种观点认为，人学是研究完整的个人及其本质、存在和历史发展规律；第三种观点认为，人学是研究个人、群体、人类三者关系的历史发展规律的科学。

三是人学概念及其性质。有的学者指出，人学有广义和狭义之分，广义的人学是指研究人的一切科学，狭义的人学是指研究人的本质、存在和发展规律的学说，它具有哲学的性质。有的学者认为，人学是一种新世界观和哲学观，“人学”概念的提出代表一种新的哲学观念，一种体察世界的新视角。多数学者认为，人学不同于人的科学，后者是研究人的某一方面而形成的一个学科群，人学则是在综合各门有关人的科学提供的关于人的知识的基础上，对完整的人进行综合研究，并提升出关于完整的人的本质、存在和发展规律的一般理论。“形成完整的人”是综合人学，具有综合科学的性质，提升出关于“完整的人的本质、存在和发展规律一般理论”是哲学人学，它是人学最高、最根本的层次，具有哲学的性质。有的学者认为，我们对人的认识只能是历史性的认识，只有历史性地看待人的存在和人的自我认识，才能为科学的人学奠定基础，在这种意义上，人学实质上是一门历史科学。有的学者认为，人学只是一种学说，而不是一种学科。

这一阶段，逐步形成了一些有一定影响的人学研究组织、团体和学术中心，基本上形成了一支老、中、青相结合的人学研究队伍；有些地方积极编写人学教材，开设人学课程，招收人学研究方向的研究生，承担国家及地方人学研究课题。

三　总结—特征—走势

当代中国人学既不是完全重走近现代西方人学发展之路，也不是顺着中国传统文化之路“接着说”，而是立足于当代人类发展和当代中国社会发展的现实逻辑以及对现实中国人的科学理解，来吸纳中西人学思想精华，因而它是以当代中国现实为根基、在同世界人学和中国传统人学对话的基础上发展起来的。

综而观之，中国多年来的人学研究呈现这样的整体图景。

(一)研究的界域

人学不是把一切与人有关的问题都纳入进来，也不能被唯物史观所取代，更不等于倡导抽象人道主义，而是在综合和提升各门人的科学的基础上，建立一门以完整的人及其本质、存在和历史发展规律为研究对象的新的科学，这门科学应克服抽象人道主义的局限，达到对人的完整的科学理解。“凡是研究与人有关的学问”实际上属于“人的科学”范畴。

在人学与人的科学的关系上，当代中国的人学研究一开始就比较自觉地界定自己的研究对象，避免把人学泛化，即把凡是研究与人有关的学问都看作是人学。因为这看似在抬高人学，实际上是取消了人学。

(二)研究的内容

在理论层面上主要研究了人学的前提性问题，在现实层面上主要研究了我国现代化建设实践提出的重大而迫切的问题。研究的内容大都是理论和实践中的前沿问题，既具有面上的广泛性，又具有点上的高度和深度；不足之处在于对一些“前提性问题”还未达成应有的共识，对“人的科学”的综合研究还未给予应有的重视，对“完整的人”还未提供确切的理解，从人学角度重新理解本体论、认识论、辩证法、实践观和唯物史观，做得还不够。

(三)研究的方法

人学的研究方法大致可概括为“我思”有余，“集思”不足；“哲思”有余，“科思”不足；“离思”有余，“合思”不足。国内的人学研究大多以学者个人独立思考的方式来进行，并未真正采取集体合作和综合研究的方式；大多运用哲学研究的方式，未做详尽的实证研究；对人的问题的基础理论研究和现实研究往往是分离的。人学既不应限于对人的科学作综合研究，也不应囿于演绎式的纯学理研究，而要主张以对人的现实问题的研究带动对人的基本理论的研究。这就要求我们深入人的活生生的世界去捕捉时代的课题，既注重从外观即人的对象化的世界方面科学研究人，又注重从内在即对人的内在结构的反思方面研究人。

(四)研究的主体

有的学者主要用意识形态的眼光对待人学研究，对从科学方面研究“人”的重视程度相对不够；有的学者忽视人学研究中的意识形态属性，淡化马克思主义对人学研究的指导意义；大部分学者能坚持“百花齐放，百家争鸣”的学术方针，但有的学者由于对人学研究的背景、实质和意义了解不够，因而对人学作为一门科学不理解，低估人学探索的积极意义，不积极参与我国的人学研究；有的学者认识到“人的科学”研究对人学研究的必要性，但对“人的科学”方面的知识准备不足；有的学者立足于当代中国的视野来研究人学，但缺乏应有的开放意识、世界眼光、战略思维和综合能力；有的学者多去争论抽象的人学概念，不大追问人学研究的精神实质、思想内涵和现实意义。由此，在对素质的要求上，人学研究工作者不能完全被利益、情感、经验、感觉、意志和表象所遮蔽，而必须切实掌握以高级理性为支撑的唯物辩证法。人是多种矛盾的统一体，是世界上最难理解和把握的对象，要准确把握和理解人，就必须运用唯物辩证法，而要真正掌握和运用唯物辩证法，就必须具有高度自觉的理性意识。否则，在实际工作中就容易做出违背唯物辩证法的事，而这样的人不可能真正理解“人”及人学理论。

(五)研究的立足点

中国的人学研究始终是在改革开放和社会主义现代化建设的大环境支撑下步步深入的，这一环境对解放学者们的思想有巨大的作用，它使人们由过去“谈人变色”到现在强调“以人为本”；由过去把人性论和人道主义看成资产阶级的专利到现在对此加以科学的研究；由过去排斥人的研究到现在兴起“人学热”；由 20 世纪 80 年代初开始对人道主义进行研究，到 20 世纪 90 年代以后纵深向人学理论建构方向发展；由 20 世纪 80 年代初主要是从价值观上强调尊重人到 20 世纪 90 年代以后深入到从学理上说清人、从实践上塑造人的方向发展；中国的人学研究还反映了世界思想文化向关注人的生活世界和生存状态转向的大趋势，适应了时代发展的潮流。

当然，当代中国人学既不是完全重走近现代西方人学发展之路，也不是顺着中国传统文化之路“接着说”，而是立足于当代人类发展和当代中国社会发展以及对现实人的科学理解，来吸纳中西人学思想精华，因而它是以当代中国现实为根基、在同世界人学和中国传统人学对话的基础上发展起来的。在中国从农业社会向工业社会、由自然经济向市场经济转型过程中，中国学者也将在一定意义上重演近代西方人学的某种历史剧。然而中国毕竟面临着当代全球性问题，也有特殊国情。在这种背景下，当代中国人学的内容和形式就不能重复西方人学的过去了，必定具有自己的时代特色与中国特色。不仅如此，由于历史发展时序的差距和中国历史发展阶段的特殊定位，致使当代中国的人学研究难以形成与西方以后现代主义思潮为语境的相同话语系统。中国传统文化中的人学思想是建立在小农经济基础上的，虽有许多合理因素可以继承，但并不完全适合社会主义市场经济体制和社会主义现代化建设的本质要求。我们只能立足于中国特色社会主义新时代与全面建设社会主义现代化国家新实践，来建构当代中国的人学。

(六)研究的倾向

中国人学研究一开始就是力求通过对完整的人的综合思考，旨在寻求哲学、科学、文化和人文精神之本，重建符合时代精神的新哲学观、科学观和文化观，为当代哲学发展提供方向；就是走向人的现实生活世界，洞察人的生存体验，关心中国人的生存和发展状态以及人类发展的命运；就是既要从价值观上重视人，又要在学理上完整论说人，还要在实践上全面塑造人。

过去，我国社会主义建设出现许多问题的一个原因，就是由于不能科学地理解人、自觉尊重人。改革开放以来，人们逐步认识到应在价值观上把人当人和主体看，正确发挥主体的作用。近年我国人学研究的意图之一，就是唤醒对“人”的自觉尊重，充分正确发挥人的作用，但它必须通过对“人”的科学理解来提供理论基础。

人学研究的这种意义不可低估。改革开放以来，我国社会主义现代化建设之所以能取得巨大成就，其原因之一，正是科学理解人、重视人并充分正确发挥人的积极作用。这需要在实践上全面塑造人，即在人的内心深处进行人格上的真正彻底的塑造。改革开放以前，中国未曾经历过“文艺复兴”式的、旨在全面彻底塑造新型人格的人的革命，在人的内心深处实行全面彻底的人格塑造的任务至今尚未完成。在我国进入全面深化改革和全面建设社会主义现代化国家新时代，人的素质与社会主义现代化建设要求不相适应的矛盾充分暴露出来了，因而，全面彻底实行人格塑造就成为当务之急。

(七)研究的成果及其作用和影响

1985年以来，我国发表了大量关于人学的论著。这些论著，第一，为人学建设奠定了基础。它提出的一些创新性观点，建立起了哲学与人的本质联系；提出了“人学”的一系列范畴，努力把马克思主义人学作为新兴学科来建设，确立了人学在马克思主义哲学中的合法地位；总结了以往人的问题研究的经验教训，认识到对人性的理解与对社会历史、科学、文化、哲学理解的内在联系，从而强调当代哲学要对完整的人进行综合研究。第二，在理论建设上有助于深化对实践唯物主义、认识论、唯物辩证法、唯物史观、发展理论、文化问题和价值问题的研究。第三，在现实上反映了世界潮流和我国改革开放的时代精神，形成了一种关注人、尊重人和塑造人的人学思潮，树立了“人”的观念，促进了人的解放、发展和塑造，推进和加强了当前我国市场经济体制建设、文化建设、素质教育、管理、干部人事制度改革、思想政治工作和人的现代化进程，也为坚持人民至上、以人民为中心的发展思想提供了理论依据。

(八)研究的特征及其不足

中国的人学研究着重从哲学学理层次上把握“完整的人”，在为时代和中国实践发展提供人学理念方面做得不够，在同其他学科交流合作方面也不够；着重从学术理论上探讨人的问题，在使人学走出书斋，“下”到同平民大众的生活世界相结合从而被他们所掌握，“上”到同决策部门相结合从而为决策提供根据，做得还不够，致使哲学学术圈外的人士不知“人学”所云；多在学科边界、人学对象、人学观念比较模糊的情境下进行，这利于学者们打破“框框”束缚，大胆探求问题，但也使一些学者把远不是人学的问题当作人学问题来研究；多以科学理性的方式和自觉的态度进行研究，但研究中的主观评判色彩、盲目自发的模仿倾向在不同程度上依然存在；多注重“宏大叙事”，从微观世界研究个人存在、发展状况与美好生活实现状况，进行得还不够。

（九）研究的趋势

如果把发展中的中国人学思潮放在中国特色社会主义新时代来考察，必将发现，21 世纪新的社会实践又进一步使哲学走向人，也使人进入哲学视野的中心。由此，人学就必须由 20 世纪末的“热身型”研究阶段转向 21 世纪的“攻坚型”研究阶段，人学研究必须承载四大历史使命。

一是清理与总结工作，即对相关的研究成果、理论前沿、前提性问题、学术动态进行系统深入的清理与分析。

二是倡导与推动工作。在学界和社会积极推动和倡导人学研究，在对时代精神的把握中，在对“中西马”文化精华的汲取中，在对人的科学的综合研究中，在对人的哲学理解中，提升并确定当代中国人学的核心理念。

三是转型工作。就是实现人学研究范式的转变：由清理与总结以往的思想资源和经验教训，转向为建构人学大厦奠定根基；由推动与倡导工作，转向提升人学的核心理念，力图为 21 世纪中国发展提供价值支撑，并推进社会治理体系创新；由对“完整的人”的追求，转向建构“完整的人”的形象和塑造其人格，力求使人学作为一门研究完整的人的科学真正建立起来；由“我思”“哲思”和“离思”，转向我思和集思、哲思和科思、离思和合思相结合；由模糊走向精准，真正厘定人学的学科边界、对象和性质；由不知走向知，对各门人的科学以及对人的科学加以综合方法深化理解和把握，提高人的综合创新能力；由对人学的学理、学科过于关注，转向学理与思想并重，基础理论与现实意义并重，尊重人、说清人、塑造人并重；由从宏观上研究人走向也注重从微观世界中研究人，研究人的美好生活；由注重国内哲学学术领域的人学研究走向开放，既具有世界眼光和战略思维，能同世界对话，又同其他相关学科结成联盟，还要使“人学”进入平民大众的日常生活世界，进入实际部门和决策领域，进入讲坛和教室。

四是与时俱进地追踪时代，进一步对智能经济和全球化时代提出的人的问题，以及所要求的人性革命和生存方式革命加以准确的分析、把握和提升。这就要进一步关注以下问题：人性中的能力，人的全面而自由的发展，人的素质、能力和人才，人的精神世界，人民的美好生活。

第十五章　我国人的问题研究的演进逻辑

改革开放以来，我国人学与人的问题研究的一个基本特点，就是其研究进程始终紧随我国社会主义现代化建设实践的发展，并反作用于社会实践。因而，我们应从社会主义现代化建设的社会实践出发，来考察和反思我国人学与人的问题研究得以兴起的历史背景及其演变的内在逻辑，从中进一步弄清社会主义现代化建设与人的发展的内在联系，同时对我国人学与人的问题研究加以清理和总结。

一　“伤痕文学”的崛起及哲学回应

这要放到当时的历史背景中来考察。

“伤痕文学”涉及的主题是人性和人道主义。它给哲学提出这样一些深层次的问题：什么是人性？有没有共同的人性？人性和阶级性是什么关系？社会主义社会是否应该弘扬人道主义？人性、异化、人道主义三者是什么关系？马克思主义和人道主义是什么关系？

哲学离现实最远，它通过诸多中间环节干预现实，而现实也通过诸多中间环节影响哲学，其中最主要的中间环节，是文学和人学。可用下式表示：

现实→←文学→←人学→←哲学

因为现实的东西首先是以形象(感性)思维的形态反映在文学作品里，人们也往往首先以文学形式对感性的现实生活进行描述和诉说，表达对人生体验的感悟，况且文学作品易被平民大众所接受。文学就是人学，它反映现实人的生活世界与活生生的人生，描写人的日常生活，诉说人的内在情感，揭示人性。因此，文学所表现出的倾向必然影响作为抽象(理性)思维形态的哲学，引起哲学上的回应，而哲学既要以理性的形式分析综合文学所提供的人生事实，又要提供一种人性理论(人性观的框架)来影响文学，为文学提供理论基础从而以此干预现实。西方一些哲学家之所以能写出具有历史影响的传世之作，既在于他们能提供一种影响文学进而影响现实的理论，又在于能对文学所提供的人生事实进行哲学的思考分析。在中国，现实、文学、人学、哲学也具有这种内在联系，不过有时是自觉的，有时是不自觉的。

“文化大革命”结束以后，人们思考的成果是从 1977 年至 1980 年发表了一批被称为“伤痕文学”的作品。其主要代表作有：刘心武的《班主任》、戴厚英的《人啊，人!》、叶辛的《蹉跎岁月》、蒋子龙的《赤橙黄绿青蓝紫》、卢新华的《伤痕》等。这些作品反映出一种共同的倾向，就是通过描述和诉说“文化大革命”对人性的某种践踏及对人的精神的伤害，来重新恢复人性和人道主义，恢复和确立人在社会主义社会中的地位。这种倾向显然具有两个基本特征：以人性沉沦为主题，来表现作家的人道主义价值观；作品的较多描述具有道义和情感评价色彩，缺乏哲学上的理性思考。

文学作品表现出的这种倾向，在意识形态领域引起了强烈反应，首先是哲学上的回应。“伤痕文学”涉及的主题，是人性和人道主义。它给哲学提出这样一些深层次的问题：什么是人性？有没有共同的人性？人性和阶级性是什么关系？社会主义社会是否应该弘扬人道主义？人性、异化、人道主义三者是什么关系？马克思主义和人道主义是什么关系？等等。现实和文学提出问题，哲学必须作出答复和回应。这种回应具体表现在：开始注重“伤痕文学”所揭露的事实，集中讨论人性、异化、人道主义及人的自我价值问题；运用人性、异化和人道主义的思想反思“文化大革命”的现实，总结我国历史经验教训；开始反思马克思主义、社会主义同人性、异化和人道主义的关系；力图为解决“伤痕文学”所提出的问题提供理论基础。这样，“伤痕文学”崛起的哲学意义就在于：由1977年至1980年的“伤痕文学”作前导，促发了1980年哲学界关于人性、异化和人道主义的全国大讨论，使哲学在对现实的反思中提出和重视人的问题（当然这场讨论还有其他背景）。这场大讨论持续到1984年（以胡乔木发表讲话式论文《关于人道主义和异化问题》为标界）。

二　人性、异化和人道主义

从1980年开始的关于人性、异化和人道主义的全国大讨论，主要是围绕以下几个重大问题展开的。

（一）人性、阶级性和共同人性

哲学界重视人的问题，当时首先表现在集中注意人性问题，把人性论作为反思我国“文化大革命”及其历史经验教训的理论工具。有些学者的反思和总结，主要是从以下方面展开的：人性是人之所以成其为人而具有的基本属性，在“文化大革命”时期，人性遭到了某种践踏，由此阻碍人的社会发展；中华人民共和国成立以来，我国社会主义建设之所以出现一些曲折，甚至犯“文化大革命”这样的错误，一个重要原因，就是我国的马克思主义哲学研究没有完全反映社会主义建设的需要，忽略人的问题；拨乱反正，正本清源，最重要的一条，就是恢复人在马克思主义哲学中的地位，确立人在社会主义建设中的地位；人是马克思主义的出发点、核心和目的，历史唯物主义就是关于人性形成、丧失和复归的规律和条件的科学。因此，任何轻视人、不尊重人和不关心人的做法都是必须克服的。

运用人性论反思现实，总结经验教训，使一些学者把批评矛头直接对准将人性等于阶级性以及过分强调人的阶级性的观点。有一种观点认为，在阶级社会，人性就是阶级性，没有共同人性可言。这种观点过于注重人和人之间的阶级关系，因而主张用阶级分析来处理人和人之间的关系。针对这种倾向，有些学者重新对人性加以理解，指出人性是人之所以为人而区别于动物的、为人类所具有的特性，因而它是一切人所共有的，既然如此，就没有阶级性可言。阶级性是阶级的属性，人性是人作为人的属性，人不同于阶级，人性不同于阶级性。

这种针锋相对的观点，引出了关于人性和阶级性的关系，人性、人的社会性和阶级性的关系，以及阶级性和共同人性的关系的颇多争论。

在人性和阶级性的关系这一重要问题上，争论的焦点在于能否把人性等于阶级性，实质在于如何看待我国现实社会中人和人的关系以及人的地位。认为人性就是阶级性的学者，把现实社会中人和人的关系主要看作阶级关系，人是作为阶级成员参与一定阶级的，人和人之间没有共同人性可言，因而人的地位取决于该阶级的地位。认为人性不同于阶级性的学者，把现实社会中人和人的关系看作非阶级关系，人是作为人参与社会生活的，因而人在社会中应受到尊重，那种只强调阶级性而践踏人性的做法是非人道主义的。

在人性、人的社会性和阶级性的关系问题上，争论的焦点在于如何看待人性的社会性。认为人性就是阶级性的学者强调，人性的本质在于人的社会性，而人的社会性在阶级社会只表现为阶级性。认为人性不同于阶级性的学者指出，人的社会性是人性之一，而不是人性的全部，人的社会性一定意义上表现为阶级性，但不完全等同于阶级性，因为人的社会性是多方面的。

在阶级性和共同人性的关系问题上，争论的焦点在于阶级社会中是否存在“共同人性”。争论的实质在于，在阶级社会，是否可以把人道主义作为一条基本原则确立下来。认为人性就是阶级性的学者根本否认有共同人性，因而否认阶级社会中不同阶级的人之间存在什么人道主义，对人与人之间的关系，只能采取阶级分析。认为人性不同于阶级性的学者指出，不同阶级的人之间存在着共同人性，因而一定意义上可以用人道主义原则来处理人与人之间的关系，只对人和人的关系采取阶级分析是片面的。

在争论中，尽管歧见颇多，但并未形成明确不同的思想倾向，还能达成这样一种共识：共同人性和人的阶级性是不能割裂的，阶级性中存在着共同人性，但不存在抽象的共同人性。在阶级社会，共同人性存在于阶级性之中，因而，人道主义不是资产阶级的专利，它可以作为社会主义社会处理人和人之间关系的一个基本原则，仅仅只对社会主义社会中人和人的关系进行阶级分析是不全面的。

(二)社会主义和异化

运用人性反思现实，总结历史经验教训，进一步提出了异化问题。当时有些学者从人性出发衡量我国现实，认为在社会主义社会，人性存在着异化，而这种异化是社会主义社会一切弊端的集中表现，因而只有用异化才能对社会主义社会的消极现状给予科学说明。这种倾向实质上是运用“人性—人性异化—人性复归”这种抽象人本主义的思维模式，来说明、分析和评判我国社会主义的现实和历史的。

能否用“异化”分析说明我国社会主义的现实和历史？对这一问题的进一步研究，引出了对异化理论尤其是对马克思异化理论的思考。在异化理论问题上，存在着两个截然不同的思想阵营。

认为社会主义社会存在异化的人，一般提出两个根据：一是马克思在晚年成熟著作中仍保留异化概念，并用“异化”来表达资本主义社会的非人性现象，社会主义社会只要存在非人性现象，当然就可以用“异化”来说明；二是马克思虽没有直接讲到社会主义社会的异化，但在其成熟著作中还曾讲过社会分工是产生异化的根源，社会主义社会仍存在社会分工，因而异化及其根源也必然存在。

反对用异化理论分析社会主义社会的消极现象的人提出两个相反的理由：一是马克思晚年的成熟著作抛弃了早期著作提出的不成熟的异化理论，用历史唯物主义取而代之，并用后者来说明社会历史。晚期著作虽有时使用异化概念，但只是偶尔用它来批判资本主义制度下雇佣劳动和资本的关系。二是在马克思那里，异化是同私有制联系在一起的，并主要用来描述资本主义私有制社会存在的非人性现象。

表面看来，人们是在异化问题上争论不休，就其深层实质看，争论的焦点在于：异化理论是一种什么性质的理论(是价值观还是历史观)；应运用什么理论(异化论或唯物史观)来说明社会现实和社会历史(在当时，有些人却是在没有首先弄清楚这两个问题的情况下展开争论的)。这里实际上涉及如何看待异化理论在马克思主义理论体系中的地位以及如何看待唯物史观这两个根本问题。所以，人性论、异化论和唯物史观之争，实质是主张把什么理论作为分析说明我国社会主义现实和历史的工具。

异化问题的争论，进一步引出了青年马克思和成年马克思的关系、异化论和唯物史观的关系的争论。这两个问题的争论基本是交织在一起的。在对这两个问题的讨论中，人们取得了一定共识，这就是：异化理论就其性质和本质上来说是一种价值观，是人道主义的理论基础，其职能是对社会历史和现实中的非人性现象作价值评判，而不能用来对社会历史和现实作科学说明；青年马克思对异化理论的性质和职能还缺乏全面认识，因而将其职能错用，用它来分析说明社会历史和现实，结果在历史领域还具有唯心主义倾向；成年马克思认识到异化理论本质上是一种价值观，不是历史观，因而要科学地说明社会历史和现实，只能运用历史唯物主义，所以在说明分析社会历史问题上，马克思用历史唯物主义取代异化理论；成年马克思并没有抛弃异化理论，而是在历史唯物主义基础上，职复原位，把异化理论作为一种价值观保留下来，并将其职能严格规定为价值评判。这里，问题的关键，就是要从世界观和方法论高度来重新认识异化理论和唯物史观的关系。

(三)马克思主义和人道主义的关系

人性、阶级性和共同人性关系的讨论，社会主义和异化关系问题的争论，人性论、异化论和唯物史观的关系的思考，上升到世界观和方法论高度，逻辑上必然引出对马克思主义和人道主义关系的讨论。因为如何看待人性和异化问题，从世界观和价值观高度来看，应当是如何看待人道主义问题，而如何看待社会主义和唯物史观问题，从世界观和方法论高度来看，就是如何看待马克思主义的问题。

马克思主义和人道主义关系问题讨论的焦点，在于如何看待人道主义。为此，许多学者首先研究了西方人道主义的历史、含义、本质功能和性质等。基本上有三种代表性的思想倾向：

第一种倾向认为，人道主义的本质在于把人当人看，尊重人的地位和价值，关心人的命运，而马克思主义也关心人的存在、发展和自由，为人的解放和发展作论证，所以就其实质和核心来讲，马克思主义是科学的、彻底的人道主义。

第二种倾向认为，存在着广义的人道主义，人道主义关注的是人，马克思主义不仅关注作为特殊存在形态的人——无产阶级的解放，关心作为另一种存在形态的人——个人的自由而全面的发展，而且还注重揭示和发现社会历史发展的一般规律，因而科学的人道主义只是马克思主义理论体系的一个组成部分。

第三种倾向认为，人道主义在历史上属资产阶级意识形态，在历史观上从抽象人性和孤立个人出发。马克思主义属于无产阶级的意识形态，在历史观上从生产力方式和经济关系出发，因此，马克思主义和人道主义是两种根本对立的思想体系，二者水火不容。这三种思想倾向对以后人的问题研究具有深远的影响。

虽然对二者关系的争论比较激烈，但在一些问题上也达成了共识。部分学者认为，资产阶级人道主义作为历史观，是应着重加以批判的，而作为一种价值观和伦理观，却有许多值得汲取的合理因素，通过改造、扬弃，可以纳入马克思主义理论体系之中。马克思主义在本质上不能归结为人道主义，但包含科学的人道主义。作为一种价值观和伦理观，社会主义比资本主义更注重人道主义——即社会主义人道主义。

（四）人性、异化、人道主义讨论的实质、特征及得失

1980—1984年全国掀起的关于“人性、异化和人道主义”问题的大讨论，涉及面广，影响广泛而深远，所以，对这场讨论予以简要的分析总结是必要的。

这场讨论的特征是明显的。其一，兴趣热情高。这场讨论的参与者多，论文数量多，时间持续长，声势大，反映出人们对人的问题的极大兴趣和热情。其二，感情评判色彩浓。因为“文化大革命”对一些人的情感和精神的伤害，以及许多人对人性、异化和人道主义作感情色彩的理解，所以这场讨论主要从价值观、伦理学角度提出人的问题，多注重作为价值观、伦理学意义上的人，注重对社会现实和历史中的非人性现象作价值和道义的评判，而对我国历史和现实中人的状况缺乏一种较为客观、具体和深入的理性分析。其三，历史感强。这场讨论主要是对我国现实和历史中不尊重人和不关心人等贬低人的价值的某些现象的反思，这种反思虽离不开对人的问题作理论探讨，但更重要的是反思现实和历史，对人本身的基本理论问题没做更多、更深入系统的研究。其四，逐渐具有了政治色彩，同政治联系起来。其五，贬低中国传统文化、宣扬西方文化的倾向有所抬头。

这场讨论的实质意蕴，主要是从哲学人性论上反思我国社会主义建设的现实和历史，总结历史经验教训，以确定人在马克思主义及社会主义建设中的地位，肯定人的价值。这种反思在认识和实践人学方面取得了一定成果。

在认识上，这场讨论的集中成果，积淀并凝结为三个命题：“把人当人看”；应注重从历史观和价值观的关系上研究人；应现实地研究人。

“把人当人看”，是说社会主义社会的人不应沦为动物，泯灭人性，不要轻视人、蔑视人，而应尊重人的价值。在我国社会主义建设过程中，在“文化大革命”期间，之所以存在某种不把人当人看的现象，从理论认识上，是否认共同人性和人道主义的结果，是轻视人、蔑视人以及忽视人在社会主义建设中的地位和作用的结果。在人性、异化和人道主义讨论中，人们逐渐认识到，马克思主义并不完全抽象否认共同人性和人道主义，相反，它积极汲取人道主义的合理成果；社会主义制度不否认人的价值，相反更尊重人和关心人，把人当人看。

“应注重从历史观和价值观的关系上研究人”，是说要正确区分和处理人的问题的历史观和价值观的关系，以通过对这一基本关系的解决，来有效解决人的问题。对异化、人道主义问题的讨论之所以争论不休，关键在于没有正确认识和解决这一关系。在人学史上，主要是从历史观和价值观两个方面提出和研究人的问题的，关于异化和人道主义的讨论亦是如此。在讨论中，有些人多从历史观上看待人性、异化和人道主义，否定得多；有些人多从价值观上看待人性、异化和人道主义，肯定得多。在进一步讨论中，人们逐渐认识到，正确认识和解决人的问题的历史观和价值观两个层面的辩证关系，是科学解决人性、异化和人道主义问题的一个关键，因而，不能离开这一关系来研究人的问题。

“现实地研究人”，是针对“抽象地研究人”而言的。以往，人们常把人的问题看作资产阶级的专利，认为研究人的问题，难以同资产阶级划清界限。通过讨论和研究，人们认识到，人的问题完全可以纳入马克思主义的视野加以研究，问题不在于是否应该研究人，而在于如何研究人。马克思主义反对离开具体条件抽象地研究人，主张把人放到社会物质生活条件中加以具体研究。认识上的这三大成果，对以后研究人的问题有着重要影响。

在实践上，这场讨论的最大成果，一方面在于促使人们解放思想，敢于正视人的问题；另一方面告诫人们，社会主义建设应尊重人的价值，关心人的命运，把尊重人和关心人的原则贯彻到社会主义建设过程中，以作为社会主义制度的一个基本原则，并且应在社会主义现代化建设的战略目标中确立人的地位。

在人学研究上，这场讨论的成果，是认为马克思主义哲学包含科学的人道主义，因而应对“人”这一曾被人们有所忽视的问题加强研究。由此，人们开始重视人的问题，为以后的人学研究埋下了伏笔。

这场讨论也显示出诸多不足。其中，思想不够解放，许多干扰和障碍并没有消除；许多人仍存有疑虑和模糊认识，怕研究人性、异化和人道主义会偏离马克思主义方向，动摇社会主义制度，难以同资产阶级划清界限，怕影响执行党的路线、方针和政策，怕在心理上增强人们的抵触情绪和批判情绪，在思想观念上纵容个人利己主义，引起人们思想混乱和社会不稳定。所以，许多讨论意犹未尽；许多人带着情绪参与讨论，彼此间互相指责，甚至互相攻击得多，平等对话和互相交流思想得少；有些学者对人作抽象研究，较注重人的价值因素，如人的应当性、为我性和超越性等，对人的问题缺乏较充分的科学分析，离开经济基础，背离马克思主义，只在哲学领域研究人，这明显受到了西方人本主义的影响。

三　文化变革与人的现代化

“人性、异化和人道主义”讨论所取得的成果，蕴含着“把人当主体看”的思想。

（一）“把人当人看”

“把人当人看”，意味着要进一步揭示作为主体的人的价值，因为人作为人，本应视为一切的本体，而且人要有价值，首先应成为主体，否则价值就难以真正实现。这就是说，只有把人当主体看，才有可能真正把人当人看；“社会主义建设应尊重人和关心人”，意味着应进一步尊重和关心人在社会主义建设中的主体地位；“社会主义建设应正视人的问题”“应现实地研究人”，意味着应进一步研究社会主义建设的主体即人适合社会主义现代化而使自身现代化的问题。把人当主体看比把人当人看，在认识上并不是简单重复，而是一种进步。把人当人看，着眼的是区别于动物的人性及人作为人的价值，而把人当主体看，着眼的是人区别于动物的主体地位和作用以及人作为主体的价值。

把人当作活动的主体，实际上就是要把人放到社会历史和现实中来，因为活动总是历史的和现实的。人正确有效地发挥其主体的积极作用，其主体地位才有可能被确立。这从逻辑上又必然促使人们进一步思考“人作为活动主体如何有效发挥其积极作用”这一重要问题。随着我国改革开放和社会主义现代化建设的问题凸显出来，这一重要问题就被具体化为“人作为社会主义现代化建设的主体如何有效发挥其积极作用”以及人的现代化这一现实问题。

人的现代化，在当时首要的就是人格从传统向现代的转型问题。如果作为社会主义现代化建设的主体——人的价值观念、道德品格、能力素质、精神面貌、社会心理和思维方式还停留在传统范围内，人格没有向现代转型，如果没有赋予社会主义现代化以人的基础和人格支持，社会主义现代化是难以顺利实现的。

人格主要是由文化塑造的，人的活动和社会活动的深层基础是文化，所以，社会改革、人的现代化、人格转型都直接涉及文化问题，或者说，文化问题从哲学上讲，实质是人格塑造问题。于是，传统文化与人的现代化问题或文化变革与人格转型问题就必然突出，从而成为人们关注的一个主题。实际上，每当社会变革的转折关头，每当社会变革全面展开时期，“文化与人”的问题总是必然地凸显出来。

(二)围绕人格转型问题的讨论

从1985年起，许多专家学者集中围绕人格转型问题，从作为主体的人及其人格的各个基本层面展开了讨论。归结起来，主要是从以下六个基本层面和重点展开的。

一是人的价值观念。这就是关于“观念现代化”的热烈讨论。讨论的焦点在于：如何在文化变革中确定人的现代观念。

二是人的道德品格。集中讨论了“商品经济与道德建设”“道德主体”等问题。讨论的焦点在于现代人的道德观念是什么样的。

三是人的能力水平。人们关注的焦点问题是：“科学技术现代化与人的素质现代化的关系”“人的能力的全面发展”等。

四是人的精神状态。讨论的中心问题是“人的积极性、主动性和创造性的发挥”和“人的精神世界”问题。

五是人的社会心理。“健康人格”问题被提出来讨论。

六是人的思维方式。集中讨论了“人的思维方式变革”问题。

概括来说，“传统文化与人的现代化”“文化变革与人格转型”的讨论，表现出以下主要特点。

其一，体现了一定的深刻性和广泛性。由于人的现代化、人格转型直接与文化变革有关，所以，这一时期的讨论主要是从文化角度提出问题，多注重文化对人格塑造的意义，注重由以前反思社会现象转向反思人的活动和社会活动的深层文化基础以及人格，因而这种研究具有一定的深刻性，易把人的问题研究引向深入。不仅如此，当时也广泛掀起文化问题研究的热潮，人们大量翻译、介绍、发表和出版有关文化方面的论著。

其二，具有战略意义。这一时期的讨论具有批判和建设双重性质：它一方面反思中国传统文化，另一方面又力图关注文化建设和人格塑造，突出人在社会主义现代化建设中的主体地位，因而这种讨论对我国社会主义现代化建设具有一定的战略意义。

其三，“西化”倾向进一步抬头。在“文化”讨论中，西方文化引起学界的极大兴趣和关注，其影响呈进一步上升趋势，对学术界冲击也很大，而中国传统文化却遭到一些人的批判。

其四，较注重人的价值因素。虽然有些专家学者注意考虑人的科学因素（人的现实性、自在性、受客观条件制约性和适应性），但相当一部分学者更注重人的价值因素。比如，在对现实的超越、对中国传统文化的批判、对西方人本主义文化的宣扬、对人格转型等问题的讨论中，注重人的价值因素的倾向是较为突出的。可以说，问题分歧的焦点就在这里。

这一时期讨论的实质底蕴，是从现代化高度反思文化和人格，从“文化与人”关系上总结我国社会主义现代化建设的历史经验教训，确立社会主义现代化建设、文化建设的方向和新人塑造的目标，并确认新人在社会主义现代化建设中的主体地位。这种反思，在认识、实践和人学方面也取得一定成就。

（三）取得的成果

在认识上的成果，可凝缩为两大命题：“把人当主体看”“社会主义现代化关键在人的现代化”。人们在讨论中逐渐认识到，人不仅是一切活动和一切关系的主体，而且是社会主义现代化建设的主体，因此，要实现社会主义现代化，首要的在于实现人的现代化。

实践中取得的成果，既在于昭示人们，必须使社会主义现代化建设有效发挥主体的积极作用，应在社会主义现代化的发展战略中，加入对人的素质、人格、人才和新人的设计，把人格塑造看作社会主义现代化建设的一项重点和基础工程；又在于促使人们注重文化建设和价值体系建设，把文化价值观建设作为社会主义现代化建设的一个重要组成部分。

人学研究方面取得的成果是，认为马克思主义哲学应把“人”相对独立出来加以专门深入研究，应对人本身进行深入的理论思考，从理论上说清人。这一成果是建立在如上“认识成果”基础之上的。由此，在 1987 年前后出现了“人学丛书”出书热。

当然，这一时期的讨论也存在一定的局限性。主要有两点：一是对中国传统文化和西方文化都缺乏深入细致和辩证的分析，批判和宣扬的盲目性较大；二是对社会主义现代化建设中的人的设计缺乏理论基础，即缺乏对人的正确理解，所以这种设计不免过于就事论事，缺乏严密性和全面性。

四　人的主体性与哲学主体性原则

要真正解决人的主体作用发挥及人格转型问题，就必须进一步从哲学高度从根本上说清人，从理论上说清人作为主体的本质属性，说清人的主体属性发挥的合理方式，这实质上就是要说清“人的主体性”问题。

马克思指出，假如我们想知道什么东西对狗有用，我们就必须探究狗的本性。① 同理，要了解人作为主体的效用，就必须知道人作为主体的属性。因此，把人当主体看，就必须进一步解决人的主体性的正确发挥问题。

这是一项比人的现代化更具基础性意义的工作。因为人的主体性是相对于人的受动性、消极性而言的，只有正确发挥人的主体性，人的主体作用才能真正地、顺利地实现；只有把人当作积极能动的主体，才有可能真正把人当作主体。随着改革开放的全面展开，所遇到的阻力会越来越大，其中最主要的是，一部分人不积极理解、支持和参与改革，缺乏积极性、主动性和创造性。为加快改革开放的步伐，便把“人的主体性”问题提了出来。

人的主体性问题的提出，实质上是解决社会主义现代化建设过程中如何尊重和正确发挥人的主体性(或人的主体作用)的问题。围绕这一问题，从1988年起，哲学界集中从以下方面展开讨论。

一是从哲学上说清人的主体性。为此，哲学界重点讨论了人的主体性的含义和主体性原则等问题，由此进一步引出关于实践本体论、实践唯物主义的讨论，也出现了以实践唯物主义或主体性原则改造传统哲学

---

① 参见《马克思恩格斯文集》第5卷，704页，北京，人民出版社，2009。

体系、重建新的哲学体系的倾向，使“哲学体系改革”问题凸显出来。争论的焦点是如何正确理解主体性、主体性原则及对主体性的强调该不该有一个限度。

二是必须使主体的实践活动既合乎对象的规律性，又合乎主体的目的性。对此，哲学界集中讨论了“人的自觉活动与社会历史规律”问题。

三是正确解决主体活动的选择性和受制约性的关系。因此，哲学界主要讨论了“选择论与决定论的关系”问题。这里，人的主体性原则、实践唯物主义(哲学体系改革)、人的自觉活动与社会历史规律、历史决定论与历史选择论、个人及其个性，构成了“人的主体性”问题讨论过程中的五大重点和难点问题。

人的主体性问题讨论的特征在于：

第一，从历史观进而从本体论再从哲学体系的本质特征角度提出人及其主体性问题，人的问题引入了哲学本体论和哲学体系。人的自觉活动与社会历史规律、历史决定论与历史选择论问题的讨论，实际上主要是从历史观角度讨论个人及其实践主体性问题。人的主体性原则，实际上是从哲学本体论上提出的，因为人的主体性原则的提出者的意图之一，是把主体性作为人的根本存在方式，并进一步从主体的内在尺度出发，以主体的方式来对待和把握世界，使世界按照人的方式存在。实践唯物主义之争，实质上是从哲学体系的本质特征上讨论人及其主体性问题。

第二，在研究方法上，虽然仍存在不同的思想倾向，但一部分学者已开始意识到并明确提出从人的价值观层面和科学观(历史观)层面的统一出发来研究人及其主体性问题。从价值观方面研究人，是说在人和外部世界的反映和改造关系中，集中注意作为主体的人及其价值因素(人的应当性、为我性、超越性和主体性)，它从外部世界包孕的满足人们需要的意义上来评价一切。从科学观(历史观)方面研究人，则认为人更受客观条件的制约，人的现实状况是在客观现实世界中被说明的，人是现实世界和历史发展的结果和产物，人要按照外部世界的客观规律活动。由此，对人的研究，应力求在人和外部世界的关系中，集中指向外部客观世界及其对人的客观制约方面，应从外部世界对人的制约、决定方面研究人，其基础和着眼点是作为客观实在的人。这两方面本应该联系在一起。但在“人性、异化和人道主义”与“文化变革与人格转型”问题的探讨中，有些人着重从价值观方面研究人，忽视从科学观(历史观)方面研究人。在“人的主体性”问题讨论中，一部分学者注重人的主体性问题中的价值方面，把主体性原则视为马克思主义哲学的根本原则；另一部分学者则注重人的主体性问题中的科学方面，把客观性原则看作马克思主义的根本原则。在笔者看来，割裂人的价值观方面和科学观(历史观)方面的关系，正是人的问题得不到正确解决的主要方法论根源。由此，有些学者逐步认识到从价值方面和科学(历史)方面的统一出发来研究人的意义，所以他们在人的自觉活动和社会历史规律、历史选择论和历史决定论、人的主体性原则、实践唯物主义等问题的讨论中，力图把人的价值因素和人的科学因素统一起来，并贯彻这一方法论原则。

第三，在文化倾向上，虽然西方文化、儒学和马克思主义都具有一定的影响力，但在 20 世纪 80 年代末，儒学开始复兴，引起学界的关注，西方文化之影响力稍有削弱，马克思主义受到某些人的冷落，并且各种文化倾向的冲突明显存在。

人的主体性问题讨论的实质意蕴，是从哲学原则上反思作为主体的人的根本属性及其发挥状况，反思人的主体实践活动的原则和方式，并从人的主体性发挥状况方面总结我国社会主义现代化建设的历史经验教训，以启示人们尊重和正确发挥其主体性。这种反思取得了一定的成果。

人的主体性问题讨论在认识上取得的成果，可用四个命题来表达：“把人当积极能动的实践主体看”“人的实践主体性有其原则和限度”“关键在于正确发挥个人主体性”“人的主体性问题本质上是人的问题”。尽管讨论者们在主体性问题上存在较大分歧，但也取得一定共识。许多专家学者认为，人只有成为积极能动的实践主体，他才有可能真正把人当人看。把人当积极能动的实践主体看，意味着要从实践角度理解物（人以主体方式理解和改造客观世界，使客观世界变成属人的世界），从人的角度理解实践（人的实践主体性既应符合和体现人性及人道主义原则，也有其适用的范围和限度，它适用于“世界的属人性”这一层面），从主体性角度理解人（人的根本属性之一是人的实践主体性，或实践主体性是最根本的人性，是人性在人的主体上的表现，因而人的实践主体性问题可看作人的一个根本问题），从个人的角度理解主体性（主体不仅是人类、群体，更主要的是个人，人类主体性、群体主体性都是通过个人主体性表现、实现出来的，只有把主体性主要理解为个人主体性，人类主体性、群体主体性才能成为现实的具体的主体性，离开个人主体性，它们就会陷入抽象）。因此，要说清人的主体性，必须先说清人本身（人的本性、人的本质、人性）的问题；要建设社会主义现代化，就必须重视对个人主体性问题的研究。

实践上的成果在于启示人们，社会主义现代化建设必须通过充分正确发挥每个人的主体性来实现，因而社会主义现代化建设应把充分正确发挥每个人的主体性作为一项基本内容；社会主义现代化的建设主体即人，应采取合理的实践方式改造现实社会，以积极能动的主体心态参与对社会现实和经济体制的改造，使自己的活动既符合客观规律性，又合乎主体自身的目的性。

人学研究方面的成果，在于把人的主体性视作根本人性，是人作为主体的根本属性，是人的问题的实质和核心。因而，要研究人性和人的主体，就不能不研究人的主体性，要坚持和发展马克思主义哲学，就不能不坚持主体性原则，要从理论上说清人，就不能不首先抓住人的问题的实质和核心。这里，人学研究已深入人的问题的实质和核心层次。

问题也是存在的。有的学者对人及其主体性作抽象、逻辑的研究，即概念、推理、演绎式研究，较少作现实性研究，较少研究社会主义现代化建设者的主体性问题。有的学者对人及其主体性作片面研究，要么片面夸大主体性原则的适用范围，把人作为哲学唯一的本体，要么过于注重客观性原则，漠视主体性原则的意义。在主体性问题讨论中，思想干扰依然存在，认识上的疑虑并没有真正消除(如怕研究人及其主体性问题误入歧途)，由此，一些专家学者开始淡化对人的问题的研究，一些原计划出版的人学研究丛书被取消。

五　人的问题研究的两大走向

人的主体性问题研究的得失昭示人们，一方面，要克服对人的问题研究的抽象性、片面性之局限，真正全面准确地理解人及其主体性问题，而且要全面系统地总结改革开放以来我国人的问题研究的得失，进一步从理论上全面系统地研究人本身的基本问题。为此，一些对人的问题感兴趣且有一定思考的学者感到有必要把“人”这一对象作为一门科学来研究，阐明关于人的基本理论，并建立一门相对独立的人学。另一方面，人的问题研究应面向我国改革开放和社会主义现代化实践，把人的问题拉到现实中来，研究社会主义现代化建设和市场经济体制建设所提出的人的问题，为社会实践提供人的观念框架和理论基础。于是，从 1991 年开始，我国人的问题研究呈现两大走向：有些学者从不同角度致力于人学基础理论研究，为建立马克思主义人学做准备，因而成立了人学研究中心和中国人学学会，发表学术研究成果，人学研究热潮蓬勃兴起；有些学者注重从我国社会主义现代化建设角度，致力于“社会主义市场经济与人”的现实性专题研究，把社会主义市场经济建设同人的问题现实地联系起来。

(一)人学基础理论与人学理论体系

“人学”一词来自西方，我国学术界在人的研究中引用了这一概念。在人学研究上，我国专家学者主要集中在三个问题上：

一是人学研究对象。要建立人学，必须有其明确而独立的研究对象。学界在这一问题上尚未达成共识，有两种基本观点：一种观点认为，人学的研究对象是完整的人及其本质、存在和历史发展的一般规律。另一种观点指出，人学研究的对象是人的完整图景和本质。

二是人学研究的角度。研究者在这一问题上表现出几种不同的理论倾向：有的学者着重从马克思主义哲学的角度研究完整的人及其本质、存在和发展的一般规律；有的学者从历史唯物主义角度研究人，把个人及其个性归结到社会关系上加以分析思考；有的学者着重从人的存在状况角度研究人及人的世界，存在主义倾向较为明显；有的学者注重从经济社会发展和人本身发生关系的角度研究人的存在和发展规律，力图揭示出人的问题的经济根源(基础)。这里涉及哲学与人学的关系。

三是人学理论体系。对此问题，人们比较关注，但尚未形成明确一致的意见。在人学的研究对象、人学的研究角度和人学的理论体系问题上，人们之间分歧的焦点主要在于对人作何种理解：其一，人指什么。是指人类、群体，还是指个人？其二，人是什么。是从人的社会关系出发理解人，还是从人的实践活动出发理解人？是着眼于人的价值因素，还是着眼于人的科学因素？对近年来我国人学研究状况加以总结便会发现，对人如何理解，往往直接影响人们对人学的看法以及人的问题的解决方式。

我国人学研究的特征是较为明显的。首先是多从人学理论建设的角度提出人的问题，既注重从总体上总结以往人的问题研究的成果及经验教训，在此基础上综合考虑人学建设的基础性问题，又注重分析人学的基本理论及其之间的内在联系。其次是马克思主义哲学、西方文化、中国文化、中国特色社会主义理论体系对人学建设都有影响，在人学研究中也各有市场。究竟哪一种文化形态应成为人学研究的主导思想，在一些学者心目中并不清楚。

人学研究的实质，在于从总体上反思人本身，形成完整系统的人学基础理论，克服以往人的问题研究的局限，对人达到完整科学的认识，从而为社会主义现代化建设提供人学基础。如前所述，这种研究也初步取得一些认识成果。用命题来表达就是：“把人当完整的人看”“人学可以成为一门相对独立的科学”。许多专家学者认为，要正确理解主体性问题，要克服以往人的问题研究的局限，在本质上首先要正确完整地理解人，要全面研究人的问题；而要完整地理解人，就必须建立一门人学，以综合各学科关于人的各侧面的知识。并且，人学完全可以把这一“完整的人及其存在、本质和发展规律”作为自己的研究对象。这里“完整的人”，是指人的各本质方面的统一体，即他既是主体又是客体，既具有自然性又具有社会性，既是一种物质存在又是一种精神存在，既是理性存在又是非理性存在，既是个体存在又是类存在，既是一种价值存在又是一种客观存在，等等。

由于人学研究刚刚起步，其局限在所难免。简要说就是：思想认识不统一，在人学许多问题尤其是人学研究对象等根本问题上，尚未达成共识，甚至有些人对人学不理解，存有疑虑；主体素质不适应，研究人员对人的各方面知识缺乏真正了解，缺乏综合能力，所以人学研究还处于从不同侧面研究人学基本理论的阶段，完整的人学基本理论尚未形成；分析研究无力度，人学研究基本上还存在对象不同、方法单一、缺乏规划和投入的状况，没有形成强劲有力的研究阵地以及人学流派；研究成果未系统总结吸收，在人道主义、人的能力、个人及个性等问题上所取得的成果，未引起人们高度普通的重视，甚至有所忽视。

人学研究，是人道主义、人的现代化、人的主体性问题研究之合乎逻辑发展的结果。根据人的问题及人学研究的内在逻辑，人学研究将以建立一门相对独立的人学科学为基本趋向。为此，当务之急是明确弄清建立人学应思考的根本问题。这些根本问题以及我的基本观点是：

一是人学研究对象。人学要成为一门科学，必须具有自己独立的研究对象。与研究人的问题的相近学科不同，人学可以把“人以自己的存在实现其完整本质的历史发展过程及其规律”作为独立的研究对象，作为整体的人的完整本质、人的普遍存在和人的历史发展规律三者的关系，是人学研究对象的核心内容。

二是人学的基本问题。作为人学研究对象核心内容的人的本质和人的存在的价值关系和历史关系及其二者的关系，是人学的基本问题，对这一关系的不同回答，决定着人学的不同流派，决定着人们对“人”的其他问题的不同回答，而且这一问题贯穿于整个人学发展史，是任何研究人的问题的思想家都必须首先加以思考的中心问题，从而是他们认识和理解人的问题的出发点。

三是人学的性质。人的本质是人的哲学研究的对象，人的存在是关于人的各门具体科学研究的对象，人学既不单纯研究人的本质，所以它不单纯是哲学，也不单纯研究人的存在，所以它也不单纯是具体科学，它研究的是人以自己的存在表现和实现人的本质的历史过程及其规律，因而它既是一门综合科学，又具有哲学性质。

四是人学研究方法。人是一种完整的综合体，人学是对各门关于人的知识的科学综合的结果，所以，要建立一门相对独立的人学，就必须对人进行综合研究。

五是人学研究的指导原则。我们应在多种文化形态中确定一种主导形态，以作为人学研究的指导原则，同时兼收并蓄其他文化形态中的积极因素。但在哲学上，应坚持以马克思主义为指导，从历史观和价值观统一的角度研究人学，把关于人的价值观置于关于人的历史观中来思考。在这方面，还有大量工作要做。

六是人学研究的思路。以对人的现实问题研究带动和促进人的基础理论研究，是应倡导的一种思路。

七是人学理论体系框架。根据人学研究的对象、基本问题以及性质，人学理论体系的基本框架大致为：第一部分是人的本质论(从本体上研究人的完整本质)；第二部分是人的存在论(综合各门具体科学关于人的知识，研究人在空间上的普遍存在)；第三部分是人的发展论(研究人的本质在时间上的历史发展，揭示人的历史发展的根据、内容、方式、规律和目标，质言之，研究人的本质和人的存在的历史关系)；第四部分是人的价值论(研究人的价值及相关问题)。以上这些根本问题，会成为日后人学研究的重点和基本走向。

(二)社会主义市场经济与人

自我国建立社会主义市场经济体制以来，一些学者为使人的问题研究面向现实，具有时代色彩，便开始从市场经济角度提出和研究“社会主义市场经济与人”这一新的课题。这种研究主要集中在以下问题上：人如何能有效率地把“蛋糕”做大，并能以公平正义的方式合理分配“蛋糕”，此即效率和公平的统一问题。社会主义市场经济对人的发展的正负影响；社会主义市场经济与人的价值观、道德观的变革；社会主义市场经济建设的人的基础；社会主义市场经济与人的主体性；社会主义市场经济与人的塑造；社会主义市场经济与人的价值；经济体制转型与人格转型，等等。研究这些问题，焦点在于如何看待社会主义市场经济的本质和人的本质，如何看待市场主体的发展及其塑造。

“社会主义市场经济与人”的问题的研究，在认识上的成果，是要“把市场人当经济人和道德人看”，要视“人的塑造是社会主义市场经济体制建设的一项基础工程”。许多学者认为，人是社会主义市场经济体制建设的主体，人的素质如何，直接影响社会主义市场经济体制的建设状况。因此，一定意义上可以说，人的塑造程度制约社会主义市场经济体制的发育程度，人格转型影响经济体制转型。人的塑造的目标是多方面的，但基本上有两个，一是把市场主体塑造成经济主体(人)，按照经济法则行事，使人注重“效率”；二是把市场主体塑造成道德主体(人)，按道德准则行事，使人注重公平正义。只有把市场主体塑造成经济主体和道德主体，社会主义市场经济体制建设才能顺利进行。

这种研究在实践上的成果，是社会主义市场经济体制建设既要尊重人又要规范人，既要完整看待人又要全面塑造人，既要激发人的创造活力，也要注重人们之间的和谐，把尊重人、关心人和塑造人当作社会主义市场经济体制建设的一个基本原则；我们的领导干部要有自觉的指导意识，以克服社会主义市场经济体制建设中只见纲领、方案、计划、措施不见人，以及只见物不见人的倾向，正确处理社会主义市场经济体制建设和人的塑造的关系。

这种研究还在进行中，许多应着重加以研究的问题还未加以充分讨论。比如，从历史观和价值观统一角度研究市场经济体制建设中的人的问题等。

“社会主义市场经济与人”的问题的研究，一方面会吸收以往人的问题的研究成果，另一方面会按照社会主义市场经济发展的内在必然要求向前发展。可以预料，在相当长一段时期，以下问题将成为也应成为人们研究的重点。

一是对社会主义市场经济提出而对我们来说还是空白或研究不够的问题加以研究，涉足新的问题领域。这些问题主要有：社会主义市场经济与人的主体性的关系；社会主义市场经济发展的人的基础、文化支持和评价尺度；社会主义市场经济发展与人本身发展的关系；社会主义市场经济与人道主义的关系；独立个人的形成；自由和平等；人的个性；人的能力发展；科学技术发展、生产力发展和人本身发展的关系；经济社会发展的动力机制与平衡机制的关系；共同富裕与人民美好生活实现的关系。

二是对西方人道(人本)主义思想家提出，马克思也曾加以阐述并且具有当代现实意义，但未引起我们注意的问题加以研究。西方人道(人本)主义提出的问题(如人的异化)，大都反映着资本主义商品(市场)经济发展的内在要求，它的研究，对当今我国社会主义市场经济体制建设具有一定的借鉴意义。马克思著作中有丰富的人学理论，这些思想体现着对资本主义商品经济社会的分析和批判，而且具有普遍意义。认真领会和理解马克思的人学理论，对社会主义市场经济体制建设具有重要的指导意义。因此可以预料，深入系统挖掘和整理西方人道主义和马克思著述中的人学理论，并对此加以借鉴和说明发挥，将成为人的问题研究的重要内容。

三是经济体制转型与人格转型问题。每到社会主义历史转型期，人格转型问题总是必然地被提出来。四是经济人、文化人、价值人、道德人的塑造及其四者的关系，更会引起人们的关注。社会主义市场经济体制建设能否取得成功，社会主义现代化建设能否顺利进行，一定意义上取决于主体的塑造，取决于能否把主体塑造成经济人、文化人、价值人和道德人相统一的完整的人。只有把市场主体当作经济人、文化人、价值人和道德人相统一的完整人来理解，市场主体的经济行为才不至于误入歧途，社会主义市场经济体制建设和社会主义现代化建设才能获得健康发展。因此，"人的塑造"将成为人的问题研究的重中之重。

第十六章　人学何以可能

我国对人的研究在走过了人道主义和异化研究—文化研究—价值研究—主体性研究之后，近年来向三个方面深化。一是从深度上进一步研究人的某些侧面；二是注重研究新时代中国特色社会主义建设中的人的问题；三是从广度上力求沟通各个侧面对人的问题的研究，致力于建立一门相对独立的人学。相比之下，第三个方面具有基础性，因为它涉及学科与理论建设，涉及对以往研究和各门学科的综合问题。其中，一些前提性问题是需要先搞清楚的：建立一门相对独立的、统一的人学有没有必要？若有必要，那么人学的研究对象和性质究竟是什么？人学的基本理论框架应该怎样？人学研究应遵循哪些方法论原则？建立人学需要进一步解决哪些问题？这些都涉及人学何以可能的问题。

一　建构人学的必要性

为什么需要建立一门相对独立的人学？对这一问题，许多人思考的出发点是不同的。

(一)西方思想家关于建立人学的必要性的思想资源

苏联的阿纳尼耶夫和弗罗洛夫认为，以往各门有关人的学科都从不同的侧面、运用不同的概念方法对人进行研究，这样看到的人是一个零碎不全的人，而不是完整的人。质言之，人们还不能从各门学科所积累的关于人的知识中得出有逻辑联系的整体图景。而在科学技术高度发达的今天，人对自然的作用空前巨大，改变了的自然的反作用也空前巨大，在这样的条件下，人的生存和发展前景成为一个全球性的、总体性的问题摆在科学知识的前沿，它要求人们一方面深入地认识自然，特别是改变了的自然；另一方面要深入地认识人自己。这就要求人们把正在积累的关于人的材料统一起来，要求从不同学科的相互联系中对人的问题进行综合研究。因此，在今天研究人的问题时，出现了协调各种不同学科，即进行综合研究的趋势。在这种趋势下，建立一门相对独立的、关于人的统一的人学就显得十分必要了。

阿纳尼耶夫在1977年发表的《论现代人类的一些问题》一书中指出："理论和实践的人学将成为科学发展最主要的中心之一。"苏联心理学界最有影响的人物之一、苏联科学院心理学所所长洛莫夫不同意他的主张，认为"建立关于人的统一科学，其根据至少在现在并不比建立关于自然或关于社会的统一科学更充分。不管怎么说，这样提出问题为时尚早"①。显而易见，上述分歧是围绕有没有必要建立一门人学，即从有关人的各门学科的相互联系中对人进行综合研究的科学这一焦点展开的。

西方一些思想家思考问题的出发点与此不同。如萨特认为，马克思主义者没有对个人本身的一般问题进行专门系统的研究，而在现代资本主义社会条件下，个人的存在、发展、自由和尊严等问题日益突出，因此，他主张建立一种存在主义人学，来探讨个人存在和个人本身的一般

① 沈恒炎、燕宏远主编：《国外学者论人和人道主义》(第二辑)，13页，北京，社会科学文献出版社，1991。

问题，以填补马克思主义者在这方面的缺陷。

(二)我国建立人学的必要性

苏联和西方的人学思想对我国学术界均有影响。多年来，我国学术界也开始研究“人学”，写“人学”文章，编“人学丛书”，这说明我国学术界已认识到建立人学的必要性。综观我国近年来人学研究的状况，关于建立人学的必要性的观点大致可归结为以下两种。

第一种观点认为，人们在科学研究中，越来越深刻地认识到，研究人的问题这一艰巨任务，仅仅通过一门或几门专门学科是不可能完成的，只有通过全部社会科学、部分自然科学和技术科学的共同努力才有可能完成。但是怎样结合和沟通各个层次、各个侧面，各门学科对人的问题的研究呢？怎样从主客体统一的角度来研究人的生存和发展呢？怎样克服各门学科对人的研究的片面性呢？这就迫切需要建立一门相对独立的、统一的有关人的科学，即人学。

第二种观点认为，在过去相当长的时间里，由于受教条主义的影响和极左思潮的冲击，马克思主义被看作是与“人”无关的学说，认为它不关心人，不涉及人性，不解决人的问题，而是一种仅仅注重关于阶级斗争和无产阶级专政的理论。这种观点认为，马克思主义必须对人的问题进行专门系统的研究，甚至主张马克思主义实质上就是一种新的人道主义。为了加强马克思主义对人的研究，很有必要建立一门相对独立的马克思主义人学，使之成为马克思主义理论体系的一个分支。

以上两种观点并不是互相排斥的，而是互相补充的，它们都是从学科建设的角度来论证建构人学的必要性。前者注重对人的整体的研究，后者注重对人的本质的研究。这些观点都是正确的，但又是不够的。笔者认为还有第三个必要性，那就是全面建设社会主义现代化国家的需要，因为人是全面建设社会主义现代化国家的主体，人是什么样的，直接影响着全面建设社会主义现代化国家的状况。

认为马克思主义过去忽视对人的研究，是不确切的。因为马克思主义研究群众、阶级、社会集团都是在研究人，但是对个人确实研究不够。所以确切地说，马克思主义过去忽视了对个人问题的研究。这种忽视是有其社会原因的。

在阶级斗争和革命的年代，突出的问题是阶级斗争、群众运动，个人问题被放到次要地位。那时，个人只有在集体中、在阶级中，才能求得生存和发展。实际斗争的现实经常需要个人牺牲自己的兴趣、爱好、志愿和个性，甚至自己的鲜血和生命。

在和平建设时代，整个形势发生了根本性变化，过去被遮蔽的许多个人问题凸显出来了，要求给予理论上的分析。在和平建设时期，应尽可能地把个人的利益同社会事业统一起来，以尽可能地满足个人的利益和愿望来完成社会主义建设，只有把个人的积极性充分调动起来，社会主义现代化建设才能顺利进行。在 20 世纪 50 年代，我国已进入这样的时期。然而有差不多 30 年之久，由于受教条主义和个人迷信的影响，我们一直未能从战争年代的思想状态下转变过来，依然排斥对个人、人性和人道主义的研究。这一转变，终究在改革开放时期开始了，之后，人们逐渐开始关注、研究和讨论人性、人道主义等人的问题。尽管这些研究和讨论遇到一些波折，尽管在若干问题上还存在意见分歧，但专家学者一致认为，必须深入开展对个人问题的研究。我国体制改革的重要目标之一，就是要充分调动每一个人的积极性、主动性和创造性，如果不对人的问题进行研究，是不可能建立起马克思主义人学的。

二　人学的研究对象及其性质

人学能否作为相对立的学科确立起来，关键在于它有没有明确的、能同其他学科区别开来的研究对象。

顾名思义，人学的研究对象当然是人，说得具体一点，就是作为整体的人及其存在、本质和发展的一般规律。这样说起来，似乎问题很简单，但事实上问题相当复杂。有许多问题要加以阐明：这里的“人”具体指个人、人群，还是人类？作为整体的人怎样才能形成一个完整的整体？人的存在、本质和发展规律是什么？哲学人类学也研究完整的人，人学的对象与哲学人类学的对象有什么区别？人的哲学也研究人，人学的对象与人的哲学的对象有什么区别？等等。

笔者认为，人学研究的对象具有如下特征：其一，人学是对完整的人，尤其是完整的个人而不是对由一切个人构成的人类进行研究，虽然这两种研究很难截然分开。① 其二，它不是对人的某一侧面进行专门研究，而是运用哲学的方法，对人的各个不同侧面进行综合研究，借以获得人的完整形象，也就是作为整体的人的图景。因此，它以整个具体科学而不是某一特定的具体科学为基础，同时又超出具体科学之上，它以哲学为方法，同时又不完全等同于哲学。其三，它对人的研究既是静态的，又是动态的，即不但要揭示人的本质，而且要揭示人存在和历史发展规律。换言之，作为整体的人不仅从其横剖面来说是完整的，就其纵剖面来说也是完整的。因此，我们可以把人学的研究对象及性质规定为：它是从各门有关人的科学的相互联系和统一中，研究完整的人及其存在、本质和历史发展规律的一门相对独立的综合科学。

上述关于人学对象的规定能否确立起来，还在于人学能否和其他研究人的相近学科区别开来。

(一)人学与人类学

人类学是 anthropology 的译名，这个词来自希腊文，按其原意，应译为“人学”，“anthrops”即人，这个“人”是类概念，这个词译为“人类学”当然也可以。但在实际使用中“人”与“人类”是有明显区别的，“人”主要指个人，而“人类”则指地球上的一切个人构成的人群。自 19 世纪

① 这里所说的完整的人，既包括个人、群体和人类的有机统一，也指人的完整图景或整体人的图景，还指人的存在、本质和历史发展规律的有机统一。

以来，anthropology已成为一种以人类为研究对象的学科，有比较明确的含义，译为“人类学”还是比较确切的。

人类学有许多分支学科，它们分为两大类：一类是自然人类学，一类是文化人类学。由于个人与人类的区别非常明显，人学与人类学的区别也应该非常明显。

近几十年来，国外兴起一种被称为“哲学人类学”的学科，它也强调从本质上，即从一般性上去掌握作为整体的人类，从而掌握完整的人，弄清楚人类在自然界中的地位。哲学人类学与我们所说的人学很难截然区别开来。但也有一些细微的区别：第一，哲学人类学大都从人类生命的某一现象出发来理解人的本质和完整性，其结果所达到的实质上只是活跃在各个领域中的“完整性”，而人学所要达到的人的完整性，是由专门学科所提供的人的各个侧面的综合，是目前科学发展所可能达到的人的完整图像。第二，哲学人类学所描绘的“完整的人”，往往是从人和动物的区别上来谈人这个种类(族类或人类)的特征，而把个人只看作是这个类的元素或分子，因此它注重研究人这个类的种种方面(如人类的特征、人类的地位、人类的起源、人类的发展、人类的未来、人类的系统、人类的地理分布、人类的文化等)，而对有关个人内容的论述则显得薄弱。人学所研究的人固然是作为类的人，但是它把人这个类只看作是所有现实个人的抽象，是个人存在的一种理论形式，因此人学更注重研究完整的人，尤其是完整的个人。只有在此前提下，它才考虑有关人类的问题。第三，哲学人类学往往忽视人的实践活动和社会关系的基础作用，而人学则在人的实践活动和社会关系的总和(包括人与自然的关系)的基础上研究“完整的人”。

(二)人学与人的哲学也不同

人的哲学，简单说，应是关于人的本质、人在世界上特殊地位的科学；就此而言，它是人学的核心部分，是人学的最主要的分支。因此，人学与人的哲学经常混用，很难截然区别开来。但在实际使用时，人的哲学有多种歧义。归纳起来，除了这里谈到的含义而外，还指人的问题占据中心地位的一般哲学学说，或各种哲学关于人的观点。一般说来，人的哲学与人学的区别在于，它不从有关人的专门学科的联系中对人进行综合研究，不像人学那样注重与具体科学的结合。

(三)人学与其他学科的区别更加明显

例如，人学与伦理学的不同在于，它不像伦理学那样只研究个人与个人、个人与集体、个人与社会之间的道德关系，而要对个人作完整的思考。

人学与历史唯物主义的不同在于，历史唯物主义致力于研究人类社会发展的一般规律即一般社会学。一方面，社会是个人交互作用的产物，历史不过是每个人追求自己目标的活动的总和而已；另一方面，个人是社会的分子，个人依赖社会而存在，离开社会就无所谓个人，所以历史唯物主义也研究个人。仅仅在这个意义上，以个人为研究对象的人学应包括在历史唯物主义之中，或者更严格地说，应包括在社会历史观之中，而历史唯物主义则是人学研究的一般方法论。当然，如果像前面我们对人学作广义的理解，即研究完整的人，那么人学将成为社会科学的代名词，而历史唯物主义就成为人学的一个分支了。当然，这一点还可以从学术上作进一步探讨。

总而言之，人学的对象必须有自己明确的规定性，同时又应与相近学科的对象区别开来。只有这样，才谈得上建立人学的科学体系，并使人学真正成为一门科学。

三　人学理论的基本构架

人学的研究对象决定了人学内容的基本范围和基本构架。

由于人学是综合各门有关人的科学来研究作为完整的人及其存在、本质和历史发展规律，所以人学的基本理论内容大致可分为三个层次或三大部分：其一，对人的某种属性进行专门研究或交叉研究的各门有关人的具体科学。从严格意义上说，这些学科只是人学的部门学科或分支学科，不是人学的主体。其二，从各门有关人的具体科学的相互联系和统一中，对完整的人进行不同程度的综合研究的科学。其三，从对完整的个人的综合研究中，概括出来的关于人的一般理论和一般规律的科学。这后两部分是人学的主体，是严格意义上的人学。

（一）第一部分是人学的分支学科或部门学科，也是人学的基础，人学是对这些部门学科进行综合和概括的结果，人学离不开这些学科

这些学科的一部分早已成为科学，一部分有待于建设。对于人的自然属性的研究已形成了很多独立学科。关于人体，已经形成了人体解剖学、人体生理学、人体组织学、人体细胞学、人体胚胎学、人体遗传学、人体病理学、人体医学等，更细的还有脑科学、眼科学、口腔学等。但对人的社会属性的研究，就很难说形成了多少独立学科。无疑，我们已经有了许多独立的社会科学，如一般社会学(科学的社会观，即历史唯物主义)、社会学、政治学、法学、宗教学、民族学等，在这些学科中，无疑都会谈到个人的有关活动，因为离开个人活动便没有什么社会活动，但其对象仍然是有关的社会活动和社会现象，它们还不是专以个人活动为研究对象的人的科学。

诚然，正如前面说到过的，从某种意义上说，一是社会科学都是人学，但社会科学毕竟侧重于研究由个人活动构成的社会活动或社会现象，而人学则侧重于研究个人的活动，尽管个人的活动离不开社会。有人责备马克思主义“见物不见人”，有一个“人学的空场”，这种责备有一定的片面性，但就其对个人活动的忽视而言，不是毫无道理的。因此，对人的社会属性方面的研究落后于对人的自然属性的研究，没有形成一些关于人的社会属性的独立学科。仿照研究人的自然属性的学科的榜样，完全可以建立起个人社会学、个人经济学、个人政治学、个人法学、个人宗教学等，这些学科将分别以个人的经济活动、政治活动、法律行为、宗教活动等作为研究对象。当然，这些学科的真正形成要看是否必要，条件是否成熟，但在人学范围内作些专门的研究，无论如何是必要的和可能的。对人的精神属性的研究形成了一些独立学科，如认识论、逻辑学、科学学、伦理学、美学、心理学等，但它们是侧重社会还是侧重个人呢？是一般社会学的分支学科还是人学的分支学科呢？情况比较复杂。有的明显侧重社会，如科学学，有的明显侧重个人，如逻辑学，有的就很难说，如认识论。因此，关于人的精神属性的人学分支学科仍有一个建设问题。

关于人学分支学科的区分，有一个问题应给予注意。每一个领域中的人学分支之区别是相对的，不能截然分开。不仅如此，这三大领域的区别也是相对的，也不能截然分开，它们之间具有相互渗透和相互包含的关系。所谓自然属性、社会属性和精神属性的基础并不是完全并列的关系，精神属性存在于社会属性的基础之上，社会属性又存在于自然属性之上，而精神属性有的还同自然属性有直接的联系。因此，我们要尽力区分各种人的属性，但又不能加以绝对化，要注意它们之间的相互作用和相互影响。对此不加区分，就不能建设不同的人学分支；而加以绝对化，各个人学分支也建设不好。这是在建设人学分支时必须注意的一个问题。

(二)第二部分是完整的人的图景，它由对人的各种属性的研究综合而成

前面已谈到，人的属性可区分为三大类，即自然属性、社会属性和精神属性，各类属性综合起来自然可以形成人的三种图景，即自然图景、社会图景和精神图景，亦即自然人、社会人和精神人。把这三种综合再进一步综合，便可得到人的完整图景。

这里所说的人的完整图景当然是相对的，而不是绝对的，是现代科学所能提供的完整的图景。因此，它的完整性不仅表现在横截面方面，而且表现在纵剖面方面。就一个具体的人来说，完整的图景包括他一生的不同时期的自然属性、社会属性和精神属性的总和，就一个抽象的人或一般的人来说，完整的图景包括各个历史时期的人的自然属性、社会属性和精神属性的总和。自现代人出现以来，人的自然属性变化不大，而社会属性和精神属性则经历了巨大的变化。

如何获得这种完整图景呢？当然，综合是最直接的方法，但综合的前提是分析，在对人的各种属性进行条分缕析，弄清楚它们之间的关系之后，才能使各种属性构成整体，而不是混沌的一团或机械的堆积。

(三)第三部分是在对个人的完整存在进行综合研究的基础上，概括出关于个人存在、本质和历史发展规律，即关于个人的一般理论

根据多年来我国学者的研究，这部分的内容大致如下。

1. 人与自然界的关系

人无疑是以人类社会同自然界发生关系的，离开人类社会的人与自然界的关系是不存在的，但这种关系毕竟是通过每一个人的活动发生的，因而关于个人与自然界的关系，个人在自然界中的地位等问题也大有专门研究的必要。

2. 人与社会的关系

人始终存在和发展于社会之中，每时每刻都在同社会发生千丝万缕的联系，其间有许多问题要专门研究。

3. 个人与个人之间的关系

这当然包括在人与社会的关系中，虽有其特殊性，亦应进行专门研究。

4. 人性和人的本质

这是人学的根本问题。它要回答的是“人是什么”的问题。人的属性可分为若干层次，而人性和人的本质是其最高层次。人性和人的本质是什么，人就是什么，因而这个问题几千年来一直成为人们争论不休的焦点，对这个问题的研究自应成为人学核心问题的核心。其中还包括人的个性等问题。

5. 人的价值和自我价值

这是人学的第二个根本问题。它是从上述问题引申出来的，它包括的内容很多，很复杂，争论尤多。人的需要、人的权利、人的尊严、人的地位、人格等一系列问题，归根结底都是人的价值和自我价值问题。

6. 人的自由而全面的发展

这个问题又是从第二个根本问题引申出来的。人的自由而全面的发展，实际是人的价值和自我价值的充分实现，其中包括人的自我设计、自我奋斗、自我实现、自我完善等一系列重要问题。

7. 人道主义与共产主义的关系

这是至今还存在着根本分歧的问题，前面那些问题解决了，这个问题就容易阐释清楚。其中包括如何评价人的本质的异化和复归(异化的扬弃)、社会主义现代化建设中的人等问题。

就人学体系本身来说，它只能包括第二、第三部分，第一部分实际是一个学科群，是人学体系的基础而不是体系本身。如果要写一本人学概论，自然不能包括第一部分。

四　人学研究的方法论

作为一门相对独立学科的人学要确立起来，除了应阐明它的研究对象和理论框架外，还应弄清楚它所特有的一系列方法论原则。

所谓方法论原则，也就是研究人学的指导原则，亦即研究人学的一般思维方法。这种方法是由研究对象的本性决定的。因此，我们应该在对人学的研究对象的分析中来寻找人学研究的方法论原则。那么，有些什么原则呢？可以说，辩证唯物主义、历史唯物主义的一切原则，都对人学研究具有指导意义。下面，笔者只想挑选特别重要的几条谈一谈，它们是：系统论原则，分析和综合相结合原则，抽象和具体、一般和特殊相统一原则，历史唯物主义原则。

首先，系统论原则。人是一个系统，人的完整图景也是一个系统，人学思想体系也是一个系统。因此，人学研究无疑要遵循系统论原则，采取系统的方法，尤其是系统辩证法。系统的方法或系统辩证法要求我们在研究人学时，要把人这个对象的各部分作为一个有机整体的部分来对待，从而把人学思想体系也作为一个有机整体来对待。这种研究方法一开始就把部分放在整体中来研究，而不是像过去那种把个人分割成各个部分来进行孤立的研究。系统方法还要求我们考察个人和人学系统内由于各因素之间的相互联系、相互中介和相互作用而形成的整体效用，这种整体效用大于各部分效用的总和的现象，是由系统内部结构产生的。只有贯彻了系统论原则，人学才能成为一门严格的科学。

其次，分析和综合相结合原则。前面在谈到人的完整图景时，已谈到分析与综合相结合这一原则，但它对人学研究的指导意义不限于此，对其余部分也具有重要意义。人的完整图景是综合而成的，关于个人的一般理论也是综合而成的，不过人的完整图景是由人的局部图景综合而成，而关于人的一般理论则由若干原理综合而成。无论是哪一种，综合不但需以分析为基础，综合时也离不开分析，正如分析离不开综合一样。

再次，抽象和具体、一般和特殊相结合原则。现实的人既是有血有肉的个人，又属于人这个类；既具有与社会历史条件相适应的个别性和特殊性，又具有人的一般本性。因此，对人的任何问题，既要具体掌握，又要进行抽象。只有把抽象和具体结合起来，才能获得理性具体而不致陷入空洞的抽象。马克思曾批评费尔巴哈对人的空洞抽象的理解，有的人便以此认为马克思反对任何抽象，这纯粹是误解。马克思明确谈到过科学抽象的必要，而且很少有人从事过像马克思那样多的抽象工作。

最后，历史唯物主义原则。前面已经谈过，从严格意义来讲，历史唯物主义对人学具有指导意义。为什么这样看呢？因为个人总是在社会中存在和发展的，社会是基础，个人从属于社会。人类社会绝不是由于一个公猿和一个母猿先变成人，繁衍了一批子孙，然后才形成的。人类社会是由猿类社会变来的，其中包含猿的个体变成人的个体。而后来的人，一出生就依赖于社会，其生存与发展也离不开社会。社会是由个人组成的，没有个人就没有社会，但就每个人来说，社会具有优先地位。个人与社会互相作用，社会现象要由参与其中的个人活动来解释，个人的状态要由社会来解释，但最终的决定力量是社会而不是个人。一般社会学与人学相比，前者具有更一般更根本的意义，具有更高的层次。前面谈到的人的完整图景如何才能完整呢？对人的本质、人的价值等问题如何分析呢？怎样得出有关的科学原理呢？这些均有待于历史唯物主义的指导。

人学的方法论原则当然不限于以上几点，尚有许多原则，如客观性原则、反映论原则、矛盾论原则、实践性原则、科学性原则等，这里就从略了。

五　建立人学需要进一步解决的重要问题

以上只是就建立人学的原则性问题提出一些看法，其实离解决这些问题还是有很大距离的。在研究过程中，还有必要对以下一些问题作进一步探索。

一是人学的对象问题。人学是一门科学，科学总要研究规律。那么，人学的规律究竟有些什么呢？这些规律如何论证呢？笔者感到这个问题比较难，一时还提不出成熟的意见。要明确规定一门科学的对象，必须把它与相邻学科的对象区别开来。笔者感到要把人学和人的哲学、人类学区别开来，是不那么容易的。

二是如何从分析走向综合，构成人的完整图景。人学具有跨学科的综合性质，是一门包含专门有关人的具体科学的科学。人学自身的完善要求它应当从分析走向综合，把分解了的人重新“整合”为完整的人，从抽象走向具体。但是，由于每一门有关人的学科具有各自的特殊性，这就给把各学科获得的成果加以比较和综合带来了困难。人的完整图景究竟怎样，还要待勾勒出来才能作出恰当的评价。

三是人的自然属性、社会属性和精神属性的关系究竟怎样。前面把人的属性分为三种，分析了三者之间的关系，但笔者感到这是个复杂问题，还需进一步研究。人学作为对多学科进行综合研究的科学，其首要任务是对有关人的各种自然科学、社会科学和精神科学进行综合，在这个综合过程中，不可避免地会遇到人的自然属性、社会属性和精神属性的区分和相互关系问题，会遇到人的自然属性、社会属性和精神属性对人的存在和发展的影响问题。关于这些问题，长期以来争论不休。有的人把人的自然属性摆在决定性的地位，而在另一些人看来，人的自然属性不过是自然基础，人的社会属性才具有决定性的意义。还有一些人认为，在人身上，自然属性和社会属性是互相融合的，谁也不决定谁。围绕精神属性也有不少争论。看来，关于人的三种属性的关系问题仍需要进一步研究，这是建立人学所面临的一个重要任务。

四是人学的基本问题是什么。任何一门科学都有其基本问题，人学作为一门相对独立的学科，当然也不例外。笔者在前面谈到人的本质和存在的关系问题是人学的基本问题，但没有展开论述。对人学的基本问题的回答应具有几个方面的功能：其一，首要功能在于将它所研究的人和动物区别开来，这就涉及人的自然属性和社会属性的关系问题。其二，还在于将它所研究的人和唯心主义所研究的人区别开来，这就涉及人的自然属性、社会属性和精神属性的关系问题。其三，也在于将它所研究的人和机械唯物主义所研究的人区别开来，这就涉及人的主体性和客体性、能动性和受动性的关系问题。其四，还在于将它所研究的人和具体科学所研究的人区别开来，这就涉及人的结构和结构中各因素之间的关系问题。人学的基本问题涉及人学的各个部分，它与这些部分的关系怎样，也是人学必须加以回答的。

五是心理学在人学建立中究竟起到何种作用。苏联著名心理学家洛莫夫认为：在同人有关的领域，心理学开始愈益经常地发挥自然科学和社会科学之间联系环节的作用。如能力问题，能力是指个体心理属性的某种总和，这些心理属性能保证个体较为容易地掌握某项活动，并在这项活动中取得较大的成就。能力问题首先是同一定的社会任务相联系的。毫无疑问，如果不与社会科学合作，心理学便无力研究能力的发展规律和发展条件问题。但是能力是在某种素质，即生理解剖的基础上形成、发展的，因此心理学在解决素质和能力的关系时不可避免地要求助于生物科学，首先是遗传学和生理学。这样一来，心理学通过研究能力问题在作为社会科学和自然科学之间起着联系环节的作用。同时，能力问题还是心理学的特殊问题。总之，不管怎么说，以人为研究对象的各学科之间的许多联系线，都要经过心理学。

如何看待洛莫夫这种说法呢？如果洛莫夫这种说法成立，无疑会给人学的建立提供一条思路和方向。但是，这种说法与马克思所说的人的实践活动是自然科学和社会科学的中介的学说是否矛盾？若不矛盾，关系究竟怎样？心理学是不是自然科学和社会科学联系的唯一中介？心理学是如何起到这种联系作用的？这些问题都必须加以解决。

六是对人的本质、人的本性、人性、人的属性的精准理解问题。这是构建人学的基础性、前提性问题，必须加强研究。

上面提到的都是最重要的问题，还有不少问题没有得到有效解决。深入研究这些问题，无疑对建构人学具有重要的意义。

参考文献

一、马克思主义著作

[1]《马克思恩格斯选集》第1、2、3、4卷，人民出版社2012年版。

[2]《马克思恩格斯文集》(全十卷)，人民出版社2009年版。

[3]《马克思恩格斯全集》，人民出版社1995年版。

[4]《列宁选集》第1、2、3、4卷，人民出版社2012年版。

[5]《毛泽东选集》第1、2、3、4卷，人民出版社1991年版。

[6]《邓小平文选》第1、2、3卷，人民出版社1994年、1993年版。

[7]《江泽民文选》第1、2、3卷，人民出版社2006年版。

[8]《习近平谈治国理政》第1、2、3卷，外文出版社2017年、2018年、2020年版。

二、外文译著

[1][英]阿伦·布洛克：《西方人文主义传统》，董乐山译，生活·读书·新知三联书店1997年版。

[2][澳]艾格妮丝·赫勒：《人的本能》，邵晓光、孙文喜译，辽宁大学出版社1988年版。

[3][俄]安纳耶夫：《人学：未来世纪的热点》，龚浩然等译，北京广播学院出版社1993年版。

[4][美]H. A. 奥图：《人的潜能》，刘君业译，世界图书出版公司1988年版。

[5][美]B. F. 斯金纳：《超越自由与尊严》，王映桥、栗爱平译，贵州人民出版社1988年版。

[6] [日]池田大作：《我的人学》，铭九等译，北京大学出版社 1990 年版。
[7] [日]池田大作、[德]狄尔鲍拉夫：《走向 21 世纪的人与哲学：寻求新的人性》，宋成有等译，北京大学出版社 1992 年版。
[8] [苏]格·姆·达夫里扬：《技术·文化·人》，薛启亮、易杰雄等译，河北人民出版社 1987 年版。
[9] [德]恩斯特·卡西尔：《人论》，甘阳译，上海译文出版社 1985 年版。
[10] [美]埃里希·弗罗姆：《对自由的恐惧》，许合平等译，国际文化出版公司 1988 年版。
[11] [美]埃利希·弗洛姆(现译埃里希·弗罗姆)：《健全的社会》，欧阳谦译，中国文联出版公司 1988 年版。
[12] [美]E. 弗洛姆：《健全的社会》，孙恺祥译，贵州人民出版社 1994 年版。
[13] [美]埃里希·弗罗姆：《占有还是生存：一个新社会的精神基础》，关山译，生活·读书·新知三联书店 1988 年版。
[14] [美]埃里希·弗罗姆：《自为的人：伦理学的心理学探究》，万俊人译，国际文化出版公司 1988 年版。
[15] [苏]鲍·季·格里戈里扬：《关于人的本质的哲学》，汤侠声、李昭时等译，生活·读书·新知三联书店 1984 年版。
[16] [美]赫伯特·马尔库塞：《单向度的人：发达工业社会意识形态研究》，刘继译，上海译文出版社 1989 年版。
[17] [美]A. J. 赫舍尔：《人是谁》，隗仁莲译，贵州人民出版社 1994 年版。
[18] [美]亨利·哈里斯：《科学与人》，商梓书、江先声译，商务印书馆 1994 年版。
[19] [英]凯蒂·索珀：《人道主义与反人道主义》，廖申白、扬清荣译，华夏出版社 1999 年版。

[20] [英]莱士列·斯蒂文森：《人学的世界》，李燕、赵健杰译，中国人民大学出版社 1992 年版。

[21] [英]马丁·霍利斯：《人的模式》，范进等译，光明日报出版社 1990 年版。

[22] [美]A. 马塞勒等：《文化与自我：东西方人的透视》，任鹰等译，浙江人民出版社 1988 年版。

[23] [美]马斯洛等：《人的潜能和价值：人本主义心理学译文集》，华夏出版社 1987 年版。

[24] [德]米歇尔·鲍曼：《道德的市场》，肖君、黄承业译，中国社会科学出版社 2003 年版。

[25] [保]尼科洛夫：《人的活动结构》，张凡琪译，国际文化出版公司 1988 年版。

[26] [德]潘能伯格：《人是什么：从神学看当代人类学》，李秋零等译，上海三联书店 1997 年版。

[27] [英]弗兰西斯·培根：《人性的探索：培根随笔全集》，何新译，黑龙江人民出版社 1989 年版。

[28] [英]R. D. 莱恩：《分裂的自我：对健全与疯狂的生存论研究》，林和生、侯东民译，贵州人民出版社 1994 年版。

[29] [法]让-保罗·萨特：《存在主义是一种人道主义》，周煦良、汤永宽译，上海译文出版社 1988 年版。

[30] [日]山本二三丸：《人本经济学：经济学应有的科学状态》，王处辉译，东方出版社 1995 年版。

[31] [英]列·斯蒂文森：《人和人的世界》，杨帆、李小兵编译，工人出版社 1988 年版。

[32] [法]让·斯托策尔：《当代欧洲人的价值观念》，陆象淦译，社会科学文献出版社 1988 年版。

[33] [英]F. C. S. 席勒：《人本主义研究》，麻乔志等译，上海人民出版社 1966 年版。

［34］［德］卡尔·雅斯贝尔斯：《现时代的人》，周晓亮、宋祖良译，社会科学文献出版社 1992 年版。
［35］［波］亚罗舍夫斯基：《马克思主义人论》，杨晓伟译，辽宁教育出版社 1988 年版。
［36］［日］岩崎、允胤主编：《人的尊严、价值及自我实现》，刘奔译，当代中国出版社 1993 年版。

三、中文著作

［1］陈桂生：《人的全面发展理论与现时代》，上海教育出版社 1988 年版。
［2］丁冬红：《人之解读：现代西方人本哲学研究》，河北教育出版社 2001 年版。
［3］丰子义、孙承叔、王东：《主体论：新时代新体制呼唤的新人学》，北京大学出版社 1994 年版。
［4］韩震：《生成的存在：关于人和社会的哲学思考》，北京师范大学出版社 1996 年版。
［5］胡义成：《人道悖歌：马克思主义人道主义新论》，华夏出版社 1995 年版。
［6］黄克剑：《人韵：一种对马克思的读解》，东方出版社 1996 年版。
［7］黄颂杰、吴晓明、安延明：《萨特其人及其“人学”》，复旦大学出版社 1986 年版。
［8］黄振定：《通往人学途中：休谟人性论研究》，湖南教育出版社 1997 年版。
［9］黎鸣：《中国人性分析报告》，中国社会出版社 2003 年版。
［10］梁漱溟：《人心与人生》，学林出版社 1984 年版。
［11］刘永佶：《劳动人道主义：马克思主义的原则》，河南人民出版社 1997 年版。
［12］欧阳谦：《人的主体性和人的解放：西方马克思主义的文化哲学初

探》，山东文艺出版社 1986 年版。
[13] 阮青：《中国个性解放之路：20 世纪中国个性解放思潮研究》，华东师范大学出版社 2004 年版。
[14] 沈恒炎、燕宏远主编：《国外学者论人和人道主义》(第一、二、三辑)，社会科学文献出版社 1991 年版。
[15] 王若水：《为人道主义辩护》，生活 · 读书 · 新知三联书店 1986 年版。
[16] 吴倬等：《现代西方人学名著选评》，中国人民大学出版社 1992 年版。
[17] 肖万源、徐远和主编：《中国古代人学思想概要》，东方出版社 1994 年版。
[18] 谢舜：《神学的人学化：康德的宗教哲学及其现代影响》，广西人民出版社 1997 年版。
[19] 杨金海：《人的存在论》，广西人民出版社 1995 年版。
[20] 杨适：《中西人论的冲突：文化比较的一种新探求》，中国人民大学出版社 1991 年版。
[21] 俞吾金：《俞吾金集》，黑龙江教育出版社 1995 年版。
[22] 袁贵仁：《马克思的人学思想》，北京师范大学出版社 1996 年版。
[23] 袁贵仁主编：《对人的哲学理解》，河南人民出版社 1994 年版。
[24] 张步仁、马杏苗：《马克思主义人学研究》，黑龙江人民出版社 2005 年版。
[25] 张步仁：《西方人学发展史纲》，江苏人民出版社 1993 年版。
[26] 张世英、朱正琳编：《哲学与人》，商务印书馆 1993 年版。
[27] 张曙光：《人的世界与世界的人：马克思的思想历程追踪》，河南人民出版社 1994 年版。
[28] 张一兵：《回到马克思：经济学语境中的哲学话语》，江苏人民出版社 1999 年版。
[29] 赵剑英、陈晏清主编：《马克思主义政治哲学：阐释与创新》，社会科学文献出版社 2007 年版。

后　记

写完本书最后一个字，我最深切的感受，就是学术研究的历程相当艰辛和痛苦，而收笔的一刹那又无比快乐和幸福，这可曰“痛快”。就像即将分娩的准妈妈一样，在产床上分娩的过程较为痛苦，而听到自己孩子的第一声啼哭却异常快乐和幸福！

这种痛苦，源于从学术积累到学术创新的步步艰辛，始于苦苦思索、细细构思、字字推敲带来的身心疲惫，缘于为追求精雕细刻、精准分析而废寝忘食、争分夺秒所带来的无尽烦恼。

这种快乐，来自于劳有所获、如释重负，根源于释放了自己多年已久的创作激情，表达了自己多年致力于基础研究的成果，也呈现出对学术追求、学术使命的责任担当。

“痛快”之余，不想一一清理本书有多少独到见解，只愿向读者交代“美中不足”。全书以深入研读“经典文本”“现实逻辑”为基础，系统分析研究了“马克思开辟的哲学道路”这一基础性问题，但谈的，只是我的学术性“研读”；我一向追求在自己熟悉的专业研究领域进行系统性的“我思”，并呈现“学术自我”“学术主体性”，但少有之处对“他思”的观点和表述难以甄别。

这部学术著作，是以过往我的相关研究成果为基础，且聚焦“马克思开辟的哲学道路”这一新的主题，进而作进一步全面、系统、深入的基础研究而生成的。其中第九章，是我与邹诗鹏教授共同合作完成的学术成果。

如果本书能给读者带来什么启示的话，我只能说，我依次在马克思主义哲学、人学、能力理论与实践、当代中国政治哲学、中国道路等研究领域辛勤耕耘了三十多年，提出了自己的理论框架。这些研究领域在我这里具有内在的逻辑联系，构成一个有机整体，构成了我的系统性研究的完整图景，也体现了我的代表性成果。我的学术研究理念、风格和特点，可概括为“用哲学思考问题，用学术支撑思想，用思想传递时代，用理念引导发展”。

我的学术事业发展是以家人为我的付出、自己为自己的付出为代价的。父母为我的学术事业发展付出很多很多，而我为父母的贡献却不多，我的一个遗憾是未能在他们身边尽孝道。妻子为支持我求学、搞学问、搞事业，是一人带孩子，两手帮打字，全心做家务，使我能心无旁骛、专心致志地做学问、搞研究。我未能陪她到名山大川去旅游，而我最大的心愿，是日后能有时间陪她去做一次远行。我的生存方式在一定意义上可概括为：读书思考牺牲了身体锻炼，学术研究掩盖了天伦之乐，工作遮蔽了生活，事业代替了家庭。

中央党校为专家学者做学问、从事学术研究，营造了一个非常良好的环境与氛围。学术界、理论界也为我从事本课题的研究提供了丰富的思想资源和精神食粮！在这样的场景中，我们应当心无旁骛、专心致志地从事学术研究，把职业当事业，力求为推进学术创新和学术发展奉献自己的精品力作。这既是我的不懈追求，也是我学术生涯的一种执念！

韩庆祥

2021 年 1 月 16 日

图书在版编目（CIP）数据

论马克思开辟的哲学道路/韩庆祥著. —北京：北京师范大学出版社，2024.8. —（韩庆祥作品系列）.
ISBN 978-7-303-29592-0

Ⅰ.①论… Ⅱ.①韩… Ⅲ.①马克思主义哲学—研究
Ⅳ.①B0-0

中国国家版本馆 CIP 数据核字（2023）第 239285 号

营 销 中 心 电 话 010-58805385
北 京 师 范 大 学 出 版 社
主题出版与重大项目策划部

LUN MAKESI KAIPI DE ZHEXUE DAOLU
出版发行：北京师范大学出版社 www.bnupg.com
北京市西城区新街口外大街 12-3 号
邮政编码：100088
印 刷：北京盛通印刷股份有限公司
经 销：全国新华书店
开 本：730 mm×980 mm 1/16
印 张：24.75
字 数：340 千字
版 次：2024 年 8 月第 1 版
印 次：2024 年 8 月第 1 次印刷
定 价：106.00 元

策划编辑：郭 珍 责任编辑：郭 珍
美术编辑：王齐云 装帧设计：王齐云
责任校对：陈 民 责任印制：马 洁 赵 龙